FRIEDRICH MAIER

Lateinunterricht zwischen Tradition und Fortschritt

Band 2

Zur Theorie des lateinischen Lektüreunterrichts

C. C. BUCHNERS VERLAG

Friedrich Maier, Lateinunterricht zwischen Tradition und Fortschritt
Band 1 Zur Theorie und Praxis des lateinischen Sprachunterrichts
Band 2 Zur Theorie des lateinischen Lektüreunterrichts
Band 3 Zur Praxis des lateinischen Lektüreunterrichts

ISBN 3 7661 **5654** 3
2. durchgesehene Auflage 2 321 1990 89 88 87

Gesamtherstellung: Graphischer Großbetrieb Friedrich Pustet, Regensburg

Für Claudia, Ursula und Christoph

Inhaltsverzeichnis

Vorwort

Der polnische Philosoph *Leszek Kolakowski* bringt sein Verhältnis zur Tradition auf folgenden allgemeinen Leitsatz: „Es gibt zwei Umstände, deren wir uns immer gleichzeitig erinnern sollen: Erstens, hätten nicht die neuen Generationen unaufhörlich gegen die ererbte Tradition revoltiert, würden wir noch heute in Höhlen leben; zweitens, würde die Revolte gegen die ererbte Tradition einmal universell, befänden wir uns wieder in den Höhlen. Eine Gesellschaft, in der die Tradition zum Kult wird, verurteilt sich zur Stagnation, eine Gesellschaft, die von der Revolte gegen die Tradition leben will, zur Vernichtung."[1]

Prägnanter ist die Spannung, unter der die Menschheit seit Beginn ihrer Geschichte steht, wohl kaum zu fassen. Offensichtlich intensivierte sich – mit dem Anwachsen des Wissens, der Erkenntnisse, der Möglichkeiten und Fähigkeiten des Menschen – diese Spannung zwischen Tradition und Fortschritt zunehmend, wobei allerdings das sich um den Fortschritt lagernde Kraftfeld im Laufe der Zeit, zumal in diesem Jahrhundert, merklich an Stärke gewann. Die Veränderung des Daseins wurde so mächtig beschleunigt, daß der die Zukunft planend in den Griff nehmende Mensch allmählich von seiner Vergangenheit losgerissen wurde, in dem Glauben befangen, Leben erfülle sich allein im Fortschritt.[2] In einer „präfigurativen Kultur", wie die angebrochene Menschheitsphase von der weltweit anerkannten Anthropologin *Margaret Mead* genannt wird, habe die Tradition der Vorfahren keine verbindliche Kraft mehr, da sich „für die neuen Generationen die Vergangenheit als ein unbegreiflicher Fehlschlag von kolossalen Dimensionen" darstelle.[3] *Kolakowski* entlarvt solches Denken als Fehlschluß. Fortschritt ohne Bindung und Grenzen wäre für den Menschen ein Schritt zurück in das Höhlendasein, in die Selbst-Verkennung, Selbst-Vergessenheit, in die Vernichtung.[4] Die entgegengesetzte Gefahr, daß die Pflege der Tradition zum Kult wird und die Gesellschaft in die Stagnation führt, ist weit weniger akut; sie hat sich auch keineswegs als historisch virulent erwiesen. Ist sie nicht an sich widernatürlich? Man kann doch nicht leugnen, daß der Menschheit quasi durch die Natur oder nach göttlichem Gesetz das Fortschreiten in nahezu allen Bereichen des wissenschaftlichen, gesellschaftlichen und politischen Lebens aufgetragen ist. »Sobald wir stillstehen, beginnen wir zu verwesen." so *Erich Fromm.*[5] Das faustische Bekenntnis „Werd' ich beruhigt je mich auf ein Faulbett legen, so sei es gleich um mich getan!" treibt den Menschen, zumindest

---

[1] Vom Sinn der Tradition. In: Merkur. Zeitschrift für europäisches Denken, Jg. 19 (1965), 1085.

[2] *Daniel Bell* (Die Zukunft der westlichen Welt. Kultur und Technologie im Widerstreit. – Frankfurt 1979, 67) nennt eine solche Denkrichtung „Modernismus", der „sich an Gegenwart oder Zukunft, jedoch niemals an die Vergangenheit" hält.

[3] Der Konflikt der Generationen. Jugend ohne Vorbild. – München 1974, 102.

[4] Ähnlich *Bell,* a. O., 67: „Wenn man sich von der Vergangenheit abgeschnitten hat, kann man schwerlich dem Gefühl letztlicher Sinnlosigkeit entkommen, das die Zukunft vermittelt."

[5] Die Revolution der Hoffnung. Für eine humanistische Technik. – Hamburg 1979, 22.

den westlichen, unaufhörlich voran. Dieser Trieb kann zur Flucht vor dem Verweilen im schönen Augenblick entarten; dann wird er riskant; weil er Zukunft ständig antizipiert, zerstört er die Gegenwart – und den Menschen in ihr. Also ist der auf Fortschritt angelegte Mensch auch festzubinden am Pflock der Geschichte, damit er begreift, daß sein Denken an morgen übermorgen schon ein Erinnern an gestern ist, d. h. daß sein augenblickliches Denken und Handeln immer mitgeprägt sind von dem in der Vergangenheit vollzogenen Vorgriff auf die jeweils gelebte Gegenwart. Der Mensch ist als Einzelfall wie auch als Gattung ein geschichtliches Wesen, und sein Streben nach künftigem Fortschritt bedarf, soll es ihn nicht durch Verlust seiner geschichtlichen Identität vernichten, der Kontrolle. Welches sind die Mittel dazu? *Kolakowski:* „Das einzige Arsenal dieser Mittel ist die Tradition – das heißt die Sammlung jener Werte, die wir uns nicht selbst aneignen, weil uns jemand mit Vernunftgründen überzeugt, sondern weil wir Kraft der Überlieferung daran glauben.“[6] Ähnlich urteilt der Züricher Philosoph *Hermann Lübbe,* der die Entwicklung der menschlichen Zivilisation gleichfalls als „Zwischen Trend und Tradition“ ablaufend charakterisiert: „Das historische Bewußtsein beugt der Gefahr temporaler Identitätsdiffusion vor.“[7] Erst eine – trotz mancher Enttäuschung – als sinnvoll erfahrene Vergangenheit gibt dem Menschen die Gewähr auch für eine sinnerfüllte Zukunft. Stabilisierend wirkt für ihn das Bewußtsein, daß die sinnstiftenden Werte und Normen der früheren Generationen so lange verpflichtend bleiben, bis sie durch andere auf die neuen Lebensbedingungen und -bedürfnisse abgestellte allmählich ganz oder teilweise ersetzt oder auch nur modifiziert werden. In einer solchen Kontinuität der Entwicklung offenbart sich zugleich eine bemerkenswerte Konstanz der Selbstverwirklichung des Menschen.[8] Dieser gebiert sich in seiner geistig-kulturellen Existenz nicht ständig ab ovo, sondern verwirklicht diese, indem er an vorhandene Traditionen anknüpft und darauf aufbaut. *Erich Fromm* macht den „vielen Mitgliedern der jungen Generation, die den Wert des traditionellen Denkens gering achten“, mit Nachdruck seine Überzeugung deutlich, „daß selbst die allerradikalste Entwicklung die Kontinuität mit der Vergangenheit wahren muß, daß wir keinen Fortschritt machen können, indem wir die besten Leistungen des menschlichen Geistes zum Abfall werfen.“[9]

Aus der Einsicht, daß Fortschritt immer erst aufgrund einer rational begründbaren Befreiung von der Tradition stattfindet, läßt sich folgern: Tradition und Fortschritt stehen in einem fruchtbaren dialektischen Verhältnis zueinander. Die Maxime „zwischen Tradition und Fortschritt“ trifft deshalb, verfolgt man hellhörig den geistigen Dialog unserer Zeit, auf nahezu alle Bereiche menschlicher Selbstverwirklichung zu,[10] auf Wissenschaft, Technik, Wirtschaft, Gesellschaft, Kultur, Politik. Fortschritt

---

[6] Vom Sinn der Tradition, 1086.

[7] Zwischen Trend und Tradition. Überfordert uns die Gegenwart? Texte und Thesen. Sachgebiet Gesellschaft. – Zürich 1981, 10.

[8] Vgl. dazu etwa *Buchholz, A.:* Am Ende der Neuzeit. – Stuttgart 1978, bes. 192ff.

[9] Die Revolution der Hoffnung, 9. Ähnlich derselbe: Haben oder Sein. Die seelischen Grundlagen einer neuen Gesellschaft. – München 1980, 78.

[10] Man vgl. z.B. *Taylor, G.R.:* Das Experiment Glück. Entwürfe zu einer Neuordnung der Gesellschaft. – Frankfurt 1978, 201. Er stellt bezüglich des „Tempos der Übernahme von

stellt sich hier ein „aus dem permanenten Zwang zur produktiven Antwort auf die Herausforderung der Probleme, die sich aus dem permanenten Wandel unserer Lebensverhältnisse ergeben".[11] Und er wird der Tradition Stück für Stück abgerungen.

Solche Entwicklung beherrscht notwendig auch jene gesellschaftliche Institution, die den jungen Menschen auf das Leben, d.h. auf eben jene genannten zivilisatorischen Bereiche vorbereitet: auf die Schule. *Konrad Mohr* hat 1979 seine Gedanken über die im Gang befindliche Reform des Schulwesens nicht ohne Grund unter das Thema gestellt: „Schule zwischen Tradition und Fortschritt",[12] weil er die Weiterentwicklung der Schule nur als Synthese des geschichtlich Gewachsenen mit den Bedingungen und Bedürfnissen einer zeitgemäßen Pädagogik begreift. Die Anerkennung überkommener Strukturen und Inhalte entbinde nicht von dem Bemühen, auch andere Formen schulischer und unterrichtlicher Organisationen sowie Methoden zu erproben. „Denn Schule und Unterricht sind etwas Lebendiges und in ständiger Entwicklung begriffen."[13] Die Schulprogramme unterliegen einer fortwährenden Veränderung.[14] „Curriculumreform wird in einer dynamischen Zivilisation zum schulpolitischen Dauerthema." Diese Feststellung *Lübbes*[15] trifft auf alle Schularten zu, und innerhalb dieser auf alle Schulfächer.

Auch auf den Lateinunterricht. Gerade er steht unter dem Druck jenes Spannungsfeldes, das die moderne Schule zunehmend prägt. Ein Versuch, diesen Tatbestand für das Fach Latein als zutreffend zu erweisen, sowohl im Verhältnis zu den anderen Gymnasialfächern wie auch im Verhältnis zur universitären Bezugsdisziplin, wurde bereits im Vorwort zum Band 1 dieses Didaktikwerkes angedeutet. Die Konsequenzen, die wir damals (1979) aus dem erarbeiteten Befund für den lateinischen Sprachunterricht zogen, wurden nicht nur weithin als richtig anerkannt,[16] sie haben auch in konkreten unterrichtspraktischen Entscheidungen ihren Niederschlag gefunden: in der Gestaltung der Lehrpläne, der Lehrbücher, der Prüfungsaufgaben, in der Modifikation der

---

Neuerungen" in allen Bereichen des Lebens fest, daß eine „zu hohe Änderungsrate genauso kostspielig und so frustrierend sein könne wie eine zu statische Existenz". Bei allem gebe es „einen goldenen Mittelweg".

[11] *Lübbe,* Zwischen Trend und Tradition, 13.

[12] In: Christ und Bildung. Zeitschrift der katholischen Erziehergemeinschaft Deutschlands. 25 Jg. (1979), H. 9, 175ff. Prof. Dr. *Konrad Mohr* ist Staatssekretär im Kultusministerium von Rheinland-Pfalz.

[13] *Mohr,* a.O.,175.

[14] *Lübbe,* a.O., 14: „Es ist wahr, daß die Veränderung unserer Arbeits- und Lebensverhältnisse ebenso wie die Fortschritte der unterrichtsrelevanten Wissenschaften auch Reformen unserer Schulprogramme erzwingen."

[15] Ebenda; er bemerkt dazu freilich, daß hier Euphorie nicht am Platze sei, sobald man die Folgelasten dieses Prozesses begriffen hat.

[16] Alle mir bekannt gewordenen Rezensionen des 1. Bandes waren im Grunde sehr positiv; es sei den Rezensenten *Andreas Fritsch* (Berlin), *Jens Godber Hansen* (Kiel), *Klaus Karl* (Regensburg), *Wolfgang Königer* (Berlin), *Alfred Kohl* (München), *Eckard Lefèvre* (Saarbrücken), *Thomas Meyer* (Tübingen), *Günter Reinhart* (Stuttgart), *Helmut Vester* (Karlsruhe), *Karl Vretska* (Graz) an dieser Stelle für ihre mehr oder weniger ausführlichen Besprechungen herzlich gedankt. Die von ihnen vielfach geäußerte Hoffnung, daß der zweite Teil des Werkes bald folgen möge, machte mir immer wieder Mut, die begonnene Arbeit fortzusetzen und zu Ende zu führen.

Lehrmethoden und im Einsatz neuer Unterrichtsmedien. Die seinerzeit formulierten Erkenntnisse haben bis heute nichts von ihrer Gültigkeit verloren. Im Gegenteil: Die von außen auf den Lateinunterricht einwirkenden Kräfte (von Bildungstheorie, Bildungsplanung, Administration, von Gesellschaftsbewußtsein und Medienhaltung) ließen die Stellung des Faches „zwischen Tradition und Fortschritt" noch konturenreicher hervortreten. Die Richtung der fachdidaktischen Forschung ist, wie die inzwischen erschienenen zahlreichen Veröffentlichungen zeigen, noch eindeutiger und nachdrücklicher von dieser Grundsituation bestimmt.[17]
Die neue durch den Ausgleich von Tradition und Fortschritt zu schaffende Konzeption des lateinischen Sprachunterrichts bereitete damals insofern keine übergroßen Schwierigkeiten, als hier im ganzen lediglich die Integration bereits vorliegender theoretischer wie auch z. T. praxiserprobter Konzepte zu einer in sich geschlossenen Einheit und ihre Absicherung an den Ergebnissen der pädagogischen Bezugswissenschaften zu leisten war. Die Erarbeitung eines Konzepts für die Literaturdidaktik, die sich in gleicher Weise als Synthese der traditionellen und fortschrittlichen Elemente der Literaturbehandlung versteht, geriet ungleich schwerer. „Eine ausgeführte Literaturdidaktik des Lateinunterrichts existiert noch nicht".[18] Also konnte an keine vorgegebene Tradition angeschlossen werden.[19] Es mußten die traditionellen Formen des Lektüreunterrichts, die in Einzelaspekten durchaus gründlich und z. T. auch unter Berücksichtigung literaturdidaktischer Theorien bearbeitet wurden, zuerst gesichtet und auf ihre Wertigkeit im System einer Neukonzeption der Literaturbehandlung geprüft werden.[20] Erst

---

[17] Diese Veröffentlichungen sind jeweils suo loco zitiert.

[18] So *Frings/Keulen/Nickel:* Lexikon zum Lateinunterricht. – Freiburg/Würzburg 1981, 189, s. v. „Literaturdidaktik".

[19] In den bislang bewährten Methodiken von *Eckstein, Krüger/Hornig, Ahrens, Jäkel* und *Wilsing* ist zwar der Sprachunterricht intensiv behandelt; der Lektüreunterricht ist demgegenüber nur abrißartig dargestellt, zumeist durch pragmatische Hinweise auf Möglichkeiten und Bedingungen, veranschaulicht an aus dem eigenen Unterricht gewonnenen Interpretationsbeispielen. Auch die breiteste Ausführung bei *Niels Wilsing* (Bd. 2: Die Praxis des Lektüreunterrichts) kommt über den Status einer methodischen Rezeptologie nicht hinaus, zumal auch der kurze allgemeine Teil (S. 1–51) nur subjektive Gesichtspunkte zur „Wahl der Lektüre" und „Vom rechten Lesen" bringt. Eine von einer umgreifenden Idee getragene und von außen her abgestützte didaktische Konzeption, von der aus auch sich die Methoden der Literaturbehandlung rechtfertigen lassen, ist hier nicht geschaffen worden; es schien auch damals kein Bedürfnis danach zu bestehen.

[20] Zweifellos kamen mir für diese Arbeit die von *Rainer Nickel* geleisteten Zusammenfassungen der auch den Lektüreunterricht mit einschließenden fachdidaktischen Veröffentlichungen sehr zu Hilfe: „Altsprachlicher Unterricht" (Darmstadt 1973) und „Die Alten Sprachen in der Schule" (Frankfurt ²1978). Insofern diese verdienstvollen Werke auch programmatische Ansätze haben, sind sie in meine Konzeption, soweit möglich, einbezogen. *Nickels* „Einführung in die Didaktik des altsprachlichen Unterrichts" (Darmstadt 1982) zeigt in einem weitgespannten Rahmen fachdidaktische Problemfelder und Forschungsgebiete auf, auch liefert sie wertvolle literaturdidaktische Ansätze, ohne allerdings eine konkretisierbare Konzeption des Lektüreunterrichts zu bieten (was wohl auch nicht beabsichtigt ist); auch dieses Werk konnte weitgehend noch mitberücksichtigt werden. *Hans-Joachim Glücklichs* „Lateinunterricht. Didaktik und Methodik" (Göttingen 1978) gibt, wiewohl nur als deskriptives Kompendium angelegt, sehr viele Impulse für eine moderne Behandlung antiker Literatur; sofern sie meinen Überlegungen affin sind, versuchte ich, sie in die vorliegende Darstellung einzufügen. Das „Lexikon zum Lateinunterricht" (verfaßt von *Frings/Keulen/Nickel*), das einen Querschnitt durch den Stand fachdidaktischer

dann ließ sich mit den außerfachlich vorgegebenen literaturdidaktischen Kategorien und Kriterien der Aufbau einer eigenen Literaturdidaktik des Lateinischen versuchen. Die hier vorgelegte Konzeption ist deshalb in ihrem theoretischen Ansatz weitgehend neu und fortschrittlich; sie ist insofern auch traditionsgebunden, als sie alle in der Vergangenheit bewährten didaktischen und methodischen Elemente in sich aufgenommen hat.

Die Schöpfung dieser gleichfalls als geschlossene Einheit zu begreifenden Didaktik des lateinischen Lektüreunterrichts erforderte daher nicht nur die Kenntnisnahme der fachdidaktischen Veröffentlichungen zum Lektüreunterricht, sondern auch ein tiefgreifendes Studium der für eine Literaturdidaktik nötigen theoretischen Voraussetzungen: der Literaturtheorie, der Modelltheorie, der Gymnasialtheorie, der Gesellschaftstheorien, der Unterrichts- und Medientheorien, der Lern- und Motivationstheorien, der Entwicklungspsychologie, der Jugendsoziologie u. ä. m. Daß auch die Perspektive des Literaturunterrichts in den Neuen Sprachen und besonders in der Germanistik in die Betrachtung miteinbezogen wurden, erwies sich schon deshalb als nötig, weil diese Fächer zum Lateinunterricht in einer konkurrierenden und zugleich komplementären Beziehung stehen.

Eine „ausgeführte Literaturdidaktik", die das erkannte Desideratum in einer wünschenswerten Weise beseitigt, darf sich nicht mit einer theoretischen Grundlegung dafür begnügen, daß die Präsentation von lateinischer Literatur auf Inhalte und Ziele abheben muß, die den Herausforderungen der Zeit genügen. Sie muß auch deren methodische Umsetzung erkennbar machen und an Beispielen als in der Unterrichtspraxis vollziehbar aufzeigen. Die Didaktik läßt sich nicht in sinnvoller Weise von der Methodik abtrennen. Zwar darf die Didaktik den Primat vor der Methodik beanspruchen, insofern die Fragen des ‚Was'? und ‚Wozu?' vor der Frage des ‚Wie?' rangieren. Didaktische Überlegungen sind freilich weithin nur theoretisch, methodische zumeist nur praxisbezogen. Deshalb sind in der dünnen Luft der Theorie abgehandelte Legitimationsthesen und Inhalts- und Zielanalysen in aller Regel genauso wirkungslos wie sich eine bloße methodische Rezeptologie ohne theoretische Begründung für den Unterricht auf Dauer nicht als tragfähig erweist. Der „Theorielastigkeit" einer für den Unterricht so gut wie folgenlosen Didaktik steht das „Konzept des Sich-Durchwurstelns"[21] des bloßen Methodikers gegenüber. Beide Positionen sind für sich unzulänglich, sie bedürfen der gegenseitigen Korrektur und Stütze. Theorie und Praxis müssen immer in einem engen Bezug zueinander bleiben.[22] Demnach liegt die Interdependenz

---

Forschung gibt, stellte für meine Arbeit eine unentbehrliche Grundlage dar. Einzelabhandlungen mit dem Ziel, eine Synthese zwischen Altem und Neuem zu schaffen, werden jeweils suo loco angeführt.

[21] Vgl. dazu *Lütgert*, W.: Was leisten die Modelle der allgemeinen Didaktik? In: Neue Sammlung 6 (1981), 585.

[22] Sehr Zutreffendes über das Verhältnis von Theorie und Praxis in der altsprachlichen Didaktik bei *Vester, H.:* Zum Verhältnis von Didaktik und beruflicher Praxis. In: AU XVI 6 (1983), 61 ff. Ebenso *Hermes, E.:* Didaktische Modelle und die Unterrichtspraxis. In: Südwestdeutsche Schulblätter 81, 1 (1982), 10–29.

von Didaktik und Methodik auf der Hand.[23] Auch eine Literaturdidaktik hat dieses ‚Gesetz' zu verwirklichen. Die Vereinseitigung, gleich in welcher Richtung, würde verhindern, daß der eigentliche Adressat jeder Literaturdidaktik erreicht wird: der Lehrer ‚vor Ort'. Da es letztlich auf diesen entscheidend ankommt, ob im Unterricht die Synthese zwischen Tradition und Fortschritt vollzogen wird oder nicht, braucht er einleuchtende Begründungen und auch zugkräftige Exempla.[24]

Die Lehrer als akademischer Berufsstand können sich ebensowenig wie die Juristen, Mediziner, Theologen, Diplomkaufleute, Ingenieure dem Zwang zur éducation permanente entziehen, der sich heute mehr denn je aus der Herausforderung unserer dynamisch sich entwickelnden Zivilisation ergibt.[25] Lehrer von Gymnasialfächern, deren Stoffe sich laufend ändern und vermehren oder die immer sofort auf die Fragestellungen der Zeit zu reagieren haben, nähmen sich ohne Weiterbildung sehr bald die Grundlage ihres Berufs, weil sie nicht mehr auf der Höhe des Wissens und der Zeit wären. Sie müssen deshalb stets die Verbindung des Alten mit dem Neuen vollziehen. Der Altphilologe sieht sich, auf den ersten Blick, einer solchen Not nicht ausgesetzt, wohl deshalb, weil seine wissenschaftlichen Bezugsdisziplinen scheinbar still stehen[26] und weil die Wellenschläge aktueller Prozesse seine Fächer nicht unmittelbar treffen. Latein- und Griechischlehrer stehen in dem Ruf „grundsätzlich konservativ und traditionalistisch"[27] zu sein. Äußert sich solches Festhalten am Alten vornehmlich in der Einstellung, daß für sie nach dem Abschluß der Universitäts- und Seminarausbildung jede berufliche Fortentwicklung zu Ende ist, so erliegen sie jener widernatürlichen „Stagnation", die sie vom Fluß der Zeit und dem darin sich wandelnden Menschen trennt. Sie verlieren den Kontakt zu den Schülern, da sie die geistigen und gefühlsmäßigen Probleme, in der diese stehen und in die diese heineinwachsen, nicht

---

[23] Vgl. hierzu *Nickels* Versuch (Einführung in die Didaktik, 80ff.), das Verhältnis von Didaktik und Methodik zu klären. Er plädiert für eine „wenigstens theoretische Unterscheidung" zwischen beiden. Man wird sicherlich zugeben müssen, daß die isolierte Betrachtung didaktischer Voraussetzungen und Fragen eines Faches sinnvoll ist, insofern so am ehesten fachübergreifende Aussagen und ein interdisziplinäres Gespräch über Unterricht und die Anteile der Fächer daran möglich werden. Jedoch unter dem Gesichtspunkt betrachtet, daß Didaktik nur einen Existenzgrund hat, wenn sie auf den tatsächlichen Unterricht (durch Analyse, Planung, Organisation, Verbesserung von Lernprozessen u.ä.) einwirkt, verstehen sich Didaktik und Methodik als gegenseitig sich bedingende und beeinflussende Größen. Auch für *Nickel* bleibt deshalb wohl die Interdependenz von Didaktik und Methodik eine nicht widerlegbare Grundaussage.

[24] Der Lehrer muß dem Recht der Jugend genügen, sie in angemessener Weise mit den Bildungsgegenständen zu konfrontieren und sie durch Leistungsforderung zu fördern. Er „muß mit allen Mitteln der modernen Wissenschaft eruieren, welche Leistung auf einer gewissen Altersstufe und in einem bestimmten Kulturraum angemessen ist." So *Höhne, E.:* Jugend und Leistung. Versuch einer Klärung. – Stuttgart 1978, 138. Didaktik und Methodik zeigen dazu den Weg.

[25] Vgl. dazu *Lübbe,* Zwischen Trend und Tradition, 53.

[26] Nur scheinbar: „Wie alle Wissenschaften drängt auch die Klassische Philologie auf Fortschritt." So *Marg, W.:* Die Alten und das Neue. In: Dialog Schule und Wissenschaft. Klassische Sprachen und Literaturen, Bd. VIII (hrsg. von *Hörmann, F.*). – München 1974, 39.

[27] So *Barié, P.:* Beobachtungen zum Selbstverständnis des Altphilologen. In: Impulse 1 (hrsg. von: Arbeitsgemeinschaft Altsprachliches Gymnasium und Altsprachlicher Unterricht). – Bad Kreuznach 1978, 2.

kennen und also deren schulische Bewältigung nicht beherrschen. Sie werden pädagogisch steril. Stellt sich dagegen auch der Altphilologe bereitwillig – etwa durch konsequente Lektüre der einschlägigen Literatur, durch den Besuch von Fortbildungsveranstaltungen, durch Teilhabe am geistig-kulturellen Leben der Gegenwart, durch kritische Kenntnisnahme der aktuellen Probleme der Gesellschaft – unter die dialektische Spannung zwischen Tradition und Fortschritt, so wirkt sich deren Fruchtbarkeit in der Weise aus, daß er konservativ und modern zugleich ist, insofern er von einem über 2000 Jahre bewährten und deshalb zu bewahrenden Erfahrungspotential aus auf die aktuellen Fragen der Jugend antworten kann.[28] Die vorliegende Literaturdidaktik des Lateinunterrichts will diesen Weg als für jeden gangbar aufzeigen und für seine Begehbarkeit Richtungsweiser aufstellen.
Ihre Kernaufgabe sieht sie darin, von den weiteren, außerhalb des Faches liegenden Zusammenhängen her den Sitz des Lateinischen im Leben unserer Zeit, die sich dem dritten Jahrtausend nähert, zu erkennen und zu begründen. Es geht letztlich auch darum, unter den schwierigen äußeren Umständen, zumal in der Phase des Lektüreunterrichts, das noch Machbare möglich und das noch Mögliche machbar werden zu lassen – mit maßvollem Anspruch in den Zielsetzungen und mit Respekt vor den überlieferten Gegenständen.
Die Darstellung „Zur Theorie und Praxis des lateinischen Lektüreunterrichts" erscheint erst fünf Jahre nach Veröffentlichung des Bandes „Zur Theorie und Praxis des lateinischen Sprachunterrichts". Dies hat seinen vornehmlichen Grund in der langwierigen und nicht gerade leichten Rezeption der Ergebnisse in den genannten fachlichen und pädagogischen Bezugswissenschaften, auch in der langsamen Entwicklung und Erprobung von Unterrichtsbeispielen, -projekten und -modellen, an denen sich die Umsetzung der theoretischen Konzeption in die Praxis aufzeigen läßt.[29] Wie vorher nicht abzusehen, nahm der in Angriff genommene zweite Teil allmählich einen solchen Umfang an, daß sich zumal aus verlagstechnischen Gründen eine Aufteilung in zwei Bände als notwendig erwies. Die Arbeit auch an der Literaturdidaktik mußte

---

[28] Die Stellung des altphilologischen Lehrers ‚zwischen Tradition und Fortschritt' charakterisiert sehr zutreffend *Barié* (a. O., 3): „Ein grundsätzlich und unreflektiert konservativer Altphilologe ist fast ein Widerspruch in sich selbst. Einerseits enthält sein Fach neben der Aufgabe des Konservierens (Textherstellung, Textpflege, werkimmanente Interpretation) die des Verlebendigens (Übersetzung, komparatistische Interpretation, Transferbezüge, Problematisierung), was durchaus mit einer progressiven Grundhaltung vereinbar ist; auf der anderen Seite impliziert die Verpflichtung, Aspekte der antiken Kultur gesellschaftlich und pädagogisch zu vermitteln, einen bestimmten kulturellen Konservativismus. Der Grundsatz ‚conservanda conservare' ist dabei freilich Resultat einer bewußt getroffenen Wertentscheidung und braucht nicht zwangsläufig auf einem pauschalen und unkritischen Traditionalismus zu beruhen."

[29] An dieser Stelle habe ich all den Kollegen zu danken, die mir ihre unterrichtlichen Erfahrungen mit den von mir auf Fortbildungsveranstaltungen vorgetragenen Unterrichtsprojekten mitgeteilt haben. Auf diese Weise wurden die ausgearbeiteten Lektürebeispiele einer Erprobung unterzogen und durch Einwände, Ergänzungen, zusätzliches Demonstrationsmaterial verbessert. Ich selbst habe mich nach meiner siebenjährigen Arbeit am ISP, hauptamtlich an der Universität München tätig, wieder in den Unterricht begeben – ich führe seit 1980 eine Lateinklasse am Wittelsbacher-Gymnasium in München von der Mittel- zur Oberstufe –, um meine Universitätstätigkeit an der Schulpraxis, gerade im Bereich des Lektüreunterrichts, abzustützen. Alle praktischen Vorschläge sind im eigenen Unterricht oder in dem von Kollegen erprobt.

größtenteils nebenberuflich geleistet werden; ihr Abschluß war im Grunde nur möglich, weil meine sich über zwanzig Jahre hinziehenden Studien über eine zeitgemäße Präsentation antiker Literatur[30] mir sowohl einen ausreichenden fachdidaktischen Kenntnisstand wie auch genügend seelische Impulse zum Durchhalten gaben. Getragen wurde ich dabei auch von der Hoffnung, daß die mit Mühe erarbeitete Gesamtkonzeption einer Didaktik des lateinischen Lektüreunterrichts eine allseits erkannte Lücke schließen könnte und so dem Fach ein Dienst erwiesen wird, der vor allem der nachfolgenden Generation von Lateinlehrern zu berechtigtem Optimismus Anlaß gibt.[31]

Im vorgelegten Werk wird auf Schritt und Tritt erkennnbar, daß die von kompetenten Fachvertretern auf Teilgebieten gewonnenen Einsichten und ihre erarbeiteten Forschungsergebnisse, soweit möglich, berücksichtigt wurden. Die Darstellung konnte naturgemäß nicht alle Bereiche einer Literaturdidaktik mit der nötigen Intensität und Kompetenz behandeln. Aus diesem Grunde wurde von mir daneben die didaktische Reihe AUXILIA, Unterrichtshilfen für den Lateinlehrer, begründet; in den einzelnen Bändchen sollen von anerkannten Fachleuten in erster Linie jene von mir nur flüchtig berührten Teilgebiete tiefgreifender bearbeitet werden, so daß die didaktische Gesamtkonzeption von den verschiedensten Seiten her eine Abstützung erfährt. Allen, die eine solche Aufgabe übernahmen oder noch übernehmen werden, sei auch an dieser Stelle gedankt. Mein Dank gilt auch allen Kollegen in Deutschland, in der Schweiz und in Österreich, die mir bei Fortbildungsveranstaltungen oder Kolloquien in Gespräch und Diskussion Rat, Hilfe und Korrektur zuteil werden ließen; er gilt auch den Kollegen an der Universität München, den Fachreferenten am ISB in München, besonders *Ernst Rieger,* den Dozenten an der Akademie für Lehrerfortbildung in Dillingen, besonders *Ulrich Gößwein,* den Studenten, die mit Eigeninitiative an meinen fachdidaktischen Seminaren teilnahmen, und nicht zuletzt meinen Schülern am Wittelsbacher-Gymnasium in München, bei denen ich die meisten meiner Ideen im Unterricht selbst verwirklichen durfte. Für bibliographische Arbeiten habe ich meiner Tochter *Ursula* und meiner studentischen Hilfskraft Herrn *Richard Schöllhorn-Gaar* zu danken. *Hans Schober,* mein Freund und Lehrer, hat dankenswerter Weise mit Scharfsinn und Scharfblick die Korrekturfahnen durchgearbeitet. Indes: Widmen möchte ich diesen 2. Teil des Didaktikwerkes denen, die allzu oft den am Schreibtisch sitzenden Vater vermissen mußten, meinen drei Kindern.

Dem Verlag danke ich für die stets gute Zusammenarbeit.

Der Verfasser

---

[30] Sehr viele Ergebnisse meiner Untersuchungen sind als Aufsätze in den didaktischen Zeitschriften oder Kompendien bereits publiziert. Sie sind größtenteils in veränderter Form in die einheitliche Konzeption dieses Didaktikwerkes eingebaut; der Ort ihrer Erstveröffentlichung ist jeweils suo loco angeführt.

[31] *Eckard Lefèvre* (Zwischen Selbstbewußtsein und Selbstverteidigung. 30 Jahre Rechtfertigung des altsprachlichen Unterrichts. In: Gymnasium 90, 1983, 398f.) stellt sich zu Recht einer pessimistischen Grundhaltung des altphilologischen Erziehens entgegen. Wir wollen der von ihm gewünschten optimistischen Einstellung eine allseits abgestützte Grundlage geben.

Die Philologie als Wissenschaft um das Altertum hat keine ewige Dauer, ihr Stoff ist zu erschöpfen. Nicht zu erschöpfen ist die immer neue Akkomodation jeder Zeit an das Altertum, das Sich-daran-Messen.

Friedrich Nietzsche

Klassische Philologie und altsprachlicher Unterricht

*Gemeinsame Aufgaben von Universität und Schule**

Der altsprachliche Unterricht steht – der Natur seiner historischen Gegenstände entsprechend – immer auf Distanz oder gar im Widerspruch zur Zeit. Das macht sein Dilemma aus, an den Schulen vor allem, aber auch im öffentlichen Gespräch. Die Gefahr, daß man den Bildungswert der Alten Sprachen für heutige Menschen leugnet, wächst zunehmend; einige halten jetzt schon die Beschäftigung mit ihnen für ‚Zeitverschwendung', ihr Ende am Gymnasium gilt ihnen als bereits programmiert.

Wer – von dieser den altsprachlichen Unterricht prägenden Konstellation ausgehend – aus Berufsinteresse oder aus Leidenschaft für die Sache sich um ein Fortbestehen der Fächer bemüht, wer demnach ihre fruchtbare Präsentation in der Gegenwart sucht und Möglichkeiten ihrer Wirksamkeit auch über die heutige Zeit hinaus überlegt, muß die gegenwärtige Situation vor dem Hintergrund wenigstens der jüngeren Vergangenheit nüchtern analysieren, um von hier aus Ansätze für Perspektiven ihrer künftigen Existenz und Erscheinungsform zu gewinnen. Diese Analyse muß das Verhältnis zwischen Universität und Schule in ihr Zentrum nehmen: einmal, weil seit je, was mit den Alten Sprachen geschieht, nicht unbeeinflußt von der Haltung ihrer universitären Vertreter bleibt, zum anderen, weil nur ein vernünftig geregeltes Verhältnis der beiden Wirkungsbereiche es möglich macht, daß Latein und Griechisch auch im Bildungsangebot der Zukunft einen Stellenwert behalten. Zudem: Die jungen Menschen, die ihre Berufsausbildung der Hochschule anvertrauen, wollen schon während des Studiums eine Ahnung davon bekommen, welches pädagogische Gewicht die Alten Sprachen eigentlich (noch) haben; sie haben Anspruch, zumindest auf die Chance, einmal in einer für ihre Fächer günstigen Atmosphäre den gewählten Beruf auszuüben.[1]

1 Analyse der Gegenwart

Die angedeuteten Notwendigkeiten müßten eigentlich Universität und Schule von sich aus in eine enge Verbindung zueinander bringen: die Entwicklung geht allerdings nicht

---

* Erstmals veröffentlicht in: AU XXIV, 6 (1982), 26ff.; geringfügig verändert und erweitert.

[1] Man vgl. dazu bes. *Jenne, M.*: Klassische Philologie. In: Student im Studium. Untersuchungen über Germanistik, Klassische Philologie und Physik an drei Universitäten. – Stuttgart 1969, 147ff., bes. 157ff.

oder nur zäh in diese Richtung, manche meinen sogar in eine entgegengesetzte Richtung.

1.1 Entfremdung von Universitäts- und Gymnasiallehrern?

So konstatierte *Manfred Fuhrmann* 1976 eine „tiefe wechselseitige Entfremdung von Universitäts- und Gymnasiallehrer";[2] diese Feststellung gilt für *Klaus Sallmann* auch heute noch.[3] Sie betrifft das gegenseitige Verständnis von Hochschulvertretern und ,Schulmännern' im allgemeinen und die Abstimung von Universitätsausbildung und Schulpraxis im besonderen. Die Entwicklung scheint sich zwanghaft aus der Natur der Dinge zu ergeben. Die Universität hat Zeit, in immer subtileren und detaillierteren Untersuchungen zu immer differenzierteren Erkenntnissen zu kommen, der Schule wird kaum mehr genügend Zeit gelassen, die nötigsten Fundamente zu legen.
Zwischen beiden Institutionen liegen Welten. Die Gymnasiallehrer verfolgen deshalb nur mehr mit geringem Interesse die von den Universitätslehrern betriebene Forschung, weil sich diese nur noch in den seltensten Fällen (etwa im Lektüreunterricht der Oberstufe) zu den Möglichkeiten und Erfordernissen des Schulunterrichts in Bezug setzen lassen. Daß die Universitätslehrer, wie *Fuhrmann* feststellt, kaum Anteil an den praktischen Aufgaben und Nöten des Gymnasiums nehmen,[4] liegt vorrangig darin begründet, daß ihre Interessen von den Forschungsgegenständen her und dem Berufsverständnis zufolge auf ganz anderes gerichtet sind als auf die Schule. „Die wissenschaftliche Erforschung der Antike und die humanistische Schulbildung" seien so sagt man, noch weiter auseinandergetreten als im Historismus des 19. Jahrhunderts. Die Schulleute beklagen die ,Wissenschaft im Elfenbeinturm';[5] von den Lehrkanzeln der Universitäten schießt so mancher, wie etwa der Grazer Wissenschaftler *Franz F. Schwarz,* eine ,Breitseite' gegen das heutige Erscheinungsbild der Alten Sprachen am Gymnasium.[6]
Die angedeutete ,Dystonie' im Verhältnis von Universität und Schule wirkt sich auch und gerade in der Lehrerausbildung aus. Diese halten nicht wenige, wie ihre mündlichen und schriftlichen Äußerungen erkennen lassen, in mancher Hinsicht für unzulänglich. Die Kritik kommt von verschiedenen Seiten. Die praktizierenden Lehrer bedauern die Diskrepanz zwischen der Höhe der universitären Wissensvermittlung und den Kümmernissen der täglich erlebten Berufswirklichkeit,[7] die angehenden

---

[2] Alte Sprachen in der Krise? Analysen und Programme. – Stuttgart 1976, 34.
[3] Zur Ausbildung des Lehrers der Alten Sprachen an der Universität. In: Impulse 2 (hrsg. von der Arbeitsgemeinschaft Altsprachliches Gymnasium und altsprachlicher Unterricht des Landes Rheinland-Pfalz). – Bad Kreuznach 1979, 26.
[4] a.O., 34.
[5] Die Situation in der zweiten Hälfte des 19. Jahrhunderts ist vortrefflich beschrieben von *Lefèvre, E.*: Die Geschichte der humanistischen Bildung. In: Die Erziehung und Bildung des Menschen. Humanistische Bildung Heft 2. – Ludwigsburg-Oßweil 1979, 136ff.
[6] *Schwarz, F. F.*: Die Breitseite. Eine beschauliche Humanistenbeschimpfung. In: Jahresbericht des akademischen Gymnasiums in Graz 1977/1980, 78ff.
[7] Man vgl. etwa allgemein *Stein, W.*: Der Fundus fehlt, der Alltag zehrt. Aus der Berufswirklichkeit eines jungen Gymnasiallehrers. In: Bayerische Staatszeitung vom 4. Mai 1979, 10.

Lehrer, die meisten Studenten also, möchten, daß die starke Frustration „hinsichtlich ihrer beruflichen Vorstellungen und Erwartungen" durch „eine stärkere Berufsbezogenheit des Studiums" abgebaut wird.[8] Seminarlehrer (Fachleiter der Studienseminare) bemängeln den unzureichenden Kenntnisstand und die mangelnde Sensibilität für den Lehrberuf bei den Universitätsabgängern. Hochschullehrer halten die Ausbildung der Lehrer für „katastrophal – aber nicht an der Universität"[9] (wobei ihre Kritik sowohl dem sogenannten zweiten Ausbildungsabschnitt gilt wie auch dem "Vorbildungsschwund" der Studienanfänger).

1.2 **‚Praxisschock' auch im altsprachlichen Unterricht?**

Ist das Dilemma tatsächlich so bedrückend, wie es die zitierten Meinungen annehmen lassen? Die Antwort ist nicht leicht und nicht eindeutig zu geben. Auf der einen Seite spürt man durchaus ein ernsthaftes, auch gemeinsames Bemühen von Fachwissenschaft und Schule um ein gutes Schicksal der Gymnasialfächer, und zwar in der Zusammenarbeit der Verbände (Deutsche Mommsengesellschaft – Deutscher Altphilologenverband) ebenso wie in der Beteiligung einzelner Universitätslehrer an den Veranstaltungen zur Lehrerfortbildung. Auch das Abstimmen der Studienprogramme auf die Bedürfnisse und Bedingungen des Latein- und Griechischunterrichts zielt darauf ab, die Bereiche von Universität und Schule miteinander in engeren Bezug zu bringen. Auf der anderen Seite aber läßt sich oft nicht übersehen, wie wenig Fachwissenschaftler und Gymnasiallehrer von der Situation des anderen wissen, wie weit ihre eigentlichen Interessen auseinander liegen, so daß ein ernsthaftes fachliches Gespräch nicht oder nur schwer zustande kommt. Zudem fehlt der Konsens darüber, was Aufgabe und Ziele der universitären Lehre sind.[10] „Die an der Universität gelehrte Philologie hat Philologen zu bilden, nicht Lehrer."[11] *Harald Patzers* Maxime muß um so nachdenklicher stimmen, als sie von einem Universitätslehrer geäußert wurde, der sich ansonsten um die Darstellung der Alten Sprachen in der Öffentlichkeit und um die Lehrerbildung sehr verdient gemacht hat. Die Frage drängt sich auf, ob nicht die von Patzer 1966 angedeutete Grundhaltung auch heute noch vielfach für Art und Richtung universitärer Veranstaltungen bestimmend ist. Es unterliegt keinem Zweifel, daß die Lehramtskandidaten nach dem Examen in das Studienseminar (Pädagogisches Seminar) fast ausschließlich ihr (sicherlich unabdingbar notwendiges) philologisches Rüstzeug mitbringen, aber wenig pädagogische Kenntnisse und fast keinen Sinn für ihre Aufgabe als Lehrer. Man spricht in vielen Fächern davon, daß der Übergang von der

---

[8] So bei *Jenne, M.*: Klassische Philologie, 150 und 189 zitiert.

[9] Wieder bei *Jenne*, a.O., 158, zitiert.

[10] Vgl. *Jenne*, a.O., 176. Zu diesem Verhältnis von Universität und Schule vgl. auch *Hofmann, W.*: Universität, Ideologie, Gesellschaft. Beiträge zur Wissenschaftssoziologie. – Frankfurt/M. 1968, 26ff.

[11] Das Studium der klassischen Philologie als Vorbereitung auf den Beruf des altsprachlichen Gymnasiallehrers. In: Universität und Studienseminar. Fragen und Wege der Lehrerbildung. 17. Gemener Kongreß (hrsg. vom Philologen-Verband Nordrhein-Westfalen). – Düsseldorf 1966, 78.

Universität zur Schule von einem ‚Praxisschock' begleitet werde, der „auf die mangelhafte berufspraktische Vorbereitung während des Studiums"[12] zurückzuführen sei. In den Alten Sprachen tritt dieser ‚Praxisschock' sicherlich nur in abgeschwächter Form auf. Doch zeigen sich auch hier bemerkenswerte Schwierigkeiten, vor allem deshalb, weil der neubeginnende Lehrer seine erlernten ‚lebensfernen' Fachstoffe nicht sofort und nicht ohne einen tiefgreifenden Wechsel der Perspektive zu Bildungsgegenständen machen kann. (Der Lateinlehrer ist hier gegenüber dem Englisch-, Erdkunde- oder Sportlehrer offensichtlich im Nachteil.)

Es wäre verfehlt anzunehmen, das Studienseminar allein könne die pädagogische Ausrichtung der Lehramtskandidaten leisten. Die Metamorphose vom Philologen zum Pädagogen gelingt in dieser späten Phase der Ausbildung oft nur noch mit Biegen und Brechen. Schuld daran ist nicht nur die zeitliche Kürze des zweiten Ausbildungsabschnitts; ein Grund ist auch die Tatsache, daß viele Studenten im Laufe der in der Regel fünfjährigen universitären Lehre in ihrer Mentalität gewissermaßen festgelegt, vorgeprägt werden. „Ich habe Klassische Philologie studiert und möchte nichts anderes, als die hier erworbenen Kenntnisse und Erkenntnisse an die Schüler weitergeben." So konterte einmal ein fachlich durchaus versierter Referendar die Kritik seines Seminarlehrers, der die abstrakte, rein philologische Darbietung einer sprachlichen Erscheinung (‚die Faktizität des historischen Perfekts') bei einem mißlungenen Lehrversuch bemängelte. An diesem jungen Lehrer zeigte sich (wie auch an manch anderem), daß er – vielleicht in der Konsequenz des Verhältnisses von Universität und Schule – dem Gymnasium und seinem Bildungsanliegen fremd gegenüberstand; er wollte nur Philologe sein und stieß an Grenzen, erkennend, daß sich nicht so einfachhin „Erziehung durch Wissenschaft praktizieren" läßt.[13] Der Wissenschaftler kennt die Schule nicht, die Schule nimmt den Wissenschaftler so nicht an.

Wer sich um die ‚Versöhnung von Wissenschaft und Praxis' bemüht, darf deshalb fragen: Hat die Universität wirklich nur Philologen auszubilden, sich „jeder speziellen Rücksichtnahme auf den künftigen Lehrerberuf enthaltend"?[14] Oder sollte sie nicht doch auch in das Gewebe ihrer Lehre (weniger der Forschung) den Faden der pädagogischen Wirksamkeit ihrer Gegenstände miteinbeziehen? Diese Fragen hängen zutiefst mit dem Selbstverständnis der Klassischen Philologie zusammen. Es ergibt sich

---

[12] So die Arbeitsgruppe *Aumeister*: Der Praxisschock. – München/Berlin/Wien 1976, VII. Dieses von einer Gruppe von Studienreferendaren verfaßte Buch ist schulpolitisch extrem einseitig ausgerichtet und übt an Universitäts- und Seminarausbildung gleichermaßen harte Kritik: man muß ihren Urteilen eher ablehnend gegenüberstehen. Was allerdings den Übergang von der Universität zur Schule anbelangt, wo wird hier der Finger auf manche offene Wunde gelegt; man vgl. bes. 6–15.

[13] Diese Feststellung von *Heinz Hofmann* (Fachwissenschaft und Schulpraxis. In: Der altsprachliche Unterricht XXII, 2 (1979), 75), in der gewiß ein Körnchen Wahrheit steckt, ist in der heutigen schulischen Situation nicht mehr voll tragfähig; die pädagogischen Bezugswissenschaften haben uns gelehrt, daß hier neben der Fachwissenschaft andere gleichrangige Prinzipien zur Geltung kommen; vgl. dazu Bd. 1, 20ff.

[14] So wieder *Patzer, H.*, a.O., 78. Die Äußerungen zum Selbstverständnis der Klassischen Philologie sind im Anhang dieses Bandes geordnet abgedruckt; nachfolgend werden sie insoweit herangezogen, als dadurch die Behandlung der Thematik vorangebracht wird.

also zwangsläufig, bei der Analyse der gegenwärtigen Situation von der Überlegung auszugehen, als was sich die Wissenschaft der Klassischen Philologie heute versteht – allerdings nur insoweit, als davon die Bedürfnislage des Schulfaches berührt wird, das auf die Wissenschaft als Grundlage und ständigen Bezugspunkt fachpädagogischer Entscheidungen angewiesen ist. Mehr steht dem Didaktiker auch nicht zu.

2 **Klassische Philologie als Geisteswissenschaft**

Latinistik und Gräzistik zählen zu den Geisteswissenschaften, unter ihnen gehören sie zu den philologisch-hermeneutischen Disziplinen, die es ausschließlich mit historischen Gegenständen zu tun haben. Trotz dieser Zuordnung unterscheiden sich ihre Vertreter in der grundsätzlichen Frage, welchen Sinn sie ihren Studien geben und welche Ziele sie verfolgen, erheblich. Man kann sogar einander entgegenstrebende Richtungen unterscheiden. Sehr verkürzt ausgedrückt: Die einen schränken ihre Wissenschaft auf rein philologisch-historische Aufgaben ein, ihr Fach weitgehend nur, wie sie sagen, ‚nach innen' vertretend, unabhängig von Zeit und aktuellen Fragestellungen. Andere suchen, über die Grenzen des Faches hinausschreitend, die Bindung zu modernen Disziplinen, vor allem der neueren Literaturwissenschaft und Linguistik, um gerade auf diesem Wege „den Anspruch der Gegenwart"[15] in ihrer wissenschaftlichen Tätigkeit zur Geltung zu bringen. Es läßt sich hier von einem eher engen und einem mehr offenen Verständnis der Fachdisziplin sprechen. Zwischen den Extremen gibt es sicherlich Spielarten, die mehr der einen oder der anderen Richtung zuneigen. Die Thematik, die uns hier beschäftigt, berechtigt zur Frage, welches Verständnis der Fachwissenschaft aus der Sicht der Schule und in Anbetracht ihrer Bedingungen und Bedürfnisse als sinnvoll und wünschenswert erscheint. Diese Frage sei andeutungsweise in dem Problemhorizont zu erklären versucht, der für alle Geisteswissenschaften bestimmend ist.[16]

2.1 **Die Legitimationsfrage der Geisteswissenschaften**

Die geisteswissenschaftlichen Fächer sind als Universitätsdisziplinen auf den ersten Blick unproblematisch. Niemand ficht ihre Existenz an. Sie stehen auch, wie es scheint, unter keinem unmittelbaren Legitimationszwang. Sieht man allerdings genauer hin, so sind auch sie nicht von jener grundsätzlichen Fragestellung ausgeschlossen, die die Wissenschaft an sich betrifft. Auch sie sind, wie nie zuvor, in „Relevanznachweispflicht"[17] genommen. Wie erweisen sie sich im letzten vor der Instanz der Politik, die

---

[15] Vgl. dazu *Marg, W.*: Die Alten und das Neue. In: Gegenwart der Antike. Schule und Wissenschaft. Klassische Sprachen und Literaturen. Bd. VIII. – München 1974, 36ff.

[16] Wichtig dazu neuerdings *Flashar, H./Lobkowicz, N./Pöggeler, O.* (Hrsg.): Geisteswissenschaft als Aufgabe. – Berlin/New York 1978.

[17] So *Lübbe, H.*: Über den Grund unseres Interesses an historischen Gegenständen. Kulturelle und politische Funktion der historischen Geisteswissenschaften. In: Geisteswissenschaft als Aufgabe, 179.

ihnen – abgesehen von unabhängigen Forschungsgemeinschaften – die finanzielle Grundlage gibt, als existenzwürdig? Worin sollen sie für die Gegenwart und Zukunft der Gesellschaft, in der sie bestehen, Wert und Bedeutung haben?[18] Die Geisteswissenschaften stehen hier gewissermaßen in einem Verhältnis der Rivalität zu den Naturwissenschaften und den empirischen Sozialwissenschaften. Daß den letzteren beiden der Nachweis ihres ‚gesellschaftlichen Nutzwertes' im allgemeinen nicht schwerfällt, liegt auf der Hand.[19] In Schwierigkeiten geraten heute ohne Zweifel die Geisteswissenschaften und unter ihnen am stärksten die reinen historischen Wissenschaften. Das mag der vornehmliche Grund sein, warum nach *Otto Pöggeler* „die Geisteswissenschaften zehn Jahre der Krise hinter sich haben".[20] Als *Dilthey* im letzten Jahrhundert den Begriff der ‚Geisteswissenschaften' prägte und diese in scharfer Trennung von den ‚Naturwissenschaften' abhob, wies er ihr Aufgaben zu, die vornehmlich auf den Menschen und die ihn umgebende gesellschaftliche Welt gerichtet sind.[21] Diese Orientierung ist, wie es scheint, im Laufe der Zeit weithin verschwunden. Gerade die historischen Fächer haben sich dadurch, daß sie sich „‚positivistisch' im Detail verloren"[22] von der jeweiligen Gegenwart mehr oder weniger abgeschnitten.

Die Grundfrage stellt sich deshalb am extremen Fall sehr scharf: Wie kann eine Wissenschaft, die in all ihren Teilen, mit all ihren Stoffen weder auf die Gegenwart noch auf die Zukunft gerichtet, sondern ganz der Vergangenheit zugewandt ist, ihren Wert erklären und ihre Existenz rechtfertigen? Der Byzantinist *Hans-Georg Beck* hat sich in bemerkenswerter Weise dieser Frage gestellt.[23] Er versucht, von der Situation seines historisch-philologischen Faches ausgehend, eine allgemeine Antwort, die er im Ideellen, nahezu Utopischen ansiedelt, der er aber durchaus eine pragmatische Richtung gibt. *Becks* Rechtfertigung ist die ‚Freiheit der Wissenschaft'. Für den forschenden Drang des Menschen dürfe es keine Bedingungen und Grenzen geben. In einer Gesellschaftsform, deren Grundidee die Freiheit ist, ergebe sich die Freiheit der Wissenschaft als Notwendigkeit und Konsequenz zugleich. Der Nutzwert der Geisteswissenschaften, wenn man einen solchen angeben wollte, sei darin zu sehen, die Idee der sie tragenden Gesellschaft, eben die Freiheit, mitzukonstituieren, sie zur Geltung und Anschauung zu bringen. Der Zweck der Geisteswissenschaften sei demnach die Demonstration ihrer Zwecklosigkeit, worin die Freiheit des Geistes und der Wert der diese Freiheit gewährenden Staatsform sichtbar würden. *Beck* schreibt wörtlich:

---

[18] Man vgl. dazu die vorzügliche Einleitung von *Pöggeler, O.*, in: Geisteswissenschaft als Aufgabe, 1ff.

[19] Allerdings wird die mangelnde Effektivität der soziologischen Forschung in letzter Zeit immer stärker kritisch beurteilt.

[20] In: Geisteswissenschaft als Aufgabe, 7.

[21] Darauf weist *A. Buchholz* nachdrücklich hin in: Am Ende der Neuzeit. Der technische Schub, der Kampf der Systeme und der Ausbau des Menschen. – Stuttgart 1978, 192.

[22] So *Lobkowicz, N.*: Geisteswissenschaften und Hochschulreform. In: Geisteswissenschaft als Aufgabe, 28.

[23] Die Geisteswissenschaften im Spannungsfeld der Wissenschaftspolitik. Münchener Universitätsreden. Neue Folge Heft 43. – München 1968, 8ff.

„Meine Utopie ist der Salto mortale: Wenn es den Geisteswissenschaften so schwer fällt, ihren gesellschaftlichen Nutzwert unter Beweis zu stellen, warum sollte nicht gerade diese Schwierigkeit ihren Nutzwert darstellen? Warum soll ihr Nutzen nicht in ihrer Zwecklosigkeit liegen, die sie so impertinent ausstrahlen? Bezieht man diese Position, so gerät man natürlich ganz von selbst in das gefährliche Spannungsfeld von Planung und Freiheit, das genau besehen die Spannung unseres modernen Daseins bestimmt. Noch weht der Geist, wo er will, und er weht auch immer noch, wie er will. Aus dieser Willkür des Geistes bezieht die Willkür der Geisteswissenschaften ihre Souveränität. Sie ist der quälende Unsicherheitsfaktor jeder Wissenschaftspolitik, und vor ihr muß jeder totalitäre Verplaner kapitulieren."[24] *Becks* These markiert eine extreme Position. Stellen wir das andere Extrem dagegen! Der Soziologe *Werner Hofmann* stellt die Freiheit der Wissenschaft prinzipiell in Abrede: „Heute ist es offenbar, daß die bisherige Freiheit der Wissenschaft ein Recht der gesellschaftlichen Absonderung gewesen ist, das nicht länger bewahrt werden kann".[25] Es läßt sich nach seiner Auffassung darauf also auch keine Rechtfertigung der wissenschaftlichen Disziplinen aufbauen.

Zwischen den angedeuteten Polen bewegt sich heute die Auseinandersetzung über Sinn und Bedeutung der Geisteswissenschaften, wie überhaupt der Wissenschaften. Wie die veröffentlichten Stellungnahmen erkennen lassen, neigen die einen mehr dieser, die anderen jener Richtung zu. *Konrad Lorenz* z. B. bedauert es, daß die Wissenschaft Gefahr läuft, nicht mehr Selbstzweck zu sein.[26] Nach *Daniel Bell* soll die Universität als Stätte aller Wissenschaft in Zukunft mehr denn je zwar „gegenüber dem Wissen eine objektive, unparteiische Rolle beibehalten und trotzdem die wesentliche Dienstleistungsagentur für die Gesellschaft darstellen."[27] Es sei nicht bestritten, daß sich auch die Geisteswissenschaften – nicht anders als alle Wissenschaften – als Disziplinen verstehen dürfen, in denen sich nach *Hans Maier* die wissenschaftliche Freiheit „im durch nichts beeinträchtigten elementaren Drang nach Erkenntnis", „im schöpferischen Spiel intellektueller Kräfte"[28] manifestiert.

„Die Erkenntnis der Wahrheit trägt ihren Sinn in sich selbst. Sie ist ein Vollzug

---

[24] a.O., 8.

[25] Universität, Ideologie, Gesellschaft, 30. *Hofmann* diskutiert ausführlich die „gesellschaftliche Verantwortung der Universität" (35ff.), in der er sich durchaus für eine „Interessensfreiheit von Forschung und Lehre" ausspricht, aber Forschung und Lehre die Aufgabe zuweist, sich den „großen Fragen unserer Epoche" zuzuwenden, und somit auf die Entwicklung der aktuellen Gesellschaft Einfluß zu nehmen. – Zum Problem allgemein vgl. *Lübbe, H.*: Wissenschaftspolitik. Planung – Politisierung – Relevanz. – Zürich 1976.

[26] Das wirklich Böse. Involutionstendenz in der modernen Kultur. In: *Schatz, O.* (Hrsg.): Was wird aus den Menschen? Der Fortschritt – Analysen und Warnungen bedeutender Denker. – Graz/Wien/Köln 1974, 295.

[27] Die Zukunft der westlichen Welt. Kultur und Technologie im Widerstreit. – New York 1976, 235. Nach *Walter Marg* (Die Alten und das Neue, 56) kann Wissenschaft als „Selbstzweck steril werden".

[28] Konsolidierung im Bildungswesen, Rede gehalten am 26. Juni 1979 im Bayerischen Landtag, 16f. (Veröffentlichung der Bayerischen Staatsregierung).

humanen und personalen Charakters, ein menschliches Gut von hohem Rang."[29] Das persönliche Interesse des Forschers, seine Neugierde, das Abenteuer des Geistes, auch die Notwendigkeit, daß es für alle wichtigen Fragen Instanzen geben muß, die kompetente Antworten kennen, legitimieren zu einem guten Teil die Geisteswissenschaften. Doch darf man auch die zuweilen gestellte Frage nicht für völlig abwegig halten, ob sich eine Gesellschaft allein für solche Manifestationen der Freiheitsidee, des menschlichen Forschungsdranges, der wissenschaftlichen Neugierde usw. den Preis der Geisteswissenschaften kosten lassen will.[30] Auch die Geisteswissenschaften, zwar „die billigsten aller Universitätsdisziplinen"[31], schlagen wirtschaftspolitisch mächtig zu Buch. Sie sind „organisatorisch-finanziellen Bedingungen" unterworfen, die nicht zuletzt „von der ganzen geistig-ideologischen Verfaßtheit der Gesellschaft abhängen".[32] Es fehlt daher nicht an – sicherlich von extremer Seite kommenden – Äußerungen, welche die durch eine eventuelle Einschränkung der geisteswissenschaftlichen Disziplinen freiwerdenden Gelder anderen Aufgaben, etwa der Friedenssicherung, der Ernährung der Weltbevölkerung, dem Umweltschutz u. a., zuführen wollen.[33]
So betrachtet, sind die Geisteswissenschaften Gegenstand eines öffentlichen Interesses. Soll man ihnen von dieser Seite positiv gegenüberstehen, so müssen sie eine ‚politische' Funktion ausweisen (wobei ‚politisch' im weitesten Sinne des Wortes als ‚auf die Gemeinschaft der Menschen bezogen' zu verstehen ist).[34] Das bedeutet: Dem

[29] So die Stellungnahme von Papst Johannes Paul II. (Seine Reden in Deutschland. – München 1980, 27ff.: Ansprache an Wissenschaftler und Studenten im Kölner Dom am 15. November 1980) zur „Legitimationskrise der Wissenschaft heute". Der Papst meint aber auch, seine Betonung der Freiheit der Wissenschaft dürfe nicht heißen, daß die Wissenschaft „von der ‚Praxis' prinzipiell getrennt werden muß."

[30] So weist etwa der Journalist *J. Busche,* sozusagen als Sprecher unserer Gesellschaft (in: FAZ vom 3. 2. 79: „Arme Geisteswissenschaften") den Geisteswissenschaften die Verpflichtung zu, „ihre Effizienz darzulegen und nach einer Leistung überprüfbar zu sein."

[31] So *Lobkowicz, N.*: Geisteswissenschaften und Hochschulreform. In: Geisteswissenschaft als Aufgabe, 35.

[32] So *Buchholz, A.*: Am Ende der Neuzeit, 57. Vgl. auch *Lobkowicz, N.*: Wortmeldung zu Kirche, Staat, Universität. – Graz/Wien/Köln 1980, 142: Die Geisteswissenschaften sind Disziplinen der Universität; es sollte ausgesprochen werden, „daß auch Universitäten Schulen sind: Ihre immensen Kosten sind einzig und allein dadurch zu rechtfertigen, daß sie für bestimmte Berufe vorbereiten und den wissenschaftlichen Nachwuchs, dessen die Nation bedarf, ausbilden."

[33] Solche Argumente werden in bildungspolitischen Diskussionen sehr häufig von ideologisch fixierten Gesprächspartnern vorgebracht, nicht selten – paradoxerweise – auch von Geisteswissenschaftlern, sogar von Klassischen Philologen.

[34] Ganz gewiß muß man sich dabei der Gefahr der Verplanung oder gar Ideologisierung der Wissenschaft stets bewußt sein. Hier ist zu berücksichtigen, was *Hans Maier* zum Verhältnis von „Staat, Gesellschaft, Schule, Wissenschaft" sagt (in: Zwischenrufe zur Bildungspolitik. – Osnabrück ^{2}1972, 71): „Schule wie Hochschule sind keineswegs unpolitische Einrichtungen. Aber sie tragen in sich eine von der Politik nicht erst zu legitimierende, sondern allenfalls zu schützende pädagogische Grundermächtigung." *Maier* setzt allgemein die Hochschule als Vermittlerin der Wissenschaft ab von einer bloßen Funktion der „Gesellschaftsveränderung", weist ihr aber zugleich eine pädagogische Aufgabe zu, die ihr Maß erhält vom „Bildungswillen des Einzelmenschen, der im zivilisatorischen Standard der Kultur vorausgesetzt ist." „Zugespitzt gesprochen: Maßstab der Bildungseinrichtungen in einer demokratischen Ordnung ist nicht die Gesellschaftsveränderung, sondern der in seine Freiheit hinein zu bildende Mensch." Die kulturbezogene Leistung der Wissenschaften, also auch der Geisteswissenschaften ist hier deutlich mitangesprochen.

Bewußtsein der Öffentlichkeit sind Wert und Bedeutung der Geisteswissenschaften nicht so sehr abstrakt in der Aktualisierung der Freiheitsidee und der Befriedigung des wissenschaftlichen Erkenntnisstrebens des Menschen aufzuzeigen; vielmehr müssen die Ergebnisse der Wissenschaft verfügbar und verständlich gemacht werden für alle, die sich dafür interessieren oder daraus ‚Nutzen' ziehen können, an der Universität und darüber hinaus – in einer lebensnahen und den Menschen anregenden Form.[35] Auch geisteswissenschaftliche Errungenschaften haben einen „Vorzeigecharakter", aus dem sehr rasch allgemeine „Bedürfnisse erwachsen können".[36] Man formuliert deshalb zu Recht heute unter neuen Vorzeichen die Aufgabe der Geisteswissenschaften.[37]
Für die vorliegende Thematik verkürzt und vereinfacht, läßt sich diese so andeuten: Da es Geisteswissenschaften mit den Hervorbringungen des menschlichen Geistes zu tun haben, die man in dem im weitesten Sinne genommenen Begriff ‚Kultur' zusammenfassen kann, und da, weil Kultur sich von der Dimension der Zeit nicht ablösen läßt, die Geschichte immer mit im Spiel ist, erwartet man von ihnen, daß sie die kulturellen Stoffe aus der Vergangenheit „in die lebendige Gegenwart zurückholen"[38], den Menschen von heute verständlich machen und für die Zukunft erhalten.[39] Man kann dies die kulturerschließende Aufgabe der Geisteswissenschaften nennen. Die ‚politische' Seite dieser Aufgabe[40] wird insofern stark erkennbar, als sie durch das Selbstverständnis der jeweiligen Gesellschaftsform, in der sie erfüllt wird, eine besondere Ponderierung und Ausprägung erhält. Auszugehen ist dabei von der Einstellung der Gesellschaftsform zu den kulturellen Leistungen ihrer Geschichte. Ist diese eher ablehnend oder kühl distanziert dazu eingestellt, so schafft sie im Extremfall eine kulturelle tabula rasa, sich von ihrer Vergangenheit abschneidend (wie etwa in der chinesischen Kulturrevolu-

---

35 *Erich Fromms* Kritik (Die Revolution der Hoffnung. Für eine humanistische Technik. – Hamburg 1979, 97) sollte gehört werden: „Sogar in den Geisteswissenschaften wird . . . der Unterricht in einer entfremdeten und intellektuellen Form abgehalten. Kein Wunder deshalb, daß die klügsten Studenten davon buchstäblich ‚die Nase voll haben', weil sie vollgestopft und nicht angeregt werden." – S. dazu auch *Lobkowicz, N.*: Geisteswissenschaften und Hochschulreform, 37f.: „Dabei sollten die Geisteswissenschaften als ihre besondere Chance erkennen, daß sie zwar Ergebnisse vorzuweisen haben, mit denen man nicht in den Weltraum fliegen, Krankheiten heilen oder das Sozialprodukt steigern kann, die jedoch – ebenso wie ihr Entstehungsprozeß – dem Alltagsdenken des Durchschnittsbürgers zugänglich sind." . . . „Es ist Zeit, daß auch in Deutschland wieder historische, literatur- und kunstwissenschaftliche, philosophische und theologische Untersuchungen erscheinen, die wie in Frankreich oder England trotz unbestreitbarem wissenschaftlichen Niveau monatelang auf der Bestsellerliste bleiben."

36 So wiederum *Fromm, E.*: Die Revolution der Hoffnung, 27.

37 Vgl. dazu die grundlegenden Beiträge in: Geisteswissenschaft als Aufgabe. *Lobkowicz* z. B. stellt (a.O., 37) fest: „In jedem Falle sind die Geisteswissenschaften (insbesondere die sog. ‚kleinen Fächer') in Deutschland zu einem baldigen Untergang verurteilt, wenn es ihnen nicht gelingt, neu und überzeugend zu artikulieren, was sie tun und warum sie es tun."

38 So *Müller-Seidel, W.*: Die Erforschung der deutschen Literatur. In: Geisteswissenschaft als Aufgabe, 147.

39 Geisteswissenschaftler hätten nach *Arnold Buchholz* (Am Ende der Neuzeit, 193) Möglichkeiten und Methoden, den „geistigen Reichtum der Vergangenheit ins heutige Bewußtsein" zu heben.

40 *Pöggeler* (Einleitung zu: Geisteswissenschaft als Aufgabe, 3) spricht demnach den Geisteswissenschaften bei ihrer Neuorientierung eine „wichtige kulturpolitische Rolle" zu.

tion[41]), oder sie läßt die Leistungen der Vergangenheit nur insofern gelten, als sie das Prestige ihrer gegenwärtigen Erscheinungsform (des politischen Systems) stützen und aufwerten will (was oft zu verzerrten Deutungen der kulturellen Phänomene führen muß[42]). Ist eine Gesellschaftsform gegenüber ihrer Kultur vorbehaltlos und unvoreingenommen aufgeschlossen, so läßt sie ihr die Freiheit, in Museen, historischen Bibliotheken, Sammlungen, Ausstellungen, Archiven, in Theater, Funk, Fernsehen, in Literatur, Folklore, religiösen Festen usw. in Erscheinung zu treten. Kultur wird so, als Manifestation der Freiheit, zu einer Bedingung dieser Gesellschaftsform schlechthin. Die Geisteswissenschaften, zumal die historisch ausgerichteten, sind in einer solchen Gesellschaft nicht nur existenzwürdig, sie sind unabdingbar notwendig, da sie unter anderem vor allem den lebenden Menschen die Voraussetzung dazu schaffen, ihre Kultur kennenzulernen, zu begreifen, in ihr zu leben und letztlich sich selbst innerhalb ihres weit in die Vergangenheit zurückreichenden Horizontes besser zu verstehen. Darin haben wir den hauptsächlichen Grund zu sehen, warum sich der Staat als die politische Organisation der Gemeinschaft der lebenden Menschen den teuren Preis der Geisteswissenschaften kosten läßt. Wegen dieser ‚politischen' Funktion rangieren die Geisteswissenschaften zweifellos gleichberechtigt neben den Natur- und Sozialwissenschaften. Allerdings werden sie Wege suchen müssen, auf denen sie sich mit den Sozialwissenschaften, die ihnen in Aufgabenbereich und Zielsetzung immer näher kommen, „in einem neuen, umfassenderen Selbstverständnis vereinen"[43] und sich so eine erweiterte Sinn-Grundlage geben können.

2.2 **Die besondere Rolle der Klassischen Philologie**

Die angedeutete Einschätzung der Geisteswissenschaften sichert auch den Fächern Latein und Griechisch ihren Platz an den Universitäten. Latinistik und Gräzistik sind wie Ägyptologie, Byzantinistik, Indologie, Archäologie, Semitistik u. a. anerkannte historisch orientierte geisteswissenschaftliche Disziplinen. Die klassisch-philologischen Fächer heben sich jedoch von den anderen genannten Disziplinen aus zwei Gründen ab, die es ihnen nicht erlauben, sich nur mit der Minimalrolle eines, wie man sagt, universitären ‚Orchideenfaches', eines ‚exotischen Faches', eines ‚Luxusfaches'[44] zu begnügen. Diese Gründe haben sehr viel mit der Schule zu tun.[45]

---

[41] Was das chinesische Staatsoberhaupt *Ye Jianying* am 30. Jahrestag der Gründung der Volksrepublik China im Nachhinein als „eine schreckliche Katastrophe für das ganze chinesische Volk" hinstellte (zitiert nach Münchner Merkur vom 1. Oktober 1979). Dazu allgemein wichtig *Domes, J.*: China nach der Kulturrevolution. – München 1975, bes. 20ff.

[42] Zur Situation und Zielrichtung der Wissenschaft in den östlichen Ländern vgl. bes. *Buchholz, A.:* Am Ende der Neuzeit, 39ff. und 195. Die Pflege von „Kunst und Kultur" „trägt zum Ansehen unseres sozialistischen Staates in der Welt bei." So die Formel der DDR in der Werbeschrift „Berlin, Die Hauptstadt der DDR grüßt ihre Gäste." Berlin, Juni 1978.

[43] So *Lobkowicz, N.*: Geisteswissenschaften und Hochschulreform, 37. Für dieses neue gemeinsame Selbstverständnis böten sich „Begriffe wie ‚humanities', ‚études humaines', ‚moral sciences'" an, „mögen sie auch bislang unzureichend durchdacht worden sein."

[44] So *Jenne, M.*: Klassische Philologie, 236.

[45] Vgl. dazu neuerdings *Nickel, R.*: Einführung in die Didaktik des altsprachlichen Unterrichts. – Darmstadt 1982, 87ff.

2.2.1 *Die kulturbezogene Verantwortung des Klassischen Philologen*

Es ist nicht zu bezweifeln, daß „die lebensmäßige Verwurzelung und die Verflechtung mit der Kultur" entscheiden, „welche wissenschaftliche Bereiche besonders intensiv und extensiv ausgebaut werden".[46] Gräzistik und Latinistik bedeuten uns mehr als Sinologie und Semitistik; sie verwalten offensichtlich den wesentlichsten Teil des kulturellen Erbes, welches das heutige Europa trägt und von dem anerkanntermaßen Wirkungen in weite Teile der übrigen Welt ausgegangen sind.[47] Gewiß werden uns auch die anderen Weltkulturen heute zunehmend vertrauter; doch gilt *Goethes* Wort im Kerne noch: „Chinesische, indische, ägyptische Altertümer sind immer nur Kuriositäten; es ist sehr wohl getan, sich und die Welt damit bekannt zu machen, zu sittlicher und ästhetischer Bildung aber werden sie uns wenig fruchten".[48] „Rom und Griechenland sind uns das nächste Fremde".[49] Wenn irgendwelche Fächer, dann haben das Griechische und das Lateinische die beschriebene kulturerschließende Funktion zu erfüllen. Ihnen vor allem obliegt die Aufgabe, das Bewußtsein von der kulturellen Kontinuität im europäischen Raum und darüber hinaus wachzuhalten und das Ensemble menschlicher Möglichkeiten, Erfahrungen und Sinngehalte, die die Antike gewonnen und an denen sich die Vergangenheit gebildet hat, für Gegenwart und Zukunft bereitzuhalten. „Das Studium des Altertums" darf kein „Geschäft von Glasperlenspielern"[50] sein, nicht in „bewunderungswürdiger, aber doch sich selbst genügender Gelehrsamkeit"[51] aufgehen, in Isolation von den Fragen der Gegenwart und ihren Nöten. Die bloße Sammlung von publizierten Forschungsergebnissen, die nur noch wenige lesen können, erzeugt – zumindest auf seiten der interessierten Schulphilologen – wegen ihrer Fülle „eine Art von Depression".[52] Die Klassische Philologie kann sich *nicht nur* zum Ziel setzen, „die überragenden Schriftwerke zugänglich zu halten" und allenfalls den Schritt über die Fachgrenze hinaus dadurch zu vollziehen, daß sie den anderen Disziplinen, die auf antike Texte angewiesen sind, als eine Instanz dient, welche „die Solidität ihrer Textbehandlung überprüft"[53] (wiewohl auch dies sehr wichtige Aufgaben sind). Wenn die Freiheit einer Geisteswissenschaft in unserer Gesellschaft auch so verstanden werden darf, daß sie ihre Stoffe frei verfügbar macht,

---

[46] So *Pöggeler, O.*: Einleitung zu: „Geisteswissenschaft als Aufgabe", 8.

[47] Nach der Kulturforscherin und Anthropologin *Margaret Mead* (Der Konflikt der Generation. Jugend ohne Vorbild. – München 1974, 11) sind es z. B. „die griechisch-römischen Überlieferungen gewesen, aus denen sich unsere moderne Wissenschaft entfaltete."

[48] Zitiert bei *Hermann, K. F.*: Culturgeschichte der Griechen und Römer (aus dem Nachlaß hrsg. von *Schmid, K. G.*). – Göttingen 1857, Bd. I, S. 6.

[49] So *Hölscher, U.*: Die Chance des Unbehagens. Zur Situation der klassischen Studien. – Göttingen 1965, 81.

[50] So *Jens, W.*: Zur Antike. – München 1978, 11.

[51] *Lefèvre, E.*: Die Geschichte der humanistischen Bildung, 108, stellt dies beim klassisch-philologischen Bemühen früherer Jahre fest, es trifft aber auch heute vielfach im „neuen Positivismus zweiten Grades, der das Geistesgeschichtliche in sich aufgenommen hat" (*Hölscher, U.*, a.O., 77): auf den philologischen Wissenschaftsbetrieb zu.

[52] Das stellt *Müller-Seidel, W.,*: Die Erforschung der deutschen Literatur, 145, für die Germanistik fest, es trifft aber auch für die Klassische Philologie zu.

[53] So *Tränkle, H.*, in: Wie klassisch ist die klassische Antike? – Zürich/Stuttgart 1970, 37 und 31.

dann sollte es Aufgabe des Latinisten und des Gräzisten sein, die antiken Texte, um deren Erhaltung und Deutung sie sich im Detail wie im Ganzen bemühen, auch der jeweiligen Gegenwart vorzustellen,[54] ihre Bedeutung, wo immer möglich, in und außerhalb der Universität zu vertreten, in den Lehrveranstaltungen, in Beiträgen zu einem studium generale, in allgemeinverständlich geschriebenen Publikationen, in Fortbildungsveranstaltungen, an Volkshochschulen, in der Erwachsenenbildung, in Presse, Funk und Fernsehen.[55]

Die Chance für eine solche Selbstdarstellung der Klassischen Philologie ist heute um so größer, als das geistige Klima für eine historische Rückschau wieder günstiger ist. Die „Entfremdung von der Überlieferung", die nach *Uvo Hölscher* an der Krise der Klassischen Studien Schuld trägt[56], ist heute in eine mehr oder weniger fühlbare Hinwendung zur Tradition umgeschlagen; man bekundet wieder Interesse an historischen Gegenständen.[57] „Von einer allgemeinen Krise unserer historischen Kultur kann keine Rede sein."[58] Die Auseinandersetzung mit den tradierten Stoffen und Werten hat eine bemerkenswerte Funktion im Bildungsgeschehen zurückgewonnen. In diesem Prozeß sollten die Alten Sprachen präsent sein; sie sollten sich, eben „weil die Antike im geistigen Leben Europas gegenwärtig"[59] ist, sich als Fächer der europäischen Tradition zu erkennen geben.[60] Die Universitätsvertreter haben die Kompetenz und die wissenschaftliche Freiheit, die ihnen auch Distanz ermöglicht, kritisch-fördernd auf das öffentliche Bewußtsein einzuwirken, in der Bildungsdiskussion an einer guten Atmosphäre, gewissermaßen an einem positiven Background für den Latein- und Griechischunterricht mitzuwirken. Auch für die Schulfächer ist es von Belang, „ob es der Klassischen Philologie selbst gelingt, die Herausforderung der Zeit auch in ihren Chancen anzunehmen und sich im kulturellen Kontext der Gegenwart offensiv zu etablieren."[61] Die Fachwissenschaft hat hier zweifellos eine kulturbezogene Verantwortung.

---

[54] Vgl. dazu bes. *Bell, D.*: Die Zukunft der westlichen Welt, 182 und 203.

[55] S. dazu vor allem *Fuhrmann, M.*: Der altsprachliche Unterricht zwischen Traditionspflege und Traditionsabbruch. In: (hrsg. von *Höhn, W./Zink, N.*): Handbuch für den Lateinunterricht. Sekundarstufe II – Frankfurt 1979, 27. – Die „in einem zu engen Sinne philologische Konzeption" der Klassischen Philologie bedürfe einer Öffnung zu einer stärkeren kultur-historischen Orientierung, so *Jenne, M.*: Klassische Philologie, 236. *Lobkowicz* (a.O., 42) stellt diese Aufgabe allen Geisteswissenschaften.

[56] Chance des Unbehagens, 67f.

[57] Vgl. etwa *Flashar, H.*: Zur Situation der Klassischen Philologie. In: Geisteswissenschaft als Aufgabe. – Berlin/New York 1978, 122.

[58] So *Lübbe, H.*: Über den Grund unseres Interesses an historischen Gegenständen. In: Geisteswissenschaft als Aufgabe, 183.

[59] So *Tränkle, H.*, in: Wie klassisch ist die klassische Antike? 24.

[60] *Manfred Fuhrmann* (Der altsprachliche Unterricht zwischen Traditionspflege und Traditionsabbruch, 22) will zwar nur Latein „als Fach der europäischen Tradition" herausstellen, es sind jedoch auch von den Schöpfungen der Griechen Wirkungen ausgegangen, die die „gesamteuropäische Perspektive" zu berücksichtigen gebieten. – „Der Forschung kommt es zu", die literarischen Gegenstände „lebendig zu erhalten und anderen einsichtig zu machen, damit sie nicht als tote Dinge aufgefaßt werden." Was *Müller-Seidel* für den Germanisten sagt (Die Erforschung der deutschen Literatur, 146), trifft in noch viel stärkerem Maße für den Klassischen Philologen zu.

[61] So *Flashar, H.*: Zur Situation der Klassischen Philologie, 122.

2.2.2 *Die schulbezogene Verpflichtung des Universitätslehrers*

Latinistik und Gräzistik widmen sich, wie alle Disziplinen an der Universität, der Forschung und der Lehre. Sie unterscheiden sich von den anderen historischen Fächern wie Semitistik, Sinologie, Ägyptologie und Byzantinistik auch dadurch, daß sie die Studierenden auf ein Lehrfach am Gymnasium vorbereiten, also auf den Beruf als Lehrer und Erzieher. Für sie gilt: „Das Hochschulrahmengesetz vom 26. 1. 1976 sieht die Universität – und zwar unausgesprochen, aber doch de facto – vorrangig als berufsbildende Hochschule, als den Gipfel des tertiären Bildungs- bzw. Ausbildungsbereichs."[62] Die Universitätslehrer greifen demnach ex officio durch die Art ihrer Lehre und die Präsentation ihrer Gegenstände indirekt in das Bildungsgeschehen der Zeit ein; sie gestalten sozusagen als ‚höhere Mächte' die Schule der Gegenwart mit. Denn das Gesetz, nach dem ein Lehrer angetreten ist – zumal am Gymnasium –, wird ihm schon auf der Universität eingemeißelt. Die Fachwissenschaft kann sich deshalb nicht so einfachhin von der Zeit abtrennen und „einer realitätsfernen Gesinnung anhängen".[63] Die Klassische Philologie benötigt deshalb auch einen schulischen Bezug; diese Notwendigkeit wird um so einsichtiger, als „eben heutzutage 98% der von ihr ausgebildeten Studenten später als Lehrer an Gymnasien unterrichten"[64] und „weil es für die Klassische Philologie in weit geringerem Maße als für die meisten anderen geisteswissenschaftlichen Disziplinen Berufsfelder außerhalb von Schule und Hochschule gibt."[65] Das kann nicht bedeuten, daß die Fachwissenschaft ihre Stoffe pädagogisch aufbereitet und ihre Auswahl und Darbietung starr an den Bedürfnissen der Schule orientiert. Dies wäre schon deshalb ungut, weil das Studium der Antike dem Studierenden einen weiteren Horizont eröffnen muß, als ihn der spätere Beruf braucht; der Lehrer sollte ja aus dem vollen schöpfen können. Es wäre aber auch unmöglich, weil die Universitätslehrer bei der gewaltigen Fülle von wissenschaftlichen Aufgaben im einzelnen wie im ganzen[66] die wissenschaftlichen Erkenntnisse der pädagogischen Bezugswissenschaften kaum oder nicht zureichend berücksichtigen können. Zudem würde eine derartige Fixierung die wissenschaftliche Freiheit der Universitätslehrer in unerträglicher Weise einengen, sie unter „das Diktat der Zwecke und Zwänge"[67] bringen und ihnen den nötigen „Freiraum für Forschung"[68] nehmen.

---

[62] So *Sallmann, K.*: Zur Ausbildung des Lehrers der Alten Sprachen an der Universität, 26; s. dazu auch die Zitate bei *Sallmann*, a.O., in Anm. 7: „HRG § 2 (1) ‚Die Hochschulen . . . bereiten auf berufliche Tätigkeiten vor . . .'; dazu in der Kabinettsbegründung: ‚Dieser Auftrag zur beruflichen Ausbildung tritt nicht neben die wissenschaftliche oder künstlerische Aufgabenstellung der Hochschulen, sondern ist deren Bestandteil.'"

[63] Dies sieht als problematisch an *Jäger, G.*: Einführung in die Klassische Philologie. – München ^{2}1980, 29.

[64] So *Hofmann, H.*: Fachwissenschaft und Schulpraxis, 74.

[65] So *Flashar, H.*: Zur Situation der Klassischen Philologie, 119.

[66] Vgl. dazu bes. *Tränkle, H.*, in: Wie klassisch ist die klassische Antike? 28f. und *Marg, W.*: Die Alten und das Neue, 40ff.

[67] Vgl. dazu *Jens, W.*: Zur Antike, 10.

[68] Dazu bes. *Lobkowicz, N.*: Wortmeldung zu Kirche, Staat, Universität, 140ff.; er beschreibt allgemein die Problematik der mangelnden Berufsbezogenheit, durch die das Studium vor allem der geisteswissenschaftlichen Fächer an den deutschen Universitäten gekennzeichnet sei, sehr

Notwendig aber und möglich ist es, „die Klassische Philologie als ein Fach von pädagogischem Gewicht“[69], als ein Fach im Dienste „der Menschheitsbildung“[70], als einen möglichen „Faktor im Bildungsprozeß“[71] vorzuführen. Der Professor sollte sich deshalb freimachen zu einer bekenntnishaften Aussage in all jenen Bereichen, für die er seine Studenten berufstüchtig machen will, vor allem zur Bildungsträchtigkeit seiner Gegenstände, also der Texte, darüber, daß in diesen Texten anthropologische Aussagen stehen, die auch auf den heutigen Menschen ihre Wirkung nicht verfehlen. Die Universität sollte die Scheu davor ablegen, „durch eine Art ‚existentiellen Transfer‘ die Bedeutung, die Wahrheit der antiken Texte zu betrachten, und zwar als Bedeutung ‚für mich‘“.[72] Das würde „auch von der Philologie als Wissenschaft“ verlangen, „sich selbst wieder aus einer ‚Papierwissenschaft‘ zu einer Humanwissenschaft im echten Sinne des Wortes, zu einer auf den Menschen gerichteten Wissenschaft zu machen“.[73] Was voraussetzt, daß ihren Vertretern, wie es *Richard Kannicht* ausdrückt, „Wissenschaft nicht autark um ihrer selbst willen wichtig ist“.[74] Die Absicht, auch die anthropologische Dimension im fachwissenschaftlichen Angebot zur Geltung zu bringen[75] und so den Absichten der Schule entgegenzukommen, setzt freilich voraus, daß die Universitätslehrer zumindest in einem groben Rahmen die Zielsetzungen und Bedingungen der Gymnasialfächer kennen, daß sie ein Interesse für deren Präsentation der Stoffe bekunden (selbst wenn sich dieses nur als eine aus der Distanz gesprochene Kritik daran äußern sollte). Ob allerdings die Klassische Philologie noch imstande ist, „zusammen mit anderen Philologien Bildungsziele und -inhalte zu entwickeln“[76] oder

---

eindringlich, weist aber ebenso nachdrücklich auf das Bedürfnis der Universität nach einem Freiraum der Forschung hin. – *Udo W. Scholz* (Klassische Philologie – Bestandsaufnahme und Tendenzen, in: Linguistik und Literaturwissenschaft VII/25, 1977, 54f.) wendet sich zwar zu Recht gegen „eine selbstgewählte Bescheidung und Beschränkung“ der Fachwissenschaft „auf bestimmte Stoffbereiche unter dem Aspekt ihrer aktuellen Anwendungsmöglichkeiten“, wobei er darin in erster Linie eine Orientierung an den Bedürfnissen der Schulpraxis sieht; wenn er allerdings jede Rücksicht auf die heute besonders bedrängte Situation der Schulfächer, auf die die Studierenden vorzubereiten sind, als „modernistische Neubesinnung“ ablehnt, dann ist eine solche Haltung wirklichkeitsfremd und zeugt nicht von einem Verständnis für die Anforderungen, die sich gegenwärtig dem altsprachlichen Lehrer stellen.

[69] So *Sallmann, K.*: Zur Ausbildung des Lehrers der Alten Sprachen an der Universität, 35.

[70] So *Patzer, H.*: Das Studium der Klassischen Philologie als Vorbereitung auf den Beruf des altsprachlichen Gymnasiallehrers, 74.

[71] So *Henschke, A./Muhlack, U.*: Einführung in die Geschichte der Klassischen Philologie. Darmstadt 1972, 142.

[72] So *Suerbaum, W.*, in: Thesen eines bayerischen Hochschullehrers zur Universitätsausbildung der Lehrer der Alten Sprachen, vorgelegt auf der Tagung des DAV in Göttingen 1980. Vgl. dazu auch *Fuhrmann, M.*: Der altsprachliche Unterricht zwischen Traditionspflege und Traditionsabbruch, 27.

[73] So *Pfliggersdorffer, G.*: Humanistische Besinnung. In: Klassische Philologie. Bericht über die gesamtösterreichische Arbeitstagung 1971 in Salzburg (hrsg. von *Benedikt, E.*). – Wien 1973, 190.

[74] Philologia perennis? In: Didaktik des altsprachlichen Unterrichts. (hrsg. von *Nickel, R.*): – Darmstadt 1974, 372.

[75] Nach *Michael Jenne* (Klassische Philologie, 236) erwarten die Studenten auch eine existentielle Bezogenheit des Studiums.

[76] Wie es z. B. *Henschke, A./Muhlack, U.*: Einführung in die Geschichte der Klassischen Philologie, 142, verlangen.

gar ein Bildungsprogramm mitzuentwerfen, läßt sich heute nicht so ohne weiteres sagen. Das bildungspolitische Umfeld hat sich wesentlich geändert, und eine humanistische Programmatik wird zu einem immer schwierigeren Unternehmen. So viel gilt jedoch als sicher: Man erwartet von den Fachwissenschaften eine engere Zusammenarbeit mit der Schule.[77] Oder anders ausgedrückt: Die Universitätslehrer sollten sich „nicht von der pointierten Frage dispensieren, ob die Schule an der Philologie und die Philologie an der Schule hängt".[78] Zweifellos bliebe ein derartiges Engagement des Fachwissenschaftlers nicht ohne Rückwirkung auf die universitäre Lehre. Die Studenten könnten spüren, „daß es sich lohnt, solche Dinge zu treiben".[79] Die innere Vorprägung, die die künftigen Lehrer auf solche Weise erfahren, ist – vom späteren Beruf aus gesehen – nicht hoch genug einzuschätzen. Die Fachwissenschaft hat hier, vielleicht darf man das sagen, auch eine schulbezogene Verpflichtung.[80]

Wem es einleuchtet, daß die Lehrer der Klassischen Philologie heute mehr denn je eine kulturbezogene Verantwortung und eine schulbezogene Verpflichtung haben, dem erscheint es auch nicht als abwegig, wenn von seiten der Schule für ein eher ‚offenes' Selbstverständnis der Fachwissenschaft plädiert wird. Nur wenn das Fach sich auch dem Anspruch der Gegenwart öffnet, wird der junge an der Universität sich bildende und ausbildende Lehrer von Anfang an aufgeschlossen für seinen Beruf, den er einmal ein Leben lang ausübt, für seine Anforderungen und Schwierigkeiten, aber auch für seine Befriedigungen und Freuden, im ganzen für den „Erziehungs- und Kulturauftrag", den zu erfüllen auch die von ihm studierten Fächer innerhalb der Schule durch die Länderverfassungen verpflichtet sind[81].

Gewiß wird dem angehenden Gymnasiallehrer die Fähigkeit, den Fachgegenständen eine, wie man sagt, pädagogische Funktion zu geben, d. h. sie auf Schüler hin aufzubereiten, von der Fachdidaktik und Pädagogik gelehrt; diese Bereiche sind jetzt mit guten Gründen, wie *Heinrich Krefeld* nachweist,[82] vom Studienseminar (pädagogischen Seminar) zu einem gewissen Teil in die erste Ausbildungsphase vorverlegt worden. Beide Ausbildungsabsichten, die fachwissenschaftliche und die fachdidaktisch-pädagogische dürfen jedoch nicht fremd und beziehungslos nebeneinander her-

---

[77] Dazu bes. *Sallmann, K.*: Zur Ausbildung des Lehrers der Alten Sprachen an der Universität, 33f., und *Hofmann, H.*: Fachwissenschaft und Schulpraxis, 74.

[78] So *Kannicht, R.*: Philologia perennis? 372.

[79] So *Marg, W.*: Die Alten und das Neue, 46.

[80] Da „das tradierte Selbstverständnis des Klassischen Philologen . . . das Interesse an schulpolitischen, ja überhaupt bildungspolitischen Vorgängen weitgehend ausschließt" (*Sallmann, K.*, 25), scheint hier eine gewisse Umorientierung des Universitätslehrers wünschenswert. Es ist allerdings der Schule wenig geholfen, wenn vonseiten der Fachwissenschaft die Vorbedingungen der pädagogischen Wirksamkeit antiker Stoffe radikal in Frage gestellt oder gar zerstört werden, ohne daß dafür begründeter Ersatz angeboten wird. *Egidius Schmalzrieth* z. B. (Inhumane Klassik. – München 1971, 9ff.) verurteilt das Kriterium des „Klassischen" in allen seinen Ausprägungen u. a. auch deshalb, weil es „pädagogisch gefährlich" sei, er deutet aber nur sehr vage eine andere Möglichkeit des pädagogischen Zugriffs auf die überlieferten Gegenstände an (28).

[81] Vgl. dazu *Schiedermair, H.:* Das Gymnasium und der Bildungsauftrag des Staates. In: Gymnasium 90 (1983), 413ff., bes. 427ff.

[82] Der Beitrag der Fachdidaktik zur Ausbildung des Lehrers in den Alten Sprachen. In: AU XXIV, 6 (1981), 43ff. (hier weitere Literatur).

laufen; sie vollziehen sich ja an ein- und demselben Menschen, in dem sie sich auch schon in der ersten Ausbildungsphase allmählich zu einer Einheit integrieren sollen. Das gelingt offensichtlich dann am ehesten, wenn einerseits die Fachdidaktik bei ihrer Adaption der pädagogischen Bedingungen auf das Fach allenthalben spüren läßt, wie sehr sichere und umfassende fachwissenschaftliche Kenntnisse eine notwendige Voraussetzung für jede schulische Darbietung des Stoffes sind und wenn andererseits die Fachwissenschaft von sich aus in ihren Lehrveranstaltungen und öffentlichen Aussagen die Atmosphäre, die im Raum der didaktischen Ausbildung entsteht, in einem positiven Sinne mitgestaltet. Fachdidaktik und Fachwissenschaft sind – vom Endziel der Ausbildung eines tüchtigen Lehrers her gesehen – aufeinander angewiesen. Solche Einsichten müßten den Boden bereiten, auf dem wieder – allgemein und nicht nur in bemerkenswerten Einzelfällen – eine stärkere gegenseitige Zuwendung der Universitäts- und Gymnasiallehrer und tieferes gegenseitiges Verstehen wachsen.[83]

---

[83] Auch von seiten der Universität sprechen sich dafür mit Nachdruck aus z. B. *Fuhrmann, M.*: Alte Sprachen in der Krise, 13ff., und *Sallmann, K.*: Zur Ausbildung des Lehrers der Alten Sprachen an der Universität, bes. 33ff.; *Hofmann, H.*: Fachwissenschaft und Schulpraxis, 74f.; *Suerbaum, W.*: Thesen, 70. Wichtig auch *Kannicht, R.*: Philologia perennis? bes. 372ff.

Die curriculare Vorwärtsverteidigung der bedroht geglaubten Altphilologie hat Resonanz gefunden.

Karl Stocker

Die Alten Sprachen zwischen Bildungstheorie und Bildungspolitik

‚Selbstfindung' der Fächer im modernen Gymnasium: Neubetonung des Lektüreunterrichts

Das Gymnasium hat sich in den letzten 30 Jahren gewandelt[1], schon äußerlich erkennbar daran, daß der Name auf alle „Oberschulen" übertragen wurde, die zur Allgemeinen Hochschulreife führen. Dieser Wandel setzte allmählich nach dem Zweiten Weltkrieg ein; er ist, genau genommen, bis heute, da das Gymnasium als Schultyp in Frage gestellt wird,[2] noch nicht zum Abschluß gekommen.
Die Reform an Haupt und Gliedern des Gymnasiums, von der Oberstufe (Sekundarstufe II)[3] ausgehend, über die Mittelstufe bis zur Unterstufe (Sekundarstufe I) vordringend, war bildungstheoretisch begründet und bildungspolitisch verordnet.[4] Sie erfaßte demnach das Angebot seiner Inhalte ebenso wie die äußere Organisation. Von dieser Reform, die dem Gymnasium ein zeitgemäßes, modernes Profil geben will, wurden alle Fächer betroffen; alle hatten mit Schwierigkeiten einer neuen Selbstdarstellung zu kämpfen. Am schwersten taten sich wohl die „unmodernen" Fächer der Alten Sprachen. Wie sich diese zwischen Bildungstheorie und Bildungspolitik behaupteten, wie sie angesichts der Ansprüche und Anfechtungen einer immer aggressiver werdenden Öffentlichkeit langsam zu sich selbst fanden, soll ein kurzer Blick in die jüngere Vergangenheit von 1945–1980 zeigen. Dabei soll auch mitbedacht werden, wie in dieser Zeit die anerkanntermaßen notwendige[5] wechselseitige Beziehung zwischen Universität und Schule aussah, wie aufgeschlossen und hilfreich sich die Universitätsvertreter gegenüber den Bedingungen und Bedürfnissen der in Not geratenen Schulfächer gezeigt haben. Vor dem Hintergrund dieser Erkenntnisse werden dann Aussagen über die gegenwärtige und zukünftige Situation womöglich verständlicher und eher begründbar.

---

[1] Aufschlußreich dazu *Westphalen, K.*: Zur Zeitgeschichte der gymnasialen Bildung. In: Gymnasialbildung und Oberstufenreform. – Donauwörth 1979, 9ff. (hier weitere Literatur). Neuerdings wichtig *Lefèvre, E.*: Zwischen Selbstbewußtsein und Selbstverteidigung. 30 Jahre Rechtfertigung des altsprachlichen Unterrichts. In: Gymnasium 90 (1983), 389–400.
[2] S. dazu u. 40ff.
[3] Zu dieser Entwicklung vgl. *Heck, G./Edlich, G./Ballauff, Th.* (Hrsg.): Die Sekundarstufe II, Grundlagen – Modelle – Entwürfe. WdF Bd. CCCCLVI. – Darmstadt 1978.
[4] Vgl. dazu etwa *Borucki, J.*: Gymnasium in neuer Zeit. – Würzburg 1980, 157ff. und *Heldmann, W.*: Gymnasium und moderne Welt. – Düsseldorf 1980, 144ff.
[5] S. dazu o. 19ff.

1 Die Defensivkonzepte des altsprachlichen Unterrichts in den Jahren 1950–1970

1.1 Großer Zustrom an Schülern, aber zunehmender Widerspruch in der Öffentlichkeit

Im bildungspolitischen und bildungstheoretischen Vakuum der Nachkriegsjahre[6] sicherten sich Latein und Griechisch rasch eine feste Position im Fächerkanon der Schule. Sie genügten dem damals nachdrücklich vorgetragenen Anspruch nach mehr Humanität, nach Rückbesinnung auf die Grundlagen der Kultur der westeuropäischen Völker durch das humanistische Angebot ihrer Fachinhalte, so daß ihnen die Anerkennung der Öffentlichkeit, der Bildungspolitiker, der Eltern und auch der Schüler nicht versagt blieb. Ein Beweis dafür ist der große Zustrom an Lernenden, den die Fächer damals erfuhren. „In absoluten Zahlen haben niemals so viele Schüler in Deutschland Latein und Griechisch gelernt wie in den 50er Jahren dieses Jahrhunderts".[7] Die Bildungsidee, die damals die Fachkonzeption trug, war weithin noch die des sog. Dritten Humanismus, der in der Zeit des Nationalsozialismus gewissermaßen paralysiert war,[8] in den Anfangsjahren des schulischen Wiederaufbaus aber eine bemerkenswerte Spätwirkung zeigte.[9] *Werner Jaegers* Programm war in Deutschland „die letzte im Ganzen durchdachte Konzeption",[10] die von der Universität der Schule als Rahmen ihres Selbstverständnisses und ihrer Unterrichtsrepräsentation angeboten wurde. Als die Idee des Dritten Humanismus, „des verklärten und verklärenden Gymnasialhumanismus", wie ihn *Ernst Robert Curtius* nannte,[11] – einerseits aufgrund innerfachlichen Widerspruchs,[12] andererseits durch die heftige Opposition namhafter Bildungstheoretiker wie *Theodor Litt, Georg Picht* und *Fritz Blättner* gegen den humanistischen Anspruch der Alten Sprachen[13] – sehr bald an Schwungkraft verlor, trat an ihre Stelle

---

[6] Wichtige Ausführungen zur Übergangszeit neuerdings bei *Thurow, R.*: Zeitbezug – Aktualisierung – Transfer. Anmerkungen zur Rezeptions- und Legitimationsproblematik im AU nach der Erfahrung des Nationalsozialismus. In: AU XXV,3 (1982), 57ff.

[7] So *Matthiesen, K.*: Altsprachlicher Unterricht in Deutschland. In: Fachdidaktisches Studium in der Lehrerbildung. Alte Sprachen 1 (hrsg. von *Gruber, J./Maier, F.*). – München 1979, 38.

[8] Genauer dazu *Nickel, R.*: Humanistisches Gymnasium und Nationalsozialismus. In: Paedagogica Historica XII,2 (1972), 480ff. Vgl. auch die von *Hans Heusinger* gesammelten Dokumente. In: Altsprachlicher Unterricht. Quellen zur Unterrichtslehre (hrsg. von *Geißler, G.*), Bd. 12. – Weinheim 1967, bes. 209ff. Neuerdings *Thurow, R.*, a.O., 59f.

[9] Zur historischen Einordnung vgl. bes. *Westphalen, K.*: Der Beitrag der Alten Sprachen zur gymnasialen Bildung. In: Der altsprachliche Unterricht XXIV,2 (1981), 44ff.

[10] So *Hölscher, U.*: Chance des Unbehagens, 74.

[11] Büchertagebuch. – Bern 1960, 36.

[12] Vgl. dazu etwa *Hentschke, A./Muhlack, U.*: Einführung in die Geschichte der Klassischen Philologie, 136ff.

[13] *Litt, Th.*: Das Bildungsziel der deutschen Klassik und die moderne Arbeitswelt. – Bonn 1955. Jetzt in: Kamps pädag. Taschenbücher. – Bochum [6]1969. *Litt* hat seine „antihumanistischen" Gedanken schon sehr viel früher vorgetragen. Die Polemik dieser Bildungstheorie hat ihren Grund darin, daß es den von solchem Humanismus geprägten Deutschen nicht gelungen ist, „die Barbarei des Nationalsozialismus" zu verhindern. Genauer dazu *Nickel, R.*: Einführung in die Didaktik des altsprachlichen Unterrichts. – Darmstadt 1982, 222ff.

nichts, das für die Schulfächer tragend und wegweisend gewesen wäre. Es gab einige Absichten: *Otto Regenbogen* z. B. hat schon 1947 einen tiefgreifenden, auf *Hoffmannsthals* Ideengut aufbauenden Versuch gewagt, den „Humanismus – heute" neu zu bestimmen;[14] auch *Harald Patzer* suchte 1948 nach einem Neuansatz im Verständnis dessen, was man „Humanismus" nennen sollte.[15] Von beiden ging jedoch keine bemerkenswerte Wirkung auf das Selbstverständnis der Schulfächer aus.

1.2 **Das Fehlen einer geistigen Führung**

Diesen war damals, soweit heute erkennbar, allmählich die ‚geistige' Führung verloren gegangen[15a]; schmerzlich spürbar wurde dies, als Bildungstheorie und Bildungspolitik den Latein- und Giechischunterricht zunehmend in Schwierigkeiten ihrer Legitimation brachten. Die Betonung von pragmatischen Gesichtspunkten bei der Einschätzung von „Bildungsgegenständen" provozierte Fragen an die altsprachlichen Fächer wie diese: „Wozu Latein und Griechisch nach der ‚zweiten kopernikanischen Wende'?" – „Wozu Latein und Griechisch im Atomzeitalter?" Da Schule immer stärker zur Stätte der Ausbildung (und nicht der Bildung) umgedacht wurde, hatten die Alten Sprachen fast keinen festen Boden mehr für eine tragfähige Begründung. Die Folgen blieben nicht aus: Die Bildungspolitiker reduzierten – in der Konsequenz der bildungstheoretischen Zielsetzungen – allenthalben drastisch die Stundenzahlen des Latein- und Griechischunterrichts. Es steht für den Lateinunterricht fest, daß damals „der Gigant vom Podest gestürzt wurde".[16] Die Vertreter der Alten Sprachen sahen sich ab Mitte der 50er Jahre „in solchen Zeiten schärfster Konkurrenz . . . immer mehr in die Defensive gedrängt"[17] und setzten sich zur Wehr – mit anerkennenswertem Mut zur Offenheit und zum Widerspruch.[18] Charakteristisch für jene Zeit der großen und kleinen Apologien, also der Versuche einzelner Schulleute und anderer, Wert und Bedeutung der Alten Sprachen – entgegen aller öffentlichen Skepsis – unter Beweis zu stellen, war, daß sachlich richtige Argumente nicht selten mit subjektiven Annahmen, vagen Proklamationen, gelegentlich auch mit „fatalem Pathos"[19] verbunden wurden, überhaupt, daß keine gemeinsame Linie einer Verteidigung gefunden wurde.

---

[14] In einem Vortrag der Reihe der Heidelberger Professorenvorträge (1947), veröffentlicht in: *Regenbogen, O.*: Kleine Schriften. – München 1961, 463ff.

[15] Der Humanismus als Methodenproblem der Klassischen Philologie. In: Studium Generale 1948, 84ff.

[15a] *Franz Bömer* bedauerte es 1952, daß auf der Gesamttagung des DAV und der Mommsen-Gesellschaft in Marburg „kein Programm von höherer Warte aus für eine praktische Zusammenarbeit" der Universität und Schule entwickelt worden sei (zitiert bei *Lefèvre*. Zwischen Selbstbewußtsein und Selbstverteidigung, 399) – Zeichen dafür, daß damals niemand die geistige Führung übernehmen wollte oder konnte.

[16] So *Westphalen, K.*: Schülerbeanspruchung im Lateinunterricht. In: Anregung 26 (1980), 360.

[17] So *Westphalen K.*: Der Beitrag der Alten Sprachen zur gymnasialen Bildung, 57.

[18] Vgl. dazu etwa: *Becher, H.*: Das Ringen der Gegenwart um den Humanismus. – Frankfurt/Berlin/Bonn o. J. (etwa 1955). *Schmid, C.*: Das humanistische Bildungsideal. – Frankfurt/Berlin/Bonn 1956. *Spranger, E./Haag, E.*: Der Sinn des altsprachlichen Gymnasiums in der Gegenwart. – Tübingen 1960. S. auch *Heusinger, H.* (Hrsg.): Altsprachlicher Unterricht, 247ff.

[19] *Bruno Snell* (Die alten Griechen und wir. – Göttingen 1962, 4) wies auf diese Gefahr hin.

Diese Entwicklung konnten auch die Universitätslehrer, sofern sie am Schicksal der Schulfächer Anteil nahmen, nur wenig zum Günstigen hin beeinflussen. Einige ihrer namhaftesten Vertreter suchten zwar, eingedenk der von *Schadewaldt* formulierten Erkenntnis, daß „die Wesenserforschung der Antike nicht zu trennen ist von ihrer Fortwirkung im neueren Europa“, den Brückenschlag zwischen Antike und Gegenwart; sie dokumentierten ständig die überzeitliche Bedeutung der lateinischen und griechischen Literatur und Geisteswelt, auch deshalb, weil sie den Kollegen am Gymnasium den Rücken stärken wollten.[20] Die Titel von Aufsätzen und Büchern zeugen von diesem ernsthaften und ehrenwerten Anliegen. „Von der Liebe zu den Griechen“ (*Rudolf Pfeiffer* 1958)[21] – „Die alten Griechen und wir“ (*Bruno Snell* 1962)[22] – „Vermächtnis der Antike“ (*Karl Reinhardt* 1960)[23] – „Römertum und Latinität“ (*Otto Seel* 1964)[24] u. a. Auch unmittelbare Argumentationshilfe bot die Universität an, so etwa *Wolfgang Schadewaldt* (1956)[25], *Uvo Hölscher* (1965)[26] und *Karl Büchner* (1965)[27]. Am 5. FIEC-Kongreß in Bonn (1969) sah sich die Fachwissenschaft sogar veranlaßt, in einer Diskussionsgruppe auch „die Probleme des altsprachlichen Unterrichts in einer sich wandelnden Gesellschaft“ mitzubedenken.[28] Entscheidende Impulse gingen allerdings, so viel läßt sich aus heutiger Sicht feststellen, von diesen Ansätzen nicht aus, wohl deshalb, weil ihnen die gemeinsame Idee, das umfassende Konzept fehlte, in das sich alle Einzelaussagen einordnen ließen und von dem aus man eine klare, schlagkräftige, auch nach außen hin überzeugende Programmatik hätte formulieren können. Die altsprachlichen Fächer fanden kein eigenes Profil; man wußte nicht so recht, welches

---

[20] *Karl Büchner* (Vom Bildungswert des Lateinischen. Studien zur römischen Literatur, Bd. V. – Wiesbaden 1965, 36) bemerkt, daß dabei der Wunsch mitspielte, das eigene Fach auf der Schule überhaupt vertreten und mit soviel Stunden wie möglich bedacht zu sehen.

[21] Münchner Universitätsreden, N.F. Heft 20 (1958), 9–22, abgedruckt in: *Pfeiffer, R.*: Ausgewählte Schriften. – München 1960.

[22] S. Anm. 19. *Snell* bietet seine Darstellung geradezu als Hilfe für die Gymnasiallehrer an, in der Hoffnung, sie könnten „aus dem hier vorgelegten doch vielleicht einiges unmittelbar Nützliches herausfinden.“

[23] Die von *Carl Becker* 1966 in Göttingen herausgegebene zweite und erweiterte Auflage der Aufsätze von *Karl Reinhardt* enthält sehr viele Beiträge, die die antike Vergangenheit in eine Verbindung zur Gegenwart bringen.

[24] Besonders im ersten Teil „Rom als Geschichte und Rom als Idee“ (17–69) ist der Brückenschlag von der Antike zur Gegenwart absichtlich gesucht.

[25] Sinn und Wert der humanistischen Bildung im Leben unserer Zeit. – Göttingen 1956 (jetzt auch in: Hellas und Hesperien. – Zürich 1960, 934–941). Vgl. auch *Heusinger, H.*: Altsprachlicher Unterricht, 247 ff.

[26] Die Chance des Unbehagens. Zur Situation der klassischen Studien (1965).

[27] Vom Bildungswert des Lateinischen. Studien zur römischen Literatur, Bd. V (1965).

[28] Die Beiträge dieses Kongresses (Féderation Internationale des Associations d'Etudes Classiques) sind von *Wolfgang Schmid* veröffentlicht worden: Die Interpretation in der Altertumswissenschaft. – Bonn 1971. In seinem Einführungsreferat hält *Schmid* die Besinnung auf die Schulprobleme „zu einer Zeit von Nutzen, da in Westeuropa von Skandinavien bis Italien die klassischen Studien auf den Höheren Schulen und Gymnasien immer mehr an Umfang abzunehmen drohen, was ein neues Überdenken auch, ja gerade der didaktischen Probleme notwendig macht.“ Allerdings enthält diese Veröffentlichung keine Ergebnisse dieser schulorientierten Diskussionsgruppe.

Gesicht man eigentlich trug, weil der Begriff „Humanismus" ohne fest umrissenen Inhalt blieb und demgemäß der Stellenwert eines humanistischen Programms in einem allgemeinen Konzept der Schule schwer einzuschätzen war. Die gymnasialdidaktische Darstellung der Fächer Latein und Griechisch war in jenen Jahren von Unsicherheit gekennzeichnet.[29] Es verdient Beachtung, daß ein Vertreter der Universität diese unsichere Lage zu beseitigen versuchte: *Hartmut von Hentig* mit seinem Werk: „Platonisches Lehren" (1966)[30]. *Von Hentig,* von Haus aus zwar klassischer Philologe, aber hauptberuflich Professor für Pädagogik, deshalb wohl eher imstande, gewissermaßen von außen her das Dilemma der Alten Sprachen zu durchschauen, hat so etwas wie eine neue Idee des Lateinunterrichts angeboten; sie hatte insofern eine Chance, auch außerfachlich anerkannt zu werden, als sie mit allgemeindidaktischen und -pädagogischen Kriterien begründet wurde. Doch entweder war *von Hentigs* Neuansatz zu realitätsfern oder die Schulleute waren (noch) zu wenig bereit, das pädagogische Umfeld ihres Unterrichts zu respektieren, d. h. über den Schatten ihrer Fachegozentrik zu springen; jedenfalls fand das Werk nicht die vom Autor erwartete und verdiente Beachtung. Es nahm kaum wesentlichen Einfluß auf die Didaktik des Lateinunterrichts (weshalb es, da der angekündigte zweite Band nicht erschien, ein Torso blieb).

Wir dürfen feststellen: Die Universitätsdisziplinen erkannten damals mehr oder weniger die Notsituation ihrer gymnasialen Bezugsfächer und versuchten Hilfestellung zu geben, allerdings wohl kaum in dem Maße, das für eine umfassende Begründung der Fächer nötig gewesen wäre. Vielleicht ist es von daher erklärbar, warum von Anfang an die Interessenvertretungen der altsprachlichen Gymnasiallehrer (der Deutsche Altphilologen-Verband und die einzelnen Landesverbände) verstärkt mit Grundsatzerklärungen und Programmschriften in Aktion traten,[31] die das erkennbare Legitimationsdefizit abbauen sollten; der Tenor dieser Äußerungen war weitgehend defensiv gehalten. Keimhaft freilich enthielten sie schon die materiale Basis für die Entwicklung eines Offensivkonzeptes in den Jahren 1970–1980.

---

[29] Der Unterricht erschöpfte sich auch weithin im „formalbildenden Wert", im „Übersetzungsdrill", wodurch z. B. der Vorwurf vom „inhaltslosen" Latein provoziert wurde.

[30] Stuttgart 1966, auf zwei Bände angelegt; der 1. Band erfaßt die Unter- und Mittelstufe des Lateinunterrichts (auch in Abgrenzung zum Griechischunterricht).

[31] Als Beispiel sei angeführt: *Deutscher Altphilologenverband*: Das Bildungsziel des altsprachlichen Gymnasiums. Das Unterrichtsziel der Alten Sprachen. In: Gymnasium 58 (1951), 383f. Diese schriftlichen Verlautbarungen sind z. T. abgedruckt in den Mitteilungsblättern des DAV bzw. der einzelnen Landesverbände; z. T. sind sie von den Landesvorsitzenden der Fachgruppe an die Schulen als Argumentationshilfen oder auch als Werbeblätter verschickt worden. S. auch: Probleme der humanistischen Bildung, Heft 7, 1965. Vgl. dazu *Matthiesen, K.*: Altsprachlicher Unterricht in Deutschland, 38ff. Vgl. auch *Jenne. M.*: Der Student im Studium, 154ff., mit kritischer Analyse dieser Proklamationen.

2 Das Offensiv-Konzept der altsprachlichen „Curriculum-Entwicklung" 1970–1980

Die tiefe Legitimationskrise der Alten Sprachen setzte ein, als Bildungstheorie und Bildungspolitik die bis dahin radikalsten Veränderungen herbeiführten. Damals zeigte sich deutlicher als je zuvor, daß „das Schicksal des altsprachlichen Unterrichts ... wesentlich mit dem Schicksal der allgemeinen Bildungspolitik verknüpft" ist.[31a]

2.1 Die „Kopernikanische Wende" in der Lehrplangestaltung

Die Zielorientierung des Unterrichts, die durch die Curriculum-Reform, nach *Klaus Westphalen* die „kopernikanische Wende" in der Lehrplangestaltung,[32] für alle Fächer in allen Schulformen verbindlich wurde, zwang die Vertreter des Latein- und Griechischunterrichts, gleichsam den Offenbarungseid zu leisten, also gegenüber der Öffentlichkeit aufzuzeigen, welche heute akzeptablen Ziele ihre Fächer verfolgen. Sie mußten dies in einer ihrem Bildungsanliegen höchst ungünstigen Atmosphäre tun; diese war weithin bestimmt vom harten Verdikt, das *Saul B. Robinsohn,* der Archeget eben jener Curriculumentwicklung in Deutschland, gegen die humanistische Bildung schon 1967 ausgesprochen hatte[33] und das er – wegen des Widerspruchs der DAV-Vertreter – später (1971) nur teilweise zurücknahm.[34]
Die bildungspolitisch verordnete Oberstufenreform von 1972, die nahezu Hand in Hand mit jenem bildungstheoretischen Neuansatz ging,[35] erschütterte den altsprachlichen Unterricht schließlich in seinen Grundfesten; erstmals in der Geschichte des altsprachlichen Unterrichts wurden die Fächer dort, wo sie in der Lektüre der tradierten Texte ihre pädagogische Kraft voll zur Entfaltung bringen, nämlich in der Oberstufe, der freien Wahl ausgesetzt. Es war möglich geworden, Latein und Griechisch vor dem Abitur abzulegen, den Fächern also ihr τέλος zu nehmen. Das Schutzgehege um die Alten Sprachen war gefallen; die Fächer wurden, wie man sagte, dem freien Markt von Angebot und Nachfrage überlassen.[36]
Die Situation war damit gegenüber früher grundlegend verändert; es genügten nicht mehr Grundsatzerklärungen und Verteidigungsschriften. Es mußte gleichsam ein Neubau des altsprachlichen Unterrichts[37] innerhalb einer sich reformierenden Schule gefun-

---

[31a] So *Lefèvre,* Zwischen Selbstbewußtsein und Selbstverteidigung, 396.
[32] Lateinunterricht und Curriculumforschung. In: Lernziele und Fachleistungen. Ein empirischer Ansatz zum Latein-Curriculum (hrsg. von *Bayer, K.*). – Stuttgart 1973, 9.
[33] Bildungsreform als Revision des Curriculum und Ein Strukturkonzept für Curriculumentwicklung. – Neuwied [1]1967, 18f.
[34] a.O., 3. Auflage, XIX. Zur Wirkung der Curriculumtheorie auf die Didaktik der Alten Sprachen s. *Vester, H.*: Zu dem Einfluß der allgemeinen Didaktik auf die Fachdidaktik der Alten Sprachen. In: Anregung 25 (1979), 289ff., bes. 291: „Die Konzeption Robinsohns birgt einen Sprengsatz in sich, welcher die Existenz der Alten Sprachen als Schulfächer radikal in Frage stellt."
[35] Siehe dazu *Heck, G./Edlich, G./Ballauff, T.:* Die Sekundarstufe II, bes. 181ff.
[36] Vgl. dazu etwa *Bayer, K.*: Curricula in den Alten Sprachen. In: Kollegstufenarbeit in den Alten Sprachen (hrsg. von *Bayer, K./Westphalen, K.*), Bd. 1. – München 1971, 9. Zur Notsituation s. auch *Lefèvre,* Zwischen Selbstbewußtsein und Selbstverteidigung, 394f.
[37] Allgemein dazu *Nickel, R.*: Altsprachlicher Unterricht. – Darmstadt 1973, 1ff.

den werden. Nüchterne Besinnung auf die tatsächlichen Möglichkeiten tat not, also auf solche Ziele des Unterrichts, die durch die Fachleistungen wirklich erreichbar sind und die sich mit allgemein anerkannten Begriffen und Kategorien beschreiben lassen. Und da die Vielheit der gefundenen Ziele in einer Einheit aufgehoben sein sollte, entwickelte man ein alle Teilziele umgreifendes Konzept, worin man durchaus die neue Idee des Lateinunterrichts (auch des Griechischunterrichts) sehen konnte. Es war dies die Idee der „Multivalenz" der Fächer, d.h. ihres Vermögens, die allgemein erkannten Lernzielbedürfnisse in einer erheblichen Breite zu befriedigen, nämlich in den vier Leistungsbereichen „Sprache", „Literatur„, „Gesellschaft, Staat, Geschichte", „Grundfragen menschlicher Existenz (Humanismus)".[38] Das Gliederungssystem, in dem die Möglichkeiten des Lateinunterrichts (der Griechischunterricht blieb damals noch außer Betracht) innerhalb der vier Leistungsbereiche in eine überschaubare und auch nach außen vorzeigbare Ordnung gebracht wurden, war der „Katalog von Fachleistungen Latein", den ein Ausschuß des Deutschen Altphilologenverbandes 1971 erarbeitete.[39] Diese sog. DAV-Matrix wurde mehr oder weniger zur Grundlage der Lehrplan-Reform in allen Ländern der Bundesrepublik.[40]

Diese DAV-Matrix sei – gleichsam als historisches Dokument einer folgenreichen Entwicklung – nachfolgend abgedruckt; die unter Leitung von *Heinrich Krefeld* entwickelte notwendige Ergänzung der „affektiven Lernstufen" wird beigefügt. Aus diesem Schaubild wird deutlich, wie sich aus dem Zusammenwirken von „kognitiven Lernstufen" und „affektiven Lernstufen" der „intendierte Beitrag zu den Lernzielen" des Lateinunterrichts ergibt.[41]

---

[38] Erstmals wurde dieses Konzept der „Multivalenz" von *Klaus Westphalen* (Zum Lernzielprogramm der Alten Sprachen auf der Kollegstufe. In: Kollegstufenarbeit in den Alten Sprachen, Bd. 1, 23) so bezeichnet und beschrieben. Vgl. auch die Würdigung dieses Programms durch *Westphalen K.*: Schülerbeanspruchung im Lateinunterricht, 363. Im Werbejargon wird sinnentsprechend seitdem auch von der „Mehrzweckwaffe Latein" gesprochen. *Nickel* (Einführung in die Didaktik, 25) scheint mir vorschnell die einmal gewonnene Idee wieder preisgeben zu wollen, wenn er „die Frage nach dem spezifischen Wert lateinischer und griechischer Texte vernachlässigt oder überdeckt" sieht in der Behauptung, daß altsprachlicher Unterricht „multivalent" sei. Das kann nur verunsichernd wirken; eine etwas andere Einschätzung bei *Nickel,* a.O., 221.

[39] Sie wurde im Mai 1971 in der Broschüre „Materialien zur Curriculumentwicklung im Fach Latein" den meisten Mitgliedern des DAV zugeschickt; sie wurde im Mitteilungsblatt des DAV 3 (1972), 1–4, veröffentlicht. Allgemein dazu *Schönberger, O.*: Entstehung und Funktion der Lernzielmatrix für den Lateinunterricht. In: Lernziele und Fachleistungen, 25ff. Zur Beurteilung der Matrix s. auch *Vester, H.*: Zu dem Einfluß der allgemeinen Didaktik, 291, sowie *Frings/Keulen/Nickel*: Lexikon zum Lateinunterricht, 179ff., s. v. „Lernzielmatrix".

[40] Wie etwa die Lehrpläne bzw. Richtlinien der Oberstufe Latein zeigen, hält man sich locker oder eng an die Vorgaben und das Gliederungsschema dieser DAV-Matrix. Lockere Anlehnung z. B. in den Lehrplänen des Saarlandes (Vorläufiger Lehrplan, Gymnasium Latein) und Bayerns (Curricularer Lehrplan für Latein in der Kollegstufe), engere Anlehnung z. B. in den Lehrplänen der Mainzer Studienstufe von Rheinland-Pfalz und in den Oberstufenlehrplänen von Baden-Württemberg. Einen Lehrplan-Vergleich hat *Klaus Westphalen* (Der Lateinunterricht im Spiegel neuer Lehrpläne. Eine Zwischenbilanz der Curriculumrevision. In: Gymnasialbildung und Oberstufenreform, 93ff.) vorgenommen: er kommt zu dem Ergebnis, daß es auf der Grundlage der vom DAV geleisteten Curriculum-Arbeit zu einer „Versachlichung der Zielvorstellung" und zu einer gewissen Einheitlichkeit in den angebotenen Fachleistungen gekommen sei.

[41] *Willibald Heilmann* (Ziele des Lateinunterrichts. In: MDAV 18,4 (1975), 11ff., hat diese Matrix weiterentwickelt, indem er der Sprache in ihrer kommunikativen Funktion gerecht zu werden versucht. Zur Beurteilung vgl. auch *Nickel, R.*: Einführung in die Didaktik, 487.

KATALOG VON FACHLEISTUNGEN – LATEIN 1971
Matrix
verwendet als Suchschema für Lernziele und Fachleistungen des Latein- und Griechisch-Unterrichts

Inhaltsklassen / Lernziel-Taxonomie	Sprache	Literatur	Gesellschaft Staat Geschichte	Grundfragen menschlicher Existenz (Humanismus)
Wissen	S 1	L 1	G 1	H 1
Reorganisation des Gewußten	S 2	L 2	G 2	H 2
Transfer	S 3	L 3	G 3	H 3
Problemlösendes Denken	S 4	L 4	G 4	H 4

(O. Schönberger – K. Westphalen)

Sprache

S 1: Wissen – Erweiterung der Sprachkompetenz und Abbau von Sprachbarrieren
- 1.1 Grammatisches Grundinstrumentarium
- 1.2 Metasprache der Grammatik
- 1.3 Sprachliche Strukturen
- 1.4 Stilistisches Grundinstrumentarium
- 1.5 Sprachliches Basiswissen
  - 1.51 für das Erlernen weiterer Fremdsprachen
  - 1.52 für das Verständnis und die Aneignung der internationalen wissenschaftlichen Terminologien

S 2: Reorganisation des Gewußten – Aktivierung isolierter Kenntnisse in veränderter Sprachsituation
(Erkennen von Unbekanntem aus bekannten Elementen im geschlossenen Bereich der lateinischen Sprache)
- 2.1 Erschließen von Wortbedeutungen durch Ableitung
- 2.2 Diskrimination, Erkennen und Beschreiben
  - 2.21 von Wortformen
  - 2.22 von Synonymen
  - 2.23 von grammatischen Erscheinungen
  - 2.24 von stilistischen Erscheinungen

S 3: Transfer – Übertragung gelernten Wissens auf neue Sprachsituationen auch außerhalb der lateinischen Sprache
- 3.1 Gewinnung neuer Lernergebnisse innerhalb der lateinischen Sprache durch Analogie (Binnentransfer)
- 3.2 Übertragung des am Lateinischen gewonnenen Sprachwissens (S 1) auf die Muttersprache und andere Schulsprachen (Außentransfer)

3.21 durch Wiedererkennen vergleichbarer Elemente
3.22 durch Kontrastierung
3.3 Vergleichende Sprachbetrachtung und Sprachreflexion

S 4: Problemlösendes Denken – Lösung komplexer Probleme bei der Übersetzung
4.1 Sprachliche Analyse eines Textes
4.11 durch Isolierung von Einzelproblemen
4.12 durch Erstellung von Hilfshypothesen
4.13 durch Validierung der Hilfshypothesen
4.2 Synthese durch kreative Nachgestaltung des Textes in Form
4.21 einer Paraphrase
4.22 einer Übersetzung
4.23 einer Strukturbeschreibung
4.24 einer künstlerischen Wiedergabe

Literatur

L 1: Wissen – Erweiterung der Kompetenz im Umgang mit Literatur
1.1 Im Bereich der Stoffe
1.11 Kenntnis wichtiger Texte der lateinischen Literatur durch Lektüre
1.12 Überblick über die Hauptabschnitte der lateinischen Literaturgeschichte
1.13 Kenntnis literarischer Stoffe und Motive der Antike
1.2 Im Bereich der Form
1.21 Erweiterung des stilistischen und literarischen Begriffssystems
1.22 Erwerb rhetorischer und metrischer Grundbegriffe

L 2: Reorganisation des Gewußten – Aktivierung isolierter literarischer Kenntnisse an lateinischen Texten
2.1 Diskrimination, Erkennen und Beschreiben
2.11 von metrischen und stilistischen Erscheinungen
2.12 von literarischen Formen und Gattungen
2.13 von literarischen Motiven
2.2 Erfassen einer künstlerischen Aussage mittels angemessener Kategorien
2.3 Wiedergabe eines Sprachkunstwerks
2.31 durch Rezitation
2.32 durch dramatische Gestaltung

L 3: Transfer – Übertragung gelernten Wissens auf literarische Werke, auch außerhalb der lateinischen Literatur
3.1 Gewinnung neuer Lernergebnisse durch Anwendung des gelernten literarischen Begriffssystems auf weitere lateinische Texte
3.2 Übertragung des an der lateinischen Literatur gewonnenen Wissens auf literarische Werke anderer Sprachen und Epochen
3.21 durch Wiedererkennen vergleichbarer Motive und Formen
3.22 durch Kontrastierung
3.3 Vergleichende Literaturbetrachtung (Komparatistik)
3.4 Bewußtsein vom Fortwirken literarischer Motive und Formen der Antike

L 4: Problemlösendes Denken – Lösung komplexer Probleme bei der Interpretation lat. Texte
4.1 Aufdeckung der Aussage-Intention eines Autors
4.11 durch Zusammenschau der sprachlichen, stilistischen und literarischen Ausdrucksmittel

4.12 durch Nachvollzug seines Gedankenganges

4.2 Vertiefung des Textverständnisses durch Aufdeckung der historischen, gesellschaftlichen und biographischen Bedingtheiten

4.3 Reflexion über die Aussage

Gesellschaft, Staat, Geschichte

G 1: Wissen – Erweiterung des historisch-politischen Weltverständnisses durch Eröffnung einer neuen Dimension

1.1 Kenntnis wichtiger Fakten und Strukturen

1.11 der römischen Geschichte

1.12 des gesellschaftlichen und politischen Lebens der Römer

1.13 des römischen Rechts

1.2 Grundlegung des gesellschaftlichen und politischen Begriffssystems der Römer

1.3 Kenntnis der verschiedenen gesellschaftlichen und politischen Wertsysteme der Römer

1.4 Kenntnis wichtiger Mittel der politischen Meinungsbildung bei den Römern

1.5 Einsicht in die Schichtengebundenheit der römischen Literatur

G 2: Reorganisation des Gewußten – Aktivierung isolierter Kenntnisse an geschichtlichen Quellen und politischen Texten der Römer

2.1 Diskrimination, Erkennen und Beschreiben von Erscheinungen, Situationen, Begriffen und Werten des politischen und gesellschaftlichen Lebens

2.2 Erfassen und Klassifizieren politischer Aussagen

G 3: Transfer – Übertragung gelernten Wissens auf andere soziopolitische Begriffs- und Wertsysteme

3.1 Übertragung auf sozialkundliche Grundfragen

3.2 Gewinnung kritischer Distanz zum gegenwartsverhafteten Denken durch Vergleich und Konfrontation mit verschiedenartigen Wertsystemen

3.3 Verständnis für das politische Denken fremder Völker und Gesellschaftssysteme

3.4 Erkenntnis historischer Kontinuität und Diskontinuität

G 4: Problemlösendes Denken – Anstöße zum Durchdenken komplexer politischer Probleme

4.1 Analyse politischer Krisensituationen der römischen Geschichte und der dazu vorgenommenen Lösungsversuche

4.2 Aufdeckung von politischen Tendenzen, Meinungen und Einstellungen in lateinischen Texten

4.3 Reflexion über die Relativität von sozialen und politischen Wertsystemen

4.4 Einsicht in die Bedingtheit politischen Handelns

Grundfragen menschlicher Existenz (Humanismus)

H 1: Wissen – Grundlegung und Erweiterung philosophischer Kenntnisse

1.1 Kenntnis römischer Spruchweisheit als Vorstufe philosophischen Denkens

1.2 Kenntnis wichtiger philosophischer Begriffe und Fragestellungen

1.3 Kenntnis wichtiger philosophischer Äußerungen im Original

1.4 Überblick über philosophische Lehrmeinungen und Systeme der Antike

H 2: Reorganisation – Aktivierung isolierter philosophischer Kenntnisse an lateinischen Texten

2.1 Differenzierung philosophischer Begriffe

2.2 Diskrimination, Erkennen und Beschreiben von philosophischen Fragestellungen

2.3 Erfassen einer philosophischen Aussage mittels angemessener Kategorien

2.4 Einordnung von philosophischen Äußerungen in Lehrsysteme und Schulzusammenhänge
2.5 Einsicht in die Vielfalt der Lösungsmöglichkeiten philosophischer Probleme

H 3: Transfer – Übertragung gelernten Wissens auf Grundfragen menschlicher Existenz
3.1 Übertragung auf philosophische Werke, auch außerhalb der lateinischen Literatur
3.2 Übertragung auf verschiedenartige Deutungsversuche menschlicher Existenz
3.3 Erkenntnis der existentiellen Relevanz aufgeworfener Fragen
3.4 Übertragung auf Grundfragen der eigenen Existenz

H 4: Problemlösendes Denken – Anstöße zum Durchdenken komplexer existentieller Fragen
4.1 Schärfung des Problembewußtseins
4.2 Reflexion über einzelne Probleme durch Vergleich und Kontrastierung vorgelegter Lösungsversuche
4.3 Validierung angebotener Lösungsversuche anhand reflektierter Beurteilungskategorien
4.4 Reflexion über die Relativität philosophischer Wertsysteme
4.5 Einsicht in die Bedingtheit menschlicher Existenz

K. Bayer – A. Clasen – E. Gebhardt – P. Kroh – P. Steinmetz – K. Westphalen

Ergänzung der MATRIX durch „Affektive Lernstufen" 1977

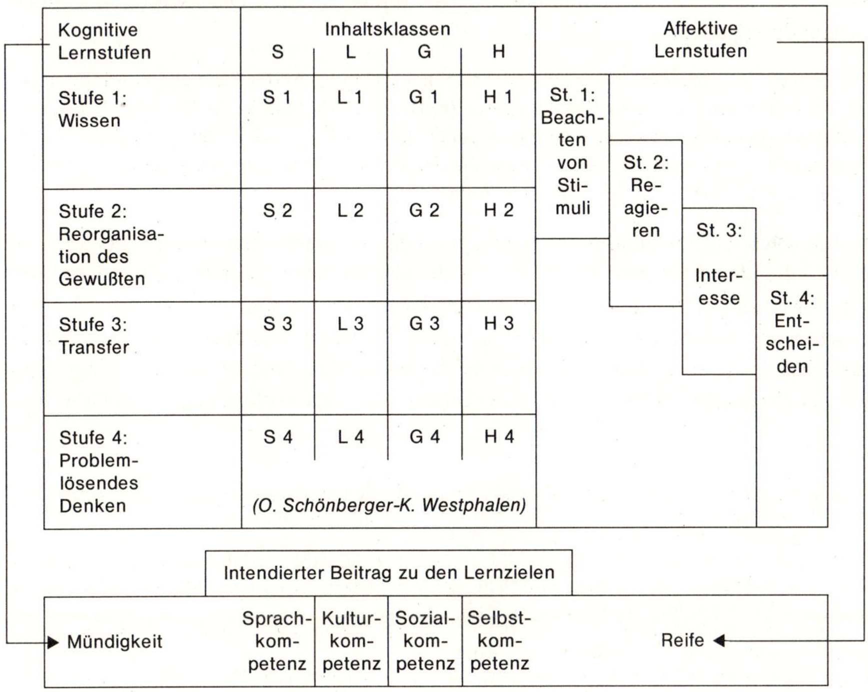

(H. Krefeld)

Die im Zuge der Curriculum-Reform inhaltlich umstrukturierten, d. h. auf „Lernziele und Fachleistungen" hin in einer neuen Weise ausgerichteten Fächer erwiesen sich als in die neugeschaffene übergeordnete Konzeption und Organisation zunächst der gymnasialen Oberstufe (S II) und dann der Mittel- und Unterstufe (S I) voll integrierbar.[42]

2.2 **Die Einheit des Lateinunterrichts**

Als wesentliches Kennzeichen dieses neuen Lateinunterrichts (und auch des Griechischunterrichts) ist hervorzuheben, daß er nun entsprechend seiner „multivalenten Lernziele" *(Klaus Westphalen)* auf zwei gleich starken Säulen gegründet steht, auf dem Sprachunterricht und auf dem Lektüreunterricht, deren gegenseitiges Verhältnis neu geregelt wurde.[43] In allen Programmen, die die Alten Sprachen nach außen in Erscheinung treten ließen (Lehrpläne, Rahmenrichtlinien, Lehrplankommentare, Profilbeschreibungen, Werbeblätter usw.) hat die Idee der Multivalenz voll durchgeschlagen, zuletzt auch in den reformierten Formen der „zweigeteilten" Prüfungsaufgabe[44] im laufenden Unterricht und im Abitur. Die weitgefächerten Aspekte dieser Idee spiegeln sich auch in den Lektüreausgaben und nicht zuletzt in den Lehrbüchern des Sprachunterrichts. *Hans-Joachim Glücklich* sieht in den Kategorien der Lernzielmatrix des DAV die „Einheit des Lateinunterrichts" repräsentiert.[45] Dies sei im folgenden Schaubild angedeutet.

Die *Einheit des Lateinunterrichts* bekundet sich in der Konsistenz der Ziele und Fachleistungen, wie sie sich in den Legitimationsdokumenten (z. B. der DAV-Matrix), in den Lehrplänen bzw. Unterrichtsrichtlinien, in den Prüfungsaufgaben (z. B. EPA) und in den Lehrbüchern (des Sprachunterrichts) niederschlagen. Diese durchlaufende Übereinstimmung springt sofort ins Auge: (vgl. Übersicht auf der folgenden Seite).

Die neu geschaffene didaktische Konzeption des altsprachlichen Unterrichts, die von einer leitenden Idee getragen wird und die sich in einer „pluralistischen Struktur" offenbart,[46] unterscheidet sich von *Werner Jaegers* Programm, dem bis dahin letzten geschlossenen didaktischen Entwurf der Alten Sprachen, erheblich, sowohl in methodologischer wie auch in inhaltlicher Hinsicht. Es wurde hier nicht von der unangefochtenen Leistungsfähigkeit der Fächer ausgehend, sozusagen solipsistisch, eine Bildungs-

---

[42] Vgl. dazu die Beiträge in dem Sammelband „Lernziele und Fachleistungen" (s. o. Anm. 32), die für die Curriculumreform der Alten Sprachen grundlegend wirkten.

[43] S. dazu Bd. 1, 39ff.; 181. Vgl. auch u. 185ff.

[44] Dazu genauer Bd. 1, 233ff., und: Die „Interpretationsaufgabe" im lateinischen Lektüreunterricht. Ihr Stellenwert in der fachpolitischen und fachdidaktischen Diskussion. In: Anregung 27 (1981), 88ff., sowie in: MDAV 24, 1 (1981), 5ff.

[45] Der Zusammenhang des Lateinunterrichts auf den Sekundarstufen I und II. In: Handbuch für den Lateinunterricht. Sekundarstufe II, 70f.

[46] So *Westphalen, K.*: Der Lateinunterricht im Spiegel neuer Lehrpläne, 99. Vgl. auch *Nikkel, R.*: Die Alten Sprachen in der Schule. – Frankfurt a. M. ²1978; vgl. denselben: Einführung in die Didaktik, 50ff.

Begründungs-dokument DAV-Matrix	**Lehrpläne bzw. Richtlinien:** Richtziele zur Gliederung	**Prüfungsaufgaben:** Inhaltsbereiche, z. B. der EPA	**Sprachlehrbücher:** Teilgebiete der Bearbeitung
Sprache	Kenntnis der lat. Sprache Sprach- und Textreflexion	Lateinische Sprache Sprach- und Textreflexion	Lat. Texte und Sprachmuster Übungen zur Sprach- und Textreflexion
Literatur **Gesellschaft/ Staat/ Geschichte** **Grundfragen menschlicher Existenz (Humanismus)**	Einblick in die lateinische Literatur und in ihre Wirkungsgeschichte	Lateinische Literatur und ihre Wirkungsgeschichte	Literarische Texte mit Inhalten und Informationen zu Gesellschaft/Staat/Geschichte und zu Grundfragen menschl. Existenz Bilder aus antiker Kultur und zur Wirkungsgeschichte von Literaturinhalten und -motiven

idee nach außen hin bewiesen oder besser proklamiert,[47] sondern man versuchte, die allgemein in Frage gestellten Fächer mit außerfachlich vorgegebenen Kriterien und Kategorien als Bildungsfächer zu legitimieren (wobei man z. T. sogar empirische Beweise heranzog); dadurch wuchs den Aussagen über die Bedeutung der Alten Sprachen ein höheres Maß an Objektivität zu; die Fächer wurden gleichwertig und vergleichbar neben die anderen gestellt und so aus der bislang als mißlich empfundenen Isolation genommen. *Jaegers* Konzept hob zwar auf den bildenden Wert von Sprache und Inhalt der antiken (bes. der griechischen) Literatur ab, die Interpretation wurde allerdings nicht als eigenständiger Zugriff auf die Textinhalte betont, so daß sich der Unterricht am Ende mehr oder minder in einem bloßen Übersetzungstraining (von den Gegnern als „Übersetzungsdrill" angeprangert) festfahren konnte.[48] Jetzt ist die Begegnung mit den Inhalten auf dem Wege der Interpretation verbindlich festgelegt;[49]

---

[47] Diese Abkehr von der ausschließlich vom Fach ausgehenden Argumentation hat *Klaus Westphalen* (Zum Lernzielprogramm der Alten Sprachen auf der Kollegstufe, 20) folgendermaßen beschrieben: „Kaum ein Fachbereich hat heute weniger Anlaß, Lernziele solipsistisch aus sich heraus zu bestimmen, als die Alten Sprachen. Die Zeiten sind vorbei, wo ein *W. Jaeger* aufgrund des scheinbar verbrieften Sonderwertes der Alten Sprachen und Literatur die Bildung des Menschen zum Menschen praktisch allein dem Griechischen anvertrauen möchte."

[48] Vgl. dazu *Jenne, M.,* Klassische Philologie, 153: „Der altsprachliche Unterricht an den Gymnasien hat immer weniger vermocht, die antike Literatur in ihrem philosophischen, religiösen und politischen Gehalt zu vermitteln, er ist immer mehr in dem Bemühen um die sprachliche Bewältigung der Texte im Sinne eines Übersetzungstrainings steckengeblieben."

[49] S. dazu bes. *Westphalen, K.*: Der Lateinunterricht im Spiegel neuer Lehrpläne, 99f.

dabei ist der Lektüre alle idealisierende Tendenz genommen, die Inhalte gelten nicht als vorbildhaft oder normativ. Sie werden eher als ‚Denkmodelle' verstanden, die dem Schüler Anstoß, Appell zur Auseinandersetzung mit den Erfahrungen und Möglichkeiten des Menschen in der Antike geben.[50] Man darf behaupten, daß der Lateinunterricht erst an diesem Punkt seiner Geschichte allgemein und gewissermaßen verbindlich diejenige Ausformung in der Schule erhalten hat, die dem Fach als Sprach- und Literaturfach gemäß ist und woraufhin die Universität die Lehramtsanwärter immer schon ausbildet. Der Lateinunterricht und auch der Griechischunterricht gewannen ihre Identität. Nach mühevollem Ringen haben jetzt die Alten Sprachen am Gymnasium zu sich selbst gefunden.[51]

Die positive Entwicklung, die die didaktischen Bemühungen in den Jahren 1970–80 gerade im Zuge der Erstellung neuer Lehrpläne bzw. Rahmenrichtlinien für die Alten Sprachen gebracht haben, wird auch außerfachlich wahrgenommen und anerkannt. Der Germanist und Didaktiker des Deutschunterrichts *Karl Stocker* z. B. bemerkt: „Die curriculare Vorwärtsverteidigung der bedroht geglaubten Altphilologie – hier besonders des Lateinunterrichts – hat Resonanz gefunden."[52]

Die Reaktionen der Universitätsvertreter auf diese Entwicklung waren zwiespältig. Sehr viele nahmen die Bedrängnis der Schulfächer nicht oder kaum davon beeindruckt zur Kenntnis oder sie zeigten sich mißtrauisch gegenüber den notwendig gewordenen Neuerungen, vor allem gegenüber der Adaption von fachübergreifenden Terminologien, Taxonomien, Systematisierungsschemata und methodischen Prinzipien (zuweilen nicht völlig zu Unrecht, da hier nicht selten die Grenzen des Möglichen und Nötigen überschritten wurden).[53] Bei manchen stieß der Versuch, dem altsprachlichen Unterricht eine zeitgemäße Präsentation zu geben, auf merkliche Ablehnung. Man attakkierte die für das Neue verantwortliche Didaktik, weil sie „von der Zwangsvorstellung nicht loszukommen scheint, sie müsse dem jeweiligen Zeitgeist ihre Aktualität immer neu beweisen, um auf den gerade abfahrenden Zug noch aufspringen zu können."[54]

Einige wenige Universitätslehrer, freilich nicht die unbedeutendsten, verfolgten die Bemühungen der Schulleute mit wachem Interesse, mit einem Angebot von Begründungsversuchen, didaktisch-methodischen Innovationen, Situationsanalysen, auch mit kritisch-konstruktiven Beiträgen, z. B. *Manfred Fuhrmann, Hermann Gundert, Heinz Happ, Willibald Heilmann, Ernst Heitsch, Walter Jens, Richard Kannicht, Eckart*

---

[50] S. dazu u. 105ff.

[51] Ähnlich *Westphalen, K.*: Der Beitrag der Alten Sprachen zur gymnasialen Bildung, 178.

[52] Praxis des Literaturunterrichts im Gymnasium. Herderbücherei Freiburg/Basel/Wien 1979, 148. *Stocker* erkennt, daß die Alten Sprachen aus ihrer Isolation getreten und somit zur Zusammenarbeit mit anderen Fächern, hier: dem Deutschen, fähig sind.

[53] Auf einige Probleme der didaktischen Neuerungen (bes. der Textlinguistik, der thematischen Lektüre, der Motivations-Theorie u. a.), die gerade in den letzten 10 Jahren aufgetreten sind, weist eindrucksvoll hin *Hohnen, P.*: Einige kritische Anmerkungen zur Didaktikdiskussion des altsprachlichen Unterrichts. In: Gymnasium 87 (1980), 327–344.

[54] So etwa *Karlheinz Kost* in: Gymnasium 86 (1979), 200: innerhalb der Besprechung von *Töchterle, K.*: Ciceros Staatsschrift im Unterricht. – Innsbruck 1972.

Lefèvre, Werner Suerbaum, Karl Vretska, Peter Wülfing.[55] Wenn allerdings am Ende eines Dezenniums (1970–1980) intensivster Reformarbeit die Alten Sprachen sich in einer neuen Erscheinungsform (sichtbar in den Lehrplänen, Rahmenrichtlinien, Handreichungen, Lehrbüchern, Textausgaben, Sprachlehrbüchern, Programmschriften, Werbetexten, Motivationshilfen, Prüfungsaufgaben u. ä.) der Öffentlichkeit darbieten und sich auch im neugestalteten Gymnasium trotz vielfältiger Belastungen durchsetzen konnten – „durch eigene Kraft, ohne nennenswerte Hilfe der Universität“[56] –, so muß dies wohl in erster Linie denen als Verdienst angerechnet werden, die sich, den Erfordernissen der Zeit genügend, auch unter dem Einfluß der „Allgemeinen Didaktik“,[57] um eine neue Didaktik des Lateinischen und Griechischen bemüht haben: den publizierenden Gymnasiallehrern, den Leitern und Lehrern in den Pädagogischen Seminaren (Studienseminaren), den altphilologischen Fachgruppen in den einzelnen Bundesländern, den didaktischen Ausschüssen des DAV, den Lehrplankommissio-

---

[55] Dafür seien einige markante Beispiele genannt:
Begründungsversuche:
Gundert, H.: Griechische Bildung in der heutigen Gesellschaft. – Freiburg 1971, abgedruckt in: Griechisch in der modernen Schule (hrsg. von der Arbeitsgemeinschaft zur Förderung der humanistischen Bildung in Bayern). – München 1972, 17–37.
Jens, W.: Antiquierte Antike? In: ATTEMPTO 39/40 (1971), 64ff.), jetzt auch in: *Jens, W.*: Republikanische Reden. – Frankfurt 1979, 4ff.
Happ, H.: Grundfragen einer Dependenz-Grammatik des Lateinischen. – Göttingen 1975.
Heilmann, W.: Zur didaktischen Differenzierung zwischen Griechischunterricht und Lateinunterricht. In: Handbuch für den Lateinunterricht, Sekundarstufe II, 58–69.

Situationsanalysen:
Fuhrmann, M.: Alte Sprachen in der Krise? Analysen und Programme. – Stuttgart 1976.
derselbe: Allgemeinbildung – Staatsethos – Alte Sprachen. In: MDAV 23, 2 (1981), 1ff.
Lefèvre, E.: Die Geschichte der Humanistischen Bildung. In: Erziehung und Bildung des Menschen. Humanistische Bildung, Heft 2 (hrsg. vom Verein für Pflege humanistischen Bildungsgutes Baden-Württemberg). – Ludwigsburg-Oßweil 1979, 97ff.

Kritisch-konstruktive Beiträge:
Fuhrmann, M.: Curriculum-Probleme der gymnasialen Oberstufe: Latein. In: Gymnasium 84 (1977), 241ff.
Kannicht, R.: Curriculum-Probleme in der gymnasialen Oberstufe: Griechisch. Ebenda 259ff.
Heitsch, E.: Klassische Philologie zwischen Anpassung und Widerspruch. In: Gymnasium 81 (1974), 370ff.
Suerbaum, W.: Werklektüre oder thematische Sequenzen-Lektüre. Betrachtungen zu einem Problem der Curriculumplanung anhand eines Curricularen Lehrplans „Politisches Denken der Römer – Cicero, De re publica“. In: Kollegstufenarbeit in den Alten Sprachen (hrsg. von *Happ, E./Maier, F.*). – München 1976, 31ff. –
derselbe: Vergils Aeneis. Beiträge zu ihrer Rezeption in Gegenwart und Geschichte. Auxilia 3. – Bamberg 1981.

[56] So *Westphalen, K.*: (Der Beitrag der Alten Sprache zur gymnasialen Bildung, 57). Diese Feststellung ist insofern zutreffend, als nahezu alle Initiativen, die Fächer bildungspolitisch und bildungstheoretisch abzusichern, von der Schule ausgingen und die Äußerungen der Universitätsvertreter (s. Anm. 55) mit wenigen Ausnahmen nur zustimmende, unterstützende oder korrigierende Reaktionen darstellten.

[57] Vgl. dazu besonders die tiefgreifende Analyse von *Vester, H.*: Zu dem Einfluß der allgemeinen Didaktik auf die Fachdidaktik der Alten Sprachen, bes. 289ff.

nen, den didaktisch-wissenschaftlichen Fachreferaten in den schulpädagogischen Instituten der Bundesrepublik und den Fachvertretern in den Kultusministerien.[58]
Die Gesellschaft hat die Alten Sprachen in der zweiten Hälfte des 20. Jahrhunderts hart herausgefordert. Diese Herausforderung hat zuerst und zum größten Teil die Didaktik der Schulfächer angenommen.[59] Man darf jedoch feststellen: Diese Belastung, die sie gegenüber einer immer aggressiver auf Zurückdrängung der Fächer hinarbeitenden Öffentlichkeit zu tragen hatte, war einseitig verteilt.[60] Wir haben zu begründen versucht, daß die Fachwissenschaft für den kulturpolitischen Hintergrund ihrer Schulfächer eine Mitverantwortung trägt und daß sie auch in die Pflicht genommen ist, aus ihrer Sicht für eine angemessene Präsentation der Fachstoffe in der Schule und darüber hinaus sich bekenntnishaft einzusetzen.[61] Ist diese Argumentation richtig, so darf man fragen, ob nicht die Aufgaben der Zukunft, die zweifellos erst die eigentliche Bewährungsprobe für den altsprachlichen Unterricht bringen wird, gleichermaßen von Fachwissenschaft und Fachdidaktik oder zumindest unter noch stärkerer Anteilnahme der Fachwissenschaft bewältigt werden sollten.

---

[58] Es ist *Rainer Nickels* Verdienst, diese didaktischen Bemühungen bis zum Jahr 1978 überschaubar zusammengestellt und kritisch analysiert zu haben: Die Alten Sprachen in der Schule. – Frankfurt ²1978. Diese erfreuliche Entwicklung stellt auch *Eckard Lefèvre* in seinem historischen Rückblick auf die letzten 30 Jahre fest (Zwischen Selbstbewußtsein und Selbstverteidigung, 395), wobei er für die Zeit von 1972 an vermehrt die Beteiligung der altsprachlichen Lehrer an allen Diskussionen über pädagogisch-didaktische Fragen feststellt; sie habe den Schulfächern Latein und Griechisch einen so hohen Reflexionsstand gebracht, daß er von außerhalb des Faches anerkannt und respektiert worden sei.

[59] Ohne Zweifel sind die relativ großen Erfolge der Gymnasiallehrer und ihrer Vertreter (s. dazu *Westphalen, K.*: ebenda, 58f.: hier ist zahlenmäßige Bilanz bis zum Jahre 1979 gezogen) auch der Universität zugute gekommen; der Bedarf an Latein- und Griechischlehrern motivierte sehr viele zum Studium der Alten Sprachen. Deshalb unterliegt *Ernst Heitsch* (Klassische Philologie zwischen Anpassung und Widerspruch, 371) gewiß einer Fehleinschätzung der Lage, wenn er meint, die Klassische Philologie brauche „die allgemeine Relevanz ihrer Tätigkeit" und damit die Berechtigung ihrer Existenz nicht nachzuweisen, da der Beruf des Altphilologen sowieso einem öffentlichen Bedürfnis entspreche. „Es kann . . . schwerlich geleugnet werden, daß innerhalb unserer heutigen Gesellschaft an Schulen, Bibliotheken und Universitäten für unterschiedliche Aufgaben ein Bedarf an Altphilologen besteht." Ist das bildungs- und wissenschaftspolitische Klima zunehmend negativ gegen die Alten Sprachen eingestellt, sinkt notwendig die Zahl der Schüler und naturgemäß der Bedarf an Lehrern. Mit dem Rückgang des Latein- und Griechischunterrichts nimmt auch die Zahl der Studenten an der Universität ab, so daß auch der Bedarf an Universitätslehrernachwuchs sinkt; die wenigen auszubildenden Bibliothekare (bislang nicht 1% der Studenten) können keinesfalls den Rückgang ausgleichen. Es würde sehr bald einsichtig, wie sehr doch wissenschafts- und bildungspolitische Abstinenz an den Lebensnerv auch des Universitätsfaches ginge.

[60] Vgl. dazu *Fuhrmann, M.*: Allgemeinbildung – Staatsethos – Alte Sprachen, 7; hier wird auch die unterschiedliche Reaktion auf die Bedrohung der Alten Sprachen aufseiten der Universitäts- und Gymnasiallehrer angesprochen.

[61] S. o. 28ff. *Lefèvre* (Zwischen Selbstbewußtsein und Selbstverteidigung, 400) spricht Universitäts- und Gymnasiallehrer gleichermaßen an, wenn er im Blick auf die Zukunft feststellt: „Für den einzelnen hingegen ist es die Aufgabe, sich pro virili parte einzusetzen." Vgl. dazu neuerdings: *Lefèvre, E.*: Die Zukunft der Antike. Bemerkungen des Latinisten. In: Zukunft der Antike. – Freiburg/Würzburg 1983, 27ff.

Das Merkwürdigste an der Zukunft ist wohl die Vorstellung, daß man unsere Zeit später die gute alte Zeit nennen wird.

Ernest Hemingway

Sprach- und kulturhistorische Fächer – ohne Zukunftschancen?

Analyse der geistigen Situation: Sehnsucht nach einem ‚Neuen' Humanismus*

1 Perspektiven der Zukunft

Τὸ μέλλον . . . ἐν ἀφανεῖ ἔτι κεῖται: Die Zukunft . . . liegt noch im Dunkeln. Dieser von Thukydides (I 42) formulierte Satz ist richtig; er ist bis heute unwiderlegt geblieben; nichtsdestoweniger hat selbst Thukydides in der Analyse seiner Zeit anthropologische Züge aufzudecken versucht, deren Erkenntnis er als κτῆμα εἰς ἀεί, also auch für die Zukunft bedeutsam gewertet wissen will. Das Denken an die Zukunft spielt seit Anfang der Menschheitsgeschichte eine Rolle, freilich nicht in dem Sinne, daß man das Kommende planend in den Griff zu nehmen versuchte. Die „revolutionäre Umwendung des Menschen vom Verhaftetsein an eine vom Vergangenen und Vorgegebenen bestimmte Gegenwart zu einem offenen, unabschließbaren Zukunftshorizont hin" tritt erstmals in der Zeit der Renaissance auf.[1] Heute ist es in vielerlei Hinsicht wissenschaftlich notwendig geworden, „den Blick auf die sich im Nebel der Zukunft abzeichnenden Konturen einer neuen Welt zu werfen"[2]. Psychologen, Soziologen, Philosophen, Naturwissenschaftler, Wirtschaftswissenschaftler, Zeitkritiker und -analytiker, alle Forscher, die sich ernsthaft um die „Zukunftsbewältigung"[3] und um die Frage „Was wird aus dem Menschen?"[4] Gedanken machen, versuchen, „vom Bekannten in das Unbekannte extrapolierend"[5], die Rahmenbedingungen der zukünftigen Weltlage und Gesellschaft, die Situation des zukünftigen Menschen andeutungsweise zu erfassen[6] und ein „Basisbild von der Zukunft"[7] zu entwerfen, das für gegenwärtige, immer aber auf eine Zukunft hin gerichtete Entscheidungen zumindest Orientierungspunkte gibt. Zukünftiges vorauszusagen ist schwierig, wenn nicht unmöglich. Aber da sich die

---

* Erstmals veröffentlicht in: Anregung 28 (1982), 143 ff.

[1] So *v. Krockow, Chr.*: Auf der Suche nach dem Glück – Das Dilemma der Modernität. In: Was wird aus dem Menschen? (hrsg. von *Schatz, O.*). – Graz/Wien/Köln 1974, 19.

[2] So *Buchholz, A.*: Am Ende der Neuzeit. – Stuttgart 1978, 16.

[3] Man vgl. dazu die Einleitung in: *Taylor, G. R.*: Zukunftsbewältigung. – Hamburg 1978, 15 ff.

[4] So der Titel einer Sammlung von Aufsätzen: Was wird aus dem Menschen? Der Fortschritt. Analysen und Warnungen bedeutender Denker (hrsg. von *Schatz, O.*). – Graz/Wien/Köln 1974.

[5] So *Kahn, H.*: Vor uns die guten Jahre. Ein realistisches Modell unserer Zukunft. – Wien/München/Zürich/Innsbruck [2]1977, 304.

[6] Ebenso *Kahn, H.*: a.O., 286. Siehe auch *Peccei, A.*: Die Zukunft in unserer Hand. Gedanken und Reflexionen des Präsidenten des Club of Rome. – Wien/München/Zürich/New York 1981, bes. 13 ff.

[7] So *Taylor, G. R.*: Zukunftsbewältigung, 29.

Zukunft, sofern nicht politische oder gar biologische Umbrüche eintreten, „nur aus dem Vorgegebenen der Gegenwart entwickeln kann“[8], lassen sich zweifellos Perspektiven über die heutige Zeit hinaus aufzeigen und gewisse Trends feststellen. „Die Zukunft redet schon in hundert Zeichen“, wie *Nietzsche* sagt.[9] Dieses Bedenken der Zukunft wird nicht nur in den Bereichen von Technik, Ökologie, Wirtschaft und Politik als erforderlich angesehen; zunehmend erweist es sich auch im Raum der Kultur als sinnvoll und nötig; deren Institutionen, vor allem die des Bildungswesens, unterliegen in ihren organisatorischen Formen wie auch in ihrer inhaltlichen Substanz einer verstärkt auf die Zukunft gerichteten Planung.[10] Da gerade auf diesem Felde Tradition und Fortschritt ständig nach einem Ausgleich verlangen, d. h. das historisch Gewachsene sich mit den Bedürfnissen und Bedingungen der nachkommenden Generationen zu einer jeweils neuen Einheit verbinden muß, ist es weder abwegig noch unseriös, Bildungskonzeptionen auch an Vorstellungen einer sicherlich nur in vagen Umrissen erahnbaren Zukunft auszurichten, ohne diese in starrer Fortschrittsgläubigkeit zu antizipieren[11] oder einen unzulässigen utopischen Entwurf zu wagen.[12] Das betrifft das Konzept der Schule allgemein und das des Gymnasiums und seiner Fächer im besonderen.

Die Alten Sprachen als die sprach- und kulturhistorischen Fächer sind dabei in einer exzeptionellen Weise gefordert. Sie haben keine Garantie auf eine Zukunft. Die bloße Hoffnung, daß ihre weit in die Vergangenheit zurückreichenden Stoffe wie bisher auch in einer späteren Zeit irgendwie bildungswirksam bleiben und daß sie als eigenständige Fächer Bestand haben werden, befriedigt niemanden; sie ist auch keine Grundlage für fachdidaktische Aussagen und Entscheidungen. Es genügt heute offensichtlich nicht mehr, nur rückwärtsblickend die Vergangenheit des altsprachlichen Unterrichts, ein relativ überschaubares und sicheres Gebiet, umfassend zu analysieren und darzustel-

---

8 So *Taylor, G. R.*: Zukunftsbewältigung, 29. – Vgl. auch *Jonas, H.*: Das Prinzip Verantwortung. – Frankfurt 1980, 66f.; hier werden die Möglichkeiten einer Zukunftsprognose kritisch abgewogen.

9 *Nietzsche, F.*: Der Wille zur Macht. – München 1960, 634. Vgl. auch *Bell, D.*: Die Zukunft der westlichen Welt. Kultur und Technologie im Widerstreit. – Frankfurt 1979, 13. Ebenso *Marsch, W.-D.*: Zukunft. – Stuttgart/Berlin 1969, 9f.

10 Vgl. etwa *Westphalen, K.*: Die Zukunft des Gymnasiums. In: Die Höhere Schule 3 (1980), 116ff., bes. 122f.; hier wird die „Zukunftsbewältigung“ als eine zentrale Aufgabe der Schule, insbesondere des Gymnasiums, angesehen. Allgemein zu Möglichkeiten und Gefahren der „Planung der Bildung“ s. *Schelsky, H.*: Die Arbeit tun die anderen. – München ²1977, 415ff.; vgl. dazu auch *Steinbuch, K.*: Falsch programmiert. – München ⁵1970, 128ff., Kap.: „Über die Zukunft“.

11 Dabei gilt auf diesem Felde die Feststellung von *Altner, G.*: Die Zukunft des Menschen ist noch offen. In: Was wird aus dem Menschen? 341: „Es ist in allen Zukunftsbildern und Entwürfen des Menschen etwas Utopisches, das sich aus den festgelegten Bedingungen der Vergangenheit hinauszuversetzen trachtet, das sich zur Zukunft hin öffnet, ohne sie je einfangen zu können. Wissenschaftliche Analyse, Prognose und Utopie bedürfen einander, wenn sie vor dem Geheimnis der Zukunft bestehen wollen.“

12 Über das Verhältnis von Utopie und realistischer Höglichkeit vgl. bes. *Popper, Karl R.*: Utopie – Begriff und Phänomen des Utopischen (hrsg. von *Neusüss, A.*). Soziologische Texte Bd. 44. – Neuwied/Berlin 1968, 322ff. Vgl. dazu allgemein auch: *Bloch, E.*: Das Prinzip Hoffnung. – Frankfurt ⁷1980, bes. 523ff.

len[13], auf Gegenwart und Zukunft dagegen nur mit pauschalierenden Andeutungen in einem knappen „Ausblick“ einzugehen. Die fachdidaktische Forschung muß, will sie den gegenwärtigen Schwierigkeiten ihrer Fächer abhelfen, das Wagnis einer Projektion auf die Zukunft mit allen ihren Unsicherheiten eingehen.[14] „Wer heute die Alten Sprachen verteidigen will, muß seine Schanzen weit draußen bauen, außerhalb ihres Fachgebietes“, sagt mit Recht *Hermann Steinthal*[15], dabei muß der Blick zweifellos über die Gegenwart hinausreichen. Auch für die Vertreter des altsprachlichen Unterrichts gilt wohl das Wort des nordamerikanischen Dichterphilosophen *Santayana,* daß jene, die die Zukunft mißachten, Gefahr laufen, in ihr zu scheitern. Die Latein- und Griechischlehrer müssen sich etwa solchen Fragen stellen: Wie passen die Alten Sprachen in eine in die Zukunft hineinwachsende Bildungskonzeption? Welche Ansatzpunkte ergeben sich von daher für eine Begründung und Stabilisierung dieser Fächer in der modernen Schule?

Ein Versuch sei hier gewagt. Zunächst sollen fachunabhängig, gewissermaßen von außen her, aus den veröffentlichten Erkenntnissen, Prognosen, Forderungen und Folgerungen der dafür kompetenten Denker und Forscher ein „Basisbild der Zukunft“ skizziert und dann in diesem groben Rahmen die Möglichkeiten für ein an der Antike ausgerichtetes Bildungsangebot erörtert werden.

1.1 **Bedingungen des menschlichen Lebens in der Zukunft**

Zunächst werden einige heute schon erkennbare Bedingungen des menschlichen Lebens in der Zukunft, soweit sie veröffentlicht sind[16], thesenartig skizziert. Sie haben – gleichsam als Folgen aus den „Todsünden der zivilisierten Menschheit“[17] – eine negative Richtung.

---

[13] So anerkennenswert und notwendig auch heute solche Untersuchungen sind, etwa von *Matthiesen, K.*: Altsprachlicher Unterricht in Deutschland. In: Fachdidaktisches Studium in der Lehrerbildung. Alte Sprachen 1 (hrsg. von *Gruber, J./Maier, F.*). – München 1979, 11ff. *Lefèvre, E.*: Die Geschichte der humanistischen Bildung. In: Erziehung und Bildung des Menschen. Humanistische Bildung, Heft 2 (hrsg. vom Verein für Pflege humanistischen Bildungsgutes Baden-Württemberg). – Ludwigsburg-Oßweil 1979, 97ff. *Henschke, A./Muhlack, U.*: Einführung in die Geschichte der Klassischen Philologie (mit Beziehung auch zum altsprachlichen Unterricht). – Darmstadt 1972. Diese Arbeiten zeigen sehr deutlich, daß aus der Kenntnis der Geschichte des altsprachlichen Unterrichts nicht geringe Argumentationshilfen für die Gegenwart und Zukunft zu gewinnen sind.

[14] Ansätze dazu liegen vor bei *Westphalen, K.*: Die Zukunft des Gymnasiums, 116ff., und darauf basierend: Der Beitrag der Alten Sprachen zur gymnasialen Bildung. In: AU XXIV, 2 (1981), 44ff. Siehe auch *Barié, P.*: Thesen zum altsprachlichen Unterricht. Versuch einer Standortbestimmung. In: Handbuch für den Lateinunterricht. Sekundarstufe II (hrsg. von *Höhn, W./Zink, N.*). – Frankfurt 1979, 1ff.

[15] Geistige Bildung in der Höheren Schule. Eine Apologie des altsprachlichen Unterrichts. In: Gymnasium 88 (1981), 209. *Eckart Lefèvre* (Zwischen Selbstbewußtsein und Selbstverteidigung. 30 Jahre Rechtfertigung des altsprachlichen Unterrichts. In: Gymnasium 905, 1983, 398ff.) fordert mit Recht, die Altphilologen sollten ohne Pessimismus ihre Sache vertreten. Allerdings ist eine optimistische Einstellung nur durch die Teilnahme am ‚Dialog‘ über Gegenwart und Zukunft zu gewinnen.

[16] Allgemein dazu *Weizsäcker, C. F. v.*: 8 Thesen über die Zukunft. In: Der ungesicherte Frieden. – Göttingen 1969, 62.

[17] Siehe dazu *Lorenz, K.*: Die acht Todsünden der zivilisierten Menschheit. – München [12]1980.

1.1.1 Das Leben der Zukunft sei zunehmend von *Perfektionismus, Rationalisierung* und *Spezialisierung* bestimmt.[18] Dem Menschen bleibe dabei wenig Raum zu schöpferischer Eigenleistung und zu spontaner Produktivität. „Das Prinzip eines maximalen Nutzeffekts und Produktionsausstoßes" führt nach *Erich Fromm* „folgerichtig zur Forderung nach minimaler Individualität".[19] Der Mensch werde auf ein „optimales Funktionieren unter den jeweiligen Umständen eingeübt".[20] Gerade im Berufsleben seien Entfremdung und Verlust der Identität die Folge.[21] Dazu komme, daß die vor allem am Arbeitsplatz zunehmende Reduktion des Denkens und Wahrnehmens auf Zahlen, Zeichen und abstrakte Formeln[22] dem Menschen das Bewußtsein eines tieferen Sinnzusammenhangs nehme und ihn auf eine nur rationale Aktivität einenge, so daß in ihm allmählich die körperlichen wie seelischen Gefühle verdrängt würden[23] und „die traditionellen und intuitiven Verhaltensweisen an Bedeutung verlören".[24]

1.1.2 Die *technokratische Versorgung und Verwaltung* des Menschen – man denke nur an die Großküchen, Großmärkte, Großkliniken, Großbüros, Großbanken, Großkonzerne – nähmen ständig zu und machten für den einzelnen Menschen den Vorgang der Lebensbewältigung zunehmend undurchschaubarer und unkontrollierbarer. Dadurch gingen ihm allmählich Voraussetzung und Gespür für ein sinnerfülltes, weil freies Leben verloren.

„Die Großanlagen wirken zerstörend auf echte Gemeinschaft"[25] und stoßen den Menschen in die Anonymität; er sei der Herrschaft für ihn undurchschaubarer, ihn verwaltender Institutionen, Systeme von Politik, Wirtschaft und Bankwesen ausgesetzt und werde letztlich entmündigt. Denn „jede Verwaltung tendiert dazu, sich selbst als Herrschaft zu etablieren"[26]. Als „Knechte einer besinnungslosen Technokratie"[27] würden die Menschen manipulierbar, abhängig, und seien unfähig zu einer von Eigeninitiative getragenen Hinwendung zum Mitmenschen. Der „technokratische Faschismus" lasse „den enthumanisierten Menschen so verrückt werden, daß er

---

[18] Vgl. zu der sich daraus ergebenden Problematik bes. *Landmann, M.*: Teuer bezahlte Vernunft. Ist Vernunft noch das Humanum? In: Was wird aus dem Menschen? 80f. und 91.

[19] Die Revolution der Hoffnung. Für eine humane Technik. – Hamburg 1974, 34f.

[20] So *Fromm, E.*: Haben oder Sein. – Stuttgart 1980. 144. Vgl. auch *Schelsky, H.*: Wie bewältigen wir den technischen Fortschritt? In: Was wird aus dem Menschen? 39ff.

[21] Vgl. dazu *Fromm, E.*: Haben oder Sein, 144f. und *Taylor, G. R.*: Das Experiment Glück. Entwürfe zu einer Neuordnung der Gesellschaft. – Frankfurt 1973, 190 und 195.

[22] Siehe dazu vor allem *Bell, D.*: Die Zukunft der westlichen Welt, 122f.

[23] Nach *Robert Jungk* (Der Jahrtausendmensch. Bericht aus den Werkstätten einer neuen Gesellschaft. – Hamburg 1976, 197) würde „eine zu einseitig auf den ‚Kopf', auf Analysen, Abstraktion, Intellekt ausgerichtete Zivilisation" körperliche wie seelische Gefühle verdrängen. Anders *Kahn, H.:* Vor uns die guten Jahre, 276f.

[24] Für *Herman Kahn* (Vor uns die guten Jahre, 249) wird das Vordringen des Rationalismus den Verlust von Tradition, Patriotismus, Glauben nach sich ziehen.

[25] So *Vicenzi, O.*: Europa – Erneuerung aus dem Geist. Drei Essays über Schule und Bildung. – Wien/Köln/Graz 1981.

[26] So *Landmann, M.*: Teuer bezahlte Vernunft, 103.

[27] So der Historiker *Michael Stürmer*: Unruhe ist die erste Bürgerpflicht. In: DASIU XXVI, 3 (1979), 10.

langfristig nicht imstande sein wird, eine lebensfähige Gesellschaft aufrechtzuerhalten“[28].

1.1.3 Nachdem es in der Nachkriegszeit zu einem „wahrhaft ‚explosiven‘ Stadium der *Verwissenschaftlichung und Technisierung* gekommen“[29] sei, werde nun eine Phase folgen, in der immer stärker die Grenzen und Gefährdungen von Technik und Naturwissenschaften erkannt würden. Das „Dogma vom unbefleckten und unausweichlichen Fortschritt“[30] sei erschüttert. Unter dem Gesichtspunkt des wissenschaftlichen Fortschritts lasse sich, wie bei *Herman Kahn,* das „Anwachsen der Leistungsfähigkeit von informationsverarbeitenden Systemen und der Automation“ gewiß als „phantastisch“ apostrophieren,[31] gemessen aber am Befinden des Menschen erscheine diese Entwicklung beängstigend; *Margaret Mead* spricht geradezu vom „Triumph einer seelenlosen Technik“[32], *Gordon R. Taylor* von der „technologischen Besessenheit“[33], wodurch am Ende das Glück des einzelnen wie der Gemeinschaft bedroht sei.[34] Für die Technik und die (angewandten) Naturwissenschaften (zumal in den Waffentechnologien und in der ‚Kunst‘ der chemischen Steuerung der Menschen) werde sich in naher Zukunft die Sinnfrage in aller Schärfe stellen. Ein Paradoxon liege hier darin, daß in einer Entwicklung, als deren oberstes Prinzip die Rationalität gelte, die Verantwortlichen die „Zwecksetzungen“ dieser Entwicklung (gerade im Bereich der Technik) „nicht rational ausführen“, sondern daß sie „ganz blind alles, was technisch möglich ist, auch wirklich machen – ohne nachzudenken, ob das sein muß.“[35] *Robert Jungk* erkennt in diesem Fehlverhalten geradezu den „Sündenfall“ der Forschung.[36]

1.1.4 Die technologischen und technokratischen Entwicklungen brächten es mit sich, daß im Bereich von Militär, Wirtschaft, Politik, aber auch in den öffentlichen und privaten Dienstleistungsbetrieben einige wenige hohe Verantwortung trügen und Entscheidungsbefugnis hätten, daß die Mehrzahl der Berufstätigen nur mehr einen

---

[28] So *Fromm, E.*: Haben oder Sein? 188. In ähnlicher Weise greift *Gordon R. Taylor* (Das Experiment Glück, 195) den „Optimismus der Technokraten“ als „hoffnungslos irrig“ an.

[29] So *Buchholz, A.*: Am Ende der Neuzeit, 64, s. auch 12f.

[30] Vgl. *Jungk, R.*: Der Jahrtausendmensch, 25; man vgl. dazu auch das Kapitel: „Die Ambivalenz des Fortschritts“ bei *Weizsäcker, C. F. v.*: Der Garten des Menschlichen. Beiträge zur geschichtlichen Anthropologie. – Frankfurt 1980, 45ff.

[31] Vor uns die guten Jahre, 265.

[32] Der Konflikt der Generationen, Jugend ohne Vorbild. – München 1970, 83.

[33] Das Experiment Glück, 195. Wichtig dazu auch *Morgenthau, H. J.*: Macht und Ohnmacht des Menschen im technischen Zeitalter. In: Was wird aus dem Menschen? 47ff.

[34] Diese bedrohliche Situation hat schon *A. J. Toynbee* (Kultur am Scheidewege. – Berlin 1958, 184) treffsicher beschrieben: „Der Beweis für den Fortschritt ist natürlich eindrucksvoll auf dem Gebiet der Naturwissenschaften und ihrer Anwendung auf die Technik: d. h. auf allen jenen Gebieten, die mit der Herrschaft des Menschen über die außermenschliche Natur zusammenhängen. Doch das ist eine Nebenfrage; denn der eindrucksvolle Beweis für den Fortschritt auf diesem einen Gebiet wird wettgemacht durch die auffallende Tatsache, daß der Mensch zwar verhältnismäßig geschickt ist, wo er mit der außermenschlichen Natur zu tun hat; ungeschickt ist er dort, wo er mit der menschlichen Natur in sich selbst und in seinen Mitmenschen zu tun hat.“

[35] So *Weizsäcker, C. F. v.*: Was wird aus dem Menschen? 10.

[36] Der Jahrtausendmensch, 31.

engen Bereich zur Entfaltung von Eigenverantwortung und Eigeninitiative haben werde. Das werde in vielen Unzufriedenheit, vielleicht auch das Gefühl der *Frustration* wecken.[37] Zudem werde der Mensch, da ihm die Maschine auch bei geistigen Tätigkeiten zunehmend die Arbeit erleichtere, wenn nicht abnehme, mehr Zeit zur freien Verfügung haben. Die zu erwartende „*Freizeitrevolution*" könnte die „große Langeweile, welche die Aristokratie des 18. und 19. Jahrhunderts geplagt hatte, wieder auferstehen" lassen; dieses Phänomen werde jedoch nicht bloß, wie *Kahn* meint, „die selbstbewußten Eliten betreffen"[38], sondern sich zu einem menschheitsumfassenden Problem ausgestalten. Trotz mannigfacher Abhängigkeiten im Beruf und Privatleben werde der Mensch in viel stärkerem Maße als heute sich selbst überlassen sein und mit Alleinsein und Einsamkeit fertig werden müssen. In dieser sozialen Problematik könne einer der gewichtigen Gründe für eine kommende Krise des Menschseins gesehen werden, die sich womöglich in einer gewaltsamen Eruption äußern werde.

1.1.5 Das Leben der Zukunft werde den *Konflikt des Menschen mit der Natur* noch verschärfen; „er werde erkennen, daß er sich lange Zeit berechtigt fühlte, die Natur zu vergewaltigen und auszubeuten";[39] sein hedonistisches Grundgefühl, „sein Gefühl des carpe diem"[40] habe den Gedanken an das Morgen verdrängt, daran, daß auch kommende Generationen an den Gaben der Erde Anteil haben wollen. *Konrad Lorenz* nennt das schlechthin „Verwüstung des Lebensraums"[41]. Die zunehmende Verknappung von Energien, Rohstoffen, Lebensmitteln,[42] aber auch die Gefährdung der Umwelt durch den technischen Fortschritt sowie durch die Anspruchshaltung und Nachlässigkeit würden der „Wegwerfgesellschaft"[43], der „Raubgier des Menschen"[44] ein Ende setzen und ein „Umdenken in der Einstellung: kaufen – wegwerfen, verbrauchen – nicht bewahren" erzwingen.[45] Daß sich darin eine eminente Problematik der Zukunft auftue, die das Verhältnis von materiellen Gütern und geistig-sittlichen Werten in ein neues Licht rücke und den einzelnen in seiner Bedürfnis- und Konsumhaltung stark herausfordere, ist allgemein gesehen. *Taylor* hat diese Problematik in die aufreizende Frage umgesetzt: „Läßt uns der Egoismus Überlebenschancen?"[46]

---

[37] Vgl. dazu etwa *Taylor, G. R.*: Das Experiment Glück, 20ff.
[38] Vor uns die guten Jahre, 273.
[39] So *Taylor, G. R.*: Das Experiment Glück, 101.
[40] Siehe dazu *Bell, D.*: Die Zukunft der westlichen Welt, 37.
[41] Die acht Todsünden der zivilisierten Menschheit, 23ff. vgl. auch *Jonas, H.*: Das Prinzip Verantwortung, 26ff.; Kap. III 1: „Die Verletzlichkeit der Natur."
[42] In diesem Punkte der Zukunftsbewältigung widersprechen sich die Optimisten und Warner am stärksten; s. etwa *Kahn, H.*: Vor uns die guten Jahre, 122ff., und *Taylor, G. R.*: Zukunftsbewältigung, 211ff.
[43] So *Taylor, G. R.*: Das Experiment Glück, 176.
[44] So *Fromm, E.*: Haben oder Sein, 19.
[45] Vgl. *Fromm*, a.O., 47.
[46] Zukunftsbewältigung, 80ff.

1.2 **Die Bedürfnisse des Menschen in der Zukunft**

1.2.1 *Das Erscheinungsbild des zukünftigen Menschen*

Alle Zeitanalysen, deren Kernaussagen vorausgehend skizziert wurden, sind zugleich Prognosen auf eine mehr oder minder nahe Zukunft. Ob diese optimistisch gestimmt sind („Der Mensch ist nicht am Ende", *Jungk*[47]) oder eher einen pessimistischen Grundton haben („Die Zukunft bringt unter Umständen nichts anderes als die Vernichtung unseres Planeten", *Mead*[48]), alle haben sie einen gemeinsamen Bezugspunkt: den Menschen, dessen zukünftige Daseins- und Bedürfnislage man herauszufinden versucht. Dies geschieht dadurch, daß man mögliche Erscheinungsbilder des Menschen herausstellt, vor denen man entweder warnt oder die man als wünschbar ansieht; z.B. negativ ablehnend: den „manipulierten Menschen" *(Taylor)*[49], den „genetisch manipulierten Menschen" *(Jungk)*[50], den „enthumanisierten Menschen" *(Fromm)*[51], den „entwurzelten Menschen" *(Bell)*[52], den „kybernetischen Menschen" *(Fromm)*[53], den „produzierten Menschen" *(Picht)*[54], oder positiv bejahend: den „autonomen Menschen" *(Bell)*[55], den „kultivierten Menschen" *(Bell)*[56], den „homo sperans" *(Fromm)*[57], den „homo humanus" *(Jungk)*[58]. Solchen Projektionen liegen Vorstellungen vom Tun und Verhalten des Menschen zugrunde, wie es sein kann oder sein muß, wenn das Leben erhaltens- und lebenswert, wenn es menschlich bleiben soll.
Der Mensch der Zukunft braucht einerseits, wie es vor allem *Carl Friedrich v. Weizsäcker* herausstellt[59], einen höheren Grad von Bewußtsein, von Aufklärung und Rationalität, um die Anforderungen, Probleme, Gefahren, die auf ihn eindringen, zu durchschauen und zu meistern. In der rationalen Bewältigung der Lebensbedingungen liege für ihn die Chance, sich die Freiheit, deren er bedürfe, zu erhalten, sowohl im

---

[47] Der Jahrtausendmensch, 21. Auch *Konrad Lorenz* (Die acht Todsünden der zivilisierten Menschheit, 7ff.) hält in seinem „optimistischen Vorwort" eine Wende zum Besseren für möglich.
[48] Der Konflikt der Generationen, 102.
[49] Das Experiment Glück, 303.
[50] Der Jahrtausendmensch, 187.
[51] Haben oder Sein, 188.
[52] Die Zukunft der westlichen Welt, 143.
[53] Haben oder Sein, 144f.
[54] Prognose, Utopie, Planung. Die Situation des Menschen in der Zukunft der technischen Welt. – Stuttgart 1967. 13.
[55] Die Zukunft der westlichen Welt, 25.
[56] a.O., 126.
[57] Die Revolution der Hoffnung, 52f. *Fromm* hebt den „homo sperans" von den anderen möglichen Typen: „homo faber", „homo ludus", „homo negans" als besonders erstrebenswert heraus.
[58] Der Jahrtausendmensch, 199.
[59] Was wird aus dem Menschen? 11ff.

politischen Bereich wie auch gegenüber Technologie und Technokratie[60], gegenüber den Zwängen der Gesellschaft und denen seiner eigenen Ansprüche; es liege darin auch die Chance, die Verantwortung für das Ganze des Menschen und seiner Welt wahrzunehmen, die ihm die großen Möglichkeiten wissenschaftlicher Erfolge auftragen.[61] Andererseits gelte es, da die Erfüllung der Verstandesforderungen „ganz offensichtlich den Menschen nicht ausfüllt"[62] und die Identifikation des Menschen mit dem menschlichen Intellekt, wie schon *Romano Guardini* meinte, „äußerst gefährlich sei",[63] seine irrationale Komponente, „die Welt der primären Erfahrung", in der „die Wahrheit der Sinne das große Wort spricht",[64] mit neuem Nachdruck zu betonen. Die zu erwartenden Belastungen verlangten danach. Zwar sei infolge der politischen Konstellation und der Entwicklung der Waffentechnologien ein längerer Krieg als Alternative zum Frieden in der Zukunft nicht mehr denkbar,[65] doch säßen dem Menschen die „Drohung des atomaren Feuersturms"[66] oder andere globale Katastrophen, die zu den bekannten vier apokalyptischen Reitern des Mittelalters: Krieg, Hunger, Pest, Tod hinzukämen,[67] ständig im Nacken. Zudem seien die mangelnde Erfüllung im Beruf und das höhere Maß an Freizeit Nährboden für Frustration, Aggression, Zweifel und Verzweiflung.[68] Die psychische und physische Harmonie des Menschen, auf der seine Belastbarkeit wesentlich gründet, verlange nach Weckung und Förderung seiner Gefühlskräfte, seiner kreativen und spielerischen Fähigkeiten[69] und auch seines Gemeinschaftsgefühls und der sozialen Kompetenzen.[70] Die Balance zwischen den rationalen und irrationalen Kräften, die als die beiden unsere Weltsicht konstituierenden Prinzipien zu verstehen sind,[71] garantiere, so stellt man fest, ein

---

[60] Vgl. dazu bes. *Jungk, R.*: Der Jahrtausendmensch, 205.
Zum Verhältnis von Technik und Freiheit siehe auch *Landmann, M.*: Teuer bezahlte Vernunft. In: Was wird aus dem Menschen? 87. „Die Utopie der Erhaltung von Vernunft und Freiheit ist deshalb nicht ein bloßes Postulat, sie ist die Existenzbedingung der technischen Welt". So *Picht, G.*: Prognose, Utopie, Planung, 17f.

[61] Vgl. wiederum *Weizsäcker, C. F. v.*: Was wird aus dem Menschen? 11ff.

[62] *Weizsäcker, C. F. v.*, a.O., 15.

[63] Vgl. dazu *Vicenzi, O.*: Europa – Erneuerung aus dem Geist, 16.

[64] So *Schatz, O.*: Einleitung zu: Was wird aus dem Menschen? 11. Ebenso *Portmann, A.*: Ursprüngliche und wissenschaftliche Weltsicht. Ablösung oder Synthese. In: Was wird aus dem Menschen? 290.

[65] Der Krieg führt nach *Erich Fromm* (Haben oder Sein, 112) unmittelbar zu gegenseitigem Selbstmord. Deshalb sei die Stabilisierung des Friedens, wie *Arnold Buchholz* feststellt (Am Ende der Neuzeit, 15), die Kernaufgabe der Zukunft; die Erhaltung des Weltfriedens verlange nach *Weizsäcker* (Was wird aus dem Menschen? 19) „eine außergewöhnliche moralische Anstrengung".

[66] So *Taylor, G. R.*: Das Experiment Glück, 193.

[67] Vgl. dazu *Kahn, H.*: Vor uns die guten Jahre, 256. Wichtig dazu auch *Schwabe, G. H.*: Die programmierte Apokalypse. Die Umweltkrise aus der Sicht des Ökologen. In: Was wird aus dem Menschen? 265ff.

[68] Vgl. dazu bes. *Taylor, G. R.*: Das Experiment Glück, 39f.

[69] Ausführlich dazu *Matussek, P.*: Kreativität als Chance. Der schöpferische Mensch in psychodynamischer Sicht. – München 1974, vor allem 11ff., 79ff. Ebenso *Hengstenberg, H. E.*: Homo creator: Zeitgemäße Erwägungen zum Thema Kreativität. In: Was wird aus dem Menschen? 183ff., bes. 202f.; und *Fromm, E.*: Haben oder Sein, 22.

[70] Dazu bes. *Adler, A.*: Der Sinn des Lebens. – Frankfurt 1980, 166ff.

[71] Wichtig dazu *Portmann, A.*: Ursprüngliche und wissenschaftliche Weltsicht, 132ff.

glückliches, weil sinnerfülltes Leben.[72] Die Sinnfrage des Lebens werde, wie man übereinstimmend betont, an die Wertproblematik gebunden sein.[73] Die Anerkennung und Erfüllung von Individual- und Sozialwerten, die in einer trotz pluraler Meinungen, Bekenntnisse und Ideologien als Einheit zu begreifenden menschlichen Gemeinschaft gültig sind, gäben dem einzelnen, der ein Bedürfnis nach Orientierung und Verbindlichkeit habe, einen Halt und Seinsgrund.[74] Religiöse Bindung könne, ja solle das Wertbewußtsein und die Sinnerfahrung des Menschen vertiefen und überhöhen.[75]

1.2.2 *Kultur als lebenserhaltende und sinnstiftende Grundlage*

Alle Bestrebungen, das menschliche Leben in einer Welt mit stark sich verändernden äußeren und inneren Bindungen auf einen tragenden Grund zu stellen, bringt man auf einen prägnanten und umfassenden Begriff: Kultur – das Wort in seiner weitesten Bedeutung genommen: als Pflege aller geistigen, seelischen und körperlichen Komponenten des Menschen. Die Zukunft des Menschen muß „ein kultureller Entwurf sein"[76]. Diese Kultur wird als geistig-moralische Kraft gesehen, die eine elementare widerstreitende und ausgleichende Funktion gegenüber dem Druck technischer und naturwissenschaftlicher Entwicklungen haben soll.[77] Und da Kultur, wie man erkennt, nicht abtrennbar ist von dem, was früher war, was aus der Vergangenheit in die Gegenwart und von da in die Zukunft wächst, kommt die Tradition mit neuer

---

[72] Die Schwingung zwischen Rationalität und Irrationalität wird in der Frage nach dem Lebenssinn besonders spürbar; der Physiker und Philosoph *Niels Bohr* (zitiert bei *Heisenberg, W.*: Tradition in der Wissenschaft. – München 1977, 138) drückt dies so aus: „Der Sinn des Lebens besteht darin, daß es keinen Sinn hat zu sagen, daß das Leben keinen Sinn hat." Neuerdings dazu *Lorenz, K.*: Der Abbau des Menschlichen. – München 1983.

[73] Vgl. dazu besonders *Taylor, G. R.*: Das Experiment Glück, 94, 111f., 180: „Wir müssen den Wert der Werte neu bestätigen, wenn wir eine akzeptable Welt schaffen wollen"; es gelte, „das Wertgefühl" zu wecken, da „das Fehlen von Werten notwendig zu existentieller Verzweiflung" führe. *Erich Fromm* (Revolution der Hoffnung, 76ff.) spricht sich für die Beachtung von „humanistischen Werten" aus. Vgl. auch *Kahn, H.*: Vor uns die guten Jahre, 258. Die Menschheit hat nach *Aurelio Peccei* (Die Zukunft in unserer Hand, 38f.) „ein tiefes Bedürfnis nach geistigen Werten".

[74] Vgl. dazu bes. *Adler, A.*: Der Sinn des Lebens, passim. Dieses 1933 geschriebene Buch hat gerade in der Frage, welche Bedeutung die Erfüllung sozialer Werte für ein sinnerfülltes Leben hat, nichts an Aktualität verloren; es enthält zukunftsweisende Perspektiven.

[75] Zur metaphysischen Verankerung des Menschen siehe bes. *Weizsäcker, C. F. v.*: Was wird aus dem Menschen, 14ff. Über den Zusammenhang von Werten und Religion vgl. *Bell, D.*: Die Zukunft der westlichen Welt, 178ff., Kap. 4: „Die große Erneuerung: Religion und Kultur im nachindustriellen Zeitalter"; s. auch 201ff.

[76] So *Peccei, A.*: Die Zukunft in unserer Hand, 24. Nach ihm hängt davon „Sein oder Nichtsein der Zukunft" ab. Denn „die Zukunft wird entweder einen großen kulturellen Wandel bringen oder sie wird nicht sein". Über das Verhältnis von Wissenschaft und Kultur, die ihren gemeinsamen Bezugspunkt in der personalen Würde des Menschen hätten, hat auch *Papst Johannes Paul II.* (Seine Reden in Deutschland. – München 1980, 32ff.) elementare, zukunftsweisende Aussagen gemacht.

[77] Dazu bes. *Bell, D.*: Die Zukunft der westlichen Welt. Der Untertitel seines Buches „Kultur und Technologie im Widerstreit" verdeutlicht diese dominante Rolle der Kultur als Kontrapunkt zur Bedeutung und Wertung von Technologie und Technokratie. Auch in allen anderen zukunftsorientierten Darstellungen wird der Kultur des Menschen der zentrale Stellenwert eingeräumt.

Akzentuierung zu ihrem Recht,[78] man weist ihr in einer zukünftigen Gesellschaft gewissermaßen eine Basisaufgabe zu. Dadurch gewinnen die Geschichte und die in ihr erbrachten Leistungen des menschlichen Handelns und Denkens einen neubetonten Stellenwert, da sie dem Menschen Möglichkeiten zu einer sinnerfüllten Existenz erschließen.[75]

1.2.3 *Die Rolle der Sprache beim zukünftigen Menschen*

In diesem auf Geschichte und Tradition gegründeten Konzept einer das menschliche Dasein tragenden Kultur erhält die Sprache eine gesteigerte Bedeutung. Mit der Sprache löst sich der Mensch – im Gegensatz zum Tier – aus der augenblicksbestimmten Situationsverhaftung und ist so imstande, die Zeit als eine Dimension des Lebens, der individuellen wie allgemeinen menschlichen Entwicklung in den Griff zu nehmen. So erst wird ihm eine Art von kultureller Kommunikation möglich, insofern er, wie es *Karl Steinbuch* herausstellt, mit der Sprache „Informationen aus der Vergangenheit" verarbeitet und „damit Denken und Verhalten in der Zukunft vorbereitet".[80] Diese historisch-kommunikative Leistung der Sprache wird überhöht durch ihre Rolle, die ihr neben der Musik und Malerei zukommt, nämlich eine für ein sinnerfülltes Leben gleichfalls nötige, bildhaft (in Metapher, Mythos, Dichtung) vermittelte Weltsicht zu

---

[78] „Wir müssen das abstützen, was über Wasser gehalten werden muß, die historische große Tradition meine ich, denn ohne sie sind wir arme, kurzsichtige Opportunisten." So *Gehlen, A.*: Ende der Geschichte? Zur Lage des Menschen im Posthistoire. In: Was wird aus dem Menschen? 74. Die Bedeutung der Tradition für die Gegenwart und Zukunft verdeutlicht *Daniel Bell* (Die Zukunft der westlichen Welt, 203) so: »Wenn existentielle Fragen eine der Quellen von Verzweiflung bilden, dann können wir ihnen vielleicht begegnen, indem wir unseren Blick nicht nach vorn, sondern in die Vergangenheit richten. Menschliche Kultur ist Schöpfung von Menschen, Konstruktion einer Welt zur Aufrechterhaltung von Kontinuität, zur Aufrechterhaltung eines ‚untierischen' Lebens". *Margaret Meads* These (Der Konflikt der Generationen, 83ff.), daß in der jetzt angebrochenen „präfigurativen Kultur" die Werte der Vergangenheit für das Leben jetzt und in Zukunft keine Sicherheit gäben, scheint in der Auffassung jüngster Veröffentlichungen nicht mehr haltbar.

[79] Zur Bedeutung des „Wissens um Geschichte" vgl. *Gehlen, A.:* Ende der Geschichte? 74: „. . . ein Mensch, der geschichtslos lebt, ist den wechselnden Fällen der Indoktrination wehrlos ausgesetzt, er läßt sich von den Plänemachern imponieren." Wichtig zum Wert der Geschichte auch: *Steinbuch, K.*: Spezialistentum und Allgemeinbildung – Geschichte als informeller Prozeß (Aus der Sicht eines Nichthistorikers). In: Erziehung und Bildung des Menschen, 155ff. Anders *Wehler, H.-U.*: Geschichtswissenschaft heute. In: Stichworte zur „geistigen Situation der Zeit" (hrsg. von *Habermas, J.),* 2. Band: Politik und Kultur, 746; nach ihm habe die „Tendenzwende" hin zur Geschichte zu einer Situation geführt, in der sich „eine eifrige Verklärung der Vergangenheit mit der modischen Nostalgiewelle verbindet".

[80] Geschichte als informeller Prozeß, 155ff., bes. 171; *Steinbuch* betont, daß Kommunikation und Zeitablauf in bemerkenswerter Weise zusammenhängen; ohne Zukunft sei Kommunikation sinnlos. – Daß selbst die Naturwissenschaften in der Verwendung ihrer Begriffe auf die Tradition der Sprache angewiesen sind, selbst wenn sie diese Begriffe immer wieder neu definieren müssen, betont nachdrücklich *Werner Heisenberg* (Tradition in der Wissenschaft, 21).

präsentieren.[81] Diese beiden sozusagen kulturellen Funktionen der Sprache, einerseits Vergangenheit und Zukunft durch Information zu verbinden, andererseits der Intuition und schöpferischen Phantasie einen Weg zu einer tieferen Dimension des menschlichen Selbstverständnisses freizugeben,[82] zeigen an, daß die Sprache dasjenige Medium ist, in dem die in Zukunft gleichrangig gültigen Prinzipien der Rationalität und Irrationalität ihre unmittelbarste Konkretisierung erfahren. In der Zukunft gilt mehr denn je: Das Menschsein bedarf der Sprache und erhält sich in der Sprache.[83]

2 **Umrisse eines pädagogischen Konzepts der Zukunft**

Die Perspektiven auf die Zukunft, von wem auch immer sie entworfen sind, enthalten zugleich direkt oder indirekt Forderungen an die Pädagogik, also an jene Instanz, die den Menschen für die kommende Zeit lebenstüchtig machen soll.[84] Im pädagogischen Kräftefeld bleibt die Position der Naturwissenschaften außer allem Zweifel; ihre Leistungsfähigkeit bleibt unbestritten. Doch werden die sozial- und geisteswissenschaftlichen Komponenten offensichtlich stärker betont; ihnen wird geradezu eine ausgleichende, korrigierende Aufgabe zugewiesen, insofern man von ihnen aus „neue Grenzziehungen für eine entfesselte Wissenschaft und Technik"[85] als möglich ansieht. Es muß allerdings betont werden, daß hier im Raum der Pädagogik nicht eine Verteufelung der Naturwissenschaften oder ein Technik-Defätismus programmiert werden sollen; es geht den Kritikern und Warnern, die ja größtenteils selbst Naturwissenschaftler sind oder mit diesem Gebiet in enger Verbindung stehen, vor allem darum, für die an sich wertneutralen wissenschaftlich-technischen Medien in der Hand

---

[81] Die Sprache hat gewiß „die Aufgabe der Information in intellektuellem Sinne, aber es wäre eine ungeheure Verarmung, sie auf diese Funktion festzulegen". „Der geniale Reichtum des Menschen liegt in der intuitiven, bildhaften und bildschöpfenden Vielgestalt seiner Sprache, die auch heute noch am Werke ist, wo es gilt, von einer neuen Transzendenzerfahrung aus neu erschlossene Daseinsbereiche und Erfahrungsbereiche zu bezeichnen und damit zu gestalten." So *Benz, E.*: Die Unüberwindlichkeit des Mythos. Glanz und Elend der Entmythologisierung. In: Was wird aus dem Menschen? 116f.

[82] Vgl. dazu bes. *Hengstenberg, H. E.*: Homo creator. Zeitgemäße Erwägungen zum Thema Kreativität. In: Was wird aus dem Menschen? 183ff. Er betont die Bedeutung von Intuition und Kreativität für die Chance der Selbstverwirklichung, für ein sinnerfülltes Leben in der Zukunft. Durch *Noam Chomskys* generative Grammatik sei das Kreative des Sprachlichen weitgehend rehabilitiert worden.

[83] Man vgl. etwa: *Liebrucks, B.*: Wissenschaftlicher Weltumgang und Entsprachlichung. In: Was wird aus dem Menschen? 207: „Die Frage nach der Zukunft der Sprache ist auch die Frage nach der Vermeidung der Entsprachlichung, in der wir stehen. Die Entsprachlichung des Menschen ist die Entmenschung des Menschen."

[84] Vgl. etwa *Jungk, R.*: Der Jahrtausendmensch, 127ff., Kap.: „Die Zukunft beginnt in den Schulen." Vgl. auch *Taylor, G. R.*: Das Experiment Glück, 211ff., Kap.: „Erziehung und Reflexion."

[85] So *Portmann, A.*: Ursprüngliche und wissenschaftliche Weltsicht: Ablösung oder Synthese, 139. Nach *Taylor G. R.*: (Das Experiment Glück, 306) gilt es als eine für die Zukunft nötige Aufgabe von Erziehung, „die Entfremdung der Wissenschaft und der Wissenschaftler vom Rest der Kultur" zu verhindern.

der Menschen eine moralische Grundlage zu schaffen, auf der das Ganze der menschlichen Entwicklung und nicht bloß die Leistungsfähigkeit einiger weniger oder die Wettbewerbsfähigkeit der Nation zum Maßstab gemacht werden.[86] Die Dichotomie dieser beiden globalen Bereiche von Naturwissenschaften und Geisteswissenschaften/ Sozialwissenschaften läßt die Umrisse eines pädagogischen Konzepts der Zukunft sichtbar hervortreten; dieses soll hier – unter Betonung der für die vorliegende Thematik maßgeblichen Aspekte – in knappen Strichen angedeutet werden.

2.1 **Das Programm eines ‚Neuen' Humanismus**

In diesem Konzept der Zukunft, soweit es sich in Umrissen andeutet, wird offensichtlich der Mensch radikal ins Zentrum genommen. Ob Philosophen, Theologen, Soziologen, Psychologen, Naturwissenschaftler oder Pädagogen, sie alle fordern in ihren Aussagen auf eine nahe oder ferne Zukunft von der Schule die entschlossene Wendung hin zu den humanen Bedürfnissen und Bedingungen des Menschen.[87] „Der moderne Mensch muß seine Menschlichkeit wieder finden"[88] und seine hybride Vorstellung von einer „Gottähnlichkeit"[89] aufgeben. Gegen die drohende „Dehumanisierung"[90] zeichnet sich so etwas wie das Programm eines ‚Neuen' Humanismus ab, der die wissenschaftlichen Bemühungen aller Disziplinen zu einer an der *condicio humana* orientierten Einheit verbindet und in dem die Synthese des „theoretischen und ästhetischen Welterlebens"[91] gelingen soll. Dabei treten als oberste Lebensziele und damit als Leitziele einer zukünftigen Pädagogik hervor: psychische und physische Lebensfähigkeit, Sinnerfüllung, Glücksfähigkeit, Mußefähigkeit, Freiheits- und Verantwortungssinn, Spontaneität, Askese, Menschenwürde, Selbständigkeit, Sozialpflichtigkeit, Friedensfertigkeit, Wertbewußtsein und Wertbindung, moralische Orientierung, Erfahrung der Transzendenz u. ä.[92] Solche Qualitäten sollten sich in erster Linie in der

---

[86] *Karl Steinbuch* (Programm 2000. – München ²1972, 99) scheint zu einseitig die Beseitigung der „technologischen Lücke", also die Wettbewerbsfähigkeit der Nation in Naturwissenschaft und Technik, zum Maßstab zukünftiger Bildungsplanung zu machen.

[87] Diese Wendung gerade der Wissenschaft und Technologie hin zum Menschen ist bei *Taylor, G. R.* (a.O., 302 und 307) so ausgedrückt: „Die Technologie ist für den Menschen da und nicht umgekehrt." „Wissenschaft und Technik müssen sich dem Menschen anpassen. Und diese Anpassung bedeutet mehr als eine einfache Begrenzung der wissenschaftlichen Tätigkeit." Der Wissenschaftler müsse „wenigstens lernen, die intuitiven und emotionalen Aspekte, ein Mensch zu sein, zu verstehen und zu respektieren."

[88] Vgl. auch *Fromm, E.*: Die Revolution der Hoffnung, 30; Haben oder Sein, 154ff. Siehe auch *Jonas, H.*: Das Prinzip Verantwortung, 90.

[89] Vgl. dazu bes. *Bell, D.*: Die Zukunft der westlichen Welt, 66 und 191, und *Fromm, E.*: Haben oder Sein, 147.

[90] So *Lorenz, K.*: Die acht Todsünden der zivilisierten Menschheit, 109. *Hans Sedlmayr* (Verlust der Mitte. – Berlin 1977, 118) spricht von einem „Prozeß der Deshumanisierung", der nicht nur in der Kunst feststellbar sei.

[91] So *Portmann, A.*: Ursprüngliche und wissenschaftliche Weltsicht: Ablösung oder Synthese, 142ff.

[92] Diese hier zusammengestellten Begriffe, die pädagogische Zielvorstellungen der Zukunft erfassen, sind allesamt in der herangezogenen Literatur genannt.

Vermittlung von Kultur konstituieren, die sowohl einen subjektiven Aspekt („persönliche Kultur“[93] des Herzens) wie auch einen mehr objektiven Aspekt („überlieferte Kultur der Menschheit“[94]) habe. „Kulturfähigkeit“ wird als Kerninhalt des pädagogischen Programms der Zukunft herausgestellt.[95] Ihre Vermittlung, als umfassende pädagogische Aufgabe verstanden, vollziehe sich in den zwei Vorgängen von „Bildung“ und „Erziehung“, die man zwar nach *Erich E. Geißler*[96] in ihrer Funktion und Wirkung zu unterscheiden habe, die sich aber in ihrer gemeinsamen kulturbezogenen Zielsetzung miteinander verbinden lassen. Bildung wird verstanden „als Kultur nach der Seite ihrer subjektiven Zueignung“[97], Erziehung als das Ermöglichen von Kulturerfahrungen in der Weise, daß das lernende Individuum dabei „die Fähigkeit entwickelt, den Willen an die sachgebundenen Urteile des eigenen Verstandes zu knüpfen“.[98] Ein solchermaßen auf den Menschen und seine Kultur gerichtetes pädagogisches Konzept, das die Schule der Zukunft prägen sollte, wird der Dimension der Geschichte und der Tradition einen nicht geringen Raum geben müssen.[99] Denn „jede anthropologische Betrachtungsweise muß ergänzt werden durch die geschichtliche“.[100] „Das Ende der Tradition ist das Ende der Kultur.“[101] Und „das Abreißen der Tradition“ zählt nach *Konrad Lorenz* zu den „acht Todsünden der zivilisierten Menschheit“.[102] Die „Lektion der Geschichte“[103] bringt Möglichkeiten des Menschseins, Erfahrungen des Menschen

---

[93] Solche „persönliche Kultur“ solle nach *Leopold Sédar Senghor* (Über den Wert des Unterrichts in den klassischen Sprachen. In: Wiener Humanistische Blätter, 19, 1977, 5) die allgemeinbildende Schule vermitteln.

[94] S. dazu besonders *Bell, D.*: Die Zukunft der westlichen Welt, 161 und 189; er hebt die Bedeutung der über die Tradition vermittelten Kultur der Menschen heraus. – Wegweisend auch *Pieper, J.*: Gefährdung und Bewährung der Tradition. In: Was wird aus dem Menschen? 159ff., bes. 172ff. *Margaret Mead* (Der Konflikt der Generationen, 12) nennt in dieser objektiven Bedeutung die Kultur, auf die sich unser Interesse richtet, geradezu „weltumspannend“.

[95] Vgl. dazu bes. *Fromm, E.* (Haben oder Sein, 154), der sich hier an Gedanken *Albert Schweitzers* anlehnt.

[96] Allgemeinbildung in einer freien Gesellschaft. – Düsseldorf 1977, 14ff. Zur Einschätzung der Begriffe „Bildung“ und „Erziehung“ vgl. *Maier, H.*: Zwischenrufe zur Bildungspolitik. – Osnabrück, ²1972, 27ff.

[97] So von *Theodor Adorno* verstanden, zitiert bei *Geißler, E. E.*, a.O., 15.

[98] So *Geißler, E. E.*, a.O., 15. Wichtig dazu auch *Westphalen, K.*: Was soll Erziehung leisten? Donauwörth 1979, 24ff. (auch mit Perspektiven in die Zukunft der 80er Jahre).

[99] Siehe dazu vor allem *Steinbuch, K.*: Geschichte als informeller Prozeß, 268ff.; *Bell, D.*: Die Zukunft der westlichen Welt, 67: „Wenn man sich von der Vergangenheit abgeschnitten hat, kann man schwerlich dem Gefühl letztlicher Sinnlosigkeit entkommen, das die Zukunft vermittelt“, vgl. auch 178ff. – Vgl. auch *Pieper, J.*: Gefährdung und Bewährung der Tradition. In: Was wird aus dem Menschen? 159ff., bes. 172ff.

[100] So *v. Krockow, Chr.*: Auf der Suche nach dem Glück – Das Dilemma der Modernität. In: Was wird aus dem Menschen? 25. – *Hans Mohr* (Die Zukunft des Menschen aus der Sicht des Naturwissenschaftlers. In: Weltgespräche 10. Möglichkeiten und Grenzen der Zukunftsforschung. – Wien/Freiburg 1970, 35f.) unterscheidet zwei Kulturen, „die traditionelle Kultur, aus der wir kommen, und die wissenschaftlich-technische Kultur, in der wir leben“; im Einzelmenschen – das ist seine Forderung an ein pädagogisches Konzept – sollten „beide Kulturen sich vereinen“. Vgl. ebenso *Wilhelm Th.*: Jenseits der Emanzipation. – Stuttgart 1975, 72ff.

[101] Siehe dazu *Pieper, J.*: Gefährdung und Bewährung der Tradition, 178f. – Vgl. dazu auch *Lübbe, H.*: Über den Grund unseres Interesses an historischen Gegenständen, In: Geisteswissenschaften als Aufgaben. – Berlin/New York 1978, 178ff.

[102] Die acht Todsünden der zivilisierten Menschheit, 108.

[103] So *Taylor, G. R.*: Das Experiment Glück, 60.

paradigmatisch zur Kenntnis und bietet in den tradierten Denk- und Verhaltensmustern dem lernenden Schüler „Modi des Begreifens“[104], so daß er innerlich wächst und reift, also mündig wird, wenn ihm einerseits das Fremde, Unwiederholbare, möglicherweise zu Verurteilende an geschichtlichen Phänomenen bewußt wird, er andererseits das „Bleibende im Wandel der Geschichte“[105], die „analogische oder formale Gleichheit des Verschiedenen“[106] im Ablauf historischer Ereignisse erkennt und in seine Denk- und Vorstellungswelt aufnimmt. Bildung und Erziehung an der kulturellen Tradition, an der Geschichte aktualisieren sich demnach sowohl in einem Sich-Freimachen von überholten, vielleicht sogar belastenden Lebens- und Denkformen wie auch in der inneren Zustimmung zu den elementaren, immergültigen anthropologischen Wahrheiten. Produktive Distanz, Kritikfähigkeit einerseits, Anpassung, Assimilation andererseits, also eine emanzipatorische und identifikatorische Zielsetzung[107] müssen im Konzept eines ‚Neuen‘ Humanismus in ein ausgewogenes Verhältnis zueinander gebracht sein.[108]

2.2 **Vier pädagogische Schwerpunkte in der Zukunft**

Das vorausgehend skizzierte Bildungskonzept, das für die Zukunft offensichtlich bestimmend wird, läßt vier Schwerpunkte von umfassenden Lernziel-Bereichen erkennen; diese seien nachfolgend kurz angedeutet:

2.2.1 *Kenntnis von elementaren Informationen* über das Leben der Menschen und die ihn umgebende Welt sowie über ihre geschichtliche Tradition, ebenso über Bedingungen, Möglichkeiten und Notwendigkeiten des Zusammenlebens (sog. Grundlagen- oder Elementarwissen).[109] Fähigkeit, diese Information angemessen, sinnvoll im eigenen Interesse und zum Nutzen der Gemeinschaft einzusetzen. Besonderer Nachdruck liegt hierbei auf der Kenntnis der Sprache bzw. von Sprachen als eines Mediums der Kommunikation unter den Menschen.[110]

---

[104] *Taylor, G. R.*, a. O., 109. Siehe auch *Wilhelm, Th.*: Jenseits der Emanzipation, 73.
[105] So *Bell, D.*: Die Zukunft der westlichen Welt, 178.
[106] So *Kuhn, H.*: Despotie der Wörter. In: Sprache und Herrschaft (hrsg. von *Kaltenbrunner, G. K.)*. Initiative 5. – München 1975, 16.
[107] Dazu ausführlich *Geißler, E. E.*: Allgemeinbildung in einer freien Gesellschaft, 18ff. Nach *Theodor Wilhelm* (Jenseits der Emanzipation, 73 und 80) liefert die Geschichte Anlehnungspunkte für die eigene Identifikation und ermöglicht zugleich „eine produktive Distanz“ zu „maßstablosen Identifikationen“; sie gibt also dem Menschen ein Stück innerer Freiheit. „Unsere Freiheit besteht in hohem Maße in der Fähigkeit, von der Geschichte den richtigen Gebrauch zu machen.“
[108] Dieses Konzept wird bes. in den Werken *Erich Fromms* erkennbar, z.B. Haben oder Sein, 177, 191; Die Revolution der Hoffnung, 113.
[109] Siehe dazu bes. *Affemann, R.*: Lernziel Leben. Der Mensch als Maß der Schule. – Stuttgart 1976, 44ff. Vgl. auch *Steinthal, H.*: Geistige Bildung in der Höheren Schule, 214.
[110] Siehe dazu bes. *Weizsäcker, C. F. v.*: Die Einheit der Natur. – München 1974, 39ff.: Kap. 12 „Sprache als Information“; ebenso *Bollnow, O. F.*: Sprache und Erziehung. – Stuttgart 1966, bes. 33ff.

2.2.2 *Fähigkeit zur Reflexion* über die Zusammenhänge und Hintergründe der das Leben und die menschliche Gemeinschaft konstituierenden und tragenden Systeme,[111] sowie *Fähigkeit zur Abstraktion und Theoriebildung,* wodurch es möglich wird, zu allgemeinen, nicht der Oberfläche und dem Augenblick verhafteten Einsichten und Erkenntnissen zu gelangen, auf diese Weise einerseits geistige Unabhängigkeit und Distanzfähigkeit zu erreichen, andererseits sich die Fähigkeit und Bereitschaft anzueignen, immer gültige Gesetzmäßigkeiten zu erkennen und anzuerkennen.[112] Als genuines Vehikel zur Reflexions- und Abstraktionsfähigkeit wird dabei die Sprache betrachtet.[113]

2.2.3 *Fähigkeit zur Kontemplation und Meditation,*[114] die der „funktionalen Rationalität"[115] eines nur technologischen und technokratischen Denkens entgegenwirken[116] und die dem Menschen den Rückzug auf sich selbst oder in sich selbst ermöglichen, also auf eine Position, von der aus er einerseits das Verhältnis seiner geistigen, seelischen und körperlichen Kräfte am ehesten zu einem harmonischen Ausgleich bringen[117] und sich auch zu schöpferischer, spontaner Aktivität freimachen kann,[118] von der aus andererseits ihm die Konsequenzen seines Tuns oder Nichttuns, letztlich – auch mit Hilfe der tradierten Erfahrungen – die Sinnhaftigkeit seines Lebens bedenkenswert erscheinen –

---

[111] Siehe dazu *Taylor, G. R.*: Das Experiment Glück, 195 und 211. Vgl. dazu auch *Picht, G.*: Prognose, Utopie, Planung, 13f. *Konrad Lorenz* (Die acht Todsünden der zivilisierten Menschheit, 35) schätzt die Fähigkeit zur Reflexion sehr hoch ein, faßt den Begriff allerdings so weit, daß er offensichtlich auch die Prinzipien der Meditation mitumgreift (S. dazu unter 2.2.3): „Ein Wesen, das um die Existenz seines eigenen Selbst noch nicht weiß, kann unmöglich begriffliches Denken, Wortsprache, Gewissen und verantwortliche Moral entwickeln. Ein Wesen, das aufhört zu reflektieren, ist in Gefahr, alle diese spezifisch menschlichen Eigenschaften und Leistungen zu verlieren."

[112] Siehe dazu *Weizsäcker, C. F. v.*: Was wird aus dem Menschen? 10f. Vor einseitiger und überzogener Theoriebildung warnt *Sontheimer, K.*: Das Elend unserer Intellektuellen. – Hamburg 1976, 69ff.

[113] Vgl. dazu *Liebrucks, B.*: Wissenschaftlicher Weltumgang und Entsprachlichung, 207ff. Wie sehr Sprache und Sprachfähigkeit für wissenschaftliches Denken nötig sind, macht *Heisenberg, W.*: Tradition in der Wissenschaft, 21ff. deutlich. Die Notwendigkeit, die Sprache via Reflexion zu verstehen und zu beherrschen, wird in den Beiträgen in: Sprache und Herrschaft (hrsg. von *Kaltenbrunner, G. K.*). – München 1975, sehr augenfällig. *Konrad Lorenz* (Das wirklich Böse. Involutionstendenzen in der modernen Kultur. In: Was wird aus dem Menschen? 289ff.) sieht in der Sprache die Voraussetzung für die Reflexionsfähigkeit des Menschen. Vgl. auch *Bollnow, O. F.*: Sprache und Erziehung, 183ff.; ebenso *Kamlah, W./Lorenzen, P.*: Logische Propädeutik. – Mannheim ²1973, 45ff.: II. Kapitel, „Welt, Sprache, Rede".

[114] Zur Bedeutung der Kontemplation für den heutigen und zukünftigen Menschen vgl. *Taylor, G. R.*: Das Experiment Glück, 106 und 195. Wie sehr „Meditation" ein wesentlicher Teil menschlicher Bildung sein soll, zeigt unter vielen bes. *Romano Guardini* (Der Raum der Meditation. – Mainz 1980, neubearbeitet von *Klimmer, J.*, 7ff.). Für *Carl Friedrich von Weizsäcker* (Der Garten des Menschlichen, 43) sind „Reflexion und Meditation" die notwendigen Seinsweisen eines „neuen Menschen".

[115] So *Bell, D.*: Die Zukunft der westlichen Welt, 20.

[116] S. dazu *Bell, D.*, a.O., 122; *Taylor, G. R.*: Das Experiment Glück, 302f.

[117] Nach *Erich Fromm* (Die Revolution der Hoffnung, 40) muß es gelingen, „die wachsende Kluft zwischen der zerebral-intellektuellen Funktion und der affektiv-emotionalen Erfahrung, die Kluft zwischen Denken und Fühlen, Geist und Herz, Wahrheit und Leidenschaft" zu schließen.

[118] Siehe Anm. 82.

auch in ideeller, ethischer und religiöser Hinsicht.[119] Der „menschlichen Sprache, welche die Übertragung von Erfahrungen von einem Menschen zum anderen ermöglicht“,[120] wird auch in dieser Hinsicht eine entscheidende Rolle zugewiesen.

2.2.4 *Bewußtsein von der Moralität des Menschen,* also davon, daß für den einzelnen eine moralische Bindung notwendig und die Existenz einer Gemeinschaft von der Anerkennung eines allgemein gültigen und verbindlichen Wertkodex abhängig ist, daß es demnach auch in einer pluralistischen Gesellschaft mit ihren konkurrierenden Wertmustern eine bindende Grundorientierung geben muß.[121] Als solche die Persönlichkeit konstituierenden und die Gemeinschaft tragenden Individual- und Sozialwerte sieht man: Gewissenhaftigkeit, Genauigkeit, Ausdauer, Geschicklichkeit, Ordnungssinn, Selbstdisziplin, Bescheidenheit, Mäßigung, Ehrlichkeit, Wahrhaftigkeit, Mitleid, Liebe, Gerechtigkeit, Freundlichkeit, Solidarität, gegenseitige Duldung, Kooperationsbereitschaft, Ehrfurcht vor dem Leben, Achtung sich selbst und anderen gegenüber.[122] Werthaltungen wie diese seien angesichts der Bedrohungen des Menschen in der technischen Zivilisation um so dringender gefordert.[123] Die Aktualisierung solcher Urerfahrungen von Werten ist und bleibt auf das Wort und die Sprache angewiesen, wie es zuletzt *Hermann Steinthal* deutlich herausgestellt hat.[124]

---

[119] Vgl. dazu vor allem *Bell, D.*: Die Zukunft der westlichen Welt, 38; *Taylor, G. R.*: Das Experiment Glück, 190ff.; *Buchholz, A.*: Am Ende der Neuzeit, 9; *Adler, A.*: Der Sinn des Lebens, 162ff.; *Weizsäcker, C. F. v.*: Der Garten des Menschlichen, 43ff; *Lübbe, H.*: Vollendung der Säkularisierung – Ende der Religion? In: Was wird aus dem Menschen? 147f.

[120] So *Steinbuch, K.*: Geschichte als informeller Prozeß, 165. Zur meditativen Kraft der Sprache siehe bes. *Benz, E.*: Die Unüberwindlichkeit des Mythos. In: Was wird aus dem Menschen? 115f. *Rudolf Affemann* betrachtet eine so gerichtete Pflege der Sprache als für die „emotionale Erziehung“ des Menschen nötig. Siehe dazu auch die Vorträge von *Romano Guardini* (Die religiöse Sprache), *Friedrich Georg Jünger* (Wort und Zeichen), *Walter F. Otto* (Sprache als Mythos) in: Die Sprache. Vortragsreihe. – München/Berlin 1959.

[121] Dazu bes. *Taylor, G. R.*: Das Experiment Glück, 111ff.; 190ff., 209ff., 212ff.; er arbeitet die einer Moralität des Menschen notwendig zugrundeliegenden Werthaltungen heraus; dabei liegt ihm die Erkenntnis zugrunde: „Wir müssen den Wert der Werte neu bestätigen, wenn wir eine akzeptable Welt schaffen wollen“ (111). S. dazu auch *Steinbuch, K.*: Geschichte als informeller Prozeß, 166; *Mead, M.*: Der Konflikt der Generationen, 99 und 108; *Fromm, E.*: Haben oder Sein, 82, und: Die Revolution der Hoffnung, 76f. und 116; *Jungk, R.*: Der Jahrtausendmensch, 195; *Bell, D.*: Die Zukunft der westlichen Welt; *Jonas, H.*: Das Prinzip Verantwortung, 146ff.

[122] Die hier zusammengestellten Werte sind bei den zitierten Autoren *Bell, Buchholz, Fromm, Jungk, Taylor, v. Weizsäcker* u. a. als notwendig oder wünschenswert genannt und begründet; sie sind hier nur aufgezeigt, ohne daß die schwierige Frage der Relativität oder Absolutheit der Werte diskutiert oder der relationelle Charakter von Werten herausgearbeitet wird.

[123] Vgl. dazu *Weizsäcker, C. F. v.*: Bedingungen des Friedens. – Göttingen 1963, 20: „Eine technische Zivilisation, deren Glieder sich gegenseitig hindern, gefährden, zerstören, ist technisch unreif . . . Wir müssen also ein Bewußtsein für den richtigen, den technischen Gebrauch der Technik gewinnen, wenn wir in der technischen Welt menschenwürdig überleben wollen. Das verlangt eine moralische Anstrengung, die sich in einer positiven Moral, einer gefestigten Sitte niederschlagen muß.“

[124] Geistige Bildung in der Höheren Schule, 216ff.: „Ich behaupte: Die Urerfahrung der Wahrhaftigkeit, der Selbstlosigkeit, der Gerechtigkeit usw. kann man weder darstellen noch begreifen ohne das Wort, es ergibt sich sonst keine Erfahrung, sondern ein wirres Gemisch von Eindrücken.“

2.3 **Neubetonung einer „Allgemeinbildung“**

Bildung und Erziehung, auf diese Schwerpunkte ausgerichtet, werden, so läßt sich aus den veröffentlichten Äußerungen entnehmen, dem Menschen sowohl die „Selbstaktualisierung“[125] („Selbstverwirklichung“[126], „Selbstentdeckung“[127]) wie auch die soziale Integration (Gemeinschaftsfähigkeit) gewährleisten.[128] Ein solchermaßen humanistisches Bildungskonzept, das „aus der theoretischen wie praktischen Neubesinnung auf das gestörte Verhältnis von Vernunft und Humanität“[129] geboren wird und den „befreienden Wandel zum Humanen“[130] bringt, sollte alle Menschen, unabhängig von Volk und Rasse, erfassen, sozusagen also eine weltumfassende Realisierung finden. *Grousset* spricht von „einem planetarischen Humanismus“[131]. *Leopold Sédar Senghor* glaubt an eine „planetarische Zivilisation“, in der die Kulturen der Menschen zu einer „Weltkultur“ zusammenwüchsen.[132] Dieses Konzept eines weltumfassenden Humanismus sollte jedoch für jene verbindlicher sein, denen die gesellschaftliche und berufliche Position ein höheres Maß an Verantwortung abfordert. Von der geistigen, gesellschaftlichen und politischen Elite, auf die man offensichtlich auch in Zukunft nicht verzichten kann – denn gerade „Demokratie braucht Eliten“[133] –, würden nicht nur Offenheit, geistige Elastizität, Vielseitigkeit, Funktionstüchtigkeit, sondern auch Charakterstärke sowie Urteils- und Entscheidungsfähigkeit verlangt, also die Fähigkeit, auf der Grundlage von Wissen und Problembewußtsein und in Kenntnis größerer Begründungs- und Bedingungszusammenhänge – auch nach Maßgabe ethischer Gesichtspunkte – zu entscheiden, die Entscheidung zu begründen und anderen gegenüber zu vertreten.[134] Auf der Ebene, wo in einem hohen Maße Verantwortlichkeit und Ent-

---

[125] *Taylor, G. R.*: Das Experiment Glück, 40.

[126] *Bell, D.*: Die Zukunft der westlichen Welt, 25.

[127] *Jungk, R.*: Der Jahrtausendmensch, 126.

[128] Über das Spannungsverhältnis zwischen Selbstverwirklichung und sozialer Verantwortlichkeit siehe bes. *Taylor, G. R.*: Zukunftsbewältigung, 29.

[129] So *Schatz, O.* (Hrsg.) im Vorwort zu: Was wird aus dem Menschen? 10.

[130] So *Mead, M.*: Der Konflikt der Generationen, 17.

[131] Orient und Okzident im geistigen Austausch. – Stuttgart 1955.

[132] Über den Wert des Unterrichts in den klassischen Sprachen, 9.

[133] So *Heinz J. Kiefer*, Professor, Vorsitzender von Vorstand und Wissenschaftlichem Beirat des Ruhr-Instituts Essen (in: Rheinischer Merkur – Christ und Welt, Nr. 40 vom 2. Oktober 1981, 2).

[134] Siehe dazu besonders *Bell, D.*: Die Zukunft der westlichen Welt; nach ihm definiert sich Elite durch „Charakter“ und „Urteilsfähigkeit“ (237). „Die Qualität der Führung des nächsten Jahrzehnts“ sei „eine der unabsehbaren, aber entscheidenden Variablen der Zukunft“ (241). Siehe auch *Fromm, E.*: Die Revolution der Hoffnung, 33; er fordert eine „kulturschaffende Gruppe“ als Elite, die der „Elite der Manager“ gegenübertreten solle. Vgl. dazu auch *Westphalen, K.*: Die Zukunft des Gymnasiums, 123, und *Steinthal, H.*: Geistige Bildung in der Höheren Schule, 219.
Nach *Heinz J. Kiefer* (s. Anm.133) müßten die „Führungskräfte in Wirtschaft und Technik lernen, gesellschaftspolitische Verantwortung ‚vor Ort‘ zu übernehmen.“ Es stelle sich ihnen als eine zusätzliche Aufgabe: langfristige Pflege der Verfassungswerte, Vorleben der Tugenden unseres Volkes, Erhaltung des nationalen Geschichtsbewußtseins mit guten wie bösen Erfahrungen, Ausgewogenheit von emotionalem Ausdruck und sachorientierter Vernunft im Meinungs- und Werteklima des Gemeinwesens und jede Hilfe für religiöse Erneuerung. Dies sei die „dienende Aufgabe geistiger Eliten“. Die kulturschaffende Rolle der Eliten betont auch *Ernst Topitsch*: Elite im Streit der Meinungen. Parasitäre und schöpferische Minderheiten. In: Rheinischer Merkur. Christ und Welt vom 20. 12. 1981.

scheidungsfähigkeit gefordert sind, werde nicht der ‚Spezialist' gefragt sein, sondern, wie es *Robert Jungk* ausdrückt,[135] „der Generalist", also jener, dem sein umfassendes Wissen, seine Einsicht in die tieferen Zusammenhänge und auch seine moralische Qualität ein allgemeines, auf das Ganze gerichtetes Urteil zulassen.[136] Solche Überlegungen führen dazu, daß man in der Zukunft einer umfassenden „Grundbildung"[137] oder besser einer „Allgemeinbildung"[138] wieder einen höheren Stellenwert zuweist.[139] Es ist ohne Zweifel erkennbar, daß in der hier sich andeutenden Richtung der Vermittlung von „Allgemeinbildung", die die humane Kompetenz des Menschen erschließt,[140] die Geistes- und Sozialwissenschaften die Basis für ein neues gemeinsames Selbstverständnis erhalten können, das sich etwa mit Begriffen wie „humanities", „études humaines" oder „moral sciences" beschreiben läßt.[141] *Erich Fromm* schlägt in derselben Absicht geradezu die Ausprägung einer „humanistischen Wissenschaft" vor.[142]

---

[135] Der Jahrtausendmensch, 68.

[136] Vgl. dazu auch *Steinbuch, K.*: Spezialistentum und Allgemeinbildung – Geschichte als informeller Prozeß, 155ff.

[137] Dazu etwa *Westphalen, K.*: Grundbildung. In: Gymnasialbildung und Oberstufenreform. – Donauwörth 1979, 103ff.; *Maier, H.*: Das Problem der Grundbildung unter besonderer Berücksichtigung der Lernfächer. In: Anregung 25 (1979) 211ff.

[138] Vgl. dazu bes. *Geißler, E. E.*: Allgemeinbildung in einer freien Gesellschaft. *Klaus Westphalen* (Was ist Allgemeinbildung? In: Anregung 27 (1981) 23f.) hat ‚Grundbildung' von ‚Allgemeinbildung' dadurch abzuheben versucht, daß er letztere stärker in die Nähe von ‚Bildung' rückt, die sich eher auf die Person, auf die humanitas, „auf die menschlichen Qualitäten eines Individuums bezieht". Dies liegt genau in der Richtung unserer Argumentation.

[139] Der hier sich andeutende Trend erhält in den USA schon konkrete Züge. Die Studenten der Harvard University in Cambridge/Mass. müssen z. B. in den ersten Semestern Kurse belegen, die sich um ein sog. Core Curriculum gruppieren, sie müssen also einen Mindestbestand an Allgemeinbildung erwerben und nachweisen.

[140] Die von *Westphalen* (Was heißt heute Allgemeinbildung?) versuchte Definition deckt genau das ab, was an humanistischer Bildung heute der „Generalist" braucht: „Allgemein gebildet darf sich nennen, wer in der heutigen Welt seinen geistigen Standort gefunden hat dadurch, daß er die wichtigsten Stränge der Tradition aufgearbeitet und darüber hinaus ein eingehendes Verständnis der zentralen Probleme unserer Zeit entwickelt hat".
Karl Steinbuchs (Programm 2000, 190) Einspruch gegen den „Unglückswurm ‚studium generale'" ist angesichts der skizzierten Situation kaum begreifbar. „Da wird vielfach versucht, Studierenden aller Fachrichtungen ‚humanistisches' Grundwissen als Schnellbleiche zu verpassen." *Steinbuch* widerspricht sich hier offensichtlich selbst (Anm. 134). Seiner einseitigen Aussage stehen zahlreiche positive Stimmen, auch von Naturwissenschaftlern, zugunsten einer Allgemeinbildung gegenüber.

[141] Siehe dazu *Lobkowicz, N.*: Geisteswissenschaften und Hochschulreform, 37.

[142] So in: Haben oder Sein, 167: „Wir brauchen eine humanistische Wissenschaft vom Menschen als Basis für die angewandte Wissenschaft und Kunst der gesellschaftlichen Rekonstruktion." Siehe dazu auch denselben: Revolution der Hoffnung, 81ff., Kap.: „Schritte zur Humanisierung der technischen Gesellschaft". Über das Verhältnis von Allgemeinbildung und Elite: s. *Fuhrmann, M.*: „Das bürgerliche Gymnasium ist tot". Zwei Briefe und einige Überlegungen zur Allgemeinbildung. I : FAZ vom 29. Oktober 1980, Nr. 252, 7ff. Siehe dazu auch die Diskussionsreihe: „Was ist Allgemeinbildung?" In: Anregung 27 (1981) 2–24, 205–206.

3 **Die Alten Sprachen im Bildungskonzept der Zukunft**

Im Rahmen eines Bildungskonzepts, das für die Zukunft bestimmend sein kann, wie vorausgehend angedeutet, werden die sprach- und kulturhistorischen Fächer Latein und Griechisch ihren Standort finden und ihren möglichen Wert begründen müssen. Feststeht heute schon, daß jener „Humanismus", wie man ihn für den „Menschen an der Schwelle des dritten Jahrtausends"[143] ersehnt, ein politisch wie gesellschaftlich so umfassendes pädagogisches Programm darstellen wird, daß kein Fach für sich das Privileg beanspruchen kann, humanistische Bildung in diesem Sinne zu vermitteln. Humanismus ist kein Monopol der Alten Sprachen.

Die Ausrichtung auf den Menschen wird in allen Fächern aller Schularten weit stärker als bisher zum pädagogischen Gebot werden. „Humanistische Bildungstraditionen müssen in einen aktuellen Bildungskodex einfließen, der etwa auch Hauptschülern, Realschülern und Berufsschülern zugute kommt."[144] Das Gymnasium als allgemeinbildende Schule wird diesen humanistischen Akzent am nachdrücklichsten setzen müssen;[145] alle gymnasialen Fächer haben gewiß ein humanistisches Bildungspotential,[146] auch die naturwissenschaftlichen, weit stärker freilich die sozial- und geisteswissenschaftlichen Fächer. Dem Lateinischen und Griechischen wird man in diesem Kanon der Fächer die Eignung dafür nicht bestreiten können, Menschenbildung im Sinne der beschriebenen Kulturerfahrung in einer sehr dichten, umfassenden und tiefgreifenden Weise und in einer nur ihr möglichen Dimension zu vermitteln – aufgrund des ihnen zur Verfügung stehenden didaktischen, nicht austauschbaren Materials (Sprache und Literatur umfassend).[147] Ihr markantester Vorteil ist die Überschaubarkeit der in der überlieferten Literatur erfaßten ‚Denkmodelle' für Politik, Wissenschaft, Kunst, Technik, Ethik, Leben, Gemeinschaft, Religion u. a.. Zudem: Die Antike ist und bleibt Ausgangspunkt aller geistigen, kulturellen und politischen Entwicklungen[148], zumindest der westlichen Welt, und die von dort erhaltene Überlieferung läßt sich,

---

[143] So *Jungk, R.*: Der Jahrtausendmensch, 69.

[144] Der Journalist *Malte Buschbeck* (Humanistische Bildung – wozu noch? In: SZ Nr. 76 vom 31. März 1979, S. 125) hat dies unmißverständlich ausgedrückt.

[145] Vgl. dazu bes. *Geißler, E. E.*: Allgemeinbildung in einer freien Gesellschaft, 129 ff., Kap. 8.6: Plädoyer für eine moderne Schulform: Das Gymnasium.

[146] *Uvo Hölscher* (Chance des Unbehagens. Zur Situation der klassischen Studien. – Göttingen 1965. 57) meint sogar: „Es kann Fächer, es kann Schulen geben, von denen eine stärkere Wirkung in dieser Weise ausgeht" als von den Alten Sprachen.

[147] Entscheidendes dazu hat festgestellt *Barié, P.*: Thesen zum altsprachlichen Unterricht. In: Handbuch für den Lateinunterricht. Sekundarstufe II, 12 ff. unter der These 6: „Der altsprachliche Unterricht thematisiert die historische Dimension unserer Kultur". Wichtig dazu auch *Hermann Steinthals* Versuch, die Bedeutung der Alten Sprachen in einem weiteren allgemeinen Zusammenhang zu bestimmen (Geistige Bildung in der Höheren Schule, 219 f.). Diese Leistungsmöglichkeit wird den Altphilologen auch von außen zugestanden: „Die Vertreter der humanistischen Bildung sind die Fachleute, die am ehesten sagen könnten, wie Bildung heute aussehen müßte." So wiederum *Malte Buschbeck,* a.O.

[148] Von der Antike geht jene Tradition aus, die die „Kontinuität moralischer Sinngehalte" (*Bell, D.*: Die Zukunft der westlichen Welt, 203) gewährleistet.

sofern Tradition und Geschichte die angedeutete Aufgabe erhalten, als Quelle anthropologischer Erfahrungen und Einsichten reichlich ausschöpfen[149] – was gerade jene Denker immer schon auf Schritt und Tritt tun, die die Vergangenheit mit der Zukunft in Verbindung bringen.[150]

Auf das „Angebot der Antike"[151] wird man am Gymnasium nicht verzichten können, sofern es sich weiterhin als eine allgemeinbildende Schule verstehen will. Das bedeutet mitnichten, daß die altsprachlichen Fächer etwa allgemein verbindlich sein sollen. Es bedeutet aber, daß man ihnen auf jeden Fall die Chance lassen muß, ihr spezifisches Bildungspotential oder „Humanisierungspotential"[152], das gleichsam Grundlage und Ferment einer gerade für die höheren Berufe nötigen Allgemeinbildung sein kann[153], in einem angemessenen Umfang zu präsentieren.[154] Diese Präsentation muß freilich, das ist die konsequente Forderung an die Vertreter dieser Fächer, auf die Bedürfnisse und Bedingungen der Menschen heute eingehen; ihre Gehalte sind in den Fragehorizont des heutigen Menschen zu bringen. *Nietzsches* Auftrag an den Philologen, „seine Zeit vermittels des Altertums besser zu verstehen"[155], sollte für jeden in der Schule wirkenden Gräzisten und Latinisten das Motto seiner Arbeit an den überlieferten Texten sein. Außerdem: Die zweifellos vorhandenen pädagogischen Möglichkeiten dieser Fächer müssen offensiv unter Beweis gestellt werden, freilich ohne daß dabei das Altertum nur „auf seine pädagogische Brauchbarkeit"[156] verdünnt wird. Es spricht nichts dagegen, daß das in den 70er Jahren entwickelte Offensivkonzept des altsprach-

---

[149] Vgl. dazu etwa *Hentrich, P.*: Ermutigung zum Glück. Sieben klassische Modelle, glücklich zu leben, von Buddha bis Hegel. – Freiburg/Basel/Wien 1979, 23: „Denn es gibt Einsichten in die Bedingungen der menschlichen Existenz, die nie alt werden. Nur die Menschen entfernen sich in ihrem Streben einmal mehr, einmal weniger davon. Altes Wissen wird erneuert, wenn es seine Kraft darin erweist, daß es in der betrachtenden Hinlenkung auf die Bedingungen einer gegenwärtigen individuellen Existenz diese erhellt."

[150] *Hans Jonas* (Das Prinzip Verantwortung, 17ff.) beginnt z. B. seine fundamentale Abhandlung mit dem Kap.: „Das Beispiel der Antike".

[151] Siehe dazu *Bayer, K.*: Angebot der Antike. In: Humanismus und Schule. Fragen und Antworten unserer Zeit (hrsg. vom Arbeitskreis für katholische freie [private] Schulen). – München o.J., 141ff. Neuerdings derselbe: „Die alten Sprachen im Konzept der Allgemeinbildung" (noch unveröffentlichtes Manuskript).

[152] So *Fuhrmann, M.*: Wie klassisch ist die klassische Antike? 13.

[153] Was ein an der Antike orientierter Humanismus in einer allgemeinbildenden Schule noch zu leisten vermag, hat u. a. *Uvo Hölscher* (Chance des Unbehagens, 79ff.) ausführlich und kritisch dargestellt. Vgl. auch *Stürmer, M.*: Unruhe ist die erste Bürgerpflicht, bes. 11ff.; und *Fuhrmann, M.*: Allgemeinbildung – Staatsethos – Alte Sprachen. In: MDAV 23, 2 (1980) 1ff., bes. 4ff., auch in: Anregung 27 (1981) 7ff.

[154] Man vgl. dazu die Äußerung des Philosophie-Professors *Otto Pöggeler* (in: Geisteswissenschaft als Aufgabe, Einleitung, 11): „Die Bildungspolitik muß berücksichtigen, daß Europa innerhalb der heutigen und der zukünftigen Welt im besonderen Maße den Auftrag hat, die mittelmeerische und die europäische Überlieferung gegenwärtig zu halten. Konkret gesprochen: Das frühe Studium des Lateinischen und Griechischen muß an unseren Schulen weiterhin möglich sein." Vgl. auch *Karl Bayer* (s. Anm. 151): „Wir dürfen mit gutem Recht erwarten, daß die alten Sprachen zumindest denen als Bildungsangebot erhalten bleiben, die ein solches Angebot wünschen. Und darüber hinaus, daß sie – wie selbstverständlich alle anderen Schulfremdsprachen auch – den Entfaltungsraum behalten oder auch erhalten, der die Beschäftigung mit ihnen erst ersprießlich werden läßt."

[155] Wir Philologen III, 325. Siehe dazu genauer *Lefèvre, E.*: Die Geschichte der humanistischen Bildung, 140ff.

lichen Unterrichts auch für die Zukunft tragfähig bleibt; es müßte freilich noch stärker als bisher die Idee der „Multivalenz"[157], auf der dieses Konzept gründet, im Sinne einer anthropologischen Orientierung und Kulturerschließung zur Geltung gebracht werden. Der in diesem modernen Konzept erhobene Bildungsanspruch der Alten Sprachen wird erst in dem großen Rahmen, der hier für eine humanistische Bildung und Zukunft entworfen wurde, voll verständlich, begründbar und vertretbar.[158]

Die Begründung und Vertretung dieses Bildungsanspruches sind allen aufgetragen, die berufsmäßig mit den Fächern zu tun haben, den Gymnasiallehrern und den Universitätslehrern,[159] die die kompetenten Verwalter der bildungsträchtigen antiken Stoffe am Gymnasium sind und die die Lehrer für ihre zukünftige Bildungsarbeit am Gymnasium vorbereiten. In der Zukunft an der Bildungsdiskussion mit ernstzunehmenden Argumenten, im Bildungsprozeß mit einem anerkannten Angebot teilzuhaben, stellt für Universität und Schule eine gemeinsame Aufgabe dar.[160] Die Chancen der Zukunft liegen nicht darin, in Schweigen zu verharren, sondern, wie es *Malte Buschbeck* ausdrückt, mit denen, die im Gespräch um die Bildung den Ton angeben, „offensiv den Dialog zu suchen", also sich im öffentlichen Bewußtsein vernehmbar zu machen.[161] ,Der Dialog mit der Zeit' darf nicht ohne die Stimmen der Kulturfächer Europas geführt werden. Wollte man dieses schwierige Mandat nur den Schulleuten überlassen oder gar nur jenen, die sich um die innere und äußere Darstellung der Fächer am Gymnasium bemühen, den wenigen Seminarlehrern (Fachleitern der Studienseminare) und Fachdidaktikern, so hieße dies, das Atlasgebirge auf die schmalen Schultern eines Hippolytos legen.

156 Davor warnt *Uvo Hölscher* mit Recht (Chance des Unbehagens, 77).

157 S. dazu bes. *Westphalen, K.*: Schülerbeanspruchung im Lateinunterricht. In: Anregung 26 (1980) 366ff.

158 Weil man so den Bildungsanspruch der Alten Sprachen von außen her mit anerkannten Kriterien begründen kann, wird man den von *Michael Jenne* (Student im Studium, 154) erhobenen Vorwurf nicht so einfachhin wiederholen können; er meint, daß die „öffentliche Auseinandersetzung über die Alten Sprachen und ihren Bildungswert" von seiten der Vertreter der Klassischen Philologie wie der Fürsprecher der humanistischen Bildung überwiegend historisierend oder mit irrationalen, nicht bewiesenen bzw. nicht beweisbaren Argumenten, mit apodiktisch vorgebrachten Sentenzen, kurz: auf ideologischer und polemischer Ebene geführt werde.

159 Neuerdings hebt *Ada Neschke* (Noch einmal: Philologie und Geschichte. Überlegungen zur Stellung der Klassischen Philologie. In: Gymnasium 88 (1981) 409ff.) die kulturerschließende Aufgabe der Universitätswissenschaft nachdrücklich hervor; ihre wissenschaftliche Begründung kommt der hier versuchten didaktisch-methodischen nahe.

160 *Helmut Flashar* (Zur Situation der Klassischen Philologie, 122) stellt zu Recht fest, daß die Phase der Geschichtsfeindlichkeit überwunden zu sein scheint und sich ein neues Interesse am Geschichtlichen auch in Sprache und Literatur zu regen beginnt, worin sich eine neue Chance, aber zugleich eine Aufgabe für alle Vertreter der Alten Sprachen ergebe.

161 a.O. Nach *Buschbeck* bliebe das Humanistische Gymnasium ohne das Fundament eines öffentlichen Bewußtseins vermutlich auch „in der Zukunft so abgeschnitten, an den Rand gedrängt und mit dem Odium des Doch-eigentlich-Überflüssigen behaftet wie bisher". Es ist bemerkenswert, daß sich neuerdings auch zwei renommierte Fachwissenschaftler Gedanken machten über die Zukunft der altsprachlichen Fächer: *Eckard Lefèvre* für das Lateinische, *Wolfgang Kullmann* für das Griechische, in: Die Zukunft der Antike. – Freiburg/Würzburg 1983. *Kullmann* (5ff.) versucht, die Gegenstände und Fragestellungen der griechischen Antike mit der heutigen Zeit und möglichen zukünftigen Bedürfnissen der Menschheit in Verbindung zu bringen; *Lefèvre* skizziert bildungspolitische Bedingungen, die für eine erfolgreiche Fortexistenz des Lateinunterrichts zu erfüllen wären.

Die Literatur hat als Gegenstand den Menschen.
Sie steigt und fällt mit ihm.

Heinrich Mann

Antike Literatur im Konzept gymnasialer Bildung

Versuch einer didaktischen Grundlegung des altsprachlichen Lektüreunterrichts

Literatur öffnet dem Menschen den Raum, in dem er in einer umfassenden und eindringlichen Weise Kultur erfährt; umfassend, weil in ihr nahezu alle Bereiche, auch der Kunst und Musik (sicherlich nur mittelbar), angesprochen sind, eindringlich, weil sie nicht bloß die oberflächlichen Schichten des Denkens und Wahrnehmens anspricht, sondern sich auch tief auf den Grund der menschlichen Seele hinabsenken kann. Literatur ist ein Medium des auf Kultur ausgerichteten Lebens. Und wenn Schule den Menschen auf das Leben vorbereiten soll, muß sie Literatur vermitteln.[1] Literatur gehört, nach *Erich Fromm,* zu „jenem ‚Kulturbesitz', wovon die Schule bemüht ist, sinnvoll jedem Schüler eine bestimmte Menge zu vermitteln."[2] Sie hat „die Vermenschlichung des Menschen" zur Aufgabe, wie es *Arnold Zweig* ausdrückt.[3] Aber welche Literatur? Man sagt: „Gute, wertvolle Literatur! Weltliteratur!" Wie läßt sich solche bestimmen? Und wie ist es möglich, „aus dem uferlosen Ozean der Weltliteratur eine begrenzte Auswahl zu treffen",[4] daß sie die Schüler bewältigen und zugleich einen repräsentativen Einblick erhalten, der sie zum weiteren Lesen anregt, also Interesse weckt?[5] „Eine Auslese der besten Bücher bedeutet den Versuch einer Elitebildung im Reich des Geistes und der Literatur", so *Ernst Robert Curtius.*[6]

Für Kriterien um das „Beste" in der Literatur bemüht man sich immer wieder. *Curtius* setzt sich in seinem „Büchertagebuch"[7] mit solchen Versuchen in früheren Zeiten auseinander, nicht ohne eigene Vorschläge zu machen. *Hermann Hesse* hat in seiner „Bibliothek der Weltliteratur"[8] alle Werke von Rang zusammengestellt, angefangen von der Bibel, über die Bücher der Altinder, von Babylon, China, Persien, von Griechenland, Rom, Italien, des lateinischen und deutschen Mittelalters, von Frankreich, England, Amerika, Spanien, der nordischen Völker, von Rußland bis hin zu den Werken der deutschen Klassik, Romantik und Neuzeit. Die Aufstellung einer „Idealbibliothek" kann auch unter dem Gesichtspunkt erfolgen, inwiefern „Bücher, die die

---

[1] *Rudolf Affemann* (Lernziel Leben. – Stuttgart 1976, 101) z. B. bringt im Gegensatz zu Äußerungen anderer bedeutender Psychologen der Literatur als Gegenstand des Unterrichts wenig Sympathie entgegen.

[2] Haben oder Sein. – Stuttgart 1980, 44.

[3] In: *Billen, J./Koch, H. H.*: Was will Literatur? Band 2: Von 1958–1973. – Paderborn 1975, 116ff.

[4] *Raddatz, F. J.* (Hrsg.): Die ZEIT-Bibliothek der 100 Bücher. – Frankfurt 1981^3, Vorbemerkung, 8.

[5] Dazu wichtig *Enzensberger, Ch.*: Literatur und Interesse. – Frankfurt 1981; bes. 24ff.

[6] Büchertagebuch. – Bern 1960, 29.

[7] a.O., passim.

[8] Eine Bibliothek der Weltliteratur. – Stuttgart 1953.

Welt verändern" durch ihre Ideen, Charaktere, Entdeckungen, Erfindungen „spürbar das Denken des Menschen beeinflußten und damit sein Handeln", inwiefern also dadurch Zivilisation und Kultur der Welt vorangetrieben worden sind.[9]
Die ZEIT-Bibliothek führt neuerdings – nach kritischer Prüfung – 100 der lesenswertesten Bücher auf, die die Grundlage für die Absicht sein soll, dem Menschen, auch und gerade schon in der Schule, eine notwendige Fähigkeit zu vermitteln: „Lesen lernen".[10]
Und offensichtlich ist allenthalben das vornehmliche Kriterium von solchen „Auslesen" das Erfahren von Kultur, in jenem doppelten Sinne: als der sich immer wieder gebärenden Kultur der menschlichen Seele und der geschaffenen Kultur der Welt, deren Wechselbeziehung dem Leben erst eine Sinnerfüllung geben kann.[11]
Das Ziel der Literatur ist ja „nicht die Steigerung einzelner Fähigkeiten und Leistungen, sondern sie hilft, uns unserem Leben einen Sinn zu geben, die Vergangenheit zu deuten, der Zukunft in furchtloser Bereitschaft offenzustehen", wie es *Hesse* ausdrückt.[12] Darin deutet sich augenfällig das die heutigen Bildungsvorstellungen prägende Spannungsfeld an, das sich zwischen den Polen von Vergangenheit und Zukunft erstreckt. Literatur schafft die kulturelle Begegnung in der Tiefe vergangener Zeiten und zugleich die Öffnung auf das, was kommt, woraufhin der Mensch fortschreitet. Anders herum gesagt: Tradition und Fortschritt des Menschen haben in der Literatur ein Mittel ihrer Artikulation. Was ist aber das Wesentliche an der überkommenen Literatur, das diese beherrschende Dialektik für ein sinnvolles Leben im Heute fruchtbar werden läßt? „Das jahrhundertealte Erbe einer Literatur muß immer wieder verlebendigt werden durch kritische Aufnahme des Bestandes."[13] Diesen Bestand machen zweifellos jene Werke aus, in denen die allgemeineren und dauerhafteren Probleme der Menschen erfaßt sind, die, wie *Solschenizyn* sagt, „die Geheimnisse des menschlichen Herzens und Gewissens, den Konflikt zwischen Leben und Tod, die Überwindung seelischen Schmerzes und all jene Gesetze der weit verstreuten Menschheit erfassen, die in der unausdenkbaren Tiefe der Jahrtausende sich bildeten und dann erst aufgehoben werden, wenn die Sonne erlischt."[14]

---

[9] Bücher, die die Welt verändern, hrsg. v. *Carter, J./Muir, H. P.* – London 1967, deutsche Ausgabe München 1968. Die hier zusammengestellten Bücher berücksichtigen vor allem die Wirkung auf die „westliche Welt"; sie sind jeweils mit Kurzkommentaren versehen, aus denen die jeweilige Wirkung deutlich wird.

[10] S. Anm. 4, bes. 5f.

[11] Wichtig dazu *Fromm, E.*: Haben oder Sein, 44. Siehe dazu auch *Zijderveld, A. C.*: Modernisierung und Langeweile. In: Was wird aus dem Menschen? (hrsg. von *Schatz, O.*), 332; er führt eine mögliche Sinnentleerung des menschlichen Lebens auf eine „kulturelle Leere" zurück, die u. a. durch den Abbruch der literarischen Tradition zustande kommen kann.

[12] Eine Bibliothek der Weltliteratur, 3f.

[13] So *Ernst Robert Curtius* (Büchertagebuch, 27).

[14] Vgl. dazu auch *Bell, D.*: Die Zukunft der westlichen Welt. – Frankfurt 1979 21f., der die Modalitäten der Kultur, die sich vornehmlich in der Form der Literatur ausdrückt, sehr eindrucksvoll beschreibt und als für die Erfahrung der Menschen notwendig herausstellt: Diese Modalitäten der Kultur „leiten sich von existentiellen Situationen her, die im Medium des Bewußtseins alle Menschen zu allen Zeiten herausfordern: die Begegnung mit dem Tod, das Wesen der Tragödie und des Heroismus, die Bedeutungsgehalte von Treue und Pflicht, Erlösung der Seele, Liebe und Opfer, das Verstehen von Leidenschaften, Spannungen zwischen tierischer und menschlicher Natur, Triebregungen und Entsagungen."

Literarische Werke mit diesem ‚kulturellen' Zuschnitt müssen ihren Platz in der Schule haben. Es wird nicht bestritten, daß auch griechische und lateinische Literatur dazu gehören. Man zählt nicht wenige ihrer Vertreter zur Weltliteratur.[15] *Hesses* „Bibliothek"[16] z. B. enthält von den Griechen Homer, Aischylos, Sophokles, Euripides und Sokrates (in den Schriften Platons und Xenophons), dann Aristophanes, Plutarch, Lukian, von den Römern die Geschichtsschreiber, vor allem Tacitus, ebenso Horaz, Vergil, Ovid, Apuleius und Augustinus. In der kritischen und beschränkten Auswahl der „Bücher, die die Welt verändern" sind eine Fülle aus der griechischen und lateinischen Literatur enthalten: Homer, Aesop, Hippokrates, Aristoteles, Platon, Herodot, Thukydides, Euklid, Archimedes, Plutarch, Cicero, Lukrez, Vergil, Horaz, Vitruv, Tacitus, Plinius maior, Boethius, Justinian.[17] Selbst unter den am meisten lesenswerten 100 Büchern der „ZEIT-Bibliothek"[18] findet man antike Vertreter: Homer (Odyssee), Platon (Apologie), Vergil (Aeneis), Tacitus (Germania), Longos (Daphnis und Chloe), Augustinus (Bekenntnisse). Daß solche griechische und lateinische Literatur auch in einer modernen Schule weiterhin gelesen wird, ist demnach kein Relikt eines überholten Bildungskonzepts, es ist eine einsichtige Folgerung aus dem Postulat, daß Schule heute und in Zukunft mehr denn je ‚Kulturerfahrung' ermöglichen soll.

Altsprachliche Literatur hat kulturellen Rang und hohen pädagogischen Wert. Sie darf zum Bildungsgut der Schule gehören. Umso schmerzlicher empfindet man den Mangel an Theorie der Literaturbehandlung im Unterricht. Denn von kleinen, wertvollen Ansätzen im Detail oder einigen wenigen groben (sicherlich nützlichen) Versuchen einer Theoriebildung[19] abgesehen, fehlt ein die Gesamtheit des altsprachlichen Literaturunterrichts umfassendes Konzept, das sich an Erkenntnissen und Ergebnissen der allgemeinen Literaturtheorie und Literaturdidaktik abstützt und von daher die spezifische Erscheinungsform des griechischen und lateinischen Lektüreunterrichts zu begründen ermöglicht[20] und somit ihren Eigenwert an der Schule aufzuzeigen gestattet.

---

[15] Über das Verhältnis der antiken Literatur zur Weltliteratur vgl. *Hölscher, U.*: Die Chance des Unbehagens. – Göttingen 1965, 77f.

[16] a.O., 16ff.

[17] s. o. Anm. 9.

[18] a.O., 20ff.

[19] Besonders bei *Nickel, R.*: Der moderne Lateinunterricht. Lernziele und Unterrichtsverfahren in der gymnasialen Oberstufe. Freiburg/Würzburg 1977 (in den wesentlichen Teilen textlinguistisch orientiert). *Derselbe*: Die Alten Sprachen in der Schule. – Frankfurt ^{2}1978, 180ff.: Kap. 4 Literaturunterricht. – *Wülfing, P.*: Literaturtheorie im Lateinunterricht – die didaktischen Aspekte. In: Handbuch für den Lateinunterricht. Sekundarstufe II (hrsg. von *Höhn, W./ Zink, N.*). – Frankfurt 1979, 285ff. Neuerdings mit literaturdidaktischen Ansätzen *Thurow, R.*: Zeitbezug – Aktualisierung – Transfer. In: AU XXV,3 (1982) 57ff.

[20] Ein bemerkenswerter Ansatz liegt neuerdings vor bei *Frings, U.*: Zauberwort Rezeption. Kritische Anmerkungen aus der Sicht der Didaktik der Alten Sprachen. In Reihe: Orientierung. Schriftenreihe zur Lehrerfortbildung. – Aachen 1982. Hier wird von Erkenntnissen der Rezeptionsforschung aus ein Konzept einer altsprachlichen Literaturdidaktik angedeutet, ohne daß freilich die gymnasialspezifischen Komponenten der Literaturbehandlung herausgearbeitet werden. Auch in Auxilia 9.

„Eine ausgeführte Literaturdidaktik des Lateinunterrichts existiert noch nicht".[21] Sieht man die außerfachliche didaktische Literatur zum Literaturunterricht ein oder achtet man auf die Gesprächsmeinung der Vertreter anderer Literaturfächer, so kommt man zu dem sicherlich nicht falschen Schluß, daß sich die Altphilologen in ihren Aussagen über Wert, Ziel und Erfolg ihrer Literaturbehandlung nicht mehr auf bloße subjektive Feststellungen, Proklamationen, Bekenntnisse, Hoffnungen beschränken können, die allzuoft mit flinker Feder hingeschrieben, aber nur schwer oder nicht begründbar sind. Wollen sie auch außerhalb ihrer Fächer (und damit in der allgemeinen Bildungsdiskussion) ernst genommen werden, so müssen sie ihr Gebiet mit den allgemeinen literaturdidaktischen Kriterien und Begriffen bearbeiten, so daß sich ihre Aussagen als vergleichbar und ihre Ziele als integrierbar erweisen.[22] Dieses Anliegen kann im Rahmen der vorliegenden Darstellung auch nur in knappen Umrissen verfolgt werden, in folgenden methodischen Schritten:

1. Wozu Literatur in der Schule?
2. Wozu Literatur am Gymnasium?
   – Welches sind die Schwerpunkte gymnasialer Bildung?
   – Welche Leistung erfüllt dabei der Literaturunterricht?
3. Wozu altsprachliche Literatur am Gymnasium?
4. Welche Folgerungen ergeben sich für die Behandlung antiker Literatur am Gymnasium?

1 Wozu Literatur in der Schule?

Diese Frage greift über alle Schulgattungen hinweg. Ihre Beantwortung reizt manchen zu ironischer Attitude: Literatur gehöre in die Schule, „um sie zu liquidieren".[23] Dahinter steht die Skepsis, daß die „Verschulung der Literatur" jeden Spaß, jede Neugierde und jede individuelle Zugangsmöglichkeit zur Literatur unter bevormundenden Zwängen erstickt. Doch nicht nur, weil Literatur in der Schule Schaden erleidet,[24] wird sie als Unterrichtsgegenstand angezweifelt. Die Schule von heute

[21] So in: *Frings/Keulen/Nickel*: Lexikon zum Lateinunterricht. – Freiburg/Würzburg 1981, 189. Neuerdings einige wertvolle Ansätze zu literaturdidaktischen Überlegungen bei *Nickel, R.*: Einführung in die Didaktik des altsprachlichen Unterrichts. – Darmstadt 1982, bes. 109ff.

[22] Sehr zutreffend hat *Klaus Sallmann* (Zur Ausbildung des Lehrers der Alten Sprachen an der Universität. In: Impulse 2. – Bad Kreuznach 1979, 32) festgestellt, daß es bei der Begegnung der Alten Sprachen besonders „um deren Position im Vergleich mit anderen Fächern" geht. In der Regel müsse die Alte Sprache den Vergleich mit einer modernen Sprache aushalten. Auf diese Situation hin müßte an der Universität unterrichtet und studiert werden, so daß die Bereiche der Linguistik, Literaturtheorie, Komparatistik, Motivforschung, Gattungs- und Rezeptionsgeschichte nicht ausgeklammert bleiben dürfen.

[23] So bei *Kreft, J.*: Natur – Gesellschaft – Ästhetik. Zur Funktion der Literatur für das Heranwachsen. In: Zurück zum Literatur-Unterricht? Literaturdidaktische Kontroversen (hrsg. von *Baumgärtner, A. C./Dahrendorf, M.*). – Braunschweig 1979, 89. *Kreft* setzt sich freilich gegen diese These mit einleuchtenden Argumenten zur Wehr.

[24] *Dahrendorf, M.*: „Hinauflesen" versus „Bedürfnisbefriedigung". Historische Dimension und aktuelle Bedeutung eines didaktischen Konflikts. In: Zurück zum Literatur-Unterricht? 37f.

braucht – eine Annahme, die *Klaus Doderer* für möglich hält, – „im Grunde genommen keinen Literaturunterricht“[25], weil die Vorbereitung auf Leben und Beruf nicht unbedingt die Kenntnis von Literatur und die Beschäftigung mit ihr notwendig macht. Die moderne Literaturdidaktik, die „in der Grundauffassung, daß Literatur unverzichtbarer Gegenstand von Unterricht sein müsse“[26], einen Konsens erkennen läßt, erwehrt sich solcher die Literatur von der Schule abkappenden Hypothesen; sie tut dies naturgemäß nicht mit einheitlichen oder gar eindeutigen Konzepten.[27] Sie setzt Schwerpunkte und formuliert Ziele, die in ihren Extremen oft weit auseinanderliegen. Im folgenden seien einige Richtungen solcher literaturdidaktischen Positionen kurz notiert, soweit dies für die vorliegende Thematik erforderlich und nützlich ist:

1. Die Schüler sollen „zum sachgemäßen Umgang mit Literatur als einem immer noch unersetzbaren Bestandteil der menschlichen Zivilisation“ befähigt werden. Dieses mehr „formale Ziel“, worauf z. B. *Alfred Clemens Baumgärtner* die Literaturbehandlung beschränkt wissen will,[28] hebt auf das Bewußtmachen der Literarität von Texten oder Werken oder auf den Kunstcharakter von Literatur ab. Die Aufgabe der Schule wird demnach in der Erziehung zur Literatur gesehen. Man strebt einen kompetenten, wertneutralen Umgang mit den literarischen Erzeugnissen an. Literatur bleibt auf sich selbst bezogen; der schulische Umgang mit Literatur dient der Literatur um ihrer selbst willen.

2. Die Schüler sollen im Umgang mit literarischen Texten in ihrer Sprachkompetenz und in ihrer Kritikfähigkeit gefördert werden.[29] Literaturunterricht bleibt hier nicht selbstbezogen, er dient Zielen der allgemeinen Bildung. Diese fachtranszendierende Zielsetzung bleibt auch hier insofern formal-ästhetisch, als die eher instrumentell-logischen Fähigkeiten des Sprach- und Textverstehens und der Sprachanwendung gefördert werden und die „kritische Potenz der Literatur im Leseakt“[30] zur Geltung gebracht wird. Der literarische Inhalt der Texte wird in seiner formalen Gestaltung (auch in Rücksicht auf die erkennbare Einheit in Gehalt und Form) außerliterarischen Anliegen dienstbar gemacht.

---

[25] Wozu noch Literatur in der Schule? In: Zurück zum Literatur-Unterricht? 12. Auch *Doderer* freilich begründet die Bedeutung des Literaturunterrichts.

[26] So *Payrhuber, F.-J.*: Einführung. Literatur und Unterricht. In: Literaturunterricht heute – warum und wie? (hrsg. von *Payrhuber, F.-J./ Weber, A.*). – Freiburg 1978, 13.

[27] Man vgl. etwa die verschiedenen Positionen in den Einzelbeiträgen bei *Baumgärtner, A. C./ Dahrendorf, M.* (Hrsg.): Wozu Literatur in der Schule? Beiträge zum Literaturunterricht. – Braunschweig 1970, und dieselben (Hrsg.): Zurück zum Literatur-Unterricht? a.O., sowie *Seifert, W.*: Grundpositionen der Literaturdidaktik. In: Fachdidaktisches Studium in der Lehrerbildung. Deutsch Bd. 2 (hrsg. *von Lehmann, J./Stocker, K.*). – München 1981, 75ff. S. auch *Geißler, R.*: Wozu Literaturunterricht. In: Diskussion Deutsch 1 (1970), 3–15, und *Kunze, D.*: Literatur als Unterrichtsgegenstand. Didaktische Überlegungen zur Literatur. In: Wirkendes Wort 22 (1972), 223–231.

[28] Streitpunkte. Offene Fragen der Literaturdidaktik. In: Zurück zum Literatur-Unterricht? 14.

[29] Diese Position wird etwa eingenommen von *Berker, K./Riemenschneider, H.*: Literaturwissenschaft und Fachdidaktik. Methodische Prinzipien für den Unterricht. – Düsseldorf 1973, 33ff. Vgl. auch *Seifert, W.*: Grundpositionen der Literaturdidaktik, 80f.

[30] So *Hillmann H.*: Rezeption – empirisch. In: Ästhetische Erfahrung und literarisches Lernen (hrsg. von *Dehn, W.*). – Frankfurt 1974, 235.

3. Die Schüler sollen befähigt werden, mit der Literatur in der Weise analysierend und sezierend umzugehen, daß sie die darin enthaltenen Denk- und Handlungsmuster in ihrer wesensprägenden Wirkung erkennen und die manipulativen Tendenzen entlarven lernen. Dieser Ansatz dient dem Leitziel der Emanzipation und ist in seiner letzten Konsequenz ideologiekritisch ausgerichtet. Literaturunterricht wird in dieser emanzipatorischen Funktion schlechthin Mittel zum Zweck; ein stark soziologisches Moment ist dabei unverkennbar.[31]

4. Die Beschäftigung mit Literatur soll im Schüler eine Veränderung seines Bewußtseins, eine Differenzierung seiner Wahrnehmung, eine Sensibilisierung seines Gewissens ermöglichen.[32] Diese Zielsetzung sucht die positive Auseinandersetzung mit den Inhalten der Literatur. Die „Appellstruktur" *(Wolfgang Iser)* von literarischen Texten verlangt geradezu Äußerungen, Stellungnahmen und Urteile, also Reaktionen des Lesers, die den Weg dazu bahnen, daß sich allmählich Denkweisen, Gefühlskategorien und Wertungsmaßstäbe entwickeln und verfestigen.[33] Literatur, so bearbeitet, läßt Wirklichkeiten, Erfahrungsfelder des Menschen aufscheinen und bietet dabei Hilfen zur Selbstaufklärung, Selbsterforschung, Identitätsfindung. Die Literaturbegegnung dient einer umfassenden Bildungsaufgabe, insofern sie für die „Ichentwicklung der Heranwachsenden eine unersetzbare Funktion"[34] hat.

Eine Literaturdidaktik, die sich nicht einseitig auf eine der genannten Positionen festlegen will, sollte alle Zielsetzungen in ein ausgewogenes Verhältnis zueinander bringen. Sie muß sich von dem Grundsatz leiten lassen, daß die Schule – heute wieder mit Nachdruck gefordert – eine pädagogische Verantwortung hat,[35] daß sie demnach auch in der pluralistischen Gesellschaft eine verbindliche Orientierung in Werten und Normen dem in diese hineinwachsenden Menschen geben muß. Es genügt deshalb nicht, in der Schule nur Literatur vorzuführen, sie kennenlernen lassen oder daran Sprach- und Kritikfähigkeit zu exerzieren. Die Schule muß das in der Literatur faßbare

---

[31] *Rolf Geißler* etwa (Wider den technokratischen Reform-Formalismus. Kernprobleme der Literaturdidaktik heute. In: Zurück zum Literatur-Unterricht? 54ff.) setzt als Lernziel der Literaturarbeit „Kritikfähigkeit und Mündigkeit" und sieht den Weg dazu in der Emanzipation von überkommenen Denk- und Verhaltensmustern. Dabei sieht er „den Zweck der literarischen Textarbeit in der zugewonnenen Selbstaufklärung". Der Literaturunterricht bedürfe der „kritischen Dimension", wenn er am „Emanzipationsprozeß" teilhaben soll. Dazu *Berker/Riemenschneider,* a.O., 76ff., die ein „soziologisches Modell" für den Literaturunterricht beschreiben. Vgl. auch *Doderer, K.*: Wozu noch Literatur in der Schule? In: Zurück zum Literaturunterricht? – Braunschweig 1979, 42f.

[32] S. dazu besonders *Schröder, H.*: Wertorientierter Unterricht. Pädagogische und didaktische Grundlagen eines erziehenden Unterrichts. – München 1978, 23ff. Allgemein dazu *Krzywon, E. J.*: Wertungsdidaktik im Literaturunterricht. In: Fachdidaktisches Studium in der Lehrerbildung, Deutsch Bd. 2, 119ff. (hier weitere Literatur).

[33] Vgl. *Gerth, K.*: Zur Situation der Literaturdidaktik. In: Zurück zum Literaturunterricht? 68.

[34] So *Kreft, J.*: Natur – Gesellschaft – Ästhetik. In: Zurück zum Literatur-Unterricht? 100.

[35] Wichtig dazu *Müller, E. P.*: Erziehungswissenschaftliche Aspekte der Sprach- und Literaturdidaktik. In: Fachdidaktisches Studium in der Lehrerbildung. Deutsch, Bd. 2, 222ff.; er stellt unter Berücksichtigung der einschlägigen Literatur die Beziehung zwischen Literaturarbeit und pädagogischer Zielsetzung klar heraus. Vgl. auch *Krzywon, E. J.*: a.O., 119: „Literaturunterricht . . . ist notwendigerweise integriert in den Erziehungsprozeß, dem sich die Schule als Ort des Denkens sowie des sachlichen und sittlichen Urteilens verpflichtet weiß" (auch hier weitere Literatur). Gegensätzliche Auffassung bei *Baumgärtner, A. C.*, Streitpunkte, 14.

emanzipatorische und identifikatorische Potential als Möglichkeit zur Formung und Bildung der Person zur Geltung bringen.[36] Das hat zur Folge: Es kann nicht jedem selbst überlassen werden, was er mit Literatur anfängt.[37] Literaturbehandlung wird in den Dienst einer pädagogischen Aufgabe genommen; diese erfüllt sich zuerst darin, daß sie die jungen Leser gegen „Schmutz und Schund" minderwertigen Schrifttums zu immunisieren beginnt[38] und im Widerspruch zu erkennbarer naiver Bedürfnisbefriedigung das „Hinauflesen"[39] von einfacher Unterhaltungsliteratur zur „Hochliteratur" anbahnt.

Daß dabei „der schwere Weg von der Jugendliteratur zur Weltliteratur" zu gehen ist, steht für *Malte Dahrendorf* außer Zweifel.[40] Diese mehr fachimmanente Erziehung zur Literatur wird überhöht durch eine fachübergreifende, allgemeine Bildung an oder mit Literatur. Die Beschäftigung mit literarischen Texten in der Schule darf demnach heute auf die von *Albrecht Weber* begründete Formel gebracht werden: „Erziehung zur und durch Literatur".[41]

Es darf allerdings nicht verschwiegen werden, daß eine derartige Indienstnahme der Literatur für Zwecke der Pädagogik Gefahren ausgesetzt ist, nämlich der Manipulation (in der einen Richtung: Literatur nur „ideologische Leichen",[42] in der anderen Richtung: Literatur als Teil einer „Konfessionsschule"[43]) und damit letztlich der Verfälschung der Literaturabsicht.[44] Die Sachkompetenz des Lehrers, der die Literatur kennt, und die von ihm vorgenommene Funktionalisierung der Literatur stehen immer in einem starken Spannungsverhältnis zueinander, die sich je und je aus seiner pädagogischen Verantwortung heraus löst. Die Leistung und Verpflichtung des Lehrers als eines Vermittlers der Literatur ist deshalb nicht hoch genug anzusetzen.

---

[36] Dazu bes. *Weber, A.*: Kritische Überlegungen zur literaturdidaktischen Theoriediskussion. In: Literaturunterricht heute – warum und wie? 131 ff. Daß neben der emanzipatorischen Zielsetzung auch die identifikatorische im Literaturunterricht betont werden müsse, stellt mit Nachdruck *Klaus Gerth* (Zwischenbilanz, a.O., 72) heraus: „Eine Erziehung, die sich auch als Orientierung am Gegebenen, auch als Hineinwachsen in vorhandene Ordnungen versteht und verstehen muß, kann sich nicht auf die ständige kritische Distanzierung beschränken."

[37] Vgl. dazu *Dahrendorf, M.*: „Hinauflesen" versus „Bedürfnisbefriedigung", 38.

[38] Siehe etwa *Bamberger, R.*: Jugendlektüre, Jugendschriftenkunde, Leseunterricht, Literaturerziehung. – Wien ^{2}1965, 591, und denselben: Jugendschriftenkunde. – Wien/München 1975, 120).

[39] So *Dahrendorf, M.*, a.O., 24ff.

[40] Wozu die „Elimination der klassischen Hochliteratur" geführt hat, verdeutlicht eindringlich *Jürgen Kreft* (Natur – Gesellschaft – Ästhetik, 91), nämlich zur „sprachlosen Gewalt".

[41] Erziehung zur und durch Literatur. In: Wozu Literatur in der Schule? 105ff.

[42] Kritisch dagegen *Berker, K./Riemenschneider, H.*, a.O., 27.

[43] Vgl. *Baumgärtner, A. C.*: Streitpunkte, 14.

[44] Dazu *Berker, K./Riemenschneider, H.*, a.O., 35 und *Baumgärtner, A. C.*: Streitpunkte, 12ff.

2 **Wozu Literatur am Gymnasium?**

Literatur hat am Gymnasium schon immer eine Heimat. In allen Sprachfächern wird Literatur behandelt; literarische Texte sind oft auch Unterrichtsgegenstände in nichtsprachlichen Fächern. Welche Bedeutung freilich der Literaturunterricht am Gymnasium hat, läßt sich nur aus dem Gesamtverständnis des Bildungsanliegens dieser Schulgattung klären. Um die Bestimmung des Gymnasialen am Gymnasium bemüht man sich verstärkt seit 1970 in immer neuen Ansätzen.[45] Weil es für den vorliegenden Zusammenhang nötig ist, seien im folgenden in knappen Strichen die Umrisse eines gymnasialen Konzepts angedeutet, soweit sie sich bislang zu erkennen geben.

2.1 **Das Gymnasiale am Gymnasium**

Was das Gymnasium leisten kann und soll (im Vergleich zu anderen Schularten), läßt sich von verschiedenen Ansätzen her in den Griff nehmen, etwa vom Bildungsanspruch her, der von außen an die Schule herangetragen wird, oder von den wünschbaren Zielen her, zu denen die heranwachsenden Menschen geführt werden sollen, oder von den elementaren Lernvorgängen her, in denen sich die Ausprägung einer harmonischen Persönlichkeit konkret vollzieht. Diese drei Ansätze werden – jeweils an einem beispielhaften Vertreter – andeutungsweise skizziert.

2.1.1 *Bestimmung vom Bildungsanspruch her*

Klaus Westphalen[46] z. B. sieht den Anspruch gymnasialer Bildung seit langer Tradition auf vier Pfeiler gegründet: Menschenbildung, Geistesbildung, Allgemeinbildung und Elitebildung. In diesem Konzept, das „sich während gut eineinhalb Jahrhunderte gymnasialer Geschichte als durchaus tragfähig erwiesen“ hat, wird insofern eine „humanistische“ Ausrichtung der Bildung betont, als sie auf die Totalität der menschli-

---

[45] *Jacobsen, J. U.*: Opas Gymnasium oder Was ist an der Penne faul? – Flensburg 1970.
Bauer, H.: Das Ende des deutschen Gymnasiums. – Freiburg 1973.
Scheid, G.: Was ist gymnasial am Gymnasium? In: Anregung 20 (1974), 217ff. und in Weiterentwicklung dieses Ansatzes das Papier „Schulartprofile: Gymnasium“ (noch unveröffentlicht) des *Staatsinstituts für Schulpädagogik* München.
Reitinger, J.: Zurück zu Wilhelm von Humboldt – oder was sonst? Vorüberlegungen zu einer neuen Reform des Gymnasiums (hrsg. vom *Bayerischen Philologenverband*), o.O., 1977.
Westphalen, K.: Gymnasialbildung und Oberstufenreform. – Donauwörth 1979, bes. 9ff. und 103ff.
Geißler, E. E.: Allgemeinbildung in einer freien Gesellschaft. – Düsseldorf 1977, 129ff.: Plädoyer für eine moderne Schulform: Das Gymnasium.
Westphalen, K.: Die Zukunft des Gymnasiums. In: Die Höhere Schule 3 (1580), 116ff.
ders.: Stützpfeiler der gymnasialen Einheit. In: Anregung 29 (1983), 99ff.
Borucki, J.: Gymnasium in neuer Zeit. – Würzburg 1980.
Westphalen, K.: Gymnasiale Bildung: Anspruch – Probleme – Perspektiven. In: Das Gymnasium in Bayern 7 (1980). Beilage.
Heldmann, W.: Gymnasium und moderne Welt. Bildungs- und gesellschaftstheoretische Überlegungen zur Aufgabe und Struktur des gegliederten Schulwesens. – Düsseldorf 1980.
Schiedermair, H.: Das Gymnasium und der Bildungsauftrag des Staates. In: Gymnasium 90 (1983), 412ff.

[46] Gymnasiale Bildung, a.O.

chen Kräfte gerichtet ist. Bloße berufliche Spezialbildung wird als nicht dem Bildungsanspruch gemäß abgelehnt. Ausgehend von den vier Elementen traditioneller Bildung, werden von Westphalen nach kritischer Diskussion drei Globalbereiche beschrieben, die als für die Gegenwart und Zukunft des Gymnasiums bestimmend angesehen werden: „Studierfähigkeit“, „vertiefte Allgemeinbildung“ und „soziale Verantwortung“. Auch sie können als Anspruch an das moderne Gymnasium gewertet werden. Der Erwerb einer solchermaßen dimensionierten Bildung gewährleistet geistige Beweglichkeit und Freiheit, die zum Studium an der Universität nötig sind und die sich als unabdingbare Voraussetzung für die leitenden Positionen in der Gesellschaft erweisen, in die die jeweils neuen Generationen nachrücken.

2.1.2 *Bestimmung von den wünschbaren Zielen her*

Das *Staatsinstitut für Schulpädagogik*[47] in München z. B. nennt drei Globalziele des Gymnasiums:
- Selbstverwirklichung in sozialer Verantwortung,
- Weitergabe eines Grundbestandes von kultureller Tradition,
- für die Bewältigung komplexer Aufgaben der Gegenwart und der Zukunft notwendige Qualifikationen.

Deren konkrete Beschreibung umfaßt jeweils Bündel von kognitiven und affektiven Fähigkeiten bzw. Verhaltensweisen. Im ersten Globalziel sind solche Qualifikationen genannt, die dem Lernenden allmählich ermöglichen, die Spannung zwischen Individuum und Gemeinschaft zu erfahren und auszuhalten (etwa: Bereitschaft, Kenntnisse zu erwerben, die der Orientierung des Menschen in der Welt dienen; Fähigkeit, Fremdes wahrzunehmen; der Wille, in der Auseinandersetzung mit dem Du und mit der Welt die eigene Identität zu finden). Im zweiten Globalziel sind solche Qualifikationen erfaßt, die den Wert von Kultur und Tradition erfassen und schätzen lassen (etwa: Einblick in die Ursprünge unserer Kultur, Bereitschaft und Fähigkeit, am kulturellen Leben teilzunehmen, Aufgeschlossenheit für den Wert der vom Menschen geschaffenen Werke). Im dritten Globalziel sind Kenntnisse, Fähigkeiten und Einstellungen genannt, die sich zur Lösung und Bewältigung gegenwärtiger und zukünftiger Aufgaben als nötig erweisen (etwa: Kenntnisse des für unsere Zivilisation wesentlichen Wissens . . ., Fähigkeiten, zu gliedern, zu planen, Sachverhalte logisch und differenziert darzustellen, produktive Phantasie zu entwickeln; Einstellungen wie geistige Neugierde, Interesse an Problemen, Gründlichkeit, Ausdauer). Die Summe der unter den Globalzielen genannten Qualifikationen macht die mündige Persönlichkeit aus, die den Ansprüchen des Studiums, Berufs und Lebens gewachsen ist.[48]

---

[47] Siehe *Scheid, G.*: „Was ist gymnasial am Gymnasium?“ und das weiterentwickelte Positionspapier „Schulartprofile: Gymnasium“ (s. Anm. 45).

[48] Solche wünschbaren Ziele lassen sich auch als Erwartungen der modernen Industriegesellschaft gegenüber dem Abiturienten formulieren. Versucht hat dies *Wittkämper, G.*: Was erwartet die moderne Industriegesellschaft vom Abiturienten? In: Die Höhere Schule 3 (1982), 72ff. Hier werden vom Gymnasium erwartet:

2.1.3 *Bestimmung von den elementaren Lernvorgängen her*

Ernst Höhne[49] z. B. setzt als elementare Vorgänge, in denen besonders am Gymnasium Bildung und Erziehung vermittelt werden sollen, die Dreiheit von Information, Reflexion und Meditation voraus.
Information als Weitergabe des Wissens, das die vorausgegangenen Generationen erarbeitet und in eine Kontinuität gebracht haben, ist „ein natürlicher Vorgang zur Erneuerung der Menschheit und deshalb eine elementare Aufgabe der Erziehung" (S. 84); dabei sei es nötig, den jungen Menschen darauf einzustellen, daß ein lebenslanges Aufnehmen von immer neuem Wissen Teil des Lebensvollzugs sein muß.
Reflexion lasse Ordnungsgefüge und Gesetzmäßigkeiten erkennen, denen zufolge die oft überflutenden Informationen geordnet, verstanden und beurteilt werden könnten. „Erst wenn es über die Information hinaus zu diesen Reflexionen kommt, werden die personalen Kräfte des Lernenden in Bewegung gesetzt." Der Jugendliche müsse sich ein Koordinatensystem seines Denkens aneignen, in das er das Erlernte einordnet und von dem aus er Zusammenhänge in der Menge der Einzelheiten erkennt (S. 86f.).
Meditation „als Fragen nach dem Sinn" ergänze das Bemühen um Information und Reflexion insofern, als Wissen und Verstehen des Erlernten allein keine Sinnerfüllung des Lebens gewährleisten. Das Sich-Besinnen auf „den Sinn der menschlichen Existenz" lasse im jungen Menschen ein Wertgefüge wachsen, ohne das Mündigkeit, damit zugleich glückliches Leben und verantwortliches Handeln nicht denkbar wären (S. 87f.).

Von welchen Ansätzen her auch immer das Gymnasiale in den Griff genommen wird, überall werden drei Bezugspunkte erkennbar: die Wissensstoffe, die vermittelt werden sollen, das Subjekt des Lernenden, das in der Aufnahme dieses Wissens und im Umgang damit als „Persönlichkeit"[50] geformt werden soll, und die „Welt" um diesen Menschen, „mit der er sein Ich zu der allgemeinsten, regesten und freiesten Wechselwirkung"[51] verknüpft. Das Wissen, das sich der Gymnasiast über die Welt anzueignen hat, wird eindeutig, soweit möglich, als allgemein, umfassend, grundlegend (nicht

---

1. „Persönlichkeit als zukunftsrelevante Qualifikation"
2. „Fachübergreifende Qualifikationen"
3. „Professionelle Kompetenzen".

Hervorzuheben ist, daß hier „von Persönlichkeit" als entscheidender, zukunftsrelevanter Qualifikation die Rede ist und daß als fachübergreifende Qualifikationen „Grundhaltungen" („Arbeitstugenden" oder „Werthaltungen") angeführt sind; diese Qualifikationen bilden geradezu die Voraussetzung für die „Studierfähigkeit" und „Berufsfähigkeit".

[49] Jugend und Leistung. Versuch einer Klärung. – Stuttgart 1978, 84ff. Kap. Information – Reflexion – Meditation. *Höhne* beschreibt diese Lernvorgänge zwar allgemein, es wird aber unschwer erkennbar, daß sie sich in ihrer vollen Form am Gymnasium realisieren sollen.

[50] Die Formung der Persönlichkeit erscheint wieder durchgängig das Ziel gymnasialer Bildung, zuletzt bei *Wittkämper, G.,* a.O., 75. S. auch *Heldmann, W.*: Gymnasium und moderne Welt, 289ff.

[51] So schon von *Wilhelm von Humboldt* (Theorie der Bildung des Menschen. – 1973) formuliert, aber auch heute anerkannt; vgl. etwa *Westphalen, K.*: Was heißt heute Allgemeinbildung? In: Anregung 28 (1982), 72f.

spezialisiert) angesehen, seine Aneignung als eine Art von *studium generale* empfunden, so daß von da aus der Aufbau jedes Studiums und jedes akademischen Berufes möglich wird. Solches Wissen ist nicht isoliert in seinen Elementen zu erwerben, sondern soll in seiner Systematik erfaßt werden, es soll sich in der Person des Schülers so verbinden, daß er allmählich über geordnete Vorstellungsbereiche verfügt.[52] Das Ordnen und Verstehen des gesellschaftlichen Vorrats an Wissen, wofür heute der Begriff der „symbolischen Systeme" bevorzugt wird,[53] verlangt auf der einen Seite vom Schüler einen hohen Grad an Reflexionsfähigkeit, auf der anderen Seite vom Lehrer, daß er das zu vermittelnde Wissen an den Ordnungsstrukturen der Wissenschaft ausrichtet und es aus der Fülle des Vorgegebenen unter dem Gesichtspunkt der Exemplarität auswählt.[54] Das Erfassen des geordneten Zusammenhangs der Wissensstoffe gelingt letztlich nur dann, wenn sie von ihrem historischen Hintergrund her verständlich gemacht werden, d. h. wenn man ihr allmähliches Anwachsen, Sich-Erweitern und -Differenzieren aus den Anfängen erfahren läßt. Die historische Dimension, also die Tradition einer Wissenschaft, erhält eine starke Betonung.[55] Dies umso mehr, als das umfassende Ziel der Persönlichkeitsbildung zuoberst nach Identitätsfindung und Sinngebung verlangen; ein solches Anliegen scheint am ehesten im Nachvollziehen der Erfahrungen früherer Menschen oder in der Auseinandersetzung damit möglich. In dieser Vermittlung von Geschichte und Tradition werden die Grenzen der Fächer gesprengt, da alle das im Laufe der Entwicklungen Bewährte hervorkehren und zur geschichtlichen Einheit der erfahrbaren Welt zusammenfließen lassen sollen.[56] Das Gymnasiale hat demnach sehr viel mit dem Bewahren des Bewährten zu tun.[57]

Die Fähigkeit zum Nachdenken über den Sinn des eigenen Lebens, zum Besinnen auf seine Stellung und Verantwortung in der Gemeinschaft, auf die das Leben tragenden

---

[52] Siehe dazu bes. *Westphalen, K.*, a.O., 73f., und *Geißler, E. E.*: Allgemeinbildung in einer freien Gesellschaft, 131.

[53] Genaueres dazu bei *Westphalen, K.*, a.O., 73 und 79. Vgl. auch die grundlegenden Ausführungen über die moderne Gesellschaft als ein hochkomplexes System, das selbst wiederum eine Menge hochkomplexer Subsysteme einschließt, bei *Luhmann, N.*: Soziologische Aufklärung. Aufsätze zur Theorie sozialer Systeme, Band 1. – Opladen [3]1972, 92ff.

[54] *Geißler, E. E.* (a.O., 131) sieht als Vorteile einer gymnasialen Bildungskonzeption, wie er sie definiert, „ein an der Struktur der Wissenschaft orientiertes systematisiertes Wissen, dem hohe Exemplarität zukommt". Ähnlich *Heldmann, W.*: Gymnasium und moderne Welt, 292ff.

[55] „Menschen beginnen sich wieder von ihrer Geschichte her zu begreifen", so *Geißler, E. E.*, a.O., 130. „Geschichtlichkeit als eine Grundstruktur des menschlichen Wesens wird somit nicht allein von der allgemeinen Geschichte her erfahren und verdeutlicht." So *Heldmann*, a.O., 309. Vgl. auch *Westphalen, K.*, Gymnasiale Bildung, 80; *Borucki* (Gymnasium in neuer Zeit, 187) gibt dieser historischen Orientierung eine europäische Note: Schule des europäischen Bewußtseins.

[56] *Klaus Westphalen* (Was heißt heute Allgemeinbildung?, 73) vertritt die Ansicht, daß durch übergreifende Prinzipien der Allgemeinbildung die geistige Spaltung in mehrere „Kulturen" (etwa in eine mathematisch-naturwissenschaftliche und eine literarisch-künstlerische) erschwert wird. Eine solche Spaltung wird wohl am ehesten dann verhindert, wenn alle Fächer ihren allgemeinbildenden Wert historisch abstützen, indem sie aufzeigen, wieviel ihre Stoffe zu der heute bestehenden Welt als Summe der menschlichen Leistungen zur Formung des Lebens und zur Gestaltung der Gesellschaft beigetragen haben.

[57] Darauf kommt es vor allem *Geißler, E. E.*, a.O., 130f. an.

oder gefährdenden Kräfte und Mächte darf man gewiß als meditatives und kontemplatives Vermögen ansehen. Die Sinnfrage ist unablösbar verbunden mit der Frage nach sinnstiftenden Werten und Wertsystemen. Das Gymnasium, dem nicht nur eine Unterrichtsaufgabe, sondern auch ein Erziehungsauftrag zukommt, hat sich, weil es umfassend auf schwierige und verantwortungsvolle Berufe vorbereitet, im besonderen Maße dieses Bereichs anzunehmen;[58] es muß im Heranwachsenden „Grundhaltungen" aufbauen.[59] Das Bemühen um Sinnfindung und Moralität wird zweifellos am stärksten von den sog. Kulturfächern der Geistes- und Sozialwissenschaften angeregt und gefördert; doch bringen auch die Naturwissenschaften, sofern ihre offensichtlich vorhandene philosophische Dimension ausgelotet wird, tiefgreifende existentielle Fragen und Probleme der menschlichen Moral hervor. *Hartmut von Hentig* sieht in der „Philosophie", also in der philosophischen Durchdringung des Angebots an Wissen und Fragestellungen, geradezu das „geistige Band" der Fächer, das es in der Schule wiederherzustellen gilt.[60] Eine philosophische Disposition macht erst fähig, den großen Problemen der Zeit verstehend, aber auch kritisch gegenüberzutreten.

Es ist unschwer erkennbar, daß jene pädagogischen Schwerpunkte, die – nach unserer Untersuchung – eine auf die Zukunft gerichtete, zeitanalytische Literatur hervortreten läßt, in diesem Konzept des Gymnasiums realisierbar erscheinen, dessen Konturen wir hier zu erfassen versuchten. In dem Maße, wie die am Gymnasium vertretenen Fächer jene weitgespannten Zielsetzungen von Information, Reflexion, Meditation (Kontemplation) und Bewußtsein von Moralität anstreben,[61] erfüllen sie mit die Bedingungen einer zeitgemäßen, zukunftsoffenen Schule. Sie rücken den Menschen in den Mittelpunkt gymnasialer Bildung, damit dieser Schulart eine anthropologische Grundorien-

---

[58] *Klaus Westphalen* (Die Zukunft des Gymnasiums, 130) hat sicherlich recht, wenn er betont: „Am schwierigsten wird es sein, ein neues Ethos, das den Aufgaben der Zukunftsbewältigung gewachsen ist, in die gymnasiale Konzeption einzufügen." Trotzdem ist auch und gerade an das Gymnasium die Aufgabe gestellt, jene Werte zu vermitteln, die man als unverzichtbar für den einzelnen wie für die Gemeinschaft jetzt und in Zukunft betrachtet (s. dazu o. 61 ff.).

[59] Vgl. dazu bes. *Wittkämper,* a.O., 75. Er spricht unter den „fachübergreifenden Qualifikationen", die das Gymnasium vermitteln soll, auch „Grundhaltungen" an, worunter man „Arbeitstugenden oder Werthaltungen" verstehen darf, wie z. B. „Zielstrebigkeit, Initiative, Selbstsicherheit, Selbstvertrauen, Ausgeglichenheit, Pünktlichkeit, Ordnungssinn, Disziplin im Sinne der Einhaltung sozial festgelegter Regeln, Ehrlichkeit, Fleiß, Pflichtbewußtsein, Leistungsbereitschaft". Aus einem Beitrag von *Jürgen Becker* (Gymnasium und Universität. Zum Problem der Studierfähigkeit. In: Die Höhere Schule 1 (1982), 14 ff.) entnehmen wir als weitere, gerade für das Studium wichtige Grundhaltungen: Fähigkeit zu „Askese und Konzentration", „Erkenntnisdrang", „Liebe zur Wahrheit", „methodisches Bewußtsein", „Ausdauer bei geistiger Tätigkeit" usw. Über Wertorientierungen, die Schülern zu geben der Erziehungsauftrag der Verfassungen gebietet, vgl. *Schiedermair,* Das Gymnasium und der Bildungsauftrag des Staates, 427.

[60] In einem Aufsatz in der FAZ vom 25. 8 1978. Siehe auch *Westphalen K.*: Die Zukunft des Gymnasiums, 120. *Franz Parthe* (Quo vadis Gymnasium? Nachdenken über 25 Jahre Reformen. In: Jahresbericht des Kaiser Heinrich Gymnasiums Bamberg 1980) hält die Rückkehr zu dem im sog. Studientag verfolgten Prinzip für wünschenswert: als eine Möglichkeit „zu einer Zusammenschau des in Einzelfächer gegliederten Bildungsgutes, zu einer philosophischen Durchdringung der Fachbereiche und Auslotung der Aufgabenfelder auf die fundamentalen Grundfragen hin".

[61] Siehe dazu o. 64 ff.

tierung gebend. Dem Gymnasium vor allem obliegt die Aufgabe, im Menschen das Fundament an Wissen und Einstellungen zu legen, auf dem der Ausgleich jener bislang noch entgegenstrebenden Kräfte der Geistes-/ Sozialwissenschaften und der Naturwissenschaften/Technik gelingen sollte.[62] Das gymnasiale Bildungskonzept wird vornehmlich die Verantwortung für jenen „kulturellen Entwurf“ tragen, von dem nach *Aurelio Peccei* „das Sein oder Nichtsein“ der Zukunft abhängt.[63] Das Gymnasium könnte für seinen Teil jene Sehnsucht nach einem ‚Neuen‘ Humanismus stillen, die wir allenthalben zu spüren glauben.[64]

Das Gymnasiale, das sich in den den Einzelfächern vorgegebenen Richtungen und damit in verschiedensten Formen des Weltverstehens und -erklärens (von Mathematik, über Sprachlehre bis zum Religionsunterricht) erschließt, läßt sich auf eine Trias pädagogischer Zielsetzungen reduzieren: Zahl, Zeichen, Sinn. Im ausgewogenen Bemühen von Lehrer und Schüler um diese Dreiheit verwirklicht sich jene „allgemeine Menschenbildung“,[65] die für jeden Grundlage eines sinnerfüllten Studiums, Berufs und Lebens sein kann und deren zumal der „Generalist“ *(Robert Jungk)*[66], aber auch der Spezialist, an verantwortungsvoller, herausgehobener und oft führender Stelle in einer in die Zukunft hineinwachsenden Gesellschaft bedarf.[67] Daß der Existenz- und Wirkungsraum solcher verantwortungtragenden Persönlichkeiten über die nationalen Grenzen hinausreichen, womöglich eine weite europäische Perspektive erhalten wird,

---

[62] Siehe dazu o. 62. Dort wird dies als die zentrale Aufgabe zukünftiger Bildungsanstrengungen erkannt und beschrieben. Diese Aufgabe sollte auch nach *Karl Bayer* („Die alten Sprachen im Konzept der Allgemeinbildung“, noch unveröffentlichtes Manuskript) eine vom Gymnasium zu erwartende Allgemeinbildung leisten. Die ethische Bewältigung der durch die modernen Technologien sich stellenden Probleme erkennt als zentrale Bildungsaufgabe des Gymnasiums *Kurt Aurin*: Die Herausforderung der gymnasialen Bildung durch Technik und technologischen Wandel. In: Die Höhere Schule 10 (1983), 311 ff.

[63] Die Zukunft in unserer Hand. Gedanken und Reflexionen des Präsidenten des Club of Rome. – Wien/München/Zürich/New York 1981, 24. S. dazu genauer o. 59 f.; wichtig dazu *Heldmann, W.*: Gymnasium und moderne Welt, 388 ff., bes. 392: „Soziale und kulturelle Wirksamkeit der gymnasialen Bildungsarbeit.“

[64] S. o. 62 ff.

[65] So *Geißler, E. E.*, a.O., 131.

[66] Der Jahrtausendmensch. Bericht aus den Werkstätten einer neuen Gesellschaft. – Hamburg 1976, 68, s. o. 68. Neuerdings bestimmt auch *Hans Maier* (Erziehung junger Menschen für das Leben in der Gesellschaft. In: Anregung 20, 1983, 84 f.) Allgemeinbildung als „eruditio generalis“, wobei er auch hier den scharfen Gegensatz zur Spezialisierung herausstellt.

[67] *Heldmann* (Gymnasium und moderne Welt, 290 ff.) sieht es als Kernaufgabe des Gymnasiums an, „Wissenschaftspropädeutik“ zu ermöglichen, worin „die beiden Ansätze gymnasialer Bildungsarbeit (Allgemeinbildung und Berufsvorbereitung) zur Deckung gebracht werden“. Im Begriff „Wissenschaftspropädeutik“ scheint uns freilich das Gymnasiale zu eng gefaßt. Zuzustimmen ist *Heldmanns* Auffassung, es könne nicht Aufgabe des Gymnasiums sein, „daß der Schüler auf eine spezielle Wissenschaft vorbereitet wird“, da mit jeglicher Spezialisierung „der anthropologische und zugleich politische Ansatz von *Humboldts* Reformkonzept aufgegeben“ würde. In einem Bildungskonzept, das den Menschen für die moderne Welt berufs- und lebenstüchtig machen soll, geht es „um die Grundlegung differenzierter Einsichten, die Festigung eines an Maßstäben orientierten Selbstbewußtseins und den Aufbau personaler Strukturen des Denkens und Handelns“.

ist von mehreren Autoren, die sich um das moderne Gymnasium Gedanken machten, nachhaltig betont worden.[68]

2.2 *Die gymnasiale Leistung des Literaturunterrichts*

Der Literaturunterricht am Gymnasium muß das gymnasiale Profil, wie es eben in Umrissen angedeutet wurde, mit ausprägen. Welche Möglichkeiten hat er dazu? Wir wollen diese an jenen Kernbereichen prüfen, die wir allgemein als Schwerpunkte eines pädagogischen Programms für Gegenwart und Zukunft erkennen können[69] und die sich uns zugleich als genuine Globalziele der auf Allgemeinbildung ausgerichteten Schulart des Gymnasiums herauskristallisiert haben.

Es ist dabei gewiß nicht unangemessen, wenn wir uns in der Bestimmung dessen, was Literaturunterricht am Gymnasium leisten kann und soll, vornehmlich an den Vorstellungen der Literaturdidaktik für den Deutschunterricht orientieren. Deutsch ist ohne Zweifel das gymnasiale Leitfach für die Behandlung von Sprache und Literatur; dieses Fach hat auch eine umfassende literaturdidaktische Grundlagenforschung geleistet. Die meisten Veröffentlichungen über die Literaturbehandlung im Unterricht betreffen zwar alle Schularten, die darin formulierten Höchsterwartungen beziehen sich naturgemäß jeweils auf das Gymnasium, wenn es auch in den meisten Fällen nicht namentlich genannt ist. Eine spezifisch gymnasialdidaktische Literatur zur Behandlung von Literatur im Deutschunterricht ist offensichtlich erst im Entstehen begriffen;[70] *Karl Stockers* Buch „Praxis des Literaturunterrichts im Gymnasium" zeigt sehr deutlich den Diskussionsstand, so daß es uns für die nachfolgende, freilich nur grob andeutende Darstellung eine Hilfe geben kann.[71]

---

[68] S. etwa *Borucki, J.*: Gymnasium in neuer Zeit, 187ff.: „Das europäische Gymnasium" und *Vicenci, O.*: Europa. Erneuerung aus dem Geist. Drei Essays über Schule und Bildung. – Graz/Wien 1981, bes. 51ff.: „Der neuen Schule entgegen", ebenso *Heldmann, W.*: Gymnasium und moderne Welt, 404ff.: „Gymnasium als geistig-kulturelles Zentrum und Stätte europäischer Gesittung".

[69] S. oben 64ff.

[70] Dies hat seinen Grund ganz sicher darin, daß sich erst allmählich eine den Erfordernissen der Gegenwart angemessene gymnasiale Bildungskonzeption entwickelt, innerhalb der jedes Fach seinen eigenen Stellenwert suchen kann.
Ulshöfers Methodik des Deutschunterrichts (Stuttgart [4]1966) ist zwar gymnasialorientiert, aber sie entspricht nicht mehr den Vorstellungen eines modernen Gymnasiums. Einen „ersten Anlauf" dazu, „in welcher Weise fachdidaktische Fragen eines gymnasialen Unterrichtsfaches von gymnasialdidaktischen Aspekten bestimmt sind", versucht *Werner Heldmann* (Gymnasium und moderne Welt, 308ff.). In seinem Kapitel „Umrisse einer Gymnasialdidaktik" erhält Deutsch als erstes und einziges Fach gymnasiale Konturen gezeichnet.

[71] Untertitel: Voraussetzungen – Motivationen – Möglichkeiten – Transfer. Mit Orientierungshilfen. – Freiburg 1979. Es ist bezeichnend für die augenblickliche – trotz *Werner Heldmanns* Versuchen – defizitäre Situation der Gymnasialdidaktik, daß in der zahlreichen von *Stocker* aufgeführten Literatur zum Deutschunterricht keine gymnasialspezifische Darstellung enthalten ist. Als Kennzeichen für die Unsicherheit einer gymnasialdidaktischen Orientierung des Literaturunterrichts darf auch die Tatsache gewertet werden, daß *Joseph Borucki* (Gymnasium in neuer Zeit) zwar den Sprachunterricht zu einem Signum des Gymnasialen macht, den Literaturunterricht aber nirgends in seiner speziellen Leistung erwähnt. Umso dankenswerter ist *Stockers*

Was kann also Literaturunterricht am Gymnasium leisten?

1. **In Hinsicht auf „Information"**
   Die Schüler erhalten Kenntnis
   - von Ausdrucks- und Stilmitteln sowie Darstellungsformen der Sprache,
   - vom Zusammenhang zwischen Aussageabsicht und sprachlicher Gestalt,
   - von Textmerkmalen, Aufbauelementen eines Textes, Textsorten, Literaturformen und -gattungen,
   - von Kriterien zur Beurteilung von (naiven, anspruchsvollen, hochwertigen) Literaturerzeugnissen,
   - von bestimmten Werken und Texten, vor allem der als hochwertig anerkannten Literatur,
   - von Fachbegriffen, Bereichen und Problemen der Poetik und Literaturtheorie,
   - von Epochengliederungen der Literaturgeschichte,
   - von Motiven, Stoffen, Fragestellungen in den Werken der verschiedenen Epochen.

2. **In Hinsicht auf „Reflexion"**
   Der Schüler wird befähigt,
   - über die Schriftlichkeit und Mündlichkeit von Sprache nachzudenken, ebenso über den Zusammenhang von sprachlichem Ausdruck, Textgestaltung, Werkstruktur mit der beabsichtigten Wirkung (Sprachlenkung, Tendenz, z. B. bei Werbesprache, Propagandasprache),
   - die in einem Text erkennbare Gedankenführung, Argumentation, Problemlösung auf ihre logische Stimmigkeit und auf ihre psychologischen Strategien hin zu prüfen,
   - die Verwendung ähnlicher Motive und Stoffe in verschiedenen Werken und in verschiedenen Epochen zu vergleichen,
   - ähnliche Probleme in den Texten zu erfassen und ihre verschiedenartigen Lösungen miteinander in Beziehung zu setzen,
   - die Stellung eines literarischen Kunstwerks im kultur-, geistes- und gesellschaftlichgeschichtlichen Zusammenhang zu begreifen,
   - Wechselbeziehungen zwischen der deutschen und europäischen Literatur zu erfassen,
   - Gesetzmäßigkeiten des Handelns und Denkens aus literarisch gestalteten Situationen und Erfahrungsfeldern zu abstrahieren und Kriterien für deren Beurteilung zu entwickeln,
   - den Kunst- und Spielcharakter von Literatur als einen Raum geistiger Freiheit einzusehen und das Verhältnis von Text und Wirklichkeit zu bedenken.

Versuch, dieses gymnasiale Profil des Literaturunterrichts im Deutschen zu erarbeiten. Es scheint uns freilich in einigen Bereichen noch ergänzenswert: Wenn wir die vier Globalziele Information, Reflexion, Meditation, Kontemplation und Bewußtsein von Moralität als Orientierungshilfen ansetzen, sind wir gerade bei den letzten beiden darauf angewiesen, aus der allgemeinen Literaturdidaktik Deutsch zusätzliche Aussagen heranzuziehen, vor allem aus *Payrhuber, F. J./Weber, A.* (Hrsg.): Literaturunterricht heute – wann und wie?; *Weber, A.*: Grundlagen der Literaturdidaktik. – München 1975; *Melzer, H./Seifert, W.*: Theorie des Deutschunterrichts. – München 1976; *Baumgärtner, A. C./Dahrendorf, M.* (Hrsg.): Zurück zum Literatur-Unterricht? *Berker, K./Riemenschneider, K.*: Literaturwissenschaft und Fachdidaktik; *Lehmann, J./Stocker, K.*: Fachdidaktisches Studium in der Lehrerbildung. Deutsch Bd. 1 und 2. Ein Einblick in die literaturdidaktischen Zielsetzungen des Deutschunterrichts läßt sich auch gewinnen über die Lehrpläne des Faches und über die „Einheitlichen Prüfungsanforderungen in der Abiturprüfung Deutsch" (Beschluß vom 1. 6. 1979). – Neuwied 1979, 8ff.

3. **In Hinsicht auf „Meditation/Kontemplation"**

Der Schüler wird in die Lage versetzt,

- die Erlebnisdichte literarisch gestalteter Szenen auf sich innerlich wirken zu lassen und die eigene Phantasie in deren Nachvollzug zu aktivieren (auch mit dem Ergebnis eigener kreativer Erzeugnisse),
- in den dargestellten Meinungen, Haltungen, Absichten, Lebenserfahrungen, Schicksalen von Menschen sprachlich vermittelte Bedingungen und Möglichkeiten der menschlichen Existenz zu begreifen,
- aus der Sympathie oder Empathie (gegebenenfalls auch Antipathie) zu den in der Literatur dargestellten Menschen und deren Schicksalen ein Verständnis für die „Fragwürdigkeit" des Menschseins zu entwickeln und daraus Anstöße zu eigenen Antworten auf die Sinnfrage des Lebens zu gewinnen,
- das Sinnpotential der Literaturtexte, ob sie heiter-humorvoll oder ernst-tragisch angelegt sind, als Muster für Identifikation oder Distanzierung anzunehmen, also einen Bezug der literarischen Texte zum persönlichen Lebensverständnis und zum eigenen Erfahrungshorizont herzustellen,
- Literatur als Botschaft vom Menschen über den Menschen und sein Verhältnis zu sich, zum Mitmenschen und zur Welt aufzunehmen und in der Erkenntnis anthropologischer Konstanten in der Literatur eigene Denk- und Gefühlskategorien zu entwickeln, die zur Ichfindung und Persönlichkeitsentwicklung eine unentbehrliche Voraussetzung darstellen.

4. **In Hinsicht auf das „Bewußtsein von Moralität"**

Der Schüler wird angehalten,

- die in literarischen Texten ausgestalteten Sinnbezüge auf die ihnen zugrundeliegenden Wertvorstellungen zu durchdenken,
- an den erkennbaren Konstanten menschlichen Seins und menschlicher Welterfahrung die Verbindlichkeit elementarer Werte, wie Mitleid, Liebe, Sinn für Gerechtigkeit und Wahrheit, Toleranz, für ein sinnerfülltes Leben abzulesen,
- in der Auseinandersetzung mit der „Provokation durch Literatur" das Bedürfnis des Menschen nach Orientierung sowie nach verstandes- und gefühlsmäßiger Bindung anzuerkennen,
- Literatur als ein Medium zu begreifen, in dem schöpferische Freiheit und soziale Verantwortlichkeit als die obersten Werte menschlicher Selbstverwirklichung zusammenwirken.

Die Beschäftigung mit Literatur, wie sie vorausgehend angedeutet wurde, ist in ihren Zielen allein gewiß noch nicht gymnasialspezifisch. Das Gymnasiale liegt aber in der Dichte, Intensität, Breite, Anforderungshöhe und Kontinuität, mit der die Ziele angestrebt werden, zudem im „hohen Grad an Allgemeinheit, an exemplarischer Modellhaftigkeit, an Theoretisierbarkeit, an formaler Strukturierung und Systematisierbarkeit"[72] der Gegenstände, an denen die Ziele verfolgt werden. Erst unter solchen Bedingungen kommt Lesefähigkeit, Lesebereitschaft, Interesse für Literatur auch in ihren anspruchsvollen Formen zustande. Es verdient nachdrückliche Betonung, daß die größtenteils kognitiven Ziele des Lektüreunterrichts, die eben angeführt wurden,

---

[72] So *Heldmann, W.*: Gymnasium und moderne Welt, 312.

ein stark affektives Pendant haben müssen.[73] Literaturunterricht muß Vernunft und Gefühl ansprechen,[74] auf die seelische Disposition der Schüler einwirken. Die Bildung der Persönlichkeit, zu der auch das Lesen von Literatur einen Beitrag liefert, würde vereinseitigt, wenn in der Schule nur ein „verkopftes Literaturbegegnen"[75] zustande käme. Am stärker wissenschaftlich orientierten Gymnasium tritt eine solche Gefahr am ehesten auf.

Es steht außer Zweifel, daß der Literaturunterricht innerhalb der von uns angenommenen gymnasialen Trias von „Zahl, Zeichen, Sinn" den Schwerpunkt auf die letzten beiden legt. Denn er hat am wirkungsvollsten vom „Zeichen" (Wort, Sprache) und vom „Sinn" (Aussage, Gehalt) her die Möglichkeit, die Persönlichkeit der heranwachsenden Menschen im kognitiven und affektiven Bereich mitzuformen. Von daher bestimmt und trägt er auch jene Allgemeinbildung mit, die, wie wir erkennen konnten, das Signum des Gymnasialen ist. Die „vier Dimensionen" dieser Allgemeinbildung, die *Klaus Westphalen* beschreibt,[76] werden im Umgang mit Literatur weithin ausgeschritten. Literaturunterricht verhilft zu einer „Systematik der Vorstellungsbereiche", macht mit „großen Gegenständen" bekannt, entwickelt direkt oder indirekt ein Verständnis für die „großen Zeitprobleme" und trägt zu einem guten Teil zur Beherrschung der wichtigsten „Verständigungsmittel"[77] bei. Der Literaturunterricht legt mit die Basis zur Studierfähigkeit, Berufs-, Gesellschafts- und Lebenstauglichkeit des Menschen. Die „Erziehung zur und durch Literatur" erweist sich demnach als ein wesentlicher Teil jenes Prozesses, in dem sich gymnasiale Bildung vollzieht, und zwar dergestalt, daß „an besonders leistungsfähige Schüler über einen längeren Zeitraum hinweg entsprechend hohe Anforderungen gestellt werden".[78] Literaturunterricht muß von Anfang an (von der Unter- bis zur Oberstufe) das gymnasiale Profil mitausprägen.

---

[73] S. dazu bes. *Berker, K./Riemenschneider, H.*: Literaturwissenschaft und Fachdidaktik, 35ff.; *Kügler, H.*: Lernen – Kommunizieren – Verstehen, 27f.; *Dahrendorf, M.*: „Hinauflesen" versus „Bedürfnisbefriedigung", 34f.

[74] Siehe dazu *Gerth, K.*: Zur Situation der Literaturdidaktik, 67. Er stellt unter Zitierung von *Herbert Kaiser* heraus, daß „das produktive Verhältnis des Subjekts zur Kunst weder rein emotional (einfühlend) noch rein rational (analysierend), sondern in dialektischer Weise rational-emotional ist".

[75] So *Klaus Doderer*: Wozu noch Literatur in der Schule?, 45.

[76] Die Zukunft des Gymnasiums, 116ff.

[77] *Westphalen* rechnet dazu: die Muttersprache, die englische Sprache und die Zahlensprache der Mathematik.

[78] So wieder *Klaus Westphalen,* in einer Rede vor der Rheinischen und Westfälischen Direktorenvereinigung, zitiert bei *Schmid, M.*: Gymnasiale Bildung ist unabdingbar für die Bewältigung unserer Zukunftsaufgaben. In: Das Gymnasium in Bayern 12 (1981), 5.

3 **Wozu altsprachliche Literatur am Gymnasium?**

Im weiteren Kontext gymnasialer Bildung und im engeren Kontext des gymnasialen Literaturunterrichts haben die Alten Sprachen ihren Platz zu bestimmen, und zwar so, daß sie ihr ‚Angebot' mit der erkennbaren ‚Nachfrage' in plausibler Weise in Einklang bringen.[79]

Im Angebot von Literatur stimmen die altsprachlichen Fächer mit Deutsch, Englisch, Französisch überein. Literatur ist das genus proximum für diese Sprachfächer. Worin aber liegt die differentia specifica, die ihre jeweilige Eigenexistenz rechtfertigt? Die lateinische Lektüre auf der Schule muß sich, wie dies schon *Karl Büchner* feststellte, „durch eine durch nichts zu ersetzende Eigenart rechtfertigen"[80]. Diese muß herausgestellt werden. Das Argument, die Literaturfächer müßten sich wegen ihrer Abwählbarkeit gegenseitig vertreten und seien deshalb – jedes für sich – nötig, ist für die Oberstufe nicht hinreichend, für die Mittelstufe unbrauchbar.

Wozu also die Behandlung altsprachlicher Literatur am Gymnasium? Zunächst sollen die Leistungen knapp skizziert werden, die Latein und Griechisch – entsprechend den Äußerungen in der fachdidaktischen Literatur – anbieten können; anschließend wird deren Eigenwert im Vergleich mit anderen Literaturfächern zu prüfen sein.

3.1 **Die Leistungen der Literaturarbeit in den Alten Sprachen**

Die vier Bereiche, in welche wir dabei die Fachleistungen der Alten Sprachen aufgliedern, orientieren sich an den vier Kategorien, die sich in den vorausgehenden Untersuchungen gymnasialdidaktisch und literaturdidaktisch als Schwerpunkte herauskristallisiert haben: Information, Reflexion, Meditation/Kontemplation, Moralität. Sie sind allerdings auch hier nicht überschneidungsfrei anwendbar. Zwischen Latein und Griechisch wird hier nicht unterschieden,[81] da es vornehmlich darauf ankommt, die Differenz von den Alten Sprachen zu den anderen Sprachfächern aufzudecken.

---

[79] Ein erster Versuch in dieser Richtung liegt vor bei *Westphalen, K.*: Der Beitrag der Alten Sprachen zur gymnasialen Bildung. In: AU XXIV 2 (1982), 48ff. *Westphalen* verdanke ich bei meinem Versuch zahlreiche gedankliche Anstöße, auch die methodische Richtung des Vorgehens. – Wichtige Aussagen liegen auch vor bei *Barié, P.*: Thesen zum altsprachlichen Unterricht. In: Handbuch für den Lateinunterricht, Sekundarstufe II, 1ff.; *Fuhrmann, M.*: Der altsprachliche Unterricht zwischen Traditionspflege und Traditionsabbruch, ebenda 18ff. Vgl. auch *Maier, F.*: Lehrplan Latein: Direktive oder Unterrichtshilfe. In: Anregung 23 (1977), 365–377. Auch u. 173ff.
Joseph Borucki (Gymnasium in neuer Zeit, 235f.) weist dem Lateinunterricht im modernen Gymnasium nur eine geringe Rolle zu, dem Griechischunterricht das größere Leistungsangebot, womit er allerdings die reale Situation dieser Fächer in der Schule unberücksichtigt läßt.

[80] Vom Bildungswert des Lateinischen. – Wiesbaden 1965, 28. Neuerdings dazu auch *Nickel, R.*: Einführung in die Didaktik des altsprachlichen Unterrichts, 25.

[81] Die Unterscheidung zwischen Latein und Griechisch wird erst an zweiter Stelle von Bedeutung. Dazu hat *Willibald Heilmann* (Zur didaktischen Differenzierung zwischen Griechischunterricht und Lateinunterricht. In: Handbuch für den Lateinunterricht, Sekundarstufe II, 58ff.) eine allseits beachtete Untersuchung vorgelegt. Neuerdings dazu sehr eingehend *Rainer Nickel*: Einführung in die Didaktik, 169ff.

3.1.1 *Vermittlung von Kulturwissen und Kulturtechniken*

Der altsprachliche Unterricht erfüllt ohne Zweifel die Erwartung, ein Grundlagenwissen zu vermitteln, das für den Umgang mit Literatur als einem wesentlichen Teil unserer Kultur notwendig ist. Die lateinische Literatur ist wie die griechische nicht nur Ausgangspunkt, zumal der europäischen Literatur, sie ist auch immer wieder ausgesuchtes Schöpfungspotential für Denker, Dichter und Künstler des europäischen, westlichen Geistes- und Kulturlebens. Der Weg zurück an die Quellen der abendländischen Literatur macht vertraut mit Fakten, Personen, Menschentypen, Autoren, Werken, Stoffen, Literaturgattungen, Textsorten, Begriffen, Motiven, die zum Kulturwissen unserer Zeit gehören, insofern sie weitgehend die gängige Terminologie, das stets verwendete Aussagematerial, großenteils mit „Symbolgehalt" und „Zeichenwert"[82] umgreifen. Und da sie in den nachfolgenden Jahrhunderten bis heute rezipiert wurden, werden sie – trotz eines gewissen „Kulturbruches" zu Beginn des 20. Jahrhunderts[83] – als Konstituenten der europäisch-abendländischen Kulturtradition einsichtig. Die Lektüre antiker Texte, die sich in der Regel durch die Dauer ihrer Rezeption als „große Texte" erwiesen haben,[84] also „große Gegenstände"[85] unserer Kultur darstellen, hilft so von Grund auf mit, die Vorstellungswelt der Schüler systematisch zu ordnen; denn sie liefert für Gattungen, Textsorten, Stoffe, Motive, Themen, Fragestellungen u. ä. der Literatur feste Bezugspunkte, sie gibt also Orientierungsrahmen als „kognitive Strukturen" vor, in denen man hinzukommendes Wissen verankern und darauf aufbauend erweitern kann.[86] Daß auf solche Weise die Grundlage für eine Art von ,Grammatik der Kultur' gelegt wird, steht außer Zweifel.

Es ist ohne weiteres einsichtig, daß in dieser Begegnung mit altsprachlicher Literatur auch Kriterien für die Beurteilung von Literatur allgemein angeeignet werden[87] und daß die Lesefähigkeit für anspruchsvolle Literatur,[88] das „Hinauflesen", in Grenzen auch die Schreibfähigkeit als muttersprachliche Kompetenz gefördert werden. Lese- und Schreibfähigkeit sind aber die wichtigsten Kulturtechniken. Damit wird für vielerlei Studien, vor allem der Geisteswissenschaften, der Grund gelegt. Diese

---

[82] So *Oppermann, H.*: Die Antike in Literatur und Kunst der Gegenwart. – In: Humanismus (hrsg. von *Oppermann, H.*). – Darmstadt 1970, 445.

[83] Darauf hat *Peter Wülfing* eindrucksvoll hingewiesen: Literaturtheorie im Lateinunterricht – die didaktischen Aspekte. In: Handbuch für den Lateinunterricht, Sekundarstufe II, 297.

[84] Nach *Uvo Hölscher* (Die Chance des Unbehagens, 84) wird für die Texte „das Überdauern zum Maß der Größe".

[85] Siehe dazu *Klaus Westphalen,* Der Beitrag der Alten Sprachen zur gymnasialen Bildung, 62.

[86] Wie wichtig derartige Ordnungsrahmen für den Aufbau des Wissens sind, hat die Lerntheorie gezeigt; vgl. etwa *Ausubel, D. P.*: A Cognitive-Structure Theory of School Learning. In: *Siegel, L.* (Hrsg.): Instruction. – San Francisco 1967, 207–257; ebenso: Psychologie des Unterrichts, Bd. 1 und 2. – Weinheim 1974. Dieses lerntheoretische Prinzip ist demnach nicht nur für den Sprachunterricht bedeutsam (vgl. dazu Bd. 1, 72ff.). Für den Lektüreunterricht hat es *Rainer Nickel* (Der moderne Lateinunterricht, 37ff.) in seiner Bedeutung erkannt und beschrieben.

[87] *Barié* (Thesen zum altsprachlichen Unterricht, 14) sagt mit Recht: „Der altsprachliche Unterricht legt die Grundlagen für eine literarische Erziehung."

[88] Nach *Barié* (a.O., 10) stellt dies „die fortgeschrittene Phase der Alphabetisierung" dar.

kulturelle Basisfunktion gilt auch für das Studium der modernen Fremdsprachen, welches das Erlernen der ihnen zugrundeliegenden „Weltsprache Latein“[89] voraussetzt.

3.1.2 *Engagierter Umgang mit Sprache und Text*

Altsprachliche Texte müssen übersetzt, d. h., in den schwierigen Vorgängen des Identifizierens, Analysierens und Transformierens behandelt werden.[90] Ein oberflächliches Darüberhinweglesen, damit ein schnelles Ansichreißen des ausgedrückten Inhalts, wird von vornherein durch die fremde Sprachgestalt verhindert. Das Übersetzen erzwingt das Beobachten und Beachten des sprachlichen Details (Wortformen, Bildungselemente), der Strukturen des Satzes und des gesamten Aufbaus des Textes. Der Text wird gleichsam unter das Mikroskop gelegt. Ein solches „mikroskopisches Lesen“ zielt auf Genauigkeit, überlegtes Abwägen von Möglichkeiten, geduldiges Prüfen von Lösungsversuchen, kritisch-distanziertes Beurteilen sprachlicher Sachverhalte, also auf Arbeitstugenden, die für viele akademische und nicht-akademische Berufe unentbehrlich sind.[91] Zugleich kann ein solches methodisches Vorgehen, wie *Barié* meint, gegen die „Verwahrlosung des Sprachgebrauchs“ immunisieren und Gegenkräfte gegen die „Verführbarkeit durch die Macht des Wortes mobilisieren“[92]. Daß in diesen beim Übersetzen nötigen Vorgängen der Sprach- und Texterschließung eine hohes Maß an Reflexion, ein Nachdenken über Sprachgesetze, Konstruktionszusammenhänge, Transformationsbedingungen und -grenzen, über den Zusammenhang von Form und Inhalt aktiviert wird, ist vielfach schon dargestellt worden.[93] Diese Reflexion kann auf dem Weg über die inhaltliche Erfassung auf wirkungs- und rezeptionsgeschichtliche Zusammenhänge ausgeweitet werden, vor allem dann, wenn andere Texte (oder literaturabhängige Gestaltungen) durch Vergleich und Kontrast mit dem Original bzw. dem Ausgangstext in Beziehung gebracht werden. Da antike Texte in nahezu allen Erscheinungsformen kunstvoll gestaltete Sprache zum Vorschein bringen, liegt ein starker Akzent auch auf der ästhetischen Seite der Sprach- und Textreflexion.[94] Durch sie kann das Phänomen des Zusammenwirkens von Aussageintention und Aussageform eindrucksvoll bewußt gemacht werden. Die antike Kunst-

---

[89] So der Anglist *Wolff, E.*: Latein als erste Fremdsprache an Gymnasien. In: DASIU XII 1 (1975) 5, und in: „Anregung“ 21 (1975), 307ff.

[90] S. dazu genauer Bd. 1, 174ff.

[91] Dazu neuerdings *Westphalen K.*: Der Beitrag der Alten Sprachen, 64f.; *Fuhrmann, M.*: Der altsprachliche Unterricht zwischen Traditionspflege und Traditionsabbruch, 22; *Barié, P.*: Thesen zum altsprachlichen Unterricht, 10.

[92] Thesen zum altsprachlichen Unterricht, 5.

[93] Stellvertretend für viele: *Barié, P.*, 9: Die beim Übersetzen der Texte erworbene muttersprachliche Kompetenz verwandelt „das naive Sprachbewußtsein des Schülers in ein reflektierendes“. Grundlegend dazu *Heilmann, W.*: Sprachreflexion im Lateinunterricht. In: Handbuch für den Lateinunterricht Sekundarstufe II, 108.

[94] Vgl. dazu bei *Fuhrmann, M.*: Der altsprachliche Unterricht zwischen Traditionspflege und Tradititnsabbruch, 22.

prosa, besonders aber die Poesie, lassen durch die in ihr verwendeten Mittel mit Nachdruck jenen Spielraum schöpferischer Freiheit und Phantasie erkennen, der sich zwischen Text und der von ihm erfaßten Wirklichkeit auftut. Die Berücksichtigung der angedeuteten Aspekte bei der sprach- und textreflektorischen Arbeit des Übersetzens verlangt das volle geistige und seelische Engagement des Lesers. Erst ein engagierter Umgang mit Sprache und Text fördert am Ende das kreative Produkt der Übersetzung zutage,[95] also eine aus Sprachkenntnis, Sprach- und Textreflexion sowie durch muttersprachliches Vermögen erwachsene schöpferische Eigenleistung des Schülers.[96] Zudem: Eine bildende Wirkung von Textinhalten stellt sich nur im Prozeß der Auseinandersetzung mit ihrer sprachlichen und textlichen Gestalt ein; *Reinhard Thurow*: „Nicht Texte oder Inhalte als solche bilden, sondern die Art des Umgangs mit ihnen."[97]

3.1.3 *Aufschließen des Sinnpotentials der überlieferten „Botschaften"*

Die altsprachliche Literatur ist ein Abschnitt der in Jahrtausenden geschaffenen Literatur, in der nach *Solschenizyn* die Geheimnisse des menschlichen Herzens und Gewissens, der Konflikt zwischen Leben und Tod, der Überwindung seelischen Schmerzes und die Gesetze der weitverstreuten Menschheit Gestalt gewonnen haben.[98] Antike Literatur ist ein Stück Menschheitsliteratur. Das erste Signum ist ihr Initialcharakter. Viele Ausdrucksformen, Erkenntnisse, Erfahrungen, Erlebnismöglichkeiten sind von griechischen und römischen Autoren „entdeckt" worden. Das zweite Signum ist ihre verdichtete Darstellung der Inhalte, ihre Kürze. In der Lyrik, im Drama, in der Geschichtsschreibung, in der politischen Rede, im philosophischen Brief und Dialog sind Grundsituationen menschlichen Fühlens, Lebens und Leidens so zutreffend, ergreifend, aussagestark, erlebnisträchtig, in prägnanter Formulierung niedergeschrieben, daß sie unmittebar (ohne wesentlichen Transfer) erfaßt und im eigenen Erleben nachvollzogen werden. Die Reaktion auf solche Lektüre kann Betroffensein, Ergriffenwerden, Sympathie oder Empathie sein. Zumal der Literaturunterricht „reicht weit in den affektiven Bereich hinein"[99]. Wenn antike Texte als ‚Botschaften' an uns Menschen von heute verstanden werden dürfen, dann in der Weise, daß sie uns Sinnhaftes, Bedeutendes sagen können. Im Aufschließen dieses Sinn- oder „Bedeutungspotentials"[100] der Texte ergeht an den Leser ein Anstoß zu ihrer meditativen,

---

[95] Mit Recht weist neuerdings *Udo Frings* (Zauberwort Rezeption, 23) darauf hin, daß auch aus rezeptionspragmatischer Perspektive „die Übersetzung als Produkt des Übersetzungsvorgangs" wieder stärker in das Blickfeld didaktischer Überlegungen kommen solle.
[96] Vgl. dazu Bd. 1, 188ff.: „Das kreative Produkt" als Ergebnis des „kreativen Prozesses" des Übersetzens.
[97] Zeitbezug – Aktualisierung – Transfer, 68.
[98] Siehe dazu oben 73.
[99] So *Barié, P.*: Thesen zum altsprachlichen Unterricht,1.
[100] Vgl. dazu *Fuhrmann, M.*: Altsprachlicher Unterricht zwischen Traditionspflege und Traditionsabbruch, 19f.

kontemplativen Durchdringung. Welchen Sinn haben die Textaussagen für uns? *Quid ad nos?*[101] Daß in einer solchen Aktualisierung die Verstandeskräfte wohl kaum mit stärkerer Intensität angesprochen wurden als die Gefühlskräfte, mag die Geschichte der Rezeption zeigen.[102] In Wort, Bild und Ton haben die antiken Originale über mehr als 2000 Jahre hindurch Nachgestaltungen, Transformationen, Verfremdungen, Deformationen u. ä. in solcher Weise aus sich gezeugt, daß an ihnen erkennbar wird, wie sehr auch die seelischen Kräfte der nachschaffenden Rezipienten mobilisiert wurden. Diesen Appellcharakter der Texte kann der Schüler am Original selbst spüren und im Panorama seiner Wirkungen nachempfinden. Erlebnisfähigkeit ist ein wünschbares Ziel im Umgang mit Literatur; sie ist ein Teil der Kulturfähigkeit. Dazu kommt, daß im Begreifen jener Rezeptionsketten von der Antike zur Gegenwart, die das unaufhörliche Bemühen des Menschen nach Sinngebung und Sinnfindung spüren lassen, die europäisch-historische Dimension der Kulturerfahrung erschlossen wird.[103] Daß das Hinhören auf solche Botschaften der Geschichte, das Schöpfen von Vertrauen aus der Einsicht in einmal Gewesenes und Geschehenes etwas genuin Menschliches ist, zeigt ein einprägsamer Satz Michelangelos: „Gott hat der Hoffnung einen Bruder gegeben, er heißt Erinnerung."

3.1.4 *Auseinandersetzung mit ‚Denkmodellen' menschlichen Verhaltens und Weltverstehens*

Antike Texte sind in einer historischen Situation entstanden, aber zumeist in ihren Perspektiven über die jeweilige geschichtliche Gegenwart hinaus geschrieben. Sie überhöhen entweder den historischen Fall, an ihm allgemeine Gesetzmäßigkeiten hervortreten lassend, oder sie erfassen im freien Spiel der Phantasie allgemeinmenschliche Weisen des Handelns, Verhaltens, Seins, Empfindens und Weltverstehens, wobei allerdings auch solche Fiktionen nicht völlig frei von historischen Einschlägen sind. So gesehen, stellen antike Texte für uns ‚Denkmodelle' dar,[104] in denen wir historisch Einmaliges, Zeitgebundenes und Allgemeingültiges, anthropologisch Konstantes erkennen können. Die historische Ferne, die Historizität des Inhalts ermöglicht es dem Schüler, sich eine völlig andere Dimension zu erschließen: eine „Kultur des Kontrasts";[105] mit „Fremderfahrung", „Distanzerlebnis", „Erlebnis des Unzeitgemäßen"[106] wird diese pädagogische Leistung bezeichnet. Sie kann sich äußern auch im Entlarven

---

[101] Dazu neuerdings sehr eindrucksvoll *Thurow, R.*: Zeitbezug – Aktualisierung – Transfer, 70f. Er weist mit Recht auf das Beispiel des *Augustinus* hin, der von der Lektüre des *Hortensius* eine mutatio affectus erfahren hat (Conf. 3.4.7).

[102] Genauer dazu *Frings, U.*: Zauberwort Rezeption, bes. 8ff., und *Barié, P.*, a.O., 15ff.

[103] Dazu bei *Westphalen, K.*: Der Beitrag der Alten Sprachen, 62: Damit werde dem Gymnasialunterricht eine „zusätzliche Bildungsdimension" eröffnet.

[104] Genauer dazu u. 105ff.

[105] So *Westphalen, K.*: Der Beitrag der Alten Sprachen, 62; vgl. auch *Barié, P.*: Thesen zum altsprachlichen Unterricht, 4.

[106] Diese Formeln werden vor allem verwendet von *Fuhrmann, M.*: Alte Sprachen in der Krise? – Stuttgart 1976, 9ff., und *Hölscher, U.*: Die Chance des Unbehagens, 81.

und Demaskieren von überholten Denkschemata, Ideologien und Wertsystemen. Die Einsicht in die Konstanz menschlicher Probleme, Schicksalserfahrungen u. ä. macht auf die Kontinuität des Menschseins in der Geschichte aufmerksam. Es gibt zwischen den Menschen aller Zeiten einen gemeinsamen Nenner, das „being human";[107] insofern stellt sich beim Leser das „Ja–so–ist–es–auch–Erlebnis"[108] ein; der Eindruck, daß eigene Erfahrungen mit den literarisch gestalteten zur Deckung kommen, bahnt Identifikationen an. In dieser Richtung zeigt sich der Zugang zu den antiken Texten als bewahrend, konservativ.[109] Sie macht die Aktualität des literarischen Textes aus. Die Spannung zwischen historischer Einmaligkeit (Historizität) und anthropologischer Konstanz (Aktualität) nennt der Germanist *Horst Breuer* nicht unzutreffend „die ‚innere Chronologie' des Kunstwerks".[110] Unter dieser Spannung zwischen historischer Einmaligkeit und anthropologischer Konstanz stehen in den Texten zu allererst Situationen und Vorstellungen, die menschliche Moral, Wertorientierungen, sinnvermittelnde Kategorien der individuellen wie auch der sozialen Existenz betreffen. Die Auseinandersetzung mit solchen ‚Denkmodellen', die sich in der Regel in einem „existentiellen Transfer"[111] vollzieht, ist demnach Anlaß, über Werte und Normen nachzudenken, darüber zu sprechen – auch unter philosophischer Fragestellung. Wenn der Schüler überkommene Wertvorstellungen und Wertmuster auf ihre Gültigkeit für heute und für ihn persönlich prüft, wächst ihm zumindest ein Bewußtsein zu für Werte, für ihre Relativität, aber auch für ihre Verbindlichkeit, d. h. dafür, daß das menschliche Leben, die Gemeinschaft der Menschen ohne tragende Werte nicht bestehen kann. „Moralische Mündigkeit" könnte das Ergebnis auch des altsprachlichen Lektüreunterrichts sein.

4 **Latein und Griechisch im Vergleich mit den anderen Literaturfächern**

Mißt man an den Erwartungen, die der Literaturunterricht am Gymnasium zu erfüllen hat, die Leistungen, die die Alten Sprachen anzubieten haben, so läßt sich feststellen, daß lateinischer und griechischer Lektüreunterricht die erkennbaren Ziele in Breite

---

[107] Vgl. dazu bes. *Jonas, H.*: Chance and Permanence: On the Possibility of Understanding History. In: Die Interpretation in der Altertumswissenschaft (hrsg. von *Schmid, W.*). – Bonn 1971, 31f. Vgl. dazu auch *Nickel, R.*: Der moderne Lateinunterricht, 34.

[108] Vgl. dazu *Seiffert, H.*: Einführung in die Wissenschaftstheorie 2. – München [5]1973, 26ff.

[109] *Fuhrmann* (Altsprachlicher Unterricht zwischen Traditionspflege und Traditionsabbruch, 20) umreißt die Dialektik im Umgang mit antiken Texten so: „Entlarvung von Negativem (z. B. von Ideologien) als auch das Anerkennen von Positivem (z. B. Gerechtigkeit)".

[110] Zur „inneren Chronologie" des Kunstwerks: Historizität und Aktualität. In: *Mainusch, H.*: Literatur im Unterricht. – München 1979, 56ff. Er meint unter „innerer Chronologie" die „historische Entfaltungskraft der Werkgestalt selbst" in je neuen, aktuellen Lese-, d. h. Erfahrungssituationen.

[111] Dieses methodische Prinzip hat *Heinz Munding* erstmals und gültig beschrieben: „Existentieller Transfer" bei lateinischen Historikern. In: Antike Texte – moderne Interpretation. Beiheft der „Anregung", München o.J., 7ff. und in: Anregung 20 (1974), 292–303.

und Tiefe ziemlich umfassend ‚abdeckt'. Er gerät damit zweifellos in stärkste Konkurrenz mit dem Deutschunterricht, aber auch in Konkurrenz zum Französich- und zum Englischunterricht. Gegenüber diesen stärkeren Partnern kann sich der altsprachliche Unterricht nur behaupten, wenn er Eigenes, Besonderes zu bieten vermag.

Man sagt zu Recht, daß die antike Literatur, als zu den „großen Gegenständen" europäisch-abendländischer Kultur gehörig, nicht austauschbar und kaum durch anderes zu ersetzen sei. Dies schließt allerdings nicht aus, daß die wichtigsten Werke der Antike in guten Übersetzungen etwa im Deutschunterricht oder in einem Literaturkurs der Oberstufe mitbehandelt werden. Das Argument, das originale Werk könnte auch nicht durch die beste Übersetzung vertreten werden, trägt nicht, es überzeugt auch nicht vollends;[112] denn dann dürften weder Dante nach Cervantes noch Dostojewski im Deutschunterricht oder anderswo gelesen werden. Schon weniger zu widerlegen ist die Feststellung, daß gerade die antike Literatur die Einheit von Gestalt und Inhalt, also das Zusammenwirken von Aussagewillen und Ausdrucksform, so augenfällig und eindrucksvoll wie keine andere Schulliteratur zeigt. Es fragt sich nur, ob dieser Aspekt der Literaturerfahrung außerhalb des Faches so hoch eingeschätzt wird, daß er die Alten Sprachen unentbehrlich erscheinen läßt.[113]

Literatur in der Verfremdung einer nichtmuttersprachlichen Gestalt lernt der Schüler auch im Englischen und Französischen kennen; auch da stellen sich die Effekte des Distanzerlebnisses und der Fremderfahrung ein; ebenso der Zwang, im Übersteigen der nationalen Grenzen sich das Fremde in Kultur und Mentalität anderer Völker nahezubringen und in der Konfrontation mit dem Andersartigen sich selbst besser zu verstehen.[114] Den Alten Sprachen bleibt der Vorteil der weiten zeitlichen Entfernung,

---

[112] Zur Problematik vgl. *Maier, F.*: Paßt Horaz in ein modernes Curriculum? Zu Problemen der Dichterlektüre im curricularen System. In: Werte der Antike. Reihe Dialog Schule – Wissenschaft, Bd. IX (hrsg. von *Hörmann, F.*). – München 1975, 155f. Wichtig dazu die Beiträge von *Nickel, R.*: Übersetzen und Übersetzung. Ein Plädoyer für die Verwendung von Übersetzungen im altsprachlichen Literaturunterricht. In: AU XV,4 (1972), 8ff. und: Die Arbeit mit Übersetzungen. In: Handbuch für den Lateinunterricht Sekundarstufe II, 191ff. Vgl. auch *Klowski, J.*: Thesen zur Verwendung von Übersetzungen im altsprachlichen Unterricht. In: AU XVI,3 (1973), 91ff.

[113] Es läßt sich dazu nur so viel sagen, daß die hier wirksame Erziehung zum Erleben des Ästhetisch-Künstlerischen in den Analysen und Prognosen zu einem pädagogischen Konzept der Zukunft eine tragende Rolle spielt. S. dazu o. 62.

[114] Man vgl. etwa *Closset, F.*: Didaktik des neusprachlichen Unterrichts. – München ²1971, 26f.: Der Neusprachler „vermittelt auch den Zugang zu dem in der anderen Sprache erschlossenen Weltbild und schließlich zu dem in seiner Eigenart zu erfassenden und zu würdigenden Geistes- und Kulturleben des fremden Volkes." In den Rahmenbedingungen für die Abiturprüfung in den Neuen Sprachen ist diese kulturbezogene Zielsetzung der Literaturarbeit in der Fachleistung „Landeskunde und Literatur" erfaßt; für den Englischunterricht sind dafür etwa folgende Ziele gesetzt: „Einsichten in gesellschaftliche und kulturelle Zusammenhänge des anglo-amerikanischen Sprachraums – Einsichten in die Darstellung menschlicher Grunderfahrungen, Probleme, Wertungen und Verhaltensweisen" (EPA Englisch 1.2; zur „Landeskunde im Englischunterricht" s. etwa. *Heuer, H.*: Grundwissen der englischen Fachdidaktik. – Heidelberg 1979, 156ff.). Eine gewisse Analogie zu Zielsetzungen des altsprachlichen Literaturunterrichts wird erkennbar; allerdings scheint in den Neuen Sprachen die Literaturbehandlung im Augenblick kein zentrales Unterrichtsvorhaben zu sein, so daß auf diesem Gebiet eine Konkurrenzsituation nur in abgeschwächter Form besteht. Möglicherweise erhält aber die Literaturarbeit auch im Englischen und

die den Kontrast enorm verschärft, aber doch keine völlige Trennung der Verstehenshorizonte erzwingt, vielmehr einen Raum erschließt, in dem sich unsere eigene Existenz und die unserer europäischen Nachbarn aus ihren geistigen und kulturellen Wurzeln erhellt: Antike als das „nächste Fremde" und zugleich als Nährboden europäischer Identität. Genügt dieser Vorzug für eine Legitimation der Alten Sprachen am Gymnasium? Außerdem: Die methodisch-funktionalen Leistungen der Sprach- und Textreflexion, die die schwierigen Fremdsprachen Latein und Griechisch in herausragendem Maße bildungswirksam machen, werden auch von den Neuen Sprachen, hier vor allem vom Französischen, angestrebt. Hier bleibt den Alten Sprachen nur insoweit ein Raum eigener Bewährung, als Englisch und Französisch mehr auf die kommunikative Kompetenz abzielen, dagegen das Moment einer formalreflektorischen Sprach- und Textarbeit eher subsidiär behandeln.[115] Das Übersetzen als Gegenstand der Reflexion und das sprachproduktive Bemühen um das Resultat der Übersetzung dürfen wohl am ehesten als ein Spezifikum den Alten Sprachen zugeschrieben werden.[116] Ist aber der Erwerb solcher Reflexionsfähigkeit und einer solchen rezeptiv-kreativen Kompetenz in einem auf die Zukunft gerichteten Konzept gymna-

---

Französischen bald wieder eine stärkere Betonung: „Der fremdsprachliche Literaturunterricht ist keineswegs gestorben, sondern erlebt im Gegenteil . . . eine spürbare Aufwärtsentwicklung." So *Freese, P./Hermes, L.*: Der Roman im Englischunterricht der Sekundarstufe II. Theorie und Praxis. – Paderborn/München/Wien/Zürich 1981, 14. Ein flüchtiger Einblick in die literaturdidaktischen Werke des Neusprachenunterrichts zeigt, daß man auch dort erst daran ist, in gewisser Orientierung am Deutschunterricht eine fachspezifische Literaturdidaktik zu entwickeln; vgl. etwa *Schrey, H.*: Grundzüge einer Literaturdidaktik des Englischen. – Ratingen 1973, oder *Weber, H.* (Hrsg.): Aufforderung zum literaturdidaktischen Dialog. Kolloquium zum englischen Literaturunterricht. – Paderborn 1979. Die altsprachliche Literaturdidaktik wird sich mit den Ergebnissen und Erkenntnissen ihrer Fachpartner auseinandersetzen und um die Abstimmung der Zielsetzungen bemühen müssen.

[115] S. dazu Bd. 1, 174ff. Erkennbar wird diese sprachreflektorische Absicht des Englisch- und Französischunterrichts in den Vorgaben der „Einheitlichen Prüfungsanforderungen in der Abiturprüfung Englisch bzw. Französisch", Beschluß der KMK vom 30. 5. 1980. – Neuwied 1981. Unter „1.2 Fachliche Kenntnisse und Einsichten" werden zur „Sprachbetrachtung" folgende Ziele genannt:

„– Kenntnis der wichtigsten Kategorien der grammatischen Beschreibung
– Kenntnis von Sprachvarianten (z. B. gesprochene/geschriebene, formelle/informelle Sprache) und Textarten
– Einsicht in die Wirkungsweise sprachlicher Mittel
– Einsicht in die gesellschaftliche und historische Bedingtheit von Sprache".

„Sprachbetrachtung" nimmt einen relativ bescheidenen Anteil an den Fachanforderungen Englisch bzw. Französisch ein; dieser Teil ist im Lateinischen bzw. Griechischen umfassender und differenzierter; es sind hier auch – sprachbedingt – andere Möglichkeiten einer „Sprach- und Textreflexion", sogar mit Ansätzen zu einer philosophischen Vertiefung, geboten.

[116] Zweifellos spielt das sprachproduktive Bemühen um das Übersetzen in den Neuen Sprachen eine erheblich geringere Rolle als in den Alten Sprachen. Die Neusprachen-Didaktik ist sich in dieser Problematik zwar nicht einig (s. dazu genauer Bd. 1, 174ff.), es läßt sich aber so viel mit Sicherheit sagen, daß das Übersetzen als Unterrichtsvorgang und als Prüfungsaufgabe anderen Aufgaben untergeordnet ist; im Englisch-Abitur ist „eine Übersetzung ins Deutsche" nur als Teilaufgabe innerhalb der Aufgabenart „Kombinierte Aufgabe" vorgesehen; ebenso im Französisch-Abitur. Der Umfang ist bescheiden: „Der Umfang des zu übersetzenden Textes bzw. Textabschnittes muß so bemessen sein, daß in ihm mindestens ein zusammenhängender Gedanke zum Ausdruck kommt" (22.2.3 in EPA Französisch). Im Vergleich dazu nimmt im Latein- bzw. Griechischabitur der Übersetzungsteil in der Regel 2/3 der gesamten Aufgabe ein. Dasselbe Verhältnis gilt auch für die Unterrichtsarbeit.

sialer Bildung ein lohnenswertes, d. h. hier fachlegitimierendes Ziel?[117] Weiterhin: Die an sich anerkannte Basisfunktion des Lateinischen und auch des Griechischen in den Bereichen der Sprach- und Literaturfähigkeit wird in ihrem Eigenwert insofern relativiert, als sich großenteils das antike Kulturwissen und die im altsprachlichen Unterricht erlernbaren Kulturtechniken ebenso ohne Kenntnis der Originalsprache aneignen lassen, wie man auch Englisch, Französisch, Italienisch ohne Latein (freilich mit größerer Anstrengung) erlernen kann.[118]

Die nüchterne Analyse zeigt, daß Latein (noch weniger Griechisch) keine Einzelleistung zu bieten hat, die allein seine Existenz am Gymnasium berechtigt erscheinen läßt (wie das Englische seine Funktion als Weltsprache oder die Physik ihre Grundlagenfunktion für die moderne Technik). Latein lernt man in der Regel nicht um des Lateins willen.[119] Seine Bedeutung liegt deshalb nur in der Vielfalt der Aspekte, mit denen es fachtranszendierend bildungswirksam wird: in der Arbeit an der Sprache und in der Arbeit an der Literatur, also in den beiden sich gegenseitig bedingenden elementaren Vorgängen seines Unterrichts. Der für diese Vielfalt an Wirkungen gewählte Begriff der „Multivalenz" ist zutreffend; er ist auch nicht ohne Überzeugungskraft.[120]

Die moderne Didaktik tut recht daran, die Bildungswirksamkeit der Alten Sprachen als mehrschichtig zu demonstrieren, indem sie ihr Wirkungsfeld mit den vier Bereichen von „Sprache", „Literatur", „Gesellschaft, Staat, Geschichte", „Grundfragen menschlicher Existenz (Humanismus)" zu erfassen versucht.[121] Es ist offensichtlich, daß dieses weitgefächerte Leistungsangebot den Rahmen des bloßen Sprach- und Literaturunterrichts sprengt, die Fächer Latein und Griechisch in die Nähe auch von Fächern wie Sozialkunde, Religion, Philosophie u. ä. rückend.[122] Diese umfassende Orientierung gibt dem Lateinischen (und auch dem Griechischen) den Charakter eines allgemeinbildenden Faches.[123] Die von hier aus mögliche Allgemeinbildung ist durch vier besondere Merkmale gekennzeichnet:

---

[117] Fähigkeit zur Reflexion (auch über die Sprache) und Fähigkeit zu kreativer Sprachproduktion sind, soweit wir erkennen konnten (s. o. 64), vordringliche Forderungen in einem modernen, zukunftsorientierten Bildungskonzept. „Sprachliches Differenzierungsvermögen im Zusammenhang mit ausgeprägten mutter- und fremdsprachlichen Fähigkeiten, Abstraktions- und Transferfähigkeiten" sind für *Werner Heldmann* (Gymnasium und moderne Welt, 324) typische Merkmale einer modernen Gymnasialbildung. S. dazu auch Bd. 1, 176ff.

[118] Latein als Basisfach wie Mathematik anzusehen, ist sicherlich richtig und hat auch Beweiskraft; doch gibt diese Rolle nicht die volle Rechtfertigung; s. dazu Bd. 1, 50ff.

[119] Vgl. dazu genauer *Fuhrmann, M.*: Alte Sprachen in der Krise? 11f.

[120] Dazu genauer o. 41. Vgl. auch *Krefeld, H.* (Hrsg.): Impulse für die lateinische Lektüre. – Frankfurt 1979. Einleitung 6: „Die Aspekte der Multivalenz des Lateinunterrichts sind stärker in den Mittelpunkt gerückt . . ." Nachträglich ist mir eine Bestätigung dieser analytisch gewonnenen Ergebnisse zuteil geworden. In seiner am 21. 5. 1983 im Südwestfunk ausgestrahlten Sendung „Wozu heute noch Latein?" stellt der Journalist *Werner Raith* fest: „Keines der Argumente ist für sich genommen die schlechthin schlüssige Begründung für die Notwendigkeit des Faches Latein". Die eigentliche Begründung liege in „der sogenannten ‚Multivalenz' des Lateinischen, den vielfältigen, unterschiedlichen Funktionen, die diese Sprache samt Inhalt begleiten".

[121] S. dazu o. 41ff.

[122] Es ist deshalb schon mehrmals gesagt worden, daß die Festschreibung der Alten Sprachen auf das sprachlich-künstlerische Aufgabenfeld dem Wesen und den möglichen Leistungen dieser Fächer nicht völlig angemessen ist.

[123] Wichtig dazu *Nickel, R.*: Einführung in die Didaktik, 52ff.

1. Die als Schwerpunkte aller künftigen Pädagogik, besonders aber der Gymnasialpädagogik herausgearbeiteten Bereiche von Information, Reflexion, Meditation/Kontemplation und Moralität[124] werden von den Alten Sprachen – wie kaum von einem anderen Fach – in einer ausgeglichenen Breite abgedeckt.
2. Diese Schwerpunkte werden von Anfang an (ab Klasse 7 bzw. 9) in einer kontinuierlichen Erweiterung und Vertiefung bis zur Klasse 13 unterrichtlich behandelt, so daß dabei sukzessiv und systematisch eine allgemeine Studierfähigkeit des Schülers aufgebaut wird.[125]
3. Da diese Schwerpunkte an historischen Stoffen aufbereitet werden, deren Wirkungen über Jahrtausende hin zu verfolgen sind, gewinnt die angestrebte Allgemeinbildung gerade von dieser Seite die zusätzliche historische Dimension.
4. Da sich antike Literatur, zumal die lateinische, nahezu ungebrochen bis an die Schwelle der Neuzeit als kulturtragend und -fördernd erwiesen hat, hilft die Begegnung mit ihr mit, im jungen Menschen nicht nur Kulturfähigkeit anzubahnen, sondern in ihm auch das Bewußtsein von europäischer Identität zu wecken.

Gewiß wird ein radikal pragmatischer Bildungsansatz die angeführten Pluspunkte altsprachlicher Sprach- und Literaturbeschäftigung kaum so weit gelten lassen, daß er ihnen ein Existenzrecht an der Schule zuspricht. Es ist unmöglich, die Notwendigkeit der Alten Sprachen allen gegenüber zweifelsfrei zu beweisen. Es darf aber gesagt werden: Ein nur pragmatischer Bildungsansatz ist antigymnasial;[126] deshalb tun sich die Gegner des Lateinischen (und Griechischen) – gerade angesichts von Erziehungsvorstellungen und Bildungssehnsüchten, die in der Gegenwart und für die Zukunft erkennbar werden – wohl schwerer, den Unwert der Alten Sprachen zu beweisen, als ihre Fürsprecher ihren Wert. Die Sehnsucht nach einem neuen Humanismus erfüllt sich vielleicht am stärksten in Fächern, deren Angebot sich nicht so sehr auf Sachen, auf das Funktionieren der Apparate, auf die Objekte menschlichen Denkens und Handelns richtet, sondern in Fächern, die das Subjekt allen Weltverstehens und Weltgestaltens, den Menschen, radikal in die Mitte nimmt. Das „kompromißlose Interesse am Menschen",[127] das sich in den antiken Texten manifestiert, hat immer auch eine philosophische Wurzel. In der hier möglichen philosophischen Vertiefung von gewonnenen Erfahrungen und Erkenntnissen[128] liegt zugleich die Chance für eine

---

[124] Siehe oben 64ff.

[125] Latein zumal gewährleistet die „Kontinuität des gymnasialen Bildungsweges", wie sie *Werner Heldmann* (Gymnasium und moderne Welt, 319ff.) fordert.

[126] Vgl. dazu bes. *Borucki, J.*: Gymnasium in neuer Zeit, bes. 51ff.; er weist dem Gymnasium entschieden eine am Menschen orientierte Bildungsaufgabe zu, alle bloße Ausrichtung auf die Realien ablehnend.
Auch *Erich E. Geißler* (Allgemeinbildung in einer freien Gesellschaft, 131) macht die „hohe Exemplarität und die Auslegung auf allgemeine Menschenbildung hin" u. a. zum Charakteristikum des Gymnasiums, wodurch es sich als „a-zyklische, un-moderne Schulform" erweise.

[127] So *Westphalen, K.*: Der Beitrag der Alten Sprachen zur gymnasialen Bildung, 63.

[128] *Werner Suerbaum* (Die Aeneis als Schultext. In: Gymnasium 90 (1983), 258ff.) plädiert neuerdings mit Nachdruck dafür, die Lektüre antiker Texte, auch der Dichtung (wie der Aeneis), unter einer philosophischen Perspektive zu behandeln.

bislang vermißte Integration der gymnasialen Bildungsinhalte. Daß diese Chance umso kleiner wird, je stärker man die Wirkung der Alten Sprachen zurückdrängt, wird dem objektiven Beobachter der schulischen Szene überall deutlich. Das Gymnasium täte sich, sofern es sich selbst treu bleiben und den Anforderungen der Gegenwart und Zukunft gewachsen zeigen will, keinen Gefallen, wenn es auf das Angebot der Antike auch und gerade im Bereich der Literatur verzichtete. Das Fach Latein (und mit Einschränkung – wegen der geringeren zahlenmäßigen Repräsentanz – auch das Fach Griechisch) ist so etwas wie die Pfahlwurzel des Gymnasiums; wer sie abschneidet, nimmt, so meinen wir, dem Gymnasialen seine Lebenskraft.[129]

5 Folgerungen für die Behandlung antiker Literatur am Gymnasium

Die Erkenntnisse, die in der vorausgehenden Untersuchung gewonnen werden konnten, lassen Schlußfolgerungen auf die didaktische Konzeption der Alten Sprachen zu. Von daher erhalten sowohl traditionelle wie auch fortschrittliche Zielsetzungen eine neue Akzentuierung.

5.1 Lektüreunterricht statt Literaturunterricht

Bestrebungen, die darauf ausgehen, den altsprachlichen Unterricht in der Mittel- und Oberstufe ausschließlich als „Literaturunterricht" anzulegen, sind verfehlt.[130] Das Ziel, antike Literatur zu vermitteln (im Extrem nur unter Verwendung von gedruckten Übersetzungen), ist zu eng gesteckt; es wird der beschriebenen Mehrdimensionalität des altsprachlichen Unterrichts nicht gerecht. Im letzten könnte dieses Prinzip den Fächern Latein und Griechisch ihre Legitimation entziehen, da das Bekanntmachen mit den wichtigsten Werken und Inhalten antiker Literatur auch von anderen Fächern mitübernommen werden kann (z. B. vom Deutschunterricht, Sozialkunde-, Geschichts- und Ethikunterricht). Es erscheint daher geboten, die Beschäftigung mit Literatur in den Alten Sprachen von der in anderen Fächern bewußt dadurch abzuheben, daß man hier weiterhin nicht von Literatur-, sondern von Lektüreunterricht[131] spricht.

---

[129] Das wird auch daran erkennbar, daß Latein (und Griechisch) nur am Gymnasium angeboten werden; alle anderen Fächer sind auch an anderen Schularten vertreten. Als Fach prägt das Lateinische das Gymnasium entscheidend.

[130] Vgl. zum Problem *Nickel, R.*: Die Alten Sprachen in der Schule, 141ff.

[131] Weil die literarische Rezeption in den Alten Sprachen stets in einer Sprachlernsituation erfolgt, könnte das auch „ein Grund dafür sein, daß manche Fachdidaktiker nicht vom altsprachlichen Literaturunterricht, sondern Lektüreunterricht sprechen, um die Andersartigkeit zu betonen." So *Frings, U.*: Zauberwort Rezeption, 22f. Unsere Überlegungen kommen von einer anderen Seite her zum gleichen Ergebnis.

5.2 Sprachbetrachtung und Literaturbegegnung

Solcher „Lektüreunterricht“ bedingt, daß die überlieferten Texte im Unterricht sowohl unter dem Gesichtspunkt der sprachlichen Gestalt wie auch unter dem des Inhalts behandelt werden. Alle Methoden, die diesen Zielen der Sprach- und Texterschließung und der Interpretation[132] dienen, sind gleichmäßig einzusetzen. Der Vorgang des Übersetzens verdient in gleicher Weise Beachtung wie das Bemühen um das kreative Produkt der Übersetzung. „Sprach- und Textreflexion“, die nur am Originaltext wirkungsvoll betrieben werden können, stehen demnach zu Recht auch in den Lehrplänen ebenso im Zentrum wie das Richtziel „Einblick in die lateinische/griechische Literatur und in ihre Wirkungsgeschichte“.[133] Sprachbetrachtung und Literaturbegegnung sind die beiden gleich starken Säulen des altsprachlichen Lektüreunterrichts.

5.3 Einsatz der Textlinguistik

Die Arbeit an Sprache und Text läßt sich auch bei antiken Werken methodisch sicherer und mit mehr Einsichtigkeit vollziehen, wenn Möglichkeiten der modernen Linguistik mit benützt werden. Dabei hat im Lektüreunterricht die Textlinguistik den Vorrang.[134] Ihr Einsatz wird, was Intensität, Umfang und Begrifflichkeit betrifft, entscheidend von der Chance bestimmt, damit den Lektüretext besser verständlich zu machen und die fachtranszendierenden Ziele der Sprach- und Textreflexion stärker herauszuarbeiten. Die Grenzen dieser neuen methodischen Richtung sind allerdings eng gezogen.[135]

5.4 Der Lektürekanon

Die methodische Arbeit im Lektüreunterricht lohnt nur an wertvollen Texten, d. h. an Texten, deren Intentionalität Erkenntnisse sowohl auf sprachlichem wie auch auf inhaltlichem Gebiet zuläßt. Solchen Wert haben vorrangig die sog. klassischen Texte. Der Lektürekanon, auf den der altsprachliche Unterricht (schon wegen der geringen Stundenzahlen und wegen der Notwendigkeit, eine einigermaßen gleiche Basis der Literaturbegegnung für alle Schüler zu schaffen) nicht verzichten kann,[136] sollte daher

---

[132] Dazu am ausführlichsten *Glücklich, H.-J.*: Lateinunterricht. – Göttingen 1978, 64ff.
[133] Das zeigt ganz deutlich ein Vergleich der Lehrpläne des Lektüreunterrichts in den einzelnen Bundesländern. Auch die Lernziel-Darstellung in „Einheitliche Prüfungsanforderungen in der Abiturprüfung“ Latein und Griechisch (Beschluß der KMK vom 1. 2. 1980. – Neuwied 1980) hat die Gliederung nach diesen Richtzielen übernommen.
[134] Dazu wichtig *Nickel, R.*: Der moderne Lateinunterricht, 43ff.: „Die Textarbeit“ (eine erste Hinführung, allerdings ohne Aufzeigen der Grenzen); ebenso *Höhn, W.*: Zur Anwendung textlinguistischer Verfahren im Lateinunterricht der Sekundarstufe II. In: Handbuch für den Lateinunterricht, 133ff.
[135] Wichtig dazu die Bemerkungen von *Heinrich Krefeld* (Impulse für die lateinische Lektüre, 8), der der Textlinguistik nur eine „Hilfsfunktion“ zuweist. Genauer dazu u. 219f.
[136] *Klaus Westphalens* Frage: Latein ohne Richtschnur? (Zum Problem des Lektürekanons. In: Antike Texte – moderne Interpretation, München o.J., 84ff.) ist von der modernen Didaktik angesichts der erkennbaren Möglichkeiten und auch der Forderungen der Zeit mittlerweile fast überall verneint worden. Allgemein dazu *Frings/Keulen/Nickel*: Lexikon zum Lateinunterricht, Artikel „Kanon“, 114ff.

die Werke der Goldenen und Silbernen Latinität ins Zentrum stellen; denn nur in ihnen sind in der Regel Ursprung und Quelle von geistigen und kulturellen Entwicklungen in der europäischen Geschichte aufzufinden. Daß dazu auch Texte hinzugezogen werden sollten, welche die Kontinuität solcher Entwicklungen von der Antike bis heute erkennen lassen, also auch Texte aus der Spätantike, dem Mittelalter, der Humanistenzeit und der Neuzeit, wird heute kaum mehr bestritten.[137] Der altsprachliche Lektürekanon muß demnach gekennzeichnet sein durch das Wechselspiel von Konstanten und Variablen.

5.5 **Erkenntnisse der Rezeptionsforschung**

Es ist für die bildende Wirkung des Lektüreunterrichts von ausschlaggebender Bedeutung, die antiken Texte auch in ihrer Wirkung auf spätere Leser erfahren zu lassen. Die Erkenntnisse und Ergebnisse der Rezeptionsforschung, besonders der Rezeptionsgeschichte, beanspruchen daher mit Recht einen nicht zu geringen Raum im modernen Lateinunterricht. Durch ihren Einsatz wird nicht nur das Interesse am antiken Gegenstand gesteigert (stärkere Motivation!), es kann auch von den späteren Rezipienten her das Originalwerk besser in seinem Eigenprofil und in seiner Bedeutung erfaßt werden. Zugleich wird die Position des Schülers dem Werk bzw. Text gegenüber relativiert, insofern er sich gleichfalls als Rezipient in der langen Kette der Rezipienten von der Antike bis zur Gegenwart und darüber hinaus erkennt.[138]

5.6 **Vergleichen und Kontrastieren**

Welchen Wert das antike Original hat, sowohl als Ausgangspunkt späterer Nachgestaltungen, Transformationen, Deformationen u. ä. wie auch als Gefäß gültiger menschlicher Erfahrungen und Wahrheiten, läßt sich tiefer erfassen, wenn die Textaussagen über die Fachgrenzen hinaus mit den Dokumenten ihrer Wirkung oder mit Texten von ähnlicher Form und ähnlichem Inhalt in Beziehung gebracht werden. Die Methode des Vergleichens und Kontrastierens erhält eine fachbestimmende, letztlich vielleicht sogar fachlegitimierende Aufgabe;[139] denn nur sie ermöglicht es, einerseits den Lektüretext in seiner Eigenart am stärksten zu erfassen, andererseits seine formalen und inhaltlichen Aspekte in ihrer Allgemeingültigkeit besser zu erkennen. Die Arbeit an antiken Texten im Sinne von ‚Denkmodellen' ist weithin auf das Vergleichen und

---

[137] Die Forderungen *Fuhrmanns* (Alte Sprachen in der Krise? 68ff.) sind, soweit möglich, realisierbar. Latein soll am Gymnasium nicht nur als ein Fach der römischen, sondern auch der europäischen Tradition erscheinen.

[138] Grundlegend dazu *Frings, U.*: Zauberwort Rezeption; hier liegt, soweit wir sehen, die erste geschlossene didaktische Darstellung dieser neuen Forschungsrichtung für den altsprachlichen Unterricht vor. Dazu unten ausführlich 254ff.

[139] Grundlegend dazu *Heilmann, W.*: Zum Vergleichen im lateinischen Lektüreunterricht. In: AU IXX,4 (1976), 81ff. und *Lohmann, D.*: Dialektisches Lernen. Die Rolle des Vergleichs im Lernprozeß. – Stuttgart 1973, sowie *Nickel, R.*: Die Alten Sprachen in der Schule, 147ff. und *Hohnen, P.*: Einige kritische Anmerkungen zur Didaktikdiskussion des altsprachlichen Unterrichts. In: Gymnasium 87 (1980), 334f. Dazu ausführlich in Bd. 3.

Kontrastieren angewiesen, zumal „der historische Abstand der antiken Texte" geradezu die vergleichende Betrachtung von Antike und Moderne, von Fremdem und Vertrautem herausfordert.[140] Außerdem ist zu betonen, daß in der hier möglichen fachtranszendierenden Zielsetzung jene integrierende Kraft, die von den Alten Sprachen zu den anderen Gymnasialfächern ausgehen kann, wohl am kräftigsten zur Wirkung kommt.

5.7 **Vertiefung und Konzentration**

Die Schwierigkeit altsprachlicher Texte, aber auch die Vielfalt der Lernaspekte verlangen mit Notwendigkeit nach einem längeren Verweilen beim Lektüregegenstand, nach dem „methodischen Prinzip der Mikroskopie",[141] die es möglich macht, unter die Oberfläche der Texte zu dringen und ihren Facettenreichtum in Form und Inhalt zu erfahren. Das Ziel darf daher nicht sein, umfangreiche Textmassen zu bewältigen; es ginge so den Alten Sprachen ein Stück ihrer differentia specifica den anderen Fächern gegenüber verloren (abgesehen davon, daß schon die gering bemessenen Stundenzahlen dagegen stehen).[142] Der Grundsatz *multum, non multa* hat im Lektüreunterricht der Mittelstufe unbedingte Gültigkeit, er wird auch in der Oberstufe angesichts der überall formulierten "multivalenten" Zielsetzungen die vornehmliche Maxime sein; allenfalls läßt er sich stellenweise (etwa bei der Lektüre von Großwerken wie Vergils Aeneis oder Petrons Cena Trimalchionis) zu einem Sowohl-als-auch abwandeln: *et multum et multa.* Diese Grundorientierung des altsprachlichen Lektüreunterrichts läßt sich auf die Formel bringen, auf die schon *Karl Lanig* das Bemühen um die antiken Texte 1961 festlegen wollte, Vertiefung und Konzentration,[143] Vertiefung verstanden als das eingehende Bemühen um ein Sprach-, Sach- und Sinnverständnis (auch unter Einsatz von Medien und Schülerbeiträgen), Konzentration – neuerdings nach *Hartmut von Hentig* – als das gezielte Verfahren, „in einem Fach (an möglichst einem Thema) möglichst viele Erkenntnisse zur Sprache und zur Geltung zu bringen".[144]

---

[140] So formuliert in *Frings/Keulen/Nickel*: Lexikon zum Lateinunterricht, s. v. „Vergleichen", 286.

[141] So *Paul Hohnen* (a.O., 334f.); auch er sieht darin ein elementares Prinzip des altsprachlichen Lektüreunterrichts.

[142] Genauer dazu Bd. 1, 177. Die Alten Sprachen stehen in diesem Punkte zum Deutschunterricht in Gegensatz; dort stellt man fest, „daß durch eine zu ausführliche und langatmige Behandlung eines literarischen Textes den Schülern dieser Gegenstand verleidet wird." So *Geißler, R.*: Zeigen und Erkennen. Aufsätze zur Literatur von Goethe bis Jonke. – München 1979, 115. Dieser naturgegebene Gegensatz muß aber didaktisch fruchtbar gemacht werden. Genaues Lesen-Können verlangen nicht nur die Studien der Philologie, Theologie und Alten Geschichte, sondern auch, wie mir maßgebliche Vertreter dieser Fächer versichern, die Studien der Jurisprudenz und Soziologie.

[143] Latein und Griechisch. In: Vertiefung und Konzentration (hrsg. von *Höhne, E.*). – München 1961, 65ff.

[144] Spielraum und Ernstfall. Gesammelte Aufsätze zu einer Pädagogik der Selbstbestimmung. – Frankfurt/Berlin/Wien 1981, 333. *v. Hentig* sieht in diesem Prinzip die größte Möglichkeit einer umfassenden Bildung des Menschen, das zugleich die Öffnung des Faches zu anderen Fächern bedingt. Ausführlicher dazu 143ff.

5.8 **Affektive Komponenten des Lektüreunterrichts**

Altsprachlicher Lektüreunterricht darf nicht einer „Verkopfung des Literaturunterrichts“ Vorschub leisten. Der allgemein gegen das Gymnasium erhobene Vorwurf, es würde die Schüler "kopflastig“ machen, ihre „emotionale Austrocknung“ bewirken und sie seelisch unterernähren, da seine Ziele zu stark kognitiv ausgerichtet seien,[145] läßt sich nicht so ohne weiteres widerlegen. Viele sehen ihn als berechtigt an – auch auf den Literaturunterricht bezogen.[146] Dadurch, daß man in letzter Zeit die affektiven Komponenten des Unterrichts auch in den Lehrplänen (vor allem der Sprach- und Literaturfächer) nachdrücklicher betont (z. T. neu formuliert),[147] wird erkennbar, wie man das erkannte Übel von der Wurzel her anpacken will. Latein und Griechisch, von Natur aus wegen ihres Schwierigkeitsgrades auf die Aktivierung der intellektuellen Kräfte angelegt, müssen alle methodischen Möglichkeiten einsetzen, die das seelische Engagement der Schüler beim Erfahren des Schönen, Bewegenden, Grausamen, Tragischen herausfordern.[148] Daß im Lektüreunterricht dazu alle Elemente des szenischen Spiels, der Bildbetrachtung, Musikaufführung, der eigenkreativen sprachlichen und graphischen Gestaltung von gewonnenen Eindrücken sehr dienlich sind, ist von vielen schon überzeugend dargestellt worden.[149] Emotionale Betroffenheit, das Angerührtwerden von den literarischen Aussagen lassen sich gewiß nicht methodisch planen, doch sollte man die Atmosphäre schaffen, wo ihre Verwirklichung u. U. möglich ist.[150]

---

[145] Vgl. dazu vor allem *Affemann, R.*: Lernziel Leben, 124: „Folge der gegenwärtigen Überbetonung des Rationalen, des Reflektierens, des Wissens, des Machens, des Nützlichen, des Rationellen ist eine Vernachlässigung emotionaler Wirklichkeiten.“ Dadurch wird die für Konzentration und rationales Lernen nötige Ausgeglichenheit gestört. S. auch *Matussek, P.*: Kreativität als Chance. – München 1974, 42ff.

[146] Siehe etwa *Payrhuber, F. J./Weber, A.*: Literaturunterricht heute – warum und wie? 29ff., und *Berker, K./Riemenschneider, H.*: Literaturwissenschaft und Fachdidaktik, 43ff.

[147] S. dazu etwa *Schießl, O.*: Affektive Lernziele in der Lehrplanarbeit. In: Plädoyer für Erziehung (hrsg. vom *Staatsinstitut für Schulpädagogik*). – München 1975, 130ff. Siehe auch *Vester, H.*: Affektive Lernziele in amerikanischer Sicht. In: MDAV 78 (1975), 2ff.

[148] Je mehr die sog. musischen Fächer Musik und Kunsterziehung ihren Gegenstand theoretisch vertiefen, also auch auf kognitive Lernziele abheben wollen (manchmal zu weit gehend), umso mehr müssen die auf Geistesschulung abzielenden Fächer Latein und Griechisch wie auch die anderen Fächer den seelischen Bereich mit zu erfassen suchen. Andernfalls führt das gestörte Gleichgewicht dieser Kräfte zu einer Störung der Schüler. Grundlegend dazu *Krefeld, H.*: Affektive Lernziele im Lateinunterricht. In: Gymnasium 84 (1977), 291ff. Siehe auch die literaturdidaktische Position der Germanistik, etwa bei *Weber, A.*: Grundlagen der Literaturdidaktik, 86f.

[149] Dazu etwa *Schwinge, G.*: Das Spiel im altsprachlichen Unterricht. In: Fachdidaktisches Studium in der Lehrerbildung. Alte Sprachen 1, 114ff. (hier weitere Literatur). Ausführlicher dazu u. 264f.

[150] Wie die emotionale Komponente des Unterrichts, die sich gewöhnlich auf dem Wege der Identifikation des Schülers realisiert, in ein rechtes Verhältnis zur Reflexion, also zur kritisch-distanzierten Haltung dem Text gegenüber gebracht werden kann, ist sehr schwer zu bestimmen. Daß dieser Ausgleich des kognitiven und affektiven Bereichs für eine angemessene Behandlung gerade antiker Texte nötig ist, scheint zweifelsfrei. *Willibald Heilmann* hat sich in einem noch unveröffentlichten Aufsatz (Identifikation und Reflexion im altsprachlichen Unterricht) dieses Problems in sehr intensiven Weise angenommen.

5.9 **Unterrichtliche Spannung : Antike Welt – Aktualität der Antike**

Altsprachlicher Lektüreunterricht kann es nicht darauf anlegen, die antike Welt in Literatur und Kultur als ein in sich geschlossenes Kontinuum vorzuführen; dieses Ziel ist zeitlich nicht realisierbar, es läßt sich auch didaktisch kaum vertreten. An der Antike können dem Schüler nur solche Aspekte vorgeführt werden, die eine pädagogische Wirkung haben. Dabei eröffnen sich zwei Perspektiven: Der Blick von der Antike auf die Gegenwart und der Blick von der Gegenwart in die Antike. Im ersten Falle wird die in ihrer Geschichtlichkeit erfaßte antike Welt als Folie zur Gegenwart gesehen, wodurch diese in ihrer Eigenart besser zu begreifen ist, im zweiten Falle wird die Aktualität der in der Antike erstmals gefundenen Formen, Einsichten, Denkmuster oder der aus der Antike hervorgegangenen Sinnbilder (Ereignisse und Persönlichkeiten in Mythos und Geschichte) zum Anlaß ihrer schulischen Rezeption. Dem Lehrer obliegt es, die vorgeführten Gegenstände sowohl in ihrer Historizität verständlich zu machen als auch ihrer Aktualität Geltung zu verschaffen,[151] also „die ‚innere Chronologie' des Kunstwerks" pädagogisch umzusetzen.[152] Diese unterrichtliche Spannung des Sowohl-als-auch wird sich je nach Wissen und Engagement des Lehrers verschieden lösen. Sicher ist, daß vom persönlichen Erfaßtsein des Lehrenden auch das Interesse des Lernenden mitgetragen wird; so daß er womöglich spürt: Werke und Texte der antiken Literatur sind keine „nutzlosen" Gegenstände gymnasialer Bildung.

---

[151] Eine Arbeitsgruppe am ISP München hat unter Leitung von Frau *Helga Hinke* zur Behandlung „großer Gegenstände" am Gymnasium u. a. folgende bedenkenswerte und zutreffende didaktischen Maximen erarbeitet:
„Der ‚Gegenstand' darf nicht nur von historischem Interesse sein, sondern muß persönlichkeitsbildende Wirkung haben. Er muß *Historizität* besitzen (d. h. er muß den geschichtlichen Zusammenhang, in dem er entstanden ist, erkennen lassen) und *Aktualität* (d. h. die Aussage reicht über die Entstehungszeit hinaus: Probleme, die heute noch nicht gelöst sind, Antworten auf Fragen, die auch heute gestellt werden, menschliche Grunderfahrungen, Fragen, die bedeutsam sind, obwohl sie heute nicht mehr gestellt werden) . . ." Auch die Gegenstände der antiken Literatur sollten unter solchen didaktischen Gesichtspunkten behandelt werden.

[152] S. dazu o. Anm. 110.

Der Vergangenheit wollen wir das Feuer entnehmen, nicht die Asche.

C. W. Ceram

‚Denkmodelle' in antiken Texten

*Zur didaktischen Funktion des Modellbegriffes im altsprachlichen Lektüreunterricht**

Die altsprachliche Didaktik bedient sich in ihren Aussagen zu Sinn und Ziel der Fächer häufig des Modellbegriffes. Anregungen dazu sind ihr von namhaften Universitätslehrern gegeben worden. Schon 1956 bot *Wolfgang Schadewaldt* den Begriff des „Modellhaften" als tragendes Argument für die Beschäftigung mit der Antike an.[1] In seinem Buch „Hellas und Hesperien" (1960) gewann seine Vorstellung vom „Modellcharakter" besonders der Griechen (Stichwort: „Das Weltmodell der Griechen") noch konkretere Gestalt.[2] *Joachim Mette* benützte 1973 die Formel von der „prävalierenden Modellhaftigkeit", um die erkennbare „Fernwirkung der Antike" näher zu charakterisieren.[3] 1975 arbeitete *Konrad Gaiser* – im Anschluß an *Schadewaldt* – am konkreten Fall des thukydideischen Epithaphios „das Staatsmodell des Thukydides" heraus, auch in der Absicht, dadurch den Weg für eine didaktische Umsetzung dieses Textes in der Schule zu ebnen.[4]

Auf der Seite der Schule wandte sich *Josef A. Mayer* schon 1964 gegen die Verwendung des Begriffes „Modell", da er ihn eher dem „Bereich des Technisch-Manuellen, des Handwerklich-Künstlerischen", „der Welt des Mechanisch-Quantitativen" für zugehörig hielt. Seine Bedenken gegen den weithin unreflektierten Gebrauch des Begriffes waren berechtigt; allerdings orientierte er sich selbst an der „Terminologie der theoretischen Pädagogik", die ihrerseits keine umfassend abgesicherte Definition des Modellbegriffes aufzuweisen hatte.[5] *Mayer* konnte nicht verhindern, daß der Begriff in der didaktischen Literatur des altsprachlichen Unterrichts einen immer höheren Stellenwert bekam. „Modell", „Antimodell" (auch „Gegenmodell", „Kontrastmodell"), „Grundmodell", „Strukturmodell", „Denkmodell" sind sozusagen die Formen,

---

* Dieses Kapitel ist eine grundlegend veränderte und erweiterte Fassung meines Aufsatzes: Antike Texte als „Denkmodelle". In: Anregung 25 (1979), 364ff.; es setzt sich mit aller danach erschienenen Literatur zum Modellbegriff in den Alten Sprachen eingehend auseinander.

[1] Sinn und Wert der humanistischen Bildung im Leben unserer Zeit. – Göttingen/Berlin/Frankfurt 1956, 11f.

[2] Zürich/Stuttgart 1960, 429ff.

[3] Referat, gehalten 1973 in Marktoberdorf, verkürzt abgedruckt in: Gegenwart der Antike. Dialog Schule und Wissenschaft. Klassische Sprachen und Literaturen Bd. VIII (hrsg. von *Hörmann, F.*). – München 1974, 57ff.

[4] Seine fachwissenschaftliche Abhandlung (Das Staatsmodell des Thukydides. Zur Rede des Perikles für die Gefallenen) erschien deshalb auch in: Heidelberger Texte – Didaktische Reihe 8 (1975), s. bes. 21ff.

[5] Die Konzentration und das Exemplarische. Ein Überblick. In: AU VII, 3 (1964) 14ff. Jetzt auch abgedruckt in: Didaktik des altsprachlichen Unterrichts (hrsg. von *Nickel, R.*). – Darmstadt 1974, 289ff. Ablehnend gegenüber der These vom „Modell-Charakter der klassischen Welt" auch *Dieter Lohmann* (Dialektisches Lehren. – Stuttgart 1973, 86, Anm. 54.

in die man seine Vorstellung von der Bedeutung der Antike für unsere Zeit gießt.[6] Dieser Verwendung des Begriffes liegt, soweit wir sehen, bis heute keine allgemein gesicherte Definition zugrunde; weder bei denen, die den Begriff bedenkenlos verwenden, noch bei jenen, die ihm mit mehr oder weniger Reserve gegenüberstehen. *Heinz Munding* versucht eine „Neuakzentuierung des ‚Modell'-Begriffes", dabei – gemäß dem erkennbaren oder von ihm angenommenen Wortgebrauch – zwischen dem normativen und dem faktischen Charakter des Modells unterscheidend.[7] *Rainer Nickel* beschreibt lediglich die Problematik des Modellbegriffs.[8] *Paul Barié* bemüht sich um eine „Revision des Modellbegriffs"[9] und zieht aus seinem Neuansatz bemerkenswerte und größtenteils zutreffende Folgerungen, ohne allerdings seine Überlegungen auf eine theoretisch abgesicherte Definition des Begriffes aufzubauen.[10] *Willibald Heilmann* mahnte 1979 „zu einer kritischen Einstellung gegenüber dem Modellbegriff"[11], eine Mahnung, die er mittlerweile (1982) in einem beachtenswerten Aufsatz „Kritische Anmerkungen zu Schadewaldts Vorstellungen vom Welt-Modell der Griechen"[12] konkretisierte. *Heinrich Krefeld* hat nach der Erstveröffentlichung unserer Untersuchung, die nicht wenige Reaktionen auf seiten der Fachwissenschaft und der Fachdidaktik bewirkte,[13] wohl am tiefgreifendsten die Diskussion um eine fachgemäße

[6] *Karl Bayer* (Das Angebot der Antike. In: Humanismus und Schule, hrsg. vom Arbeitskreis für katholische freie [private]) Schulen. – München 1971, 156) verwendet den Begriff „Modell" auf die Inhalte antiker Texte, wobei er das Wort „im technischen Sinn der Überschaubarkeit durch maßstabgerechte Verkleinerung und damit Zugänglichkeit von allen Seiten" nimmt; daran ist sehr viel richtig (s. u. 107ff.).

[7] Römisches Erbe – einmal anders gesehen. In: AU XIV, 5 (1971), 81ff. – Wichtig dazu auch *Mundings* Aufsatz: Platons Politeia 369a–376c als aktuelle Denkmodell. In: Anregung 17 (1971), 104ff. und in: Existentieller Transfer in altsprachlichen Unterricht. Auxilia 12. – Bamberg 1985.

[8] Die Alten Sprachen in der Schule. – Frankfurt ²1978, 195f.

[9] Die „mores maiorum" in einer vaterlosen Gesellschaft. – Frankfurt 1973, 10ff.

[10] Thesen zum altsprachlichen Unterricht. In: Handbuch für den Lateinunterricht. Sekundarstufe II (hrsg. von *Höhn, W./Zink, N.*). – Frankfurt 1979, 8.

[11] Zur didaktischen Differenzierung zwischen Griechischunterricht und Lateinunterricht. In: Empfehlungen zum Griechischunterricht, vorgelegt von der Griechisch-Kommission des Deutschen Altphilologen-Verbandes. Januar 1979, 14. Neuerdings auch in: Handbuch für den Lateinunterricht. Sekundarstufe II, 65.

[12] In: Anregung 28 (1982), 36ff. *Heilmann* macht einleuchtend klar, daß *Schadewaldt* den naturwissenschaftlichen Modellbegriff in einer unzulässigen Weise auf die geistigen Entwürfe der Griechen angewandt hat. Kritisch zu *Schadewaldts* Verwendung des Modellbegriffs zuletzt auch *Thurow, R.*: Zeitbezug – Aktualisierung – Transfer. In: AU XXV, 3 (1982), 67f.

[13] Briefliche Mitteilungen gingen mir dankenswerterweise zu von seiten der Fachwissenschaft: *Helmut Flashar* (Bochum), *Manfred Fuhrmann* (Konstanz), *Willibald Heilmann* (Frankfurt), *Robert Muth* (Innsbruck), *Werner Suerbaum* (München), *Karl Vretska* (Graz), *Klaus Westphalen* (Kiel); von seiten des Gymnasiums: *Udo Frings* (Sprockhoevel), *Hermann Keulen* (Felde), *Albert Klinz* (Hannover), *Rainer Nickel* (Hermannsburg), *Felix Seitz* (Wien), *Otto Vicenzi* (Wien), *Roman A. Prochaska* (Graz). Sofern die mir zugegangenen Stellungnahmen kritische Einwände brachten, wird darauf nachfolgend näher eingegangen.
In zahlreichen Diskussionszirkeln wurde über diesen Ansatz gesprochen; mehrere Veröffentlichungen nehmen darauf Bezug oder schlagen – darauf aufbauend – Unterrichtsprojekte vor, z. B. von *Müffling, M.*: Zu den „Denkmodellen" des Leistungskurses Latein „Staat und Individuum" (3. Kurshalbjahr). In: Anregung 26 (1980), 376ff., und *Munding, H.*: Bemerkungen zu Ciceros Staatstheorie in Rep. I aus gymnasialdidaktischer Sicht. In: Anregung 28 (1982), 92ff. u. a. Offensichtlich hat der Begriff ‚Denkmodell' in dem von mir gemeinten Sinne auch in mehreren Lehrplan-Konzeptionen Niederschlag gefunden (s. dazu u. 130 Anm. 103).

Verwendung des Modellbegriffes vorangetrieben.[14] Seine kritischen Anmerkungen veranlaßten mich, die Untersuchungsergebnisse zu präzisieren, auch in Teilen zu modifizieren und noch stärker an den Theorien zur Verwendung des Modellbegriffs in den fachübergreifenden Wissenschaftsdisziplinen der Allgemeinpädagogik, Allgemeindidaktik, der Literatur- und Sprachwissenschaft abzusichern.[15]
In allen Stellungnahmen wurde anerkannt, daß eine Klärung des „schwammigen"[16] Begriffes „Modell" mit Hilfe modelltheoretischer Erkenntnisse nötig war; ebenso hielt man es für nützlich, sofern der Begriff in der altsprachlichen Didaktik weiter verwendet wird, die Ergebnisse der „Modell"-Forschung, soweit möglich, zu berücksichtigen; denn nur die Erfüllung dieser Voraussetzung lasse erwarten, daß Aussagen über die „Modellhaftigkeit" antiker Texte plausibel werden, d. h. daß sie auch außerhalb der Fachgrenzen Anerkennung finden. Wir lassen zunächst offen, ob der Modellbegriff auf die Antike überhaupt anwendbar ist, ob er ein fruchtbares Mittel im Umgang mit antiken Texten darstellt.

1 **Zum Modellbegriff an sich**[17]

Was bedeutet Modell? Wir konstatieren eine „modische Bedeutungsbreite" des Begriffes.[18] Modell ist in einem vornehmlichen Verständnis das vereinfachte, d. h. vergrößerte oder verkleinerte Abbild eines Originals oder besser eines „Bezugssystems" (der Begriff „Original" ist mit den Konnotationen „ursprünglich", „zeitlich vorausgehend", „besser", „wertvoller" u. a. m. besetzt und daher wenig brauchbar). Der Globus ist z. B. Modell für die Erdkugel, das Atommodell bildet die Baustruktur des Atomkerns ab, das ikonische Holzmodell zeigt die zu erstellende Kirche. Neben dem Vergrößern oder Verkleinern kommen aber dem Modell auch die Funktionen des Abstrahierens und Schematisierens zu; z. B. kann eine abstrakte Graphik das Modell für den Kreislauf des Geldes in der Wirtschaft abgeben; die weltpolitische Konstellation läßt sich in wenigen allgemeinen schematischen Bezügen skizzenhaft modellartig abbilden.

---

[14] Zuerst: Zur Problematik eines universalen Modellbegriffs. In: Anregung 26 (1980), 283 ff.; dann: Bemerkungen zum Modellbegriff in der altsprachlichen Didaktik. In: Mitteilungsblatt des Landesverbandes Nordrhein-Westfalen XXX, 1 (1982), 9 ff.; eine kritische Stellungnahme liegt neuerdings auch vor bei *Nickel, R.*: Einführung in die Didaktik des altsprachlichen Unterrichts. – Darmstadt 1982, 192 ff. *Nickel* weist meinen Ansatz zunächst zurück, weil der „intellektualistisch unterkühlte und abstrakte Begriff des ‚Denkmodells'" womöglich pädagogisch wenig brauchbar ist, wobei er die Bedeutung des Modelldenkens in der Literaturtheorie unbeachtet läßt; am Ende aber läßt er den Ansatz doch insoweit gelten, als er verifikationsbedürftig ist (228 ff.). *Nickel* ringt selbst noch, wie er mir schrieb, um die Anwendung dieses Begriffs.

[15] Auf die einschlägige Literatur, die nahezu unüberschaubar ist, wird nachfolgend, soweit möglich, eingegangen.

[16] So von *Helmut Flashar* und *Werner Suerbaum* bezeichnet.

[17] Teilweise orientiert an *Neugebauer, W.*: Modelle im Unterricht. In: Fachdidaktisches Studium in der Lehrerbildung. Wirtschaft 2 (hrsg. von *Neugebauer, W.*). – München 1970, 49 ff.

[18] Vgl. *Bastian, H. D.*: Kommunikation. – Stuttgart/Berlin 1972, 31.

Das Bezugssystem, auf das sich ein Modell bezieht, braucht nicht immer eine schon vorhandene Wirklichkeit zu sein; es kann auch als „hypothetisches Gebilde“ eine gedachte, mögliche Wirklichkeit sein, also auch Ideen, Vorschläge, Innovationen, Planungen, Utopien umfassen. Ist das im Modell abgebildete Bezugssystem eine erst zu schaffende Wirklichkeit (z. B. ein Kleidungsstück, ein Auto, ein Gebäude, ein Währungssystem, ein Staat), so hat das Modell auch den Charakter des Prototypenhaften, des Vorbildlichen, des Normativen.

Welche Merkmale weist demnach ein Modell auf? *Herbert Stachowiak*[19] und *Walter Popp*[20] haben sie mit gewissen Unterschieden zu beschreiben versucht. Für den Zweck unserer Darstellung ist es nützlich, deren Beschreibungsversuche – in verkürzter Form – miteinander zu verbinden:[21]

1. Repräsentation

Im Modell wird ein natürliches oder künstliches Gefüge (Bezugssystem) in einer vereinfachten Abbildung vergegenwärtigt, repräsentiert.

Das Modell bildet das Bezugssystem vereinfacht ab.

2. Reduktion

Im Modell wird ein kompliziertes, undurchschaubares Gefüge reduziert auf einige wenige bedeutsame Merkmale und Grundstrukturen.

Das Modell erfaßt nicht alle Attribute des durch es repräsentierten Bezugssystems, es verkürzt das Bezugssystem.

3. Akzentuierung

Das Modell akzentuiert bestimmte Bezüge, Faktoren, Funktionen, Gesetzlichkeiten.

Das Modell hebt bestimmte Seiten am Bezugssystem hervor.

4. Transparenz

Durch Reduktion und Akzentuierung entsteht eine hohe Transparenz des komplexen Feldes.

Das Modell macht das Bezugssystem durchschaubar, geordnet und überall zugänglich.

5. Perspektivität

Die einseitige Hervorhebung und Steigerung bestimmter Strukturmerkmale erzeugt eine spezifische Sichtweise und verdeutlicht bei kritischer Handhabung die Möglichkeit und Notwendigkeit anderer Sichtweisen desselben Beziehungsgefüges, das schließlich nur über verschiedene miteinander korrespondierende Sichtweisen zu erfassen ist.

Das Modell vermittelt eine spezifische, subjektive Sichtweise, es ist einseitig.

---

[19] Allgemeine Modelltheorie. – Wien/New York 1973, 131ff.; vgl. auch denselben: Gedanken zu einer allgemeinen Theorie der Modelle. In: Studium Generale 18 (1965), 7, 432ff.

[20] Die Funktion von Modellen in der didaktischen Theorie. In: Unterrichtsforschung und didaktische Theorie. Texte (hrsg. von *Dohmen, G./Maurer, F./Popp, W.*). – München 1970, 49ff.

[21] *Stachowiak* (Allgemeine Modelltheorie, 132) nennt drei Merkmale: „Abbildungsmerkmal“, „Verkürzungsmerkmal“, „Pragmatisches Merkmal“. *Popp* (a.O., 50) führt fünf Merkmale auf: „Reduktion“, „Akzentuierung“, „Transparenz“, „Perspektivität“, „Produktivität“. Wir schließen uns der Differenzierung Popps an, nehmen aber das dort fehlende „Abbildungsmerkmal“ *Stachowiaks* hinzu, da auf dieses nicht verzichtet werden kann (im Sinne einer Homomorphie ist das Modell immer ein Abbild des Bezugssystems, s. u.). Die beiden anderen Merkmale *Stachowiaks* sind von *Popp* in den Merkmalen Reduktion, Akzentuierung bzw. Transparenz, Perspektivität, Produktivität aufgenommen (s. dazu auch *Neugebauer,* a.O., 268).

6. Produktivität
Die Einseitigkeit der vermittelten Sichtweise beinhaltet die Herausforderung dazu, andere konkurrierende Sichtweisen auszubilden, also andere neue Perspektiven zu produzieren, damit man in einem Prozeß sukzessiver Approximation der mehrdeutigen Realität näherkommt.
Das Modell bedarf, da es hypothetischen Charakter hat, der Ergänzung durch andere Sichtweisen, also durch andere zusätzliche Modelle; nur so kommt es dem Bezugssystem der abzubildenden vorhandenen oder gedachten Wirklichkeit (die auch den Charakter einer Realutopie haben kann) möglichst nahe.

Im ganzen: Das Modell als Abbildung eines Bezugssystems sucht möglichst große Approximation an dieses Bezugssystem. Es kann aber – aus verschiedenen Gründen – niemals mit dem Bezugssystem ganz gestalt- und deckungsgleich (isomorph) sein; es kann nur gestaltähnlich (homomorph) sein; d. h. genauer: zwischen Modell und Bezugssystem bestehen immer eine Unterschiedlichkeit (Diaphorie) und eine Übereinstimmung/Entsprechung (Analogie), jeweils in mindestens einem, nicht aber in allen Merkmalen.[22] Diese Übereinstimmung mit der Wirklichkeit – *Christian Salzmann* spricht von „Realitätsadäquanz“[23] – muß immer wieder kritisch überprüft werden. Modelle sind also verifikationsbedürftig. Es gehört demnach wesensgemäß zur Existenz und Funktion eines Modells, daß die durch das Modell repräsentierte Wirklichkeit nicht zugänglich, nicht voll bekannt, nicht gänzlich erfaßbar ist. Um diese Wirklichkeit, also das Bezugssystem, wenigstens approximativ zu erfassen, bedient man sich eben eines Modells bzw. mehrerer Modelle. Am einleuchtendsten ist die Anwendung von Modellen im Bereich von Physik und Biologie, wo man den Geheimnissen der Natur auf die Spur kommen will, ohne jemals letztlich zu erfahren, wie sie tatsächlich beschaffen ist; wir haben keine wahren Erkenntnisse von ihr, sondern nur Hypothesen, die jederzeit durch andere abgelöst werden können.
Am augenfälligsten tritt uns das Funktionieren eines Modells oder von Modellen in der Geographie entgegen; deshalb wollen wir sein Wesen und seine Funktion zunächst daran verdeutlichen, wohl wissend, daß wir hier eine eher technisch ausgerichtete Vorstellung von Modell anbieten, die nicht überall so gegeben ist.[24]

2 **Zum Funktionieren des Modells**

Die im Bereich der Geographie stets auftretende Situation ist allgemein bekannt. Man will eine Vorstellung von „unserer Erde als Ganzem“ geben, entweder den eigenen Kindern, den Schülern, Studenten oder einem Kreis von Zuhörern. Es entsteht eine Unterrichtssituation, in der die Zuhörenden eine Erfahrung machen sollen (man spricht von „Erfahrungshandeln“) und in der sie mit dem Lerngegenstand umgehen,

---

[22] Dazu ist ausführlicher gehandelt bei *Neugebauer,* a.O., 278ff.
[23] Modelle in der Unterrichtsforschung. In: Pädagogik aktuell (hrsg. von *Wehle, G.*), Bd. 3. – München 1973, 96.
[24] *Wilfried Neugebauer* (Didaktische Modellsituationen. In: Modelle und Modelldenken im Unterricht, hrsg. von *Stachowiak, H.* – Regensburg 1980, 50ff.) verdeutlicht die Funktion des Modells ähnlich am Medium der „Landkarte“.

ihn verwenden sollen. Das „Verwendersystem", nämlich der Unterricht, die Schulstube, ist aber vom „Bezugssystem" Erde getrennt, zwischen beiden steht eine nicht zu überschreitende Barriere; man kann die Erdkugel nicht ins Klassenzimmer holen, sie ist nicht verfügbar. Verfügbar, u. a. weil um vieles verkleinert, ist aber der Globus als Modell. Verfügbarkeit ist hier also u. a. ein diaphorisches Kriterium zwischen Modell und Bezugssystem. Zwischen Globus und Erdkugel besteht jedoch auch eine Analogie (z. B. Kugelförmigkeit). Mit Hilfe des Modells Globus erfahren die Schüler etwas über das Bezugssystem Erde, unsere wirkliche Erde. Ohne Modell können eigentlich nur Astronauten Erfahrungen über die Erde als Ganzes bekommen. Allerdings wird kein Mensch jemals erfahren, wie die Erde tatsächlich ist, in ihrer totalen Komplexität, in allen Details, auf allen Gebieten. Die Wirklichkeit der Erde ist dem Menschen in der Summe ihrer Erscheinungsformen unzugänglich. Je mehr ein Wissenschaftler Reise- und Forschungsberichte über die Erde liest, desto näher kommt er der Wirklichkeit; da solche Berichte aber subjektiv und immer unvollständig sind, lernt er die Erde nur unter besonderen Perspektiven und immer unter dem Siegel der Unvollständigkeit kennen.

Das Modell Globus wird den Schülern in der Unterrichtssituation von einer urteilenden Instanz vorgesetzt; das kann der Lehrer sein, das Lehrbuch, der Lehrplan, die Schulverwaltung, die Fachwissenschaft. Diese Instanz urteilt, ob das Modell als Ersatz für das Bezugssystem zweckmäßig ist und ob sich aufgrund der Analogie fruchtbare Aussagen über das Bezugssystem machen lassen.

Das allgemeine Schema der didaktischen Modellsituation sieht demnach folgendermaßen aus; das konkrete Beispiel von Globus-Erde ist jeweils in Klammern beigefügt:

Allgemeine didaktische Modellsituation
nach *Wilfried Neugebauer*[25]

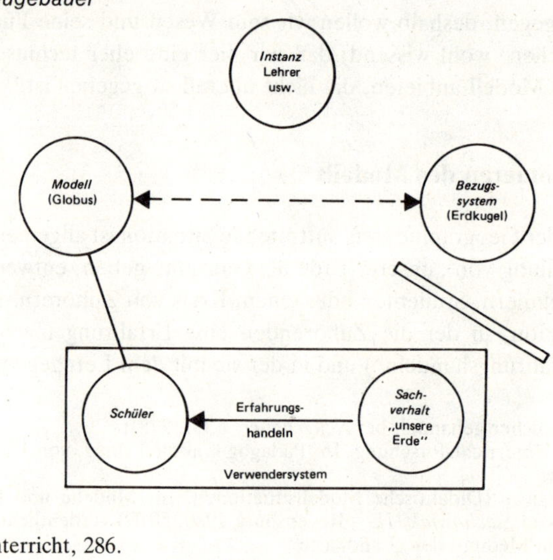

[25] Modelle im Unterricht, 286.

Am Globus als Modell sind die herausgestellten sechs Merkmale des Modells deutlich nachweisbar:

1. Repräsentation
Das natürliche große und komplexe Gebilde der Erde, das in seiner Gesamtheit nicht verfügbar ist, wird gestaltähnlich (in Kugelgestalt) abgebildet, vergegenwärtigt.

2. Reduktion
Das komplizierte, unüberschaubare Gefüge der großen Erde wird reduziert auf wenige bedeutsame Merkmale/Grundstrukturen (z. B. Erdteile, Meere, Länder).

3. Akzentuierung
Es werden bestimmte Seiten betont hervorgehoben (Äquatorteilung, Süd-/Nordhalbkugel, Pole, Erdteile, Zonen, Meridiane usw.).

4. Transparenz
Die Erde wird überschaubar, geordnet und von allen Seiten zugänglich.

5. Perspektivität
Die spezifische Sichtweise z. B. ist die Herausstellung der territorialen Verteilung (Nationalstaaten, Hauptstädte, Weltmächte).

6. Produktivität
Größte Approximation an die Wirklichkeit unserer Erde wäre gegeben, wenn mehrere Modelle nebeneinander stünden: Nationalstaaten, klimatische Bedingungen, Ernährungsweise der Menschen, wirtschaftliche Verhältnisse, Religion, Kultur usw. (in jedem Atlas sind solche Modelle enthalten).

3 **Die didaktische Modellsituation des literarischen Textes**

3.1 **Texte als Modelle**

Texte erfassen Sach- und Sinnverhalte, die gegenwärtig, schon vergangen oder auf Zukunft gerichtet sein können; sie sind also auf Wirklichkeiten bezogen, ob diese tatsächlich erst geschehen oder schon geschehen sind oder auch nur gedanklich vorgestellt sind. Diese Wirklichkeiten sind niemals voll erfaßbar, verfügbar; vergangene Wirklichkeiten sind ein für allemal vorbei und nur indirekt annähernd über bestimmte Medien zugänglich; gegenwärtige Wirklichkeiten (z. B. politisches, gesellschaftliches, kulturelles, sportliches Geschehen) werden einem nur in Ausschnitten bekannt, durch andere gefiltert und gedeutet, insofern perspektivisch vereinseitigt, niemals in ihrer ganzen Komplexität. Aus der Phantasie entwickelte Wirklichkeiten, ob in Vergangenheit, Gegenwart oder Zukunft angesetzt, werden uns lediglich in der Weise zugänglich, wie sie vom Denker mündlich oder schriftlich präsentiert werden. Solche Äußerungen geben nur Ausschnitte der auf außersubjektive Sachverhalte gerichteten Phantasie- und Vorstellungswelt des Denkers wieder; in ihrer Ganzheit bleibt uns diese verschlossen. Diese Phantasie- und Vorstellungswelt des Denkers, mag sie auf das Allgemeinste gerichtet sein (z. B. auf Liebe, Tod, Gott, Freundschaft, Postexistenz), ist jedoch insofern auch immer historisch gebunden, als sie niemals ganz frei von „Realitätsvorgaben“ ist, da sie eben von einem in einer bestimmten historischen Situation lebenden und dadurch direkt oder indirekt mitbeeinflußten, mitbestimmten Menschen konzipiert wird.[26] Demnach: Phantasiegeschichten, Utopien, Märchen, Mythen, die in Texten niedergeschrieben sind, haben immer, mögen sie auch noch so abseits vom realen Geschehen angesiedelt sein (am extremsten: in Zukunftsvisionen), einen wenn auch oft nur winzigen und kaum mehr fixierbaren geschichtlichen Bezug.[27]

Das heißt nun: Alle Texte beziehen sich auf mehr oder weniger faßbare, niemals ganz zugängliche „historische" Wirklichkeiten. Jeder Text ist also das Modell von Wirklichkeiten; im besonderen Maße trifft dies auf den künstlerisch-literarischen Text zu.[28] Gerade hier hat die Modellhaftigkeit des Textes eine doppelte Richtung: „Das Kunstwerk ist gleichzeitig als Modell zweier Objekte – des Phänomens der Wirklichkeit und der Persönlichkeit des Autors – zu verstehen."[29] Je fiktionaler ein Text ist, desto mehr repräsentiert er die geistige Wirklichkeit, die Phantasie- und Vorstellungswelt der allerdings historisch fixierten Person des Autors.[30]

3.2 **Texte als Modelle im Unterricht**

Für die Schule sind zu allererst literarische Texte von Bedeutung. An ihnen soll deshalb die dadurch gegebene Modellsituation verdeutlicht werden.

---

[26] *Willibald Heilmann* (Ethische Reflexion und römische Lebenswirklichkeit in Ciceros Schrift De officiis. – Wiesbaden 1982, 10) sieht z. B. die inhaltliche Konzeption einer Schrift Ciceros, wie De officiis, abhängig, sozusagen mitbeeinflußt von einem „Gruppenbewußtsein", in dem der Autor steht. „Das Verhältnis eines Autors zum Gruppenbewußtsein ist gewissermaßen wie das des Menschen zu der Luft, die er atmet. Diese Beziehung gehört zu den selbstverständlich gegebenen Bedingungen des Lebens, die gewöhnlich nicht reflektiert werden." Klarer läßt sich die Abhängigkeit eines schriftstellerischen Individuums von historischen „Realitätsvorgaben" nicht formulieren.

[27] „Fiktionen tendieren zu Grenzüberschreitungen wie die ‚Ufos', die der Science-fiction entsprungen sind." So *Landwehr, J.*: Fiktion und Nichtfiktion. In: Literaturwissenschaft. Grundkurs 1 (hrsg. von *Brackert, H./Stückrath, J.*), Bd. 1. – Hamburg 1981, Bd. 1, 396; hier wird das Verhältnis von Fiktion und Modell tiefgreifend abgehandelt. Vgl. auch *Berker, K./Riemenschneider, H.*: Literaturwissenschaft und Fachdidaktik. – Düsseldorf 1973, 41 f.

[28] Man vgl. dazu bes. *Weber, A.*: Grundlagen der Literaturdidaktik. – München 1975, 38 ff.; er befaßt sich grundlegend mit der Modellhaftigkeit literarischer Texte. Der Text „als Sprache, weil Zeichensystem" ist von der Wirklichkeit geschieden und enthält nur „Modelle" von den Wirklichkeiten. Je mehr sich ein Text von „Realitätsvorgaben" freimacht und nur „Wirklichkeit aus sich selbst sein will" (also der fiktionale Text), um so stärker trägt er den Charakter eines Modells. Die Welt ist „modellierbar", d. h. die ihr inhärenten Wirklichkeiten sind in „Modellen" der Sprache, der Literatur faßbar. Alle Texte sind entsprechend nach *Weber* „Modelle" von Welt, am stärksten die fiktionalen Texte. (Hier weitere Literaturhinweise zur Anwendung des Modellbegriffes in der Literaturtheorie).

[29] So *Lotmann, J. M.*: Vorlesungen zu einer strukturalen Poetik. – München 1972, 38.

[30] *Rainer Nickel* (Einführung in die Didaktik, 194) kommt dieser Modellvorstellung auch bei fiktionalen Texten sehr nahe, wenn er das Modell „unter der Bedingung als sinnvolle didaktische Kategorie" gelten läßt, „daß man es in dem Sinne verstände wie der Maler sein Modell." Leider verfolgt er aber diese literaturtheoretisch begründete und außerhalb der Alten Sprachen anerkannte Linie nicht weiter; hier wäre das Studium der einschlägigen Literatur nötig gewesen.

3.2.1 *Welches ist das Verwendersystem?*

Schüler sollen im Unterricht Erfahrungen machen mit Sach- und Sinnverhalten der Lebenspraxis, die historisch abgeschlossen sind oder sich gegenwärtig – von ihnen lokal getrennt – verwirklichen oder von jemandem früher oder jetzt auf Vergangenheit, Gegenwart oder Zukunft bezogen gedacht (und beschrieben) wurden bzw. werden.

3.2.2 *Welches ist das Bezugssystem?*

Das Bezugssystem sind die politischen, gesellschaftlichen, kulturellen, geistigen u. ä. Wirklichkeiten und auch die daraus hervorgegangenen, auf sie hin gerichteten gedanklichen Konzepte von Menschen. Diese Wirklichkeiten sind, sofern sie der Vergangenheit angehören, nicht mehr unmittelbar zugänglich, auch gegenwärtige Wirklichkeiten sind in ihrer Komplexität niemals ganz faßbar und verfügbar. Bloße als Reflexionen, Fiktionen, Phantasmagorien, Utopien u. ä. sich darstellende Wirklichkeiten können wir uns nur in der Einseitigkeit ihrer sprachlichen Fixierung nahebringen. Das bedeutet: Das Bezugssystem ist zeitlich oder räumlich oder personell vom Verwendersystem getrennt (Daß man die Person eines Autors von irgendwelchen Gedanken, Konzepten o. ä. in die Schulstube holt und ihn durch Befragen in seiner Phantasie- und Vorstellungswelt umfassender erfahren kann, ist eine höchst seltene Ausnahme; trotz allem wäre seine gedankliche Wirklichkeit auch hier nur einseitig, niemals total erfaßt). Das Bezugssystem muß also ersetzt werden.

3.2.3 *Was kann als Modell für diese Wirklichkeiten dienen?*

Ersatz für das Bezugssystem „vergangene/gegenwärtige/zukünftige Wirklichkeit" oder „Phantasie- und Vorstellungswelt des Autors" sind in der Schule vorhandene Texte: ein einziger oder mehrere zu einem Projekt zusammengestellte Texte, aus allen Bereichen der Literatur, aus Prosa und Poesie. Solche Texte sind zur in jedem Falle „historischen", d. h. in einer geschichtlichen Situation vollzogenen oder gedachten Wirklichkeit nicht isomorph, sondern nur homomorph; d. h. ihre Aussagen sind nicht diese Wirklichkeit selbst (Diaphorie!).[31] Sie geben diese nur im Sinne einer Analogie wieder (etwa wie der Globus die Erdkugel, wenn auch dieser Vergleich die Modellsituation des Textes stark simplifiziert).

Die Modellmerkmale sind dabei evident:

1. Repräsentation
Texte vergegenwärtigen die nicht verfügbare „historische" Wirklichkeit in einer analogen „Abbildung".

---

[31] Vgl. dazu *Landwehr, J.*: Fiktion und Nichtfiktion, 40: „Literatur entwirft im Medium Sprache Modelle von Lebenspraxis, indem sie jeweils bestimmte Ausschnitte von Lebenspraxis (einschließlich Kommunikations- und Sprachpraxis) gestaltet darstellt. Was hier vorgeführt wird, ist immer Ausschnitt und Modell von Praxis, nie diese selbst."

2. Reduktion
Texte verkürzen die komplizierte, komplexe „historische" Wirklichkeit auf wenige Grundstrukturen und Merkmale.[32]
3. Akzentuierung
Texte heben bestimmte Bezüge, Faktoren, Gesetzmäßigkeiten an einer „historischen" Wirklichkeit hervor.
4. Transparenz
Die „historische" Wirklichkeit wird in Texten durchschaubar gemacht, sie erhält eine geordnete Struktur, wird für den Leser von überall zugänglich.
5. Perspektivität
Texte geben in der Regel nur eine einzige Sichtweise auf die „historische" Wirklichkeit wieder, nämlich die des Autors und seiner weltanschaulichen (politischen, religiösen, philosophischen) Fixierung.[33] Sie zeigen nur einen Ausschnitt aus der Vorstellungswelt, der Bewußtseinsstruktur des Autors.
6. Produktivität
Texte kommen dann möglichst nahe an die „historische" Wirklichkeit heran, wenn sie von verschiedenen Perspektiven aus, also von mehreren Autoren bzw. von mehreren Produktionen desselben Autors aus den Sach- und Sinnverhalt der Lebenspraxis beleuchten.

3.2.4 *Wer ist die urteilende Instanz?*

Der Lehrer sucht die Texte aus, wobei ihm der Lehrplan (damit die Schulverwaltung) den Rahmen vorgibt; Entscheidungshilfen erhält er dabei auch von der Fachdidaktik und Fachwissenschaft. Der Lehrer hat nämlich zu entscheiden, ob sich ein Text für das Erfahren einer bestimmten „historischen" Wirklichkeit eignet, ob er andere Texte ergänzend zum Vergleich und Kontrast heranziehen soll.
Insgesamt: Texte ‚verkleinern' in einem gewissen Sinne die ‚historische' Wirklichkeit, indem sie ein umfassendes, in Raum und Zeit sich weithin ausdehnendes Geschehen oder eine gewissermaßen ‚zeitlos gültige', also an Raum und Zeit kaum mehr gebundene Wirklichkeit auf dem engen Platz von wenigen Buchseiten ‚abbilden'; sie abstrahieren und schematisieren dabei den in der ‚Abbildung' erfaßten Sach- und Sinnverhalt, um ihn „überhaupt in kommunikabler Struktur aussagbar"[34] werden zu lassen.
Außerdem gilt für den Modellcharakter eines Textes: „Die Struktur des Modells, die als eine mit der Struktur der Welt identische rezipiert wird, ist gleichzeitig Reflexion der Bewußtseinsstruktur des Autors."[35] Das Modell des Textes ist also auf zwei Objekte bezogen, auf die Phänomene der Welt, der Lebenspraxis, und auf die Phantasie- und Vorstellungswelt des Autors.

---

[32] Zur Reduktion der Wirklichkeit, der Welt in der Sprachproduktion, also in den Texten vgl. bes. *Weber, A.*: Grundlagen der Literaturdidaktik, 40.
[33] „Der Schriftsteller, der ein Modell aus Sprache produziert, entwirft es stets aus einer Perspektive." So *Weber, A.*, a.O., 43.
[34] So *Weber, A.*: Grundlagen der Literaturdidaktik, 40.
[35] So *Lotmann, J. M.*: Vorlesungen zu einer strukturalen Poetik, 38.

4 **Zur Leistungsfähigkeit des Modells im altsprachlichen Lektüreunterricht**

Was wird durch eine derartige didaktische Modellsituation, die bei literarischen Texten gegeben ist, im Lektüreunterricht der Alten Sprachen ermöglicht? Zunächst nicht mehr, als daß der Schüler das Bezugssystem, nämlich die historische Vergangenheit Roms oder Griechenlands approximativ erfaßt oder von idealisierenden Konzeptionen dieser „historischen" Wirklichkeiten erfährt oder Ausschnitte aus der historisch bedingten Phantasie- und Vorstellungswelt antiker Autoren kennenlernt. Der Unterricht bliebe so in einem engen historisch-positivistischen Rahmen. Latein- und Griechischunterricht wollen aber mehr als nur Wissen, Kenntnisse über Vergangenes vermitteln.[36]

4.1 **Inwiefern ist der Modellbegriff bei antiken Texten nicht verwendbar?**

Stellen wir zunächst – auf der Grundlage moderner Modelltheorie – fest, was antike Texte als Modelle nicht leisten! Antike Texte sind ganz gewiß nicht Modelle unserer heutigen geistigen, kulturellen, gesellschaftlichen und politischen Wirklichkeit; denn weder kannten die antiken Autoren unsere Zeit, so daß sie diese modellartig abbilden konnten (Beispiel: Globus–Erdkugel; Graphik – Kreislauf des Geldes), noch läßt sich nach den in den antiken Texten gegebenen Modellen unsere heutige politische Existenz „bauen" (Beispiel: ikonisches Holzmodell – Kirche). Außerdem: Antike Text-Modelle sind nicht auf eine künftige, konkrete, d. h. in einer bestimmten historischen Situation zu schaffende Wirklichkeit angelegt,[37] unsere Gegenwart war der Antike nicht bekannt, so daß diese keine Projektionen auf diese ferne Zukunft machen konnte.[38] Dies schließt nicht aus, daß antike Texte in mancher Hinsicht durch Form und Inhalt zur Nachbildung, zur Nachahmung Anstoß gaben und geben, daß sie also prägend, vorbildhaft, normativ wirkten und wirken.[39] Antike Texte haben zweifel-

---

[36] Die Textlektüre würde einem „historischen und antiquarischen Interesse" dienen, wodurch allein sie zweifellos, wie *Rainer Nickel* betont (Die Alten Sprachen in der Schule, 196), nicht gerechtfertigt würde.

[37] Wie heutzutage etwa die auf die Zukunft gerichteten „Weltmodelle" des „Club of Rome".

[38] Zwischen dem in der Antike geschaffenen Modell und der heutigen Wirklichkeit kann, da sie kein Bezugssystem ist, weder eine Homomorphie noch eine Isomorphie bestehen. Von diesem Blickwinkel aus wird *Robinsohns* (modelltheoretisch sicherlich schiefe) Feststellung einigermaßen verständlich: „Setzt doch die Betonung des Modellcharakters der Antike in einem systematischen Sinn, also die Behauptung, perennierende menschliche und gesellschaftliche Beziehungen ließen sich am besten an Exempeln der klassischen Überlieferung ablesen, eine Isomorphie voraus, die keineswegs gegeben ist. Man kann in den Verhältnissen einer Zivilisation, deren Produktionsbedingungen, deren gesellschaftliche und politische Verhältnisse und deren Weltbild von unserem so radikal verschieden sind, Normen für Weltverständnis und Verhalten nicht mehr gewinnen" (Bildungsreform als Revision des Curriculum. – Neuwied [1]1967, 19). Die Folgerungen, die *Robinsohn* aus dem Fehlen der Isomorphie zieht, halten freilich einer kritischen Prüfung kaum stand (s. dazu unten Anm. 94).

[39] *Nickels* Feststellung (Die Alten Sprachen in der Schule, 195): „Das antike Modell hat keinen normativen Charakter mehr" scheint mir deshalb etwas zu scharf formuliert. Zutreffender ist wohl *Heilmanns* vorsichtige Einschätzung: Zur didaktischen Differenzierung zwischen Griechischunterricht und Lateinunterricht. In: Handbuch für den Lateinunterricht, 14 bzw. 65. Vgl. dazu auch *Gegenschatz, E.*: Zur Zielsetzung der Lektüre im Lateinunterricht. In: Didaktik des altsprachlichen Unterrichts, 321.

los im Laufe der Geschichte zu konkreten politischen Realisationen geführt. Freilich lag eine solche Wirkung meistens nicht von vornherein in der Absicht derer, die das Modell gestalteten.[40] Die These „Antike – Modell der Gegenwart" ist deshalb im ganzen gesehen kaum ein tragfähiges Argument für die Alten Sprachen in der Schule.[41]

In antiken Texten sind aber auch keine Gegen- oder Antimodelle zur Gegenwart entworfen;[42] denn das Gestalten eines Antimodells setzt die Kenntnis der Wirklichkeit voraus, zu der man das Modell-Konstrukt in Gegensatz stellt. Diese Wirklichkeit, unsere Gegenwart, war, wie gesagt, der Antike notwendig unbekannt. Dies schließt nicht aus, daß Aussagen antiker Texte von späteren, also auch modernen Rezipienten in Gegensatz zu Situationen ihrer Zeit gestellt werden;[43] eine solche Kontrastierung

---

[40] Das berührt wesentlich die Frage, ob etwa Thukydides im Epitaphios ein „Musterbild der bestmöglichen Polisordnung" entwirft, demnach ein „ideales Modell" vom Staat beschreibt (*Gaiser, K.*, a.O., 39f.) oder ob er kein „durchgehendes Idealbild formuliert", kein „zeitlos gültiges Modell einer sinnvollen Gesellschaftsordnung" (*Flashar, H.*, a.O., 102f.) dargestellt hat. Ganz sicher ist auf jeden Fall, daß Thukydides zunächst die historisch-politische Wirklichkeit seiner Zeit modellartig abbildete. Inwieweit er dabei bewußt über die konkrete Situation hinausgehende allgemeingültige Züge – im Sinne eines „Idealbildes" oder „Musterbildes" vom Staat – herausstellte, ist zu diskutieren und läßt sich wohl nie endgültig sagen. Gerade in dieser Frage steckt aber der wichtigste Ansatz für eine didaktisch fruchtbare Behandlung der Rede (s. dazu unten Anm. 90).

[41] *Thomas Meyer* schreibt in einem sehr lesenswerten und instruktiven Aufsatz (Roma aeterna, Theorien zu Dauer und Verfall Roms. In: Impulse für die lateinische Lektüre, hrsg. von *Krefeld, H.* – Frankfurt 1979, 102ff.) der römischen Geschichte „Modellhaftigkeit" zu. „Das historische Modell hat den Vorzug, einen Bezugspunkt außerhalb des Kreises der gegenwärtigen Vorstellungen zu bieten, es fordert zum Blick aus dem Fenster." Von der erarbeiteten Position aus ist dazu festzustellen: Die römische Geschichte an sich ist nicht modellhaft; es läßt sich nur so viel sagen: Die davon handelnden Texte sind Modelle der römischen Geschichte, sie repräsentieren römische Geschichte. In solchen Modellen können von den Autoren Grundstrukturen dieser historischen Wirklichkeit herausgestellt sein, die sich auf ihre Übertragbarkeit auf andere historische Entwicklungen überprüfen lassen. Die Autoren selbst oder Leser ihrer Werke, also spätere Betrachter der römischen Geschichte, können in den in den Texten herausgestellten Grundstrukturen bestimmte Gesetzmäßigkeiten erkennen, so daß sie danach Verlaufstheorien entwickeln, die aber wieder subjektive Deutungen sind (sonst gäbe es nicht verschiedene Theorien). In diesen Fällen kann man wohl mit *Meyer* von „Strukturmodellen" sprechen (S. 105). In keinem Falle aber sind die primären Texte und die sekundären Deutungen dieser Texte für uns heutige Menschen Modelle für die moderne Wirklichkeit; sie sind lediglich „hypothetische Gebilde", die zu einem Vergleichen unserer Geschichte mit der früheren römischen Geschichte („zum Blick aus dem Fenster") auffordern und uns Analogien und Gegensätze erkennen lassen.

[42] Vgl. etwa *Klowski, J.*: Antike als Gegenmodell. In: Antike Texte – moderne Interpretation. Beiheft zur „Anregung". – München o. J., 25f.: „. . . die Antike stellt nämlich ein, wenn nicht das Gegenmodell" dar; *Klowski* gebraucht den Begriff undefiniert; seine These scheint mir von der modernen Modelltheorie aus betrachtet nicht haltbar. – Ähnlich unkritisch *Nickel, R.* (Der moderne Lateinunterricht. Lernziele und Unterrichtsverfahren in der gymnasialen Oberstufe. – Freiburg/Würzburg 1977, 36): „Die antike Welt kann als Gegenmodell zu unserer Zeit verstanden werden, an welchem die Fähigkeit geschult wird, auch unzeitgemäß zu denken." Auch *Hans-Joachim Glücklich* (Lateinunterricht. Didaktik und Methodik. – Göttingen 1978, 141) verwendet den Begriff „Antimodell".

[43] *Heilmann* (Zur didaktischen Differenzierung, 14) verwendet deshalb zu Recht den theoretisch unbelasteten Begriff „Gegenbild"; heutige Menschen nähmen sich die Antike zum Gegenbild. *Manfred Fuhrmann* (Alte Sprachen in der Krise? – Stuttgart 1976, 41) gebraucht dafür den Begriff der „Gegenwelt".

konnte freilich nicht in der Absicht derer gelegen haben, die das Modell gestalteten. Also: Auch das Argument von der „Antike als Antimodell" scheint uns insgesamt wenig stichhaltig – abgesehen davon, daß, wie der Wortgebrauch Antiheld, Antistar, Antikultur u. ä. zeigt, in einer Wortbildung mit Anti- unwillkürlich, wenn auch wohl nicht beabsichtigt, eine Abwertung der Gegenwart mitschwingt, die für die Position der Alten Sprachen eher schädlich als nützlich ist.

4.2 **Inwiefern ist der Modellbegriff beim Umgang mit antiken Texten unverzichtbar?**

Die Erkenntnisse der modernen Modelltheorie haben uns den Blick dafür geschärft, daß die Vorstellungen von „Modell", „modellartig" bislang unzulänglich oder falsch zur Demonstration und Begründung altsprachlicher Lektüreabsichten eingesetzt wurden. Läßt sich der Modellbegriff überhaupt noch sinnvoll und nützlich verwenden? Nach *Willibald Heilmann* kann die Modellvorstellung in mancherlei Hinsicht nützlich sein, aber „sie ist nicht geeignet, unsere Beschäftigung mit der Antike in umfassender Weise neuzubegründen."[44] *Werner Suerbaum* befürchtet, daß mit der Annahme „des Modellcharakters antiker Texte" didaktisch nicht weiterzukommen sei;[45] *Heinrich Krefeld* hält die Anwendung des Modellbegriffes auf bestimmte Textsituationen (Repräsentationen von realhistorischen Wirklichkeiten) für nützlich, stellt aber in Frage, ob gegenüber fiktionalen Texten „überhaupt sinnvoll mit dem Modellbegriff gearbeitet werden kann"; er meint insgesamt, daß es „eines nicht tragfähigen Universalitätsbegriffes dazu, die Aussagen antiker Texte zur Entfaltung zu bringen, nicht bedürfe.[46] *Rainer Nickel* hält „die didaktische Kategorie des Denkmodells kaum für besonders hilfreich"[47]. *Klaus Westphalen* erkennt die Bedeutung der Modellhaftigkeit antiker Textaussagen an, bestreitet aber die Festlegung, daß jeder antike Text eo ipso ein Modell sein könne.[48]

Es ist unabweisbar, daß heute die Wissenschaft in ihren vielfältigsten Ausformungen sich des Modells oder mehrerer Modelle zur Erklärung der Welt, im besonderen zur Bearbeitung der in den Einzeldisziplinen auftretenden Problemkreise bedient, ja ohne die Erkenntnisse der Modelltheorie kaum mehr auskommt. Die wissenschaftliche Forschung zur Modelltheorie stellt einsichtige, plausible und praktikable Ergebnisse zur Verfügung, deren sich jede Wissenschaft je nach ihren Bedürfnissen bedienen

---

[44] Kritische Anmerkungen zu Schadewaldts Vorstellungen, 44.

[45] In einer brieflichen Mitteilung vom 10. 12. 79; nach seiner Auffassung wäre vielleicht weiterzukommen, wenn „die Unterrichtswirklichkeit radikal umgestellt" wird.

[46] Bemerkungen zum Modellbegriff, 11, und: Zur Problematik eines universalen Modellbegriffes, bes. 288ff.

[47] Einführung in die Didaktik, 194.

[48] In einer schriftlichen Stellungnahme zum Manuskript der Erstfassung. – *Felix Seitz* (Wien), der sich in einem Brief vom 3. 1. 1980 intensiv mit meinen Untersuchungsergebnissen auseinandersetzt, erkennt die Notwendigkeit der Modellanwendung im altsprachlichen Unterricht an; er möchte aber „den technisch-manuellen Aspekt eines Modells noch stärker betont" sehen; das didaktische Modell solle vor allem ein „Text-Dekodierungsmodell" sein, wodurch die Problematik allein auf die methodologische Ebene der Textbearbeitung verschoben wird und die erkenntnistheoretische Leistung des Modells weitgehend ausgeschlossen bleibt.

kann, nicht nur die Naturwissenschaften, auch die Geisteswissenschaften, darunter die Literaturwissenschaft und Sprachwissenschaft (bes. die Linguistik). Die Wissenschaft der Klassischen Philologie als Literatur- und Sprachwissenschaft wird sich auf die Dauer solchen Trends nicht ganz entziehen können, zumindest nicht in ihrer Rolle als Ausbildungsinstanz für zukünftige Gymnasiallehrer.[49]

Erst recht kann die Didaktik der Alten Sprachen, die ja viel enger als die Universitätsdisziplinen in den Konnex der Fächer in der Schule eingebunden sind, das erkenntnistheoretische und methodologische Instrumentarium, das die Modelltheorie anbietet, nicht ungenutzt lassen. *Heinrich Krefeld* meint selbst: „Auf das Denken in Modellen kann angesichts der symbolischen Systeme, die wir zur Bewältigung unserer hochkomplizierten Welt benötigen, auch in der Schule nicht verzichtet werden."[50] *Theodor Wilhelm* hat das Modell bekanntlich schon 1962 für eine „zentrale Kategorie in der Schuldidaktik" erklärt.[51] Heutige Erkenntnis ist: „Die Unterrichtspraxis hat es in allen Bereichen, gegenständlichen wie methodischen, mit Modellen zu tun, ihrem Aufbau, ihrer Handhabung und Vermittlung, ihrer Erkenntnis- und Lernfunktion."[52]

Die „didaktischen Modellsituationen", die *Wilfried Neugebauer* beschreibt,[53] treffen auf alle Fächer in der Schule zu, zumal des Gymnasiums. Die Darbietung ihrer Gegenstände erfolgt, besieht man es genau, weithin in Modellen. Ja, die „Entwicklung didaktischer Modelle ist . . . eine der vornehmsten Aufgaben wissenschaftlicher Fachdidaktik."[54] Die Didaktiken der meisten Fächer bedienen sich deshalb zur wissenschaftlichen Grundlegung ihres Unterrichts der Modelltheorie: die Naturwissenschaften zu allererst, die Wirtschaftslehre,[55] die Sozialkunde,[56] die Kunsterziehung,[57] auch

---

[49] Es gilt ja zu bedenken, daß viele Lateinstudierende im zweiten Fach ihres Studiums mit modelltheoretischen Vorstellungen konfrontiert werden, diese dann aber im Lateinstudium vermissen. *Michael Jenne* (Klassische Philologie. In: Student im Studium. Untersuchungen über Germanistik, Klassische Philologie und Physik an drei Universitäten. – Stuttgart 1969, 162) stellt die Forderung auf: „Eine Universitätsdidaktik wäre zu entwickeln, die gerade die ‚einspurigen' Lateinstudenten für die Aufgabe vorbereitet, in der Schule neben Sprachkenntnissen auch jene ‚denkerisch-geistigen Grundmodelle des schöpferischen wie handelnden Lebens' der Antike zu vermitteln, die nicht zu verabsolutieren, wohl aber in der Diskussion lebendig zu halten heute das Ziel einer ‚humanistischen Bildungskonzeption' sein muß.

[50] Bemerkungen zum Modellbegriff, 10.

[51] Theorie der Schule. – Stuttgart ²1962, 289. Vgl. dazu allgemein *Blankertz, H.*: Theorien und Modelle der Didaktik. – München 1969.

[52] So *Stachowiak, H.* im Vorwort zu dem von ihm herausgegebenen Buch: Modelle und Modelldenken im Unterricht, 5.

[53] In: Modelle und Modelldenken im Unterricht, 50ff.

[54] So *Neugebauer*, Didaktische Modellsituationen, 70.

[55] Man vgl. die zitierten Arbeiten des Wirtschaftsdidaktikers *Wilfried Neugebauer*; auch: *Buddensiek, W./Kaiser, F.-J./Kaminski, H.*: Grundprobleme des Modelldenkens im sozioökonomischen Unterricht. In: Modelle und Modelldenken im Unterricht, 92ff.

[56] Zu „didaktischen Modellen" der Gemeinschaftskunde bzw. des politischen Unterrichts vgl. etwa *Ammon, H.*: Zur Theoriegeschichte der politischen Bildung seit 1945. In: Fachdidaktisches Studium in der Lehrerbildung – Sozialkunde (hrsg. von *Ammon, H./Roth, F.*). – München 1981, 16ff.

[57] Vgl. etwa *Goy, O.*: Modelldenken in Kunstwissenschaft und Kunstdidaktik. In: Modelle und Modelldenken im Unterricht, 175ff.

die Geschichte,[58] sehr tiefgreifend die Religionspädagogik.[59] Umfassend hat auch die Germanistik als Literatur- und Sprachwissenschaft die Ergebnisse der Modelltheorie rezipiert.[60] Können sich die Didaktiken des Lateinischen und des Griechischen als dem Deutschen, der Geschichte u. ä. wesensverwandter geisteswissenschaftlicher Fächer von diesen fortschrittlichen Richtungen abkappen, ohne wieder in eine von anderen als solipsistisch empfundene Isolation zu geraten? Wir meinen, die fachdidaktische Entwicklung der Alten Sprachen ist, wie die Veröffentlichungen der letzten Jahre und besonders die neuen Lehrplankonzeptionen zeigen, so weit fortgeschritten, daß man auch hier auf Begriff und Funktion des „Modells" gar nicht mehr verzichten kann.[61]

5 Konzept zur Verwendung des Modellbegriffs im altsprachlichen Unterricht

Deshalb sei hier ein Konzept zur Verwendung des Modellbegriffs im altsprachlichen Unterricht vorgelegt, das einerseits in Übereinstimmung mit den Ergebnissen der wissenschaftlichen Modelltheorie steht, andererseits eine weithin schon geläufige Funktionalisierung der schulischen Textbearbeitung abdeckt. Wir meinen nicht, daß dieses Konzept die ausschließliche und alles erfassende Möglichkeit eines Zugangs zu antiken Texten darstellt; sie scheint uns jedoch vom Gegenstand her die fruchtbarste und von der Wirkung her die akzeptabelste zu sein, zumal sie inner- und außerfachlich – gleichsam wie von Natur gegeben – ohnehin praktiziert wird.[62] Außerdem lassen sich

---

[58] Sehr deutlich beschreibt die Funktion des Modells im Geschichtsunterricht *Rohlfes, J.*: Umrisse einer Didaktik der Geschichte. – Göttingen 1971, 98: „Solange die Schulhistorie im wesentlichen Ereignisgeschichte war, konnte man im Geschichtsunterricht mit Modellen wenig anfangen. Seitdem wir uns mit Strukturen befassen, sollten wir auf die erschließende Kraft des Modells nicht verzichten." Vgl. auch *Ullrich, K.-H.*: Über die Eigenart historischer Erkenntnisgebilde aus modelltheoretischer Sicht. In: Modelle und Modelldenken im Unterricht, 161ff.

[59] Eine Übertragung der Modelltheorie in die Didaktik des Religionsunterrichts ist z. B. erfolgt bei *Rothbucher, H.*: Modellbegriff und Modellkritik. In: Handbuch der Religionspädagogik (hrsg. von *Feifel, E.* u. a.), Bd. 2. – Zürich/Einsiedeln/Köln 1974, 271ff.

[60] Vgl. für die Literaturwissenschaft die u. 119 angeführten Autoren. Zur Sprachwissenschaft vgl. u. a. *Schweizer, H.*: Modelldenken in Sprachwissenschaft und Sprachdidaktik. In: Modelle und Modelldenken im Unterricht, 144ff.

[61] Der Beweis des Gegenteils scheint mir nur möglich auf der Grundlage einer ernsthaften Auseinandersetzung mit den Ergebnissen der wissenschaftlichen Forschung zur Modelltheorie sowie mit allgemeindidaktischen und fachdidaktischen Folgerungen daraus.

[62] Auf die innerfachliche Verwendung des Begriffes ‚Denkmodell' wird jeweils suo loco eingegangen. Zur außerfachlichen Verwendung des Begriffes sei auf folgende Autoren verwiesen: Nach *Karl Steinbuch* (Geschichte als informationeller Prozeß. In: Erziehung und Bildung des Menschen. – Ludwigsburg-Oßweil, 1979, 160) gehören zu den „informationellen Gemeinsamkeiten" einer Gesellschaft u. a. auch „dieselben Denkmodelle". *Gordon R. Taylor* (Zukunftsbewältigung. – Hamburg 1978, 136) gebraucht den Begriff für die Antike: „Die Antike kannte zudem keine Denkmodelle (Sperrung d. Verf.), nach denen sich etwa ein wirtschaftliches Geschehen wie die Inflation hätte verstehen lassen. Aber die wesentlichen Züge unserer Gesellschaft waren auch bereits in der römischen vorhanden." – Für *Daniel Bell* (Die Zukunft der westlichen Welt. – Frankfurt a. M. 1979, 236) ist die antike Literatur voller Denkmodelle, die „Parallelen" zwischen Antike und Gegenwart ermöglichen. „In Krisenzeiten ist es lehrreich, Thukydides zu lesen", meint *Bell* z. B.; er stellt an einer Reihe von geschichtlichen Vorgängen in Rom und in Griechenland Beziehungen zu heute her, die er aus antiken Textaussagen entnimmt, darin also Modellsituationen erkennend.

auf der Grundlage einer solchen Modellverwendung auch die anderen didaktischen Absichten der Textbegegnung mehr oder weniger verwirklichen.

5.1 **Bestimmung von Wesen und Funktion eines ,Denkmodells'**

Wir sagen nun: „In antiken Texten sind ,Denkmodelle' enthalten." Damit gehen wir von der ursprünglichen Auffassung: „Antike Texte sind ,Denkmodelle'" ab.[63] Letzteres wäre zwar modelltheoretisch richtiger; in der vorgeschlagenen Kompromißformel mag zum Ausdruck kommen, daß bestimmte Texte in der Kombination ihrer äußeren Form und inneren Aussage „Wirklichkeiten" repräsentieren, die zum Nachdenken anregen, auffordern, provozieren. Dadurch wäre ausgeschlossen, daß alle beliebigen Texte der Antike so verstanden und verwendet werden. Die Situation eines ,Denkmodells' wäre nur an inhaltlich aussagekräftigen (und auch künstlerisch wertvollen) Texten, an Kernstellen, gegeben.

Solche Kernstellen-Texte haben als Bezugssystem einerseits eine historische Wirklichkeit oder eine in einer historischen Situation als möglich, wünschenswert oder ablehnenswert gedachte Wirklichkeit, andererseits die Bewußtseinsstruktur, die Phantasie- und Vorstellungswelt eines in einer historischen Situation lebenden und dadurch geprägten Autors. Im Zugang zu solchen Texten werden seine historischen Bindungen und Bedingtheiten, die Lebenspraxis der darin enthaltenen Welt und die historisch bedingten individuellen Merkmale des Textgestalters faßbar. Neben diesem zeitlich Gebundenen zeigen sich am Text auch Züge, die man, da sie sich an anderen literarisch bezeugten Gegenständen derselben Zeit oder im Laufe der Geschichte bis heute bestätigen oder dazu merkliche Analogien zeigen, als ,anthropologische Konstanten' ansprechen darf.[64] Es ist etwas Allgemeines in der textlich bezeugten Geschichte. „Neben und in der historischen liegt ja stets die anthropologische Dimension", wie es neuerdings *Christian Meier* ausdrückt.[65] Und Literatur gehört ohne Zweifel zur „historischen Kultur", die „in der modernen Gesellschaft die Funktion erfüllt, eigene und fremde Identität zu vergegenwärtigen und darstellungsfähig zu halten".[66]

---

[63] Damit kommen wir Vorstellungen von *Klaus Westphalen* (s. o. S. 117, Anm. 48) und wohl auch von *Rainer Nickel* (Einführung in die Didaktik, 194) entgegen. Mit dieser Formulierung ist zugleich ausgedrückt, daß antike Autoren nicht ,Denkmodelle' als Ziel ihres Schaffens produziert haben, sondern daß wir, d. h. die Leser, in deren Texten ,Denkmodelle' erkennen und sie gebrauchen, also auf diese Weise pädagogisch fruchtbar machen.

[64] Die Literaturtheorie spricht von „überzeitlichen Konstanten" in den geschichtlich gebundenen Literaturdenkmälern, die bei der Planung und Durchführung von Literaturunterricht zu berücksichtigen sind; s. dazu bes. *Seifert, W.*: Grundpositionen der Literaturdidaktik. In: Fachdidaktisches Studium in der Lehrerbildung Deutsch (hrsg. von *Lehmann, J./Stocker, K.*), Bd. 2. – München 1981, 81. – Bei *Berker/Riemenschneider* (Literaturwissenschaft und Fachdidaktik, 67) heißen sie „ahistorische Konstanten".

[65] Caesar. – Berlin 1982, 38. Vgl. auch *Kamlah, W./Lorenzen, P.*: Logische Propädeutik. – Mannheim/Wien/Zürich 1973, 53: „In der Welt selbst gibt es die Wiederkehr des Gleichen." Wichtig hier auch die These von *Helmut Kuhn* (Despotie der Wörter. In: Sprache und Herrschaft. – München 1975, 16): „Der Satz von der Unwiederholbarkeit und Ungleichheit historischer Ereignisse muß ergänzt werden durch den Satz von der analogischen oder formalen Gleichheit des Verschiedenen – eine Gleichheit, die die Geschichte überhaupt erst verständlich macht."

[66] So *Lübbe, H.*: Über den Grund unseres Interesses an historischen Gegenständen. In: Geisteswissenschaft als Aufgabe (hrsg. von *Flashar, H.* u. a.). – Göttingen 1978, 188.

Der engagierte Umgang mit dem Text bringt im Erfassen der historischen Phänomene in ihrer Bedingtheit, Eigenheit, Fremdheit, Andersartigkeit auch Einsichten, Vorstellungen, Denkmuster u. ä. zum Vorschein, die sich als affin, gleichartig, übereinstimmend mit dem gesellschaftlichen, seelisch-geistigen Zustand des modernen Menschen zu erkennen geben. Dieses Erfassen des Allomorphen und Isomorphen,[67] also der Versuch, „das ‚rein‘ Historische vom Dauerhaften zu sondern, um festzustellen, wie die Menschen den Wert ihrer Existenz verstehen oder gar beurteilen“[68], geschieht in einem Akt der Reflexion – im eigentlichen Sinne des Wortes: des Zurückbeugens des Erkannten auf den eigenen Erkenntnis- und Erfahrungsstand; in der prüfenden, vergleichenden Auseinandersetzung mit dem Text als Einheit von Form und Gehalt stellt sich beim Leser ein Zuwachs an Wissen und Erfahrungen ein; davon geht für ihn ein Anstoß zur Besinnung auf grundsätzliche Bedingungen und Fragen des Menschen aus. Daß bei diesem Prozeß einer tieffassenden Auseinandersetzung mit dem Text auch die Emotionen des Lesers mitbeteiligt sind, ist vielfach nachgewiesen worden.[69] Die Reflexion wird im letzten zur Meditation/Kontemplation hin überhöht.

Die Modellsituation, in der sich ein derartiger Zugang zu antiken Texten vollzieht, läßt sich vereinfacht graphisch so darstellen:

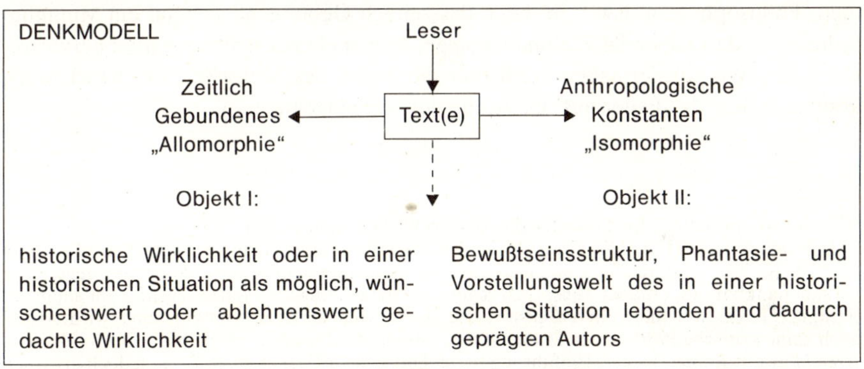

[67] Zum Gegensatz dieser hermeneutisch gleich wichtigen Kategorien vgl. etwa *Glücklich, H.-J.*: Lateinunterricht, 140; *Munding, H.*: Bemerkungen zu Ciceros Staatstheorie in Rep. I, 94; ebenso *Frings/Keulen/Nickel*: Lexikon zum Lateinunterricht, 15 u. 113: s. v. „Allomorphie“ und „Isomorphie“.

[68] So *Bell, D.*: Die Zukunft der westlichen Welt, 195. – „Die Aufgabe, das historisch Bedingte und das die Zeit Überdauernde zu fassen, ist schwer, ja fast unmöglich“, wie *Walter Marg* (Die Alten und das Neue. In: Gegenwart der Antike. Klassische Sprachen und Literaturen, Bd. VIII. – München 1974, 54) feststellt; doch hat der Klassische Philologe diese Aufgabe mit der „wissenschaftlichen Theologie“ gemeinsam – eine nicht unzutreffende Gleichsetzung, die auch für die Didaktiken dieser beiden Fächer gilt.

[69] S. dazu bes. *Berker, K./Riemenschneider, H.*: Literaturwissenschaft und Fachdidaktik, 44ff. Vgl. auch die Auffassung *Erich Fromms* (Haben oder Sein, 43ff.) über den Akt des Lesens. – Es ist abwegig (und stimmt auch nicht mit den Erkenntnissen moderner Literaturtheorie überein) zu glauben, „der intellektualistisch unterkühlte und abstrakte Begriff des ‚Denkmodells‘“ lasse die „affektive Potenz des Werkes“ nicht zur Geltung kommen (so *Nickel, R.*: Einführung in die Didaktik, 193). In jedem Denk- und Erkenntnisakt sind affektive Komponenten enthalten, ja geradezu vorausgesetzt als Einstiegsimpulse. Ich lasse mich von einem literarischen Text ergreifen, betroffen machen, um dann auf dem Wege der Interpretation zu verstehen, warum das so ist. Ich denke dann über die modellartig abgebildete Situation nach.

Alle Texte, auch die antiken, sind – entsprechend ihrem Modellcharakter – nicht die „historische“ Wirklichkeit selbst, sie sind eher für das zeitgenössische, wohl auch für das zukünftige Publikum verfaßte Beschreibungen, Deutungen dieser Wirklichkeit, „Interpretation von Realität“, wie es *Richard Kannicht* ausdrückt;[70] wobei diese Realität auch außerhalb des Autors in Raum und Zeit feststellbar (etwa bei historisch-politischen Texten) oder mehr oder weniger nur im Bewußtsein des Autors gelegen ist (etwa bei lyrischen, philosophischen Texten). Weil Texte als Modelle die komplexe Wirklichkeit auf Grundstrukturen reduzieren, sie akzentuieren, transparent machen, perspektivisch darstellen, sind sie in jedem Falle „hypothetische Gebilde“, die verifikationsbedürftig sind. Verifizieren kann hier freilich nur bedeuten: die Textaussagen einerseits auf dem Wege des Vergleichs mit anderen Textaussagen oder anderen Quellen auf ihre Wirklichkeitsannäherung hin zu prüfen und sie in eine Beziehung zu bringen zur sonstigen Vorstellungswelt des Autors, andererseits sie unter dem Gesichtspunkt der allem Menschlichen zugrundeliegenden Wahrheit, also der anthropologischen Qualität, prüfend zu betrachten.[71] Es ist natürlich, daß, je mehr sich solche Texte von der historischen Situation ablösen und fast ausschließlich nur gedachte Wirklichkeiten repräsentieren (in Realutopien, ideellen Konzeptionen, Mythologemen, Philosophemen usw.), in ihnen das zeitlich Gebundene sich auf ein Minimum reduzieren, dafür aber das Zeitunabhängige, Allgemeinmenschliche stärker hervortreten kann. Wo solchermaßen verdichtet die Sache des Menschen zur Anschauung kommt, lodert das Feuer aus der Asche der Vergangenheit.[72]

---

[70] Philologia perennis? In: Didaktik des altsprachlichen Unterrichts, 378.

[71] *Heinrich Krefeld* (s. S. 117, Anm. 45) und *Werner Suerbaum* (in einer brieflichen Mitteilung vom 10. 12. 79), für deren faire und fördernde Kritik meiner ersten Veröffentlichung gegenüber ich sehr dankbar bin, erheben Einspruch gegen die Anwendung des Modellbegriffes vor allem auf fiktionale Texte, weil hier kein real-historischer Sachverhalt als Bezugssystem faßbar wird, so daß auch keine kritische Prüfung der Texte auf ihre „Realitätsadäquanz“ möglich ist. Im Gefolge von *Krefeld* urteilt *Rainer Nickel* (Einführung in die Didaktik, 193f.) ähnlich. Es ist jedoch erwiesen (s. o. S. 119), daß die Literaturtheorie alle Texte als Modelle von Wirklichkeit betrachtet, ob diese nun außerhalb oder innerhalb des Autors anzusetzen ist, und daß sowohl ein „historischer“ Sachverhalt wie auch die Bewußtseinsstruktur des Autors als die beiden Objekte des Modells gelten (also Sache und Person). Weder eine historische Situation noch die Vorstellungswelt des historisch gebundenen Autors sind jemals in ihrer ganzen Wahrheit faßbar. Sehr richtig schreibt *Suerbaum*: „Die Wirklichkeit ist unerkennbar.“ Die Texte sind uns allerdings Mittel, annähernd darauf zu kommen, was bei der Verschwörung Catilinas tatsächlich geschah und was Cicero oder Sallust tatsächlich dazu dachten, was etwa Catull in einem Lesbiagedicht, Vergil in der Aeneis, Martial in einem Epigramm usw. wirklich aussagen wollten und aus welcher inneren Bewußtseinslage heraus solche Texte geschrieben wurden. Je mehr Texte desselben Autors oder zum selben Thema (etwa die Texte in *Drexlers* Quellenheft zur Catilinarischen Verschwörung) herangezogen werden, desto näher kommen wir der Wirklichkeit, die wir aber niemals ganz erfahren. Indem man freilich prüft, was an den Texten nur aus der Entstehenszeit heraus verständlich ist (die Historizität) und was an den über einen „historischen“ Sach- und Sinnverhalt gemachten Aussagen allgemeingültig ist (die Aktualität), wird der Text Anlaß, über Wirklichkeiten des römischen/griechischen Lebens und des Lebens allgemein nachzudenken: Solche Wirklichkeiten sind in antiken Texten ‚modellartig' abgebildet.

[72] Hier trifft nun genau das zu, was *Nickel* (Einführung in die Didaktik, 194) so beschreibt: „Das für uns heute Faszinierende und didaktisch Produktive an den antiken Texten beruht auf der

5.2 **Die pädagogische Fruchtbarkeit der Arbeit mit ‚Denkmodellen'**

Antike Texte werden in die Schulstube, d. h. in das Verwendersystem gebracht. Die antiken „historischen" Wirklichkeiten als das Bezugssystem werden zum Gegenstand des Gesprächs mit dem Schüler. Diesem treten also bei der Beschäftigung mit antiken Texten Denkmöglichkeiten entgegen, die anthropologische Wirklichkeiten betreffen. Je dichter und konzentrierter dabei Triebkräfte, Gründe, Folgen, Erscheinungsformen, Gesetzmäßigkeiten des Denkens und Handelns dargestellt sind, je typisierender die Darstellungsweise ist, um so stärker treten die „immer wiederkehrenden menschlichen Grundsituationen" – so *Helmut Flashar*[73] – hervor: der Mensch als Einzelwesen, im Verhältnis zu den anderen, zur Macht, zur Masse, zur Bürgergemeinschaft, zur Welt, zur Gottheit – vom Menschen geschaffene Strukturen, Ordnungen, Staats- und Lebensformen u. a. m. Das Erschließen der anthropologischen Dimension, die in Gestalt und Gehalt des Textes angelegt ist, gelingt um so wirkungsvoller, je mehr sich ein Text, wie angedeutet, über die historische, gesellschaftlich-politische Wirklichkeit erhebt, also zur allgemeinen Deutung des Geschehens und Seins durch den denkenden Menschen wird,[74] je stärker er eine ideelle oder utopische Konzeption anbietet, je mehr er im freien Spiel der Phantasie die Kräfte, Bedürfnisse und Schwächen der Menschen verarbeitet. Diese den Menschen und seine Welt umfassende Dimension erschließt sich dem Schüler in prinzipiellen Fragen und in den Lösungsversuchen dieser Fragen, in den Antworten. Dabei wird er in der Regel erkennen:
„Die Antworten wechseln, die Fragen sind dieselben geblieben; ja es ließe sich geradezu so ausdrücken: Geschichtlich sind die Antworten, die im Laufe der letzten zwei Jahrtausende gegeben wurden, die Fragen selbst sind zu einem übergeschichtlichen Faktum geworden, mögen sie auch aus ganz bestimmten geschichtlichen Situationen heraus gestellt worden sein".[75] Diese Übergeschichtlichkeit der Fragestellung wird

---

Einzigartigkeit und Überzeugungskraft, mit der die Autoren ihre Welt-Modelle, d. h. ihre Welt-Vorlagen, in Literatur verwandelt haben." Indem wir diese literarisch gestalteten Modelle erlebend und denkend nachvollziehen, nähern wir uns der in ihr erfaßten anthropologischen Wahrheit. Nickel lehnt die ‚Denkmodell'-Kategorie anfangs ab, kehrt aber am Ende seiner Argumentation indirekt wieder zu ihr zurück.

[73] a.O., 108.

[74] „Das entspricht einem Grundzug des Griechischen: im Besonderen das Allgemeine einzufangen." So *Heilmann, W.*: Zur didaktischen Differenzierung zwischen Griechischunterricht und Lateinunterricht, 59. Es gibt aber auch in der lateinischen Literatur nicht wenige Kernstellen-Texte, die diesen Zug ins Allgemeine haben.

[75] So *Gegenschatz, E.*: Zur Zielsetzung der Lektüre im Lateinunterricht, 321. – Diese Disposition hängt letztlich mit der Kulturbedingtheit und Kulturfähigkeit des Menschen zusammen; dazu in einer markanten Formulierung *Daniel Bell* (Die Zukunft der westlichen Welt, 199): „In der Kultur herrscht jedoch nicht ein Prinzip der Anhäufung, sondern vielmehr ein *ricorso,* ein Rückgriff auf Urfragen, die sich den Menschen zu allen Zeiten und an allen Orten stellten, Fragen, die sich aus der Endlichkeit menschlichen Daseins herleiten sowie aus den Spannungen, die hervorgerufen werden durch das Bestreben, ständig *über* etwas *hinaus*zugelangen. Es handelt sich um existentielle Fragen, die sich allen Menschen im Bewußtsein von Geschichte stellen: Wie man mit dem Tode, dem Wesen von Treue und Pflicht, dem Charakter der Tragödie, dem Sinn des Mutes und der Erlöserkraft von Liebe oder Gemeinschaft umgeht. Die Antworten sind verschieden, doch die Fragen bleiben immer die gleichen."

dem lesenden Schüler erst dann voll bewußt und packt ihn innerlich, wenn er spürt, daß die ihm im Texte entgegentretende oder daraus erarbeitete Fragestellung auch für ihn Sinn und Bedeutung hat, weil sie sein eigenes Problem ausmacht. Nur in einem solchen Falle entlädt der Text seine provozierende Kraft, seine „Appellativität"[76], die den Leser zu einem Dialog über die in ihm enthaltenen Botschaften treibt, zeigt er seinen „Appell-Charakter", „die ungebrochene zur Konkurrenz zwingende Herausforderung".[77] Nur wer sich selbst unter die Spannung stellt, die in den anthropologischen Fragestellungen zwischen dem antiken Text mit seinem historischen Horizont und der Gegenwart besteht,[78] bezieht sich ein in den „Prozeß, in dessen Verlauf sich der Sinn- und Bedeutungshorizont einerseits und der Erfahrungs- und Erwartungshorizont des Verstehenden andererseits wechselseitig aufklären und in dem Sinn ‚verschmelzen', daß der Verstehende zwischen sich und dem Überlieferten eine Kommunikation herstellt, also den Sachgehalt des Überlieferten erfaßt, indem er die Überlieferung auf sich und seine Situation anwendet".

Diese von *Richard Kannicht*[79] einleuchtend beschriebene hermeneutische Befindlichkeit prägt die didaktische Modellsituation jedes altsprachlichen Lektüreunterrichts. Die Kommunikation, die der Schüler hier zwischen sich und dem Überlieferten vollzieht, geschieht im Nachvollzug der im Text vorgegebenen Denkmöglichkeiten, wobei die Fragen auf ihre Verbindlichkeit, die Antworten auf ihre Vorläufigkeit geprüft, antike und moderne Vorstellungen gegeneinander abgewogen werden und dazu – im Sinne des *mea res agitur/quid ad me*? – eine eigene Stellungnahme gesucht wird.

6 Die Leistung von ‚Denkmodellen' in antiken Texten

Die Modellsituation, die uns in antiken Texten entgegentritt, liegt zweifellos auch bei literarischen Texten anderer Fächer vor: im Englisch-, Französisch-, Deutsch-, Ethik-, Sozialkundeunterricht; auch hier werden in den behandelten Texten neben historischen Bedingtheiten menschliche Grundbefindlichkeiten faßbar, die über den Zeitpunkt ihrer schriftlichen Fixierung hinausweisen. Es wird ja geradezu als ein „Wertkriterium" von Literatur angesehen, „ob Literatur aufgeht in der Widerspiegelung der

---

[76] So *Richard Kannichts* Ausdruck: Philologia perennis, 363.

[77] So *Jens, W.*: Zur Antike. – München 1970, 11. – Daß dies eigentlich auch die Haltung des Wissenschaftlers gegenüber den überlieferten Texten sein sollte, stellt zutreffend *Walter Marg* fest (Die Alten und das Neue, 52): „Für den klassischen Philologen ist der eigentliche Grund seiner Wissenschaft und seiner Arbeit die Bedeutung und die Lebenskraft der Autoren und ihrer Aussagen, ob sie uns etwas zu sagen haben und was, ihre Botschaft. Das steht neben und über der Freude an dem Erkennen des Einmaligen, des Historischen, des Typischen."

[78] Vgl. dazu bes. *Heilmann, W.*: Sprachreflexion im Lateinunterricht. In: Handbuch für den Lateinunterricht, 126f.

[79] Philologia perennis, 360. *Kannicht* orientiert sich in seiner These an *Gadamers* Theorie von der „Verschmelzung der Horizonte".

Gegenwart, die sie formuliert, oder ob sie auch spätere Zeiten zu beschäftigen vermag".[80] Texte sind also unter dem Gesichtspunkt der in ihnen enthaltenen „Denkmodelle" ersetzbar.

6.1 **Ein möglicher Leistungsunterschied zu anderen Fächern**

Wenn antike Texte, so verwendet, ihre Stellung als Lektüregegenstände am Gymnasium behaupten wollen, müssen sie einen Vorzug haben. Dieser liegt womöglich in der Verdichtung und Anschaulichkeit der ins Allgemeine gewendeten Aussagen in antiken, bes. griechischen Texten; er liegt vielleicht auch – in noch stärkerem Maße – in der historischen Ferne ihrer Abfassung. Dieser mögliche Leistungsunterschied läßt sich am ehesten in der Gegenüberstellung der Modellsituation antiker und moderner Texte, etwa auf dem Gebiet der Politischen Bildung,[81] verdeutlichen. An folgendem Schaubild sei der Unterschied zwischen antiken und modernen Texten in ihrer didaktischen Funktion aufgezeigt:

Didaktische Modellsituation im altsprachlichen Lektüreunterricht

(im Vergleich zum Sozialkunde- und Ethikunterricht)

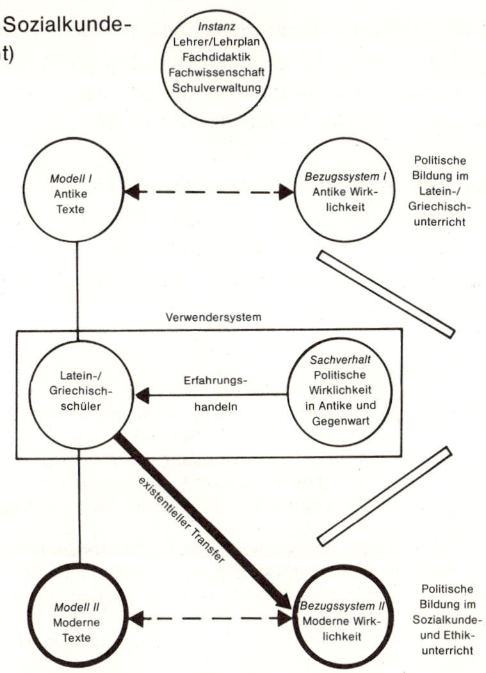

---

[80] So *Geißler, R.*: Literaturdidaktische Problemstellungen. In: Wozu Literatur in der Schule? (Hrsg. von *Baumgärtner, A. C./Dahrendorf, M.*). – Braunschweig 1970, 68.

[81] Vgl. dazu auch *Fuhrmann, M.*: Der altsprachliche Unterricht zwischen Traditionspflege und Traditionsabbruch. In: Handbuch für den Lateinunterricht, 20; er sieht den Unterschied zwischen altsprachlichem Unterricht und der modernen Staatsbürgerkunde in der Vermittlung von politischer Bildung vor allem in der „Anschaulichkeit" der Modelle; wir wollen diesen Unterschied auf der Grundlage der modernen Modelltheorie noch tiefer fassen.

Antike Texte ermöglichen es, die nicht zugängliche antike Wirklichkeit (Bezugssystem I) in das Verwendersystem zu bringen (Modell I), moderne Texte machen die moderne Wirklichkeit (Bezugssystem II) in der Schulstube zugänglich (Modell II). Wenn die antiken Texte für die Lateinschüler aussagekräftig auch für die politische Wirklichkeit der Gegenwart sein sollen, so bedarf es des *Transfers*[82], den der Lehrer bewußt anstreben soll. *Heinz Munding* nennt diesen sehr zutreffend „existentiellen Transfer“, also die „Umsetzung der am Text gewonnenen Erkenntnisse in die eigene persönliche und gesellschaftliche Situation“[83]. Einer solchen Übertragung über einen Zeitabstand von 2000 Jahren hinweg bedürfen die modernen Texte nicht.[84] Gerade in der Notwendigkeit eines solchen Transfers liegt nun der hauptsächliche Vorzug der lateinischen bzw. griechischen Texte, der sie womöglich unersetzbar macht. In ihnen tritt uns die abgebildete historisch-politische Wirklichkeit in zeitlicher Ferne abgeschlossen und überschaubar, dem Zeitgeist entzogen und also frei von aktuellen Ressentiments, gegenüber. Wenn von da eine Übertragung auf unsere Zeit vorgenommen wird (durch Vergleichen und Kontrastieren), können sich folgende Wirkungen einstellen:

1. Dem Schüler werden „anthropologische Konstanten, in denen Antike und Moderne konvergieren“[85], deutlich faßbar; dabei bieten sich ihm im Sinne des „Ja, so ist es auch“-Erlebnisses[86] durchaus Identifikationsmöglichkeiten. Der Heranwachsende begreift sich im Kontinuum der Geschichte als ein *animal historicum.*[87] Der Text zeigt seine identifikatorische Kraft.

2. Dem Schüler treten die Konturen seiner eigenen Zeit vor dem Hintergrund des Fremden, historisch Einmaligen stärker entgegen. Das „Erleben der Distanz“, die „Fremderfahrung“, verhilft ihm zu einem bewußteren Erfassen des eigenen Standorts[88] und läßt ihn die Möglichkeit zu einem freieren Verhältnis gegenüber Tradition und Zeitgeist spüren. Der Text zeigt seine emanzipatorische Kraft.[89]

---

[82] Zur Bedeutung und Leistung des Transfers im altsprachlichen Unterricht grundlegend: *Keulen, H.*: Formale Bildung – Transfer. In: Fachdidaktisches Studium in der Lehrerbildung. Alte Sprachen 1 (hrsg. von *Gruber, J./Maier, F.*). – München 1979, 70ff.

[83] „Existentieller Transfer“ bei lateinischen Historikern. In: Antike Texte – moderne Interpretation, Beiheft der „Anregung“. – München o.J., 7ff. bes. 8, Anm. 4. Vgl. denselben auch in: AUXILIA 12. – Bamberg 1985.

[84] Zweifellos verlangen auch moderne Texte einen Transfer; auch sie müssen in den Verständnishorizont des Schülers übertragen werden. Es stellen sich jedoch dabei die Wirkungen, die durch die zeitliche Ferne der Entstehung antiker Texte bedingt werden, nicht oder nicht in gleich starkem Maße ein.

[85] So *Nickel, R.*: Moderner Lateinunterricht, 34. Vgl. auch *Glücklich, H.-J.*: Lateinunterricht, 141.

[86] Vgl. dazu bes. *Seiffert, H.*: Einführung in die Wissenschaftstheorie 2. – München ^{5}1973, 26ff.

[87] Vgl. dazu *Gegenschatz,* a.O., 318.

[88] *Manfred Fuhrmann* (Der altsprachliche Unterricht zwischen Traditionspflege und Traditionsabbruch, 19) nennt dies: „Selbsterfahrung durch Fremderfahrung“.

[89] *Heinz Munding* (Römisches Erbe – einmal anders gesehen, 350ff.) sieht zu Recht bei den in der antiken Literatur vorgegebenen Denk- und Verhaltensmustern den Akzent vom „Normativen auf das Faktische hin“ verlagert; er meint hier, daß die Beschäftigung mit Denkmodellen der antiken Texte dazu dienen solle, „das noch immer in uns steckende und uns wie eine Last anhängende Alte

In dem vorgetragenen Verständnis von „‚Denkmodellen‘ in antiken Texten“ sind die bislang üblichen, in dialektischen Begriffspaaren formulierten Begründungshypothesen für den Latein- und Griechischunterricht mehr oder weniger aufgehoben:[90] Konstanz und Kontrast, Kontinuität und Diskontinuität, Allgemeingültigkeit und historische Singularität, Isomorphie und Allomorphie, Exemplarität und Folienhaftigkeit, Proto-/Archetypenhaftigkeit und Wandelbarkeit, Nähe und Distanz[91], Verbundensein und Ferne[92] u. ä.

6.2 **Didaktische und methodische Folgerungen**

Der beschriebene Charakter der Modellhaftigkeit der Texte läßt klare Aussagen in zentralen didaktischen und methodischen Fragen des Lektüreunterrichts zu.

6.2.1 *Wirkungen aus der Arbeit mit ‚Denkmodellen‘*

Die Arbeit an und mit solchen ‚Denkmodellen‘ ist in der Schule dann in vollem Maße wirksam und fruchtbar,
1. wenn der Modellcharakter des Textes an seinen Merkmalen bewußt gemacht wird (Was ist ein Text in Bezug zur Wirklichkeit?[93] Was leistet der Text als Modell? Inwiefern ist ein im Text enthaltenes ‚Denkmodell‘ fruchtbar?);
2. wenn mehrere Texte als ‚Denkmodelle‘ zu einer Thematik eingesetzt werden (Welche Sichtweise vermittelt ein Text? Welche anderen Sichtweisen sind möglich?);

---

als solches zu erkennen und uns damit gegebenenfalls und möglicherweise von ihm zu befreien“. Neben dieser emanzipatorischen Leistung des Denkmodells muß, wenn wir ein angemessenes Verhältnis zu den Texten finden wollen, die identifikatorische treten. Neuerdings *Munding* in Anregung 28 (1982), 93ff. Vgl. auch *Manfred Fuhrmann* (Der altsprachliche Unterricht zwischen Traditionspflege und Traditionsabbruch, 20), der beide Pole gleichrangig gelten läßt: „Für eine solche zwischen Distanz und Identifikation die Mitte haltende Selbstkonstitution bietet der dem altsprachlichen Unterricht zu Gebote stehende Stoff einen ergiebigen Fundus dar.“ – Ähnlich *v. Hentig, H.*: Spielraum und Ernstfall. – Stuttgart 1981, 338: Politische Bildung durch Begegnung mit der Geschichte: „In der Mehrzahl der Fälle wird es darum gehen, sich der Hilfen dieser Vergangenheit zu versichern: sich selbst und seine Lebensbedingungen im allerweitesten Sinn besser zu verstehen. In vielen Fällen wird es darum gehen, sich von dieser Vergangenheit zu befreien.“

[90] Die hier ausgespannte Dialektik macht die didaktische Fruchtbarkeit auch wissenschaftlicher Fragestellungen im Unterricht deutlich, z. B. ob Thukydides im Epitaphios eine ideelle Konzeption, gleichsam ein Musterbild vom Staat hat schaffen wollen oder ob es nicht in seiner Absicht lag, Aussagen zu machen, die über das Werk hinausweisen. Mit Schülern ist zu besprechen, was daran als allgemeingültig angesehen werden darf und was historisch gebundene Züge trägt (s. dazu oben Anm. 40).

[91] So *Marg, W.*: Die Alten und das Neue, 54.

[92] Vgl. dazu *Regenbogen, O.*: Humanismus – heute? In: Kleine Schriften (hrsg. von *Dirlmeier, F.*). – München 1961, 470.

[93] Dies muß natürlich für den Unterricht zur Folge haben, daß der Lehrer den Schülern klar macht, daß ein antiker Text nicht die geschichtliche Wirklichkeit Roms oder Griechenlands ist, auch nicht die biographische Wirklichkeit des Autors, sondern nur eine Spiegelung der jeweiligen Wirklichkeit.

3. wenn die im Text abgebildete Wirklichkeit mit der modernen Zeit in Verbindung gebracht wird (Wie steht die Gegenwart zu der im ‚Denkmodell' des Textes enthaltenen Vorstellung?).[94]

Die Erfüllung der ersten Bedingung ermöglicht die angemessene Einstellung des Schülers zum Text als einem geistigen Produkt eines einzelnen Menschen; die der zweiten Bedingung verhindert die perspektivische Einseitigkeit, sie läßt die antike Wirklichkeit und ihre geistige Durchdringung umfassender erfahren[95]; die der dritten Bedingung transzendiert die Antike und ermöglicht erst auf diese Weise den notwendigen „existentiellen Transfer".

Die entscheidende Wirkung: Die an ‚Denkmodellen' mögliche Sichtweise auf die Antike läßt im Vergleich und Kontrast das Wesentliche an ihr schärfer und eindringlicher erkennen: ihre geistigen Erstentwürfe und die dabei aktualisierte „Energie der forschenden Rationalität"[96], aber auch die prinzipiellen Haltungen im Erkenntnisstreben, das Gültige und Exemplarische an Personen, Formen, Strukturen und gedanklichem Potential, das über Jahrtausende hinweg seine fortzeugende Wirkungskraft

[94] Dazu *Manfred Fuhrmann* (Alte Sprachen in der Krise? 41): „. . . die Frage ‚Wie stehe ich, wie steht die heutige Zeit dazu?' darf nicht ausgeklammert werden, mag nun die Bilanz auf einen Kontrast oder eine Analogie hinauslaufen." – *Klowskis* Theorie (a.O., 26) scheint mir im Ansatz richtig, aber nicht ganz zu Ende geführt; die in den antiken Texten enthaltenen Gedanken sind für ihn „Denkmodelle", darunter versteht er, daß „beide Konzeptionen, sowohl die moderne als auch die antike", von ihm von vornherein „als Denkmöglichkeiten hingestellt werden, über deren Gültigkeit zu diskutieren ist". Das Ergebnis dieser Diskussion kann nicht die Erkenntnis sein, daß die eine oder die andere Denkmöglichkeit sich als gültig erweist, sondern die, daß in der Antike Fragen und vielleicht auch Antworten formuliert wurden, die unserer heutigen Zeit nicht fremd sind, oder daß die Gegenwart in diesem und jenem Punkte ganz anders denkt als das Altertum. Aus der Diskussion solcher in der Antike formulierten Denkmöglichkeiten kann der heranwachsende Schüler durchaus eine Orientierungshilfe in seinem „Weltverständnis", und in seinem „Verhalten" gewinnen – trotz des von *Robinsohn* (s. oben Anm. 38) konstatierten angeblichen Fehlens einer Isomorphie zwischen Antike und Moderne; eine Isomorphie im anthropologischen Sinne ist durchaus gegeben.

[95] Im letzten läßt sich deshalb von einer „modellorientierten Lektüre" (s. Interpretationsebenen im Lektüreunterricht. In: Antike Texte – moderne Interpretation, 71 ff., s. auch u. 137) nur dann sprechen, wenn auch das Merkmal der „Produktivität" hervorgekehrt wird, also „konkurrierende Sichtweisen", d. h. Texte verschiedener Autoren mit verschiedenen Auffassungen zu einem Gegenstand zum Tragen kommen. (Auch von daher läßt sich das thematische Prinzip im Lektüreunterricht begründen.) Wo die konkurrierende Sichtweise nicht tatsächlich gegeben ist (mangels Überlieferung oder weil sie niemand darstellen konnte oder wollte), ist es modelltheoretisch und damit didaktisch legitim und nötig, diese Sichtweisen hypothetisch zu formulieren. So versucht z. B. *Heinz Munding* (Römisches Erbe – einmal anders gesehen. In: Didaktik des altsprachlichen Unterrichts, 341 ff.), die nichtrömische Perspektive in der Beurteilung des römischen Imperialismus zu erschließen (ohne allerdings in seinen Folgerungen voll überzeugen zu können).

[96] So die Formulierung *Heilmanns* (Kritische Anmerkungen zu Schadewaldts Vorstellungen vom Welt-Modell der Griechen, 38). Im Gegensatz zu *Nickel* (Einführung in die Didaktik, 194) meinen wir, daß gerade unter dem Verständnis des ‚Denkmodells' und dem dadurch vorgegebenen Zugang zum antiken Text „das Einzigartige, das Individuelle, das Außerordentliche, das Hervorragende" erfaßt wird. Denn solches erkennt, begreift man nur, indem man es – durch Vergleich und Kontrast, also denkend – von seinem geschichtlichen Hintergrund und von anderen Möglichkeiten vorher und nachher abhebt; eine nur naiv staunende Betroffenheit muß in diesem Sinne wirkungslos bleiben.

bewährt hat,[97] die „Prinzipien und Möglichkeiten menschlichen Handelns",[98] die in der antiken Literatur erstmals in Europa bleibende Konkretisationen erfahren haben. Die Konstanz der Rezeption über mehr als zwei Jahrtausende hinweg, welche Texte mit ‚Denkmodell'-Charakter erfahren haben, zeigen Wert und Größe dieser Texte, auch ihre Unersetzbarkeit. Ohne Zweifel lassen sich von diesem Ansatz aus Kriterien für eine neue Bestimmung des „Klassischen" an antiken Texten gewinnen.[99]

6.2.2 *Kriterien für Textauswahl und Texterschließung*

Die didaktische Modellsituation des Unterrichts liefert außerdem Kriterien für die Textauswahl und Texterschließung.

1. Welche Texte sollten gelesen werden?
Solche Texte, die ‚Denkmodell'-Charakter haben, also Texte, die konzentriert menschliche Grundsituationen präsentieren, die eine humane Substanz haben, in erster Linie also narrative, fiktionale und reflektorische Texte, die von hoher Intentionalität, von „produktivem Wahrheitsgehalt", von „herausfordernder Appellativität" sind.

2. Warum eignen sich nur Originaltexte?
Die Funktion eines ‚Denkmodells' gewinnt ein Text nicht nur durch seine inhaltliche Aussage, sondern auch durch die sprachliche Gestaltung, in der die Inhalte gefaßt sind; ein Text wirkt auf den Leser durch Gestalt und Gehalt. Texte erhalten durch ihr sprachlich-inhaltliches Sosein, d. h. letztlich durch die nur im Original gegebene unauflösliche Einheit von Form und Inhalt ihren Appellcharakter und zeigen dadurch ihre pädagogische Wirkung. Die Auseinandersetzung mit dem ‚Denkmodell' eines Textes gelingt in vollem Umfang deshalb nur beim Original. Solche im Original zu lesenden Texte sollten sich demnach – hier ist auch eine ästhetische Komponente im Spiel – durch Form und Inhalt als „europäische Grundtexte" *(Schadewaldt)*, als „Texte der großen Literatur" *(Kannicht)* erweisen.

---

[97] Dafür nur zwei Belege: *Arno Buchholz* (Am Ende der Neuzeit, 201) erkennt in Sokrates, wie er in der literarischen Darstellung Platons erscheint, ein „Denkmodell" für einen Menschen, der „im Wissen um eine Wirklichkeit hinter der vordergründigen Welt alle politischen Anklagen und den Tod gelassen hinnahm." Für *Hermann Kahn* (Vor uns die guten Jahre. – Wien/München/Zürich/Innsbruck 1977, 307) ist Augustus so etwas wie ein ‚Denkmodell' „eines autoritären Führers".

[98] So *Werner Suerbaum* (Die Aeneis als Schultext, 271), nach dessen Auffassung eine derartige Zielsetzung in der Schule angestrebt werden müßte. Ähnliche Gedanken bei *Marg, W.*: Die Alten und das Neue, 54: „Denn nur uns selbst im Spiegel wiederzufinden, das wäre nicht so aufregend. ‚Wiederfinden' wollen wir die Möglichkeiten des Menschen."

[99] Für die Frage interessierte sich bes. *Rainer Nickel* (in einer brieflichen Mitteilung vom 17. 12. 79): Sofern man das Klassische nicht nur als ein Normativitätsphänomen ansieht, sondern auch als Rezeptionsphänomen, bieten Wesen und Funktion des ‚Denkmodells' eine Möglichkeit, das „Klassische" auf einer neuen Grundlage zu bestimmen; s. dazu u. 268. Zur Problematik allgemein vgl. *Schmalzriedt, E.*: Inhumane Klassik. Vorlesung wider ein Bildungsklischee. – München 1971, bes. 19ff. *Schmalzriedt* setzt sich auch mit dem Begriff der „Modellhaftigkeit" auseinander, insofern er ein Kriterium für das „Klassische" abgibt. Da er „Modell" entweder „als absolut verpflichtendes Vorbild" oder „als intentional verpflichtendes Leitbild" versteht, was falsch oder zumindest schief ist, trifft seine Kritik auf unseren neuen Ansatz einer Bestimmung des Modellhaften ganz sicher nicht zu.

3. Welche Methoden eignen sich?

Die Methoden der Texterschließung sollen den Text in seinem ,Denkmodell'-Charakter wirksam werden lassen, d. h. sie müssen den „Wahrheitsgehalt" eines Textes[100] in einer Weise aufschließen helfen, daß die Schüler zum Nachdenken darüber provoziert werden. Auf keinen Fall darf die Methode durch einen womöglich schwierigen metasprachlichen Begriffsapparat den Zugang zu dem gegenüber der Wirklichkeit vereinfachten, auf Grundstrukturen reduzierten Aussagegehalt des Textes verkomplizieren; dadurch würde die Leistung des Textes als eines Modells von Wirklichkeit abgeschwächt, wenn nicht außer Kraft gesetzt (Möglichkeiten und Grenzen der modernen Textlinguistik sind nicht zuletzt auch von daher zu bestimmen).[101]

Nehmen wir den Begriff des ,Denkmodells' in seiner beschriebenen didaktischen Funktion – mit allen Einschränkungen und Notwendigkeiten –, dann enthalten altsprachliche Texte auch gemäß den Erkenntnissen der modernen Modelltheorie, wie es *Walter Jens* ausdrückt, Modelle, die man „weiterdenkt" und von denen aus man „auf die Gegenwart blickend eben die große Sinnfrage stellt"[102]. Die Leistung, die wir der beschriebenen ,Denkmodell'-Funktion altsprachlicher Texte zuerkennen, ist auf Sein und Sinn des Menschen gerichtet, sie ist schlechthin humanistisch orientiert und trifft die Wesensmitte des Gymnasialen.[103]

Ist sich der Lehrer der didaktischen Modellsituation seiner Textbehandlung und der Funktion der Texte bewußt, so fällt es ihm gewiß nicht schwer, die pädagogische Potenz eines mit Bedacht ausgewählten Textes zur vollen Entfaltung zu bringen und das ,Denkmodell' eines Textes als das wirken zu lassen, was es – zumindest didaktisch – sein kann, als κτῆμα εἰς ἀεί.[104]

---

[100] S. dazu o. 122.

[101] Auf diese Problematik hat mich *Felix Seitz,* Wien, aufmerksam gemacht.

[102] Das humanistische Gymnasium – ein Mißverständnis? In: MDAV 22, 4 (1975), 6.

[103] In einigen Lehrplankonzeptionen ist der Begriff des ,Denkmodells' durchaus schon in dem hier erarbeiteten Sinne verstanden, so daß der dadurch empfohlene Unterricht längst in den hier vorgezeichneten Bahnen abläuft. Vgl. etwa Entwürfe der Curricula für die *Mainzer Studienstufe,* Leistungskurs Latein, S. 115: „II Reflexion: . . . Verstehen lateinischer Texte im Sinne von Denkmodellen (Sperrung d. Verf.) für eine differenzierte geistige Ordnung" oder *Nordrhein-Westfalen,* Gymnasiale Oberstufe, Richtlinien Lateinisch, 27: „Die lateinischen Texte provozieren häufig durch ihre historische Distanz; sie entfalten ihre Bedeutung für den heutigen Rezipienten dadurch, daß sie mit Werten, Normen und Verhaltensweisen einer fremden Kultur konfrontieren und zur begründeten Stellungnahme herausfordern. Unabhängig davon, ob die Denkmodelle (Sperrung d. Verf.) und Verhaltensmuster, die in der lateinischen Literatur begegnen, zur Identifizierung oder zur Distanzierung führen, scheint gerade die historische Dimension des Lektüreunterrichts sich dafür anzubieten, Einsichten zu vermitteln in die Relativität menschlicher Anschauungen und Wertmaßstäbe."

[104] Die antiken Texte haben ja gegenüber den sog. aktuellen Texten den Vorzug, daß sie – wie die Tradition zeigt – auch in fünfzig und mehr Jahren noch aktuell sind.

Latein ohne Richtschnur?

Klaus Westphalen

Interpretationsebenen, Lektüreprinzipien, Literaturkanon

Voraussetzungen und Bedingungen altsprachlicher Textbearbeitung

Interpretation als das Bemühen, Texte in ihrer Eigenart zu verstehen und verständlich zu machen, unterliegt in der Schule anderen Gesetzen als an der Universität. Dies hat zuletzt *Rainer Nickel* sorgfältig herausgearbeitet,[1] zuvor haben auch andere Vertreter der Gymnasialfächer dieses Faktum in seinen Einzelaspekten zu verdeutlichen versucht.[2] Der Kernpunkt aller Aussagen über die in der Schule übliche „unterrichtliche" oder „pädagogische" Interpretation liegt darin, daß antike Texte – wie alle literarischen Gegenstände – in der Schule eine Funktion erhalten, d. h. daß sie für bestimmte Zwecke eingesetzt werden. Texte werden zu Lerninhalten.[3] Das Postulat der modernen Literaturdidaktik „Erziehung zur Literatur und durch Literatur" hat auch, wie oben bereits gezeigt,[4] in den Alten Sprachen seine Gültigkeit; allerdings liegt hier der Schwerpunkt wohl auf dem zweiten Teil der Formulierung. Denn das Erziehen durch den Umgang mit antiker Literatur ist an Voraussetzungen und Bedingungen geknüpft, die im wesentlichen außerhalb ihrer selbst liegen: im Schüler, im Leben, auf das hin der junge Mensch zu erziehen ist, und in der Gesellschaft.[5]

Daraus ergibt sich eine Fülle von Problemen sowohl für die „Angemessenheit" der schulischen Interpretation[6] wie auch für die innere Organisation des Lektüreunter-

---

[1] Die Interpretation im altsprachlichen Unterricht. In: Fachdidaktisches Studium in der Lehrerbildung. Alte Sprachen 2 (hrsg. von *Gruber, J./Maier, F.*). – München 1982, 21ff. Neuerdings umfassend derselbe: Einführung in die Didaktik des altsprachlichen Unterrichts. – Darmstadt 1982, 86ff. u. 120ff. (hier weitere Literatur).

[2] Vgl. *Walsdorff, F.*: Interpretation in der Schule und auf der Universität. In: Gymnasium 63 (1956), 207ff. Ebenso siehe dazu die Aufsätze in: *Maier, F.* (Hrsg.): Antike Texte – moderne Interpretation. In: Beiheft zur „Anregung", München o. J. (1975). Vgl. dazu *Bayer, K.*: Möglichkeiten moderner Methoden im Lateinunterricht. In: *Färber, H.* (Hrsg.): Moderner Unterricht an der Höheren Schule. – München 1959, 89–116. Überblickartige Zusammenstellung verschiedener Positionen bei *Frings/Keulen/Nickel*: Lexikon zum Lateinunterricht, 105ff. s. v. „Interpretation". *Glücklich, H.-J.*: Lateinunterricht. – Göttingen 1978, 22ff.; hier ist besonders auf die Eigenart schulischer Interpretation der Akzent gelegt.

[3] Vgl. *Maier, F.*: Texte als Lerninhalte. In: Fachdidaktisches Studium in der Lehrerbildung. Alte Sprachen 2, 9ff. (hier weitere Literatur).

[4] S. 78ff.

[5] Vgl. dazu Bd. 1, 19ff.

[6] Mit Recht ist im wohl umfassendsten und didaktisch am tiefsten greifenden Lehrplan Nordrhein-Westfalens (Gymnasiale Oberstufe, Richtlinien Lateinisch. – Köln 1981, 104) festgestellt, daß „bislang noch keine umfassende und didaktisch aufbereitete Interpretationslehre" im Blick sei. Auch unsere Darstellung kann hierzu nur erste Ansätze bieten; wir legen freilich Wert darauf festzustellen, daß die Angemessenheit der Interpretation sich auch an außerfachlichen Faktoren (Schüler, Lebenswirklichkeit, Gesellschaft) zu orientieren hat, daß also die Interpretationsmethodik nicht bloß von den fachlichen Prinzipien abhängt, wenn diese hier auch den Vorrang beanspruchen dürfen. Ein beachtenswerter Versuch, zu einer Interpretationsmethodik zu gelangen, liegt vor in: LEU Materialien Latein L 4: *Hilbert, K./Meusel, H.*: Hinweise zur Interpretation. – Stuttgart 1977, 2–9. Wichtig auch *Hohnen, P.*: Unterrichtswirklichkeit und Interpretationsprozeß. Ein Beitrag zur Interpretations-Methodik. In: AU XXIV,2 (1981) 64ff.

richts. Mit Notwendigkeit geraten dabei die wissenschaftlichen Vorgaben des Universitätsfaches mit den pädagogischen Anliegen des Gymnasialfaches in eine starke Spannung zueinander. Die Didaktik als vermittelnde Instanz hat beide Positionen so zu berücksichtigen, daß erträgliche Kompromisse zustande kommen.[7] Im nachfolgenden sei dies an den drei wichtigsten Problemkreisen des schulischen Umgangs mit Literatur verdeutlicht.

1 Interpretationsebenen im Lektüreunterricht

1.1 Notwendigkeit einer Differenzierung des Lektüreunterrichts

Lange Zeit erschien der Lektüreunterricht als eine mehr oder weniger homogene, undifferenzierte Einheit. Es wurde vom Lektüreunterricht schlechthin gesprochen; das Maß wurde dabei offensichtlich von der Höchstform seiner Verwirklichung in der Oberstufe genommen. Unberücksichtigt blieb, daß er sich dazu über Vorstufen allmählich entwickelt. Ein Grund für diesen Fehlbestand ist sicherlich darin zu sehen, daß es eine Didaktik des Lektüreunterrichts der Mittelstufe/S I lange Zeit nicht gab und sie auch jetzt nur in – allerdings bemerkenswerten[8] – Ansätzen vorliegt. Wir haben schon 1974 nachdrücklich darauf hingewiesen, daß eine Unterscheidung im Umgang mit antiken Texten in einzelne Phasen des Unterrichts dringend geboten ist.[9]
Der Lektüreunterricht läßt sich – grob betrachtet[10] – in drei Phasen einteilen:
1. Anfangslektüre (8./9. Klasse–Anfang bei L 1),
2. Lektüre auf der Mittelstufe / S I (9. Klasse–Ende und 10./11. Klasse bei L 1/L 2),
3. Lektüre auf der Oberstufe/Kollegstufe/Studienstufe (z. T. 11. Klasse, 12./13. Klasse bei L 1/L 2).
Bei L 2 koinzidieren in einem gewissen Sinne Anfangs- und Mittelstufenlektüre in der 9. und 10. Klasse. L 3 fällt, da der Lektüreunterricht in aller Regel erst in der 11. Klasse beginnen kann, aus diesem Rahmen.

---

[7] Ausführlicher dazu *Nickel, R.*: Einführung in die Didaktik, 22ff.
[8] So etwa: Lateinische Lektüre – Sekundarstufe I, Themen – Texte – Ziele. Kultusministerium Rheinland-Pfalz (Redaktion: *Hans-Joachim Glücklich.* – Mainz 1981); vgl. dazu die Besprechung durch den Verfasser in: Gymnasium 89 (1983), 523f.
Vgl. auch Verfasser: Der lateinische Lektüreunterricht auf der Sekundarstufe I (Mittelstufe). In: Fachdidaktisches Studium in der Lehrerbildung. Alte Sprachen 2, 63ff.
[9] Interpretationsebenen im Lektüreunterricht. Grundlinien einer altsprachlichen Lektüredidaktik. In: Anregung 20 (1974), 365ff. Dieser Versuch hat allgemein ein positives Echo gefunden: vgl. *Suerbaum, W.*: Leitlinien für lateinische Interpretationsklausuren. In: Anregung 22 (1976), 90; *Nickel, R.*: Die Alten Sprachen in der Schule. – Frankfurt a. M. [2]1978, 291. *Vester, H.*: Zu dem Einfluß der allgemeinen Didaktik auf die Fachdidaktik der Alten Sprachen. In: Anregung 25 (1979), 293; ebenso *Frings/Keulen/Nickel*: Lexikon zum Lateinunterricht, s. v. „Interpretation“; *Nickel, R.*: Einführung in die Didaktik, 147f.
[10] Es lassen sich gewiß auch feinere Differenzierungen machen, indem man zwischen einer Lehrbuchlektüre, lehrbuchbegleitenden Lektüre, Übergangslektüre, Anfangslektüre und Hauptlektüre unterscheidet; so etwa durch *Glücklich* (s. o. Anm. 8). Vgl. dazu *Maier, F.*: Der lateinische Lektüreunterricht auf der Sekundarstufe I, 61 (hier weitere Literatur) und u. 186f.

Es ist ohne weiteres einsichtig, daß der Lektüreunterricht in den einzelnen Phasen jeweils verschiedene Voraussetzungen hat, von der Sache her (Sprachkenntnisse, Hintergrundwissen u. ä. m.) und vom Schüler her (entwicklungs- und denkpsychologischer Zustand, Interesse, jugendpsychologische Situation u. ä. m.). Demgemäß unterscheiden sich auch die Ziele. Es ist legitim, bei allen Phasen des Lektüreunterrichts die Frage des „Wozu?" an seine Gegenstände, also an die Autoren und Texte zu richten; die Antwort muß allerdings verschieden sein; sie wird jeweils eine verschiedene Marke auf dem Skalenbereich treffen, der zwischen dem innerfachlichen und außerfachlichen Aspekt liegt. Die Anfangslektüre ist vornehmlich von der fachimmanenten Zielsetzung geleitet, insofern sie die sachlichen und erkenntnismäßigen Grundlagen für die weiteren Phasen legt; natürlich muß sie auch hier obendrein den Schülern einen Gewinn an Erfahrungen und Erlebnissen zuführen. Je mehr sich der Lektüreunterricht seiner Höchstform nähert, desto stärker wird seine Orientierung über das Fach hinausgreifen; er wird sich ausrichten an den Bedürfnissen des Schülers im späteren Studium und Beruf sowie in seinem individuellen und sozialen Leben.

1.2 **Orientierung an der entwicklungspsychologischen und jugendsoziologischen Situation der Schüler**

Die lerntheoretische Forschung legt über die Beziehung zwischen dem „sachstrukturellen Entwicklungsstand" *(Heckhausen)* eines Schülers und dem Anspruchsniveau eines Faches immer detailliertere Ergebnisse vor; die hier angebotenen Unterscheidungsmerkmale sind wegweisend.

Nachfolgend ist deshalb die entwicklungspsychologische und jugendsoziologische Situation der Schüler während der drei Phasen des Lektüreunterrichts – idealtypisch vergröbert und ohne Anspruch auf Vollständigkeit – aufgezeigt; die Auswahl bleibt auf solche Gesichtspunkte beschränkt, aus denen möglicherweise für die didaktische Konzeption des Lektüreunterrichts Konsequenzen ableitbar sind.[11]

---

[11] Ein Versuch, aus der Fülle der wissenschaftlichen Literatur überschaubare Feststellungen über die entwicklungspsychologische Situation der Schüler zu treffen, liegt vor in Bd. 1, 24ff. (hier weitere Literatur). Zusätzlich sind an dieser Stelle auch jugendsoziologische Erkenntnisse berücksichtigt, orientiert vor allem an *Höhne, E.*: Jugend und Leistung. Versuch einer Klärung. Stuttgart 1978, 15ff.; *von Schirnding, A.*: Jugend 70. In: Durchs Labyrinth der Zeit. – München 1979, 76ff.; *Hornstein, W.*: Jugend 1980 – apathisch, lustlos, resigniert? Eine Generation sucht ihre Zukunft. In: SZ vom 9./10. 8. 1980; *Fine, Louis L.*: Die Rebellion der großen Kinder. – München 1979, bes. 36ff. und 125ff. Ebenso *Hofmann, F.*: Wie sinnlos ist die Sinnlosigkeit? In: Anregung 27 (1981), 220–228; dieser Aufsatz ist insofern von Bedeutung, als hier ein Schüler selbst – unter Einbeziehung jugendsoziologischer Untersuchungen – die Situation seiner Generation zu analysieren versucht.

Lektüre am Ende der Unterstufe/zu Beginn der Mittelstufe/S I
Abnehmendes Sachgedächtnis - Zunehmen des abstrakten, formallogischen Denkens.
Allmähliches Entdecken der eigenen Innenwelt und beginnendes Streben nach Selbständigkeit und eigener wertender Stellungnahme.
Interesse für Dinge an sich, für Fakten und deren Einbettung in Entwicklungslinien (durchaus nicht immer gegenwarts- oder gesellschaftsbezogen; vgl. die Vorliebe für historische Jugendlexika, die liebevolle Ausgestaltung von Sachheften, bes. von Geschichtsheften, u. ä. m.). Noch auffallende Zurückhaltung gegenüber aktuellen, tagespolitischen Ereignissen und Fragestellungen.
Freundschaftsbindungen; Suchen nach Geborgenheit in Vereinen und Jugendgruppen.

Lektüre auf der Mittelstufe
Vorherrschen des Sinngedächtnisses, Erwachen des theoretischen Gedächtnisses.
Weiter zunehmende Neigung, sich mit abstraktlogischen Sachverhalten zu beschäftigen.
Beginnende Fähigkeit, eigene Fragen zu stellen und Kritik zu üben.
Lösen von bisherigen Bindungen (vor allem der Familie);
verstärktes Suchen nach neuen Beziehungen (Freundschaft, Gruppe);
Mißtrauen und Kritik gegenüber Schule und Lehrern;
Ruhelosigkeit wegen mangelndem Erfüllungsraum in der Familie und Schule (Familie wird als arbeitsorientiert, Schule als leistungsorientiert empfunden), Einsamkeit und Leere, beginnende Anpassungsprobleme in der Peer-Group.
Reserve gegenüber politischen Bewegungen, da sie keine Antworten auf die Frage nach dem Sinn des Lebens geben können.
Bereitschaft, sich mit dem Rollenverhalten der unmittelbaren Umgebung und mit den Kulturnormen und Wertvorstellungen der weiteren Umgebung auseinanderzusetzen.
Verlangen nach „Angeboten“ in ethischer, politischer und weltanschaulicher Hinsicht, die zum Gegenstand echter Auseinandersetzung werden können.

Lektüre auf der Oberstufe/Kollegstufe
Vorherrschen des theoretischen Gedächtnisses (Abstrahieren, Kombinieren, Schließen, Urteilen).
Streben nach einem tieferen Eindringen in Abstraktionen und komplexe Denkformen.
Geistige Beweglichkeit und Phantasie.
Interesse für das Erfassen größerer Problemstellungen, aber auch für „praktische Erkenntnisse“ (*E. Spranger*).
Streben nach Erkenntnis der (zuweilen axiomatischen) Vorbedingungen der Wirklichkeit und der sie konstituierenden Systeme.
Bemühen, die „symbolischen Systeme“ unserer Zeit, die durch Anonymität den Menschen beherrschen, zu durchschauen und zu verstehen, sie sinnvoll dem eigenen Leben zuzuordnen.
Orientierungslosigkeit und Wertkrise, Motivationskrise, neurotische Störungen, zugleich Verlangen nach Sinnerfüllung und Wertempfänglichkeit; zuweilen Ersatzbefriedigung in Sekten, Diskobars, Drogen u. a.; selbständige Lösung der Sinnfrage in den vielfältigen Formen jugendlicher Subkultur; Bereitschaft, im engeren und weiteren Bereich Verantwortung zu übernehmen; Entwicklung eines kritischen Realismus.
Verstärkte Existenzangst wegen schlechter Zukunftsaussichten.
Erkennen der eigenen Möglichkeiten und Grenzen; Fähigkeit, Kompromisse einzugehen; Bereitschaft zu Toleranz, Verständigung, Partnerschaft und Fürsorge.
Skepsis gegenüber der aktuellen Politik und den politischen Parteien, aber Anerkennung der Demokratie wegen der Möglichkeiten zur persönlichen Entfaltung.

Es ist eine natürliche Forderung, daß sich der lateinische Lektüreunterricht – wie jeder andere Unterricht[12] – in Angebot, Zielsetzung und Methoden auf die entwicklungspsychologische und jugendsoziologische Situation der Schüler einstellt.[13] Die didaktischen Entscheidungen müssen sich daran orientieren. Die Art der Interpretation von zur Lektüre angebotenen Texten wird von solchen Entscheidungen wesentlich geprägt sein.

1.3 **Folgerungen für die Didaktik des Lektüreunterrichts**

Den drei Phasen des Lektüreunterrichts lassen sich drei Ebenen der Interpretation zuordnen:

1. die sachorientierte Interpretation,
2. die problemorientierte Interpretation,
3. die modellorientierte Interpretation.

1.3.1 *Die sachorientierte Interpretation*

Die sachorientierte Interpretation beschränkt sich auf das Erfassen der Sache, der Realien, somit auf die pragmatische Dimension des Textes im weitesten Sinne.[14] Das Lektürebemühen ist auf die πράγματα im Text und im kulturellen Umfeld des Textes gerichtet. Allerdings wird der geschichtliche Ort, der kulturelle Zusammenhang des Textes nur so weit thematisiert, wie es zum Verständnis des Textinhaltes und zur Erreichung der dadurch angestrebten Unterrichtsziele notwendig ist.[15] Der Lektüre werden hier Texte zugrundegelegt, in denen das „sachliche" Angebot überwiegt, die aber auch eine innere persönliche Begegnung des Schülers mit den dargestellten Inhalten ermöglichen, sei es mit der Wirkung der Identifikation oder mit der der Distanzierung. Es ist allgemein anerkannt, daß sich eine derartige Wirkung einstellt an kernigen Gestalten der Geschichte, des Mythos oder des Dramas, z. B. an Alcibiades, Orpheus, Chairea (in Terenz' ‚Eunuchus'), bei klar konturierten historischen Ereignissen, z. B. bei der Britannienexpedition, bei den Rheinüberschreitungen, den Vorgängen um Alesia in Caesars Bellum Gallicum, auch an übersichtlichen, durch Fakten

---

[12] Man vgl. dazu bes. *Roth, H.*: Pädagogische Psychologie des Lehrens und Lernens. – Hannover [12]1979, Kap. VI: „Die originale Begegnung" als methodisches Prinzip, 109ff.

[13] *Paul Hohnen* (Einige kritische Anmerkungen zur Didaktikdiskussion des altsprachlichen Unterrichts. In: Gymnasium 87 (1980), 330) bedauert es zu Recht, daß „der Hauptakteur auf der didaktischen Bühne, der Schüler" zu wenig bei allen Überlegungen zum Unterricht mitberücksichtigt wird.

[14] Dazu wichtig *Nickel, R.*: Einführung in die Didaktik, 107 (hier weitere Literatur).

[15] Damit wird einem allgemein für den Literaturunterricht maßgeblichen Gebot gedient: „Der Schüler muß – zunächst die ihm gebotene Literatur und ihre Gegebenheiten (Inhalt, Struktur und Geschichte) zur Kenntnis nehmen und zu verstehen versuchen". So *Berker, K./Riemenschneider, H.*: Literaturwissenschaft und Fachdidaktik. – Düsseldorf 1973, 38. Zwar sind im Deutschunterricht nicht Stufen des interpretatorischen Zugangs zum Werk streng unterscheidbar, doch wird der Einstieg über das Sachverstehen als notwendig angesehen, ehe man zu seiner Problematisierung und Wertung übergehen kann.

belegbaren Entwicklungen, etwa Roms Verhältnis zu Karthago im „Hannibal“ des Nepos, besonders wenn solche Entwicklungen abenteuerliche Züge tragen.
Als Grundlage der Anfangslektüre werden demnach allerorts kurze Textpartien (aus einem Geschichtswerk, aus einer Rede u. ä.) oder Kleinwerke (Biographien, Fabeln, Dramen, besonders Komödien) vorgeschlagen. Die Auswahl muß sich dabei auch von dem Gesichtspunkt leiten lassen, daß in dieser Phase die materialen Voraussetzungen (Sprachkenntnisse in Wortschatz, Formenlehre, Syntax, Stilistik, Kenntnisse in Metrik, in literarischen Formen, Textmerkmalen u. ä. m.) für die späteren Phasen geschaffen werden. Die Sachorientierung schließt auch die Aspekte des Sprachlich-Stilistischen, der Textgestaltung, der literarischen Gattung mit ein, so daß die schriftstellerische Leistung des Autors ins Blickfeld gerät.[16]

1.3.2 *Die problemorientierte Interpretation*

Die problemorientierte Interpretation kommt dem allmählich erwachenden Problemdenken der jungen Menschen entgegen, indem sie die Dinge nicht so nimmt, wie sie sich darbieten oder wie sie dargestellt sind, sondern diese in ihren tieferen, komplexeren Zusammenhängen, von ihrem Hintergrund her befragt, eben „hinterfragt“, auch indem sie die Dinge aus ihrer historischen Einbettung nimmt und das zugrundeliegende Problem gleichsam in seiner abstrakten Form offenlegt. Freilich geschieht eine derartige Problematisierung in einer behutsamen, die Sache nicht vergewaltigenden Form, an leicht überschaubaren, klar umrissenen Sinnkomplexen. Vornehmlich eignen sich dazu Textpassagen oder Werke, die Einstellungen, Werthaltungen, Bedingungen der individuellen und sozialen Existenz des Menschen oder auch das Verhältnis von Völkern zueinander zum Inhalt haben, z. B. die Erziehungsproblematik in den „Adelphen“ des Terenz, das Problem des Krieges in der Auseinandersetzung zwischen Caesar und Ariovist, die Fabel als Chiffre für Kritik an menschlichen Schwächen und an Staat und Gesellschaft, die Frage der Unwiederruflichkeit des Todes in Ovids Erzählung von Orpheus und Eurydike. Von der Lektüre solch problemträchtiger Texte soll vor allem ein Gespräch über die Bedeutung und Verbindlichkeit von Normen und Werten ausgehen, zumal der sich aus den bisherigen Bindungen lösende junge Mensch neue Orientierungspunkte sucht. Der kritische Aspekt, der notwendigerweise bei einer derartigen Textbetrachtung mitwirkt, setzt beim Betrachter einen Standpunkt voraus, der vom Erfahrungshorizont der Gegenwart entscheidend geprägt ist. Eine Aktualisierung der Textaussage ist deshalb erforderlich, allerdings noch in einem beschränkten Maße.

→ Problem im Text steht dabei aber (noch) im Vordergrund!

[16] Beispiele für eine sachorientierte Interpretation sind im dritten Band enthalten. Es geht demnach bei einer derartigen sachorientierten Interpretation keineswegs um eine „positivistische Auswertung“ des Textes oder um eine einseitige Ausbeutung antiker Texte als Informationsquellen, wovor *Nickel* (Einführung in die Didaktik, 137) zu Recht warnt, sondern um einen schülergemäßen, d. h. dem Alter und Kenntnisstand der Schüler angemessenen Umgang mit dem Text; dabei sind Sache und Sprache gleichermaßen im Blickfeld des Lernenden.

Dabei läßt sich die Konstanz der erfaßten menschlichen Problematik im Laufe der Menschheitsgeschichte auch auf dieser Ebene schon nachweisen, indem Rezeptionsdokumente in Text, Bild und Ton die Wirkung des antiken Originals erhellen.[17] Das Problembewußtsein, das sich auf dieser Stufe ausbildet, erweist sich als unabdingbare Voraussetzung für die Interpretationsarbeit in den höheren Klassen.[18]

1.3.3 *Die modellorientierte Interpretation*

Die modellorientierte Interpretation weitet die sich an den Sachen entzündende Problemstellung aus, indem sie diese über größere Zusammenhänge hin verfolgt und die ihnen zugrundeliegenden Strukturen und Hypothesen auf ihre Stimmigkeit und Gültigkeit prüft. Das Problem wird zum exemplarischen Fall. Die Lektüreinhalte fügen sich zu einem didaktischen Modell zusammen; die Kriterien der Modelltheorie[19] kommen hier in vollem Umfang zum Tragen; neben den Merkmalen der Repräsentation, Reduktion, Transparenz, Akzentuierung, Perspektivität wird das Merkmal der Produktivität absichtlich zur Entfaltung gebracht. Dies geschieht dadurch, daß durch das Arrangement mehrerer Texte die Einseitigkeit der Perspektive eines Autors aufgehoben wird.

Aufgrund des dadurch bedingten Prinzips der Multiperspektivität bringt die Lektüre dem Leser (Schüler) die (oft nur gedanklich, idealistisch, realutopisch konzipierte) Wirklichkeit des Textes möglichst nahe. Texte, die zu diesem Zwecke zu einem Thema zusammengestellt werden, können, ja sollen aus verschiedenen literarischen Gattungen entnommen sein und möglichst verschiedene (auch konträre) weltanschauliche, politische, philosophische Standorte repräsentieren.

Die solchermaßen in vollem Umfang an den Kriterien des Modells ausgerichtete, also ‚modellorientierte' Lektüre schließt in den verschiedenen, miteinander in Beziehung gesetzten Perspektiven verschiedene Denkmöglichkeiten auf, die der betrachtende und beurteilende Leser auf seinen Wahrheitsgehalt untersucht und mit seinen unmittelbaren Lebensverhältnissen und -bedürfnissen in Verbindung bringt. Vergleich und Kontrast werden hier demnach zu einem methodischen Prinzip schlechthin. Daß darin der stärkste Ansatz zu Transfer und Aktualisierung liegt, ist unbestreitbar.[20] Die Perspektive der Gegenwart ist also didaktisch und methodisch erforderlich; sie ist aber immer nur *eine* unter mehreren Perspektiven; insofern ist eine ausschließlich ideologiekritische Betrachtung antiker Texte unzulänglich und mit dem Ziel einer modellorientierten Interpretation nicht voll in Einklang zu bringen.

---

[17] Siehe dazu o. 107 und u. 260ff. die Ausführungen über die Bedeutung der rezeptionsgeschichtlichen Arbeit im Lateinunterricht.

[18] Ein Beispiel für eine „problemorientierte" Interpretation ist im dritten Band enthalten.

[19] Siehe dazu o. 124ff. die Darstellung der Modelltheorie in ihren Auswirkungen auf die altsprachliche Literaturdidaktik.

[20] Das hat überzeugend herausgearbeitet *Lohmann, D.*: Dialektisches Lernen. – Stuttgart 1973, 60ff. und 82ff.; s. dazu auch das Kapitel über den Vergleich in Bd. 3.

Die antike und moderne Sichtweise stehen ebenbürtig nebeneinander, die Spannung zwischen beiden erst ist pädagogisch fruchtbar, insofern sie zu einer gegenseitigen Relativierung der Standpunkte führt, aber auch das Bewußtsein dafür weckt, daß historische, geistesgeschichtliche und kulturelle Gegebenheiten immer aus den Zeitbedingungen heraus mitzuverstehen sind. Es ist kaum zu widerlegen, daß die hier mögliche Einsicht in die komplexen Erscheinungen und Zusammenhänge in Kultur und Gesellschaft die persönliche Reifung des jungen Menschen fördert, daß diesen die vielfältigen Kriterien, die er daraus für seine Orientierung in der Gegenwart gewinnt, in eine Disposition zu einem eigenen, selbstbestimmten Handeln in einer gesteigerten sozialen Verantwortung bringen. Modellorientierte Interpretation führt also weit über die Grenzen des Faches hinaus.

Das Textarrangement einer solchermaßen orientierten Interpretation erweist sich als ‚Denkmodell'[21] im großen und ganzen; es trägt aber auch in sich, in seinen Facetten (sprich: Einzeltexten) ‚Denkmodelle' im kleinen. Am historisch-singulären Fall heben sich exemplarische Züge heraus: Probleme der politischen Macht und Moral, das Verhältnis von Macht und Recht, von Tradition und Wandel, die Beziehung des einzelnen zum Staat, antike Moralphilosophie als Weg autonomer Lebensplanung, das Verhalten von Recht und Nutzen, Idee und Ideologie des Prinzipats, das Verhältnis von Staat und Religion, römischer „Imperialismus", Politik und Rhetorik, Wissenschaft und Weltanschauung, Aufklärung und Emanzipation in Rom, ethische Normen und Lebenspraxis, Krisen und Krisenbewußtsein in der römischen Historiographie, Rom und die Christen usw.[22] Um ein Textarrangement mit dem Ziel modellorientierter Interpretation zu verdeutlichen, sei ein Beispiel skizziert, das an anderer Stelle umfassend behandelt wurde.[23]

Didaktisches Modell:

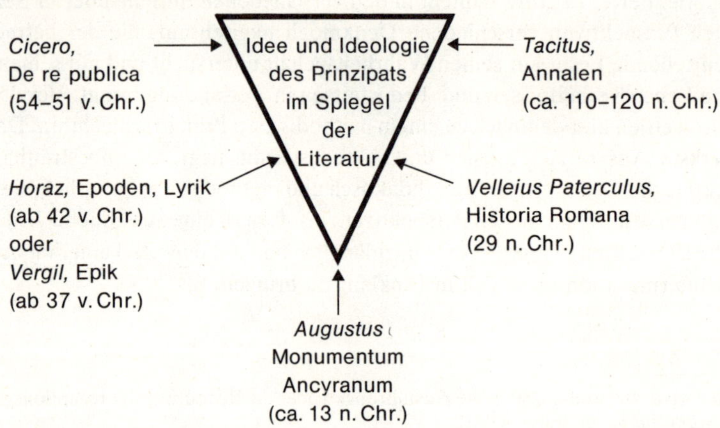

[21] Über Bestimmung und Funktion von ‚Denkmodellen' in antiken Texten ist o. 105ff. ausführlich gehandelt.

[22] Die Oberstufen-Lehrpläne für den Lateinunterricht in den Ländern der Bundesrepublik Deutschland und auch in Österreich verlangen, sofern sie thematisch ausgerichtet sind, in den

1.3.4 *Die Bewertung der drei Interpretationsebenen*

Die skizzierten Ebenen der Interpretation sind gewiß nicht streng voneinander zu scheiden; sie sind eher schematisierte Zuordnungsbereiche, in denen bestimmte Arbeitsschwerpunkte hervortreten. Die Zuordnung zu den Bereichen hängt gewiß von den genannten Phasen des Lektüreunterrichts ab; doch sind nicht alle Klassen gleich, ihr geistiger Zuschnitt ist in der Regel verschieden. Deshalb sind die Übergänge von einer Interpretationsebene zur anderen gleitend. Es kommt nicht selten vor, daß sich die Ebenen innerhalb eines Schuljahres – entsprechend der fortschreitenden Entwicklung der Schüler – verschieben; dies ist besonders in der 9. und 11. Klasse der Fall. Mit allem Nachdruck ist auch zu betonen: Die einzelnen Interpretationsebenen sind nicht isolierbar, nicht jeweils nur auf eine Stufe zu beschränken; modellorientierte Lektüre läßt sich schon in der 11. Klasse betreiben, umgekehrt wird nicht jede Lektüre in der Oberstufe/Kollegstufe auf ein Modell ausgerichtet sein. Im großen und ganzen jedoch ist die Anordnung zutreffend.

Dazu kommt etwas Entscheidendes: Die drei Interpretationsebenen sind sozusagen hierarchisch aufgebaut, die eine steht auf der anderen: die sachorientierte Interpretation ist die Basis für die problemorientierte; beide sind Konstituenten der modellorientierten Interpretation. Diese gelingt nur dann, wenn vorausgehend die darin umgriffenen sachlichen Einzelheiten geklärt und die Detailprobleme sauber erfaßt sind. Die Höchstform der Interpretation schließt die sich allmählich ausprägenden Vorstufen immer in sich, sie entwickelt sich in jedem Falle – Stunde für Stunde – von neuem über diese Ebenen:[24] Sache – Problem – Modell. Dadurch wird verhindert, daß man sich, ohne hinreichende Erarbeitung des sprachlichen Substrats, sofort auf die Inhalte und deren Problematik stürzt. Das mühsame Arbeiten am Text (Übersetzen) und das Verstehen seiner Aussage (Anwendung: Sinnentnahme) sind die Voraussetzungen dafür, die Bedeutung des Textes zu diskutieren (Wertung und Kritik).[25]

Der hierarchische Aufbau der Interpretationsebenen läßt sich graphisch verdeutlichen; dabei kann zugleich angezeigt werden, daß schwerpunktmäßig jeweils auf der ersten Ebene der prüfungsbezogene Anforderungsbereich I (Wissen), auf der zweiten

---

meisten Fällen eine solchermaßen ‚modellorientierte' Interpretation. Die angeführten Beispiele sind als Themen der Oberstufenlektüre solchen Lehrplänen entnommen; siehe dazu genauer u. 152f.

23 Ovid, Dädalus und Ikarus – Der Prinzipat des Augustus. Auxilia 2. – Bamberg 1982, 47ff. Ein konkretes Beispiel für eine derartige ‚modellorientierte Interpretation' enthält auch Band 3: „Römischer Imperialismus im Pro und Contra antiker Texte". Ein Beispiel für den griechischen Lektüreunterricht habe ich vorgelegt: „Gesetze des Staates – Gewissen des Bürgers". In: Anregung 27 (1982), 363ff.

24 Die textpragmatische Seite der Lektüre, also die Konzentration auf das Wort und die Sache, bleibt demnach in jedem Falle nachdrücklich gefordert; auch von hier aus erweist sich die gründliche fachwissenschaftliche Ausbildung der altsprachlichen Lehrer als eine jedermann einleuchtende Notwendigkeit. Es wird damit auch einem pädagogischen Grundgesetz Genüge geleistet, „das Komplizierte auf dem Einfachen aufruhen zu lassen und auf ihm aufzubauen"; So *Lochner, A.*: Curricula. Polemisches über die Wahrheit im Bildungswesen. In: Lehren und Lernen. Zeitschrift für Erziehung und Unterricht, H. 4. – Stuttgart 1978, 72.

25 *Rainer Nickel* (Einführung in die Didaktik, 140) weist mit Recht darauf hin, daß „Wertung und Kritik" an Textinhalten nicht möglich sind, wenn der Text „zuvor nicht richtig verstanden" wird.

Ebene dazu der Anforderungsbereich II (Anwenden/Verstehen), auf der dritten Ebene außerdem noch der Anforderungsbereich III (Werten) zur Geltung kommen.[26]

Im Schema:

INTERPRETATIONSEBENEN IM LEKTÜREUNTERRICHT

A III (Werten)			**modellorientierte Interpretation**
A II (Anwenden/Verstehen)		**problemorientierte Interpretation**	**problemorientierte Interpretation**
A I (Wissen)	**sachorientierte Interpretation**	**sachorientierte Interpretation**	**sachorientierte Interpretation**
	Anfangslektüre	Mittelstufenlektüre	Oberstufenlektüre

Die verschiedenen Zielsetzungen der Interpretation auf den einzelnen Ebenen sollen nachfolgend beispielhaft verdeutlicht werden; dabei ist mit Absicht ein und derselbe Autor herangezogen:

1. Sachorientierte Interpretation	Das Phänomen Caesar als Schriftsteller, Politiker und Mensch (aufgezeigt etwa am 1. Britannienfeldzug BG IV 20–37)[27].
2. Problemorientierte Interpretation	Caesar unter der Fragestellung: Politik ein Absolutum? (aufgezeigt etwa an den Ariovist-Kapiteln BG I 30–54)[28].
3. Modellorientierte Interpretation	Caesar als Detailaspekt in einem Textarrangement zum römischen „Imperialismus" (aufgezeigt etwa an BG VII 77)[29].

[26] Zu diesen Anforderungsbereichen s. Bd. 1, 238ff.; ebenso „Einheitliche Prüfungsanforderungen in der Abiturprüfung Latein"; Beschluß vom 1. 2. 1980. – Neuwied 1980, 9f.
Mit diesen drei auf die Leistungsbewertung abgestimmten Stufen des Übersetzens/Anwendens/Wertens läßt sich ganz sicher der einer Textbehandlung gemäße Dreischritt von Übersetzen/Verstehen/Werten zur Deckung bringen; vgl. dazu *Mayer, J. A.*: Die Konzentration und das Exemplarische. Ein Überblick. In: AU VII, 3 (1964), 5ff.; ebenso *Nickel, R.*: Einführung in die Didaktik, 140ff.

[27] Ausgeführt in Band 3.

[28] Ausgeführt in Band 3.

[29] Ausgeführt in Band 3.

1.4 **Lösung didaktischer Probleme**

Die vorausgehend skizzierte Konzeption des Lektüreunterrichts berücksichtigt vor allem auch die entwicklungspsychologische und jugendsoziologische Situation der Schüler. Die Lektüre ist auf den jeweiligen Entwicklungsstand der Schüler abgestimmt; *Rainer Nickel* hat in diesem Zusammenhang das aus der Motivationsforschung entnommene „Prinzip der optimalen Passung“ ins Spiel gebracht;[30] demnach erreicht „die Motivation des Lernenden dann ihre Höchstform, wenn ein Unterrichtsgegenstand und das mit diesem zu erreichende Ziel hinsichtlich seines Schwierigkeitsgrades dem bereits erreichten Leistungsstand des Schülers angepaßt sind und diesen nur leicht überfordern“. Diese Abstimmung des Lektüregegenstandes auf den Schüler ist jedoch nicht nur in der stärkeren Motivation begründet; sie ist auch durch die angestrebte Leistungssteigerung bedingt; die Ebenen der Interpretation zeigen sehr deutlich, daß die eine jeweils für die nachfolgende Vorarbeiten leisten, Voraussetzungen schaffen muß.[31] Das Prinzip der Leistungsprogression (in Wissen, Fähigkeiten, Verständnis)[32] tritt gleichrangig neben das „Prinzip der optimalen Passung“. In jedem Fall ist darauf zu achten, daß die Anforderung in Richtung auf Leistungssteigerung (z. B. Erhöhung der Übersetzungsfähigkeit von Nepos bis Tacitus) nicht so rapid zunimmt, daß die Motivation eingeschränkt oder zerstört wird. Für den Aufbau des Lektüreunterrichts ist diese Rücksichtnahme von entscheidender Bedeutung. Dazu kommt ein weiteres: Es wurde gezeigt, daß auf jeder Ebene die sachorientierte Interpretation, also das exakte, wissenschaftlich einwandfreie Bemühen um den antiken Gegenstand konstituierend beteiligt sein muß; die Gefahr „eines zungenfertigen Drauflosdiskutierenwollens ohne rechtschaffenes Zurkenntnisnehmen von Tatsachen“[33], einer Verzeichnung der antiken Wirklichkeit, einer Verwischung des Gegensatzes zwischen der Antike und Moderne wird auf diese Weise zumindest abgeschwächt. Eine einseitige Interpretation, etwa nur unter aktuellem Aspekt, „krampfhafte Aktualisierungen“ *(Rainer Nickel)*[34], werden auf jeden Fall vermieden; die Behandlung antiker Texte ausschließlich als „ideologischer Leichen“ ist nicht im Sinne des Konzepts: der ideologiekritische Gesichtspunkt ist nur einer unter mehreren.[35]

---

[30] Einführung in die Didaktik, 147.

[31] Darauf, daß bestimmte Lektürephasen (z. B. die Anfangslektüre) den sprachlichen und inhaltlichen Rahmen und Bezugspunkte für spätere Lektüre schaffen müssen, weist auch *Glücklich* (Lateinunterricht, 146) nachdrücklich hin.

[32] Damit wird auch die literaturdidaktische Zielsetzung, das „Hinauflesen“, innerhalb der lateinischen Literatur befolgt; dazu allgemein: *Dahrendorf, M.*: „Hinauflesen“ versus Bedürfnisbefriedigung. In: Zurück zum Literaturunterricht? – Braunschweig 1977, 24ff. S. auch o. 78.

[33] So *Paul Hohnen* in seinen bemerkenswerten Ausführungen zur schulischen Interpretation antiker Texte: Unterrichtswirklichkeit und Interpretationsprozeß, 65.

[34] Einführung in die Didaktik, 141.

[35] Es dürfte als gesichert gelten, daß eine vereinseitigende Literaturbehandlung durch die Festlegung der drei Interpretationsebenen weitgehend vermieden wird; es wird hier dazu angeregt, „die Vielfalt ihrer Aspekte, Perspektiven und Implikationen nicht aus dem Blick“ zu verlieren, wie es *A. C. Baumgärtner* (Streitpunkte. Offene Fragen der Literaturdidaktik. In: Zurück zum Literaturunterricht? Braunschweig 1979, 21) fordert. Er wendet sich in erster Linie gegen einen ausschließlich ideologiekritischen Umgang mit Literaturtexten.

Im ganzen läßt sich ohne Zweifel feststellen, daß die hier vorgeschlagene Konzeption des Lektüreunterrichts sich in den Zielen und Anforderungen organisch einfügt in das Programm der „eigenständigen Langzeitschule“, die das Gymnasium sein will; lateinischer Lektüreunterricht, so aufgebaut, prägt entscheidend das Profil der auf Kontinuität angelegten gymnasialen Bildung mit, wie wir sie oben darzustellen versucht haben.[36]

2 Lektüreprinzipien

Fachbedingte Notwendigkeiten, Unterrichtsziele, Aufnahmefähigkeit und Interessenlage der Schüler, ebenso methodische Überlegungen sind, wie vorausgehend dargestellt, auf den einzelnen Interpretationsebenen verschieden zu veranschlagen. Aus solcher Verschiedenheit ergibt sich die Forderung auch nach der Differenzierung des Lektüreprinzips.

2.1 Das Prinzip der Werk- bzw. Autorenlektüre[37]

Es gilt als eine gesicherte Erkenntnis, daß in den Anfangsphasen des Lektüreunterrichts die Konzentration auf das Werk bzw. auf den Autor vorherrschen muß. Die sach- und auch noch die problemorientierte Interpretation verlangen, daß sich die Schüler langsam, stetig und in allmählicher Progression der Übersetzungsfähigkeit in einen vorgelegten Text „einlesen“. Sie sollen sich zunächst bei einem Autor, in seiner Sprache, seinem Stil, in seinen Gedanken, eventuell auch in seiner Bilderwelt zu Hause fühlen, so daß ihnen Nepos, Caesar, Cicero, Ovid, Terenz als Schriftsteller mit eigener Individualität und in ihrer historischen Einmaligkeit faßbar werden. Ziel ist, daß mit dem antiken Autor – trotz des Zeitabstands von 2000 Jahren – ein Gespräch zustande kommt, eine innere Begegnung, eine Auseinandersetzung mit dem literarischen Du.[38]
Daß dies durch ein rasches Springen von einem Text zum anderen verhindert wird, weil so der Autor niemals hinter dem Text als Person mit eigenem Gesicht hervortreten kann, ist nahezu überall richtig gesehen.
Anliegen dieses Lektüreprinzips ist es, das Werk eines Autors in den Mittelpunkt der

---

[36] In der Textbehandlung läßt die Didaktik des Deutschunterrichts einen ähnlichen Stufenaufbau erkennen, z. B.: „Textbeschreibung, literaturgeschichtliche Orientierung, Interpretationsübung, praktische Literaturkritik“. In: Arbeitsberichte III/4D Zentrum für Schulversuche. Schulentwicklung (hrsg. vom Bundesministerium für Unterricht und Kunst). – Klagenfurt/Graz/Wien o. J. Allgemein dazu *Weber, A.*: Grundlagen der Literaturdidaktik. – München 1975, 105: „Phasen oder Stufen des Interpretierens haben als Erkenntnisschritte grundlegenden Wert für die Methodik des Literaturunterrichts.“

[37] Vgl. dazu bes. *Frings/Keulen/Nickel*: Lexikon zum Lateinunterricht, 30f. s. v.: „Autoren/Werklektüre“.

[38] Soll durch Übersetzen und Verstehen altsprachlicher Texte die Fähigkeit erworben werden, „andere Ich-Wesen zu verstehen und in einen Dialog mit ihnen einzutreten“ (*Nickel,* Einführung in die Didaktik, 230), so setzt das voraus, daß sich der literarische Partner hinreichend als Person profiliert.

Betrachtung zu stellen: den kunstvollen Aufbau, die verwendeten Sprach- und Stilmittel, die Metaphorik, die Gedankenführung, die Argumentationsstruktur, den in diese Form gegossenen Aussagegehalt. Neben dem Gewinn an Informationen wird beim Schüler auch sprachliches Vermögen und ästhetisches Empfinden gefördert – wobei der lateinische Originaltext in seiner Eigenart und Wirkungsmächtigkeit durch Heranziehen von Rezeptionsdokumenten besser und eindringlicher erfaßt werden kann.[39] Allerdings ist das Ziel der „Ganzschriftlektüre" nur in den seltensten Fällen realisierbar, da die Stundenkürzungen (9./10. Kl./Jgst. in der Regel: 3 Wochenstunden) dem Lektüreunterricht wenig Zeit belassen haben. Die Zeit ist zum kostbarsten Faktor des Lateinlehrers geworden. Die Anfangslektüre muß sich deshalb in der Regel mit der Lektüre von Werkteilen begnügen.

Am ehesten läßt sich der Eindruck einer Werklektüre durch das Lesen einer allerdings gekürzten Komödie von Terenz/Plautus oder einer Nepos-Biographie vermitteln. Im Falle der Caesar- oder Ovidlektüre kommt es darauf an, aus dem Werk solche Teile auszuwählen, die einerseits repräsentativ für das *totum* sind, andererseits in sich geschlossene Aussageeinheiten darstellen. Im weiteren Verlauf der Mittelstufenlektüre kommt dieses Lektüreprinzip bei Cicero (eine Rede) und bei Sallust (die Monographie der Catilinarischen Verschwörung) voll zum Tragen. Im Großwerk eines Epos, besonders bei Vergils Aeneis, bauen sich für den auf Werklektüre hinarbeitenden Lehrer nahezu unüberwindliche Schwierigkeiten auf, da er von den ca. 10000 Versen allenfalls 5% im Original lesen kann.[40] Hier kann nur der Einsatz von bilinguen Ausgaben bzw. Übersetzungslektüre weiterhelfen.

Da also auch bei Werklektüre jeweils bestimmte Stellen für die Originallektüre auszuwählen sind, braucht man Kriterien für eine solche Auswahl; diese sind zumeist von inhaltlicher und motivationaler Art. Inhaltliche Aspekte, die das Interesse der Schüler erregen können, werden thematisch so formuliert, daß davon bestimmte Textpartien umgriffen werden. Man spricht in diesem Falle von themengebundener/thematischer/thematisch bestimmter Autorenlektüre.[41] Sie ist in den Lektürelehrplänen der Mittelstufe/S I favorisiert.[42]

---

[39] Darin darf man wohl nicht eine Thematisierung des antiken Stoffes sehen, wie dies *Paul Hohnen* (Ovid als Anfangslektüre? In: AU XXV, 4 (1982), 44) meinem Interpretationsmodell „Dädalus und Ikarus" gegenüber annimmt. *Hohnen* selbst hält (47) überlieferungs- und rezeptionsgeschichtliche Vergleiche aus der bildenden Kunst, wohl auch in der Musik für „willkommene Möglichkeiten, den Sinn für die charakteristischen Eigenwerte der Vergleichsmöglichkeit zu schärfen ..., die Kontinuität der Themen vor Augen zu haben und überhaupt dadurch den Unterricht lebendiger und intensiver zu gestalten".

[40] Siehe dazu u. 173. Vgl. auch *Nickel. R.*: Die alten Sprachen in der Schule, 196ff. Im Lehrplan Nordrhein-Westfalens (Gymnasiale Oberstufe, Richtlinien Latein, 98) ist richtig darauf hingewiesen, daß bei solcher Autoren-/Werklektüre „das Thema bzw. der thematische Schwerpunkt aus dem Werk gewonnen, nicht an den Text herangetragen" wird. Anschauliche Beispiele in: LEU-Materialien Latein L 8: Unterrichtseinheiten für Klasse 11 – thematisch bestimmte Autorenlektüre. – Stuttgart 1977.

[41] Genauer dazu *Maier, F.*: Lektüreunterricht auf der Sekundarstufe I, 69; vgl. auch *Glücklich, H.-J.*: Lateinische Lektüre auf der Sekundarstufe I. In: AU XXII, 3 (1979), 6, und: Lateinunterricht, 147ff.

[42] Man vgl. bes. die ausführliche Darstellung und Begründung dieses Lektüreprinzips in: Kultus-

Eine besondere Prägung der Werklektüre liegt vor, wenn durch das zur Lektüre angebotene Werk eine literarische Gattung vorgestellt werden soll, z. B. das Epos, das Drama, die historische Monographie, der literarische Brief u. ä. Hier wird die Absicht verfolgt, in der Antike entdeckte Genera der Literatur in ihren anfänglichen Erscheinungsformen den Schülern nahezubringen – wodurch einerseits für Schüler, die das Fach abschließen, ein einigermaßen sinnvoller, abrundender Abschluß zustande kommt, andererseits für Schüler, die das Fach fortführen, eine notwendige Grundlage für ihre weiteren Lateinstudien gelegt wird.[43]

2.2 **Das Prinzip der thematischen Lektüre**

Thematische (themenbezogene, themenorientierte) Lektüre ist offensichtlich – mit wenigen Ausnahmen[44] – das in der Oberstufe vorherrschende Lektüreprinzip. Die Begründung dafür braucht hier nicht mehr ausführlich vorgebracht zu werden; es liegen dazu genügend Veröffentlichungen vor.[45] Deshalb seien hier nur die wichtigsten Gründe thesenartig genannt, anschließend die damit verbundenen Probleme erörtert.

2.2.1 *Gründe für die thematische Lektüre*

Der Sachaspekt: Es gibt in der Antike bedeutende Themen, die sich nicht an einem Autor behandeln lassen (z. B. Humanitas und Humanismus, Rom und Hellas, Rom und die Christen, Sklavenfrage).
Der Motivationsaspekt: Die sich über Monate hin erstreckende Lektüre eines Werkes kann gerade bei der Oberstufenlektüre das Interesse und die Aufmerksamkeit erlahmen lassen. „Themabezogene Lektüre bietet vielfältige Motivations- und Transfermöglichkeiten“[46], da sie auf Grund verschiedener Positionen zum Vergleichen und Kontrastieren anregt.

---

ministerium Rheinland-Pfalz: Lateinische Lektüre, Sekundarstufe I, Themen – Texte – Ziele (s. o. Anm. 8), 13ff.

[43] So etwa im bayerischen Lehrplan für die Jahrgangsstufe 11: Amtsblatt des bayerischen Staatsministeriums für Unterricht und Kultus, So.-Nr. 17 vom 28. Mai 1977, 667ff. Vgl. dazu *Maier, F.*: Die elfte Jahrgangsstufe im Lateinischen. In: Anregung 22 (1976), 96ff.

[44] So zielt z. B. die Oberstufe in Baden-Württemberg vorrangig auf Autoren-Lektüre ab; der Lehrplan schlägt allerdings auch eine Reihe von wichtigen Sachthemen zur Lektüre vor. Die Lehrpläne des Saarlandes favorisieren gleichfalls die Werklektüre.

[45] Vgl. etwa *Mayer, J. A.* (Hrsg.): Lektüre nach übergeordneten Themen. In: AU VII, 3 (1964); AU IX, 4 (1966); AU XII, 2 (1969); AU XV, 1 (1972). – *Nickel, R.*: Der moderne Lateinunterricht. – Freiburg 1977, 30–42; derselbe: Die alten Sprachen in der Schule. – Frankfurt ²1978, 215–223. *Glücklich, H. J.*: Lateinunterricht, 142–144; 153–157, 160–166. *Frings/Keulen/Nickel:* Lexikon zum Lateinunterricht, s. v.: „Lektüre, thematische“ (hier weitere Literatur).

[46] So formuliert im Lehrplan von Nordrhein-Westfalen, Gymnasiale Oberstufe. Richtlinien Lateinisch, 97.

Der curriculare Aspekt: Wenn von außen an die Texte herangetragene, auf eine allgemeine Problematik bezogene Ziele im Unterricht erreicht werden sollen, so ist dies in den seltensten Fällen nur an einem einzigen Text bzw. Werk möglich. Die Lernziele werden zu Themen zusammengefaßt und mit Texten verschiedener Autoren verfolgt.[47]
Der lerntheoretische Aspekt: Themen geben für die kognitive Struktur des Lernens Rahmen vor, in denen neue Erkenntnisse verankert und bisherige, darauf bezügliche Erfahrungen mobilisiert werden. Als „konzeptionelle Vorgaben" ketten sie „die jeweils vorliegenden Texte im voraus in weiterreichende Zusammenhänge ein"[48].

Der modelltheoretische Aspekt: Wenn das von der Modelltheorie geforderte Merkmal der „Produktivität", d. h. das Erzeugen möglichst vieler Sichtweisen (Multiperspektivität) erfüllt werden soll, so kann dies nur in einer Reihe von Texten geschehen, die sich zum selben Sach- und Sinnverhalt äußern. Auf diese Weise wird eine Wirklichkeit, die man erfahren will, möglichst approximativ erfaßt.[49]

2.2.2 *Probleme der thematischen Lektüre und Lösungsversuche*

Das thematische Prinzip ist nicht ohne Gefahren: „Eine gewisse Gefahr für einen genuinen Lateinunterricht stellt die um sich greifende Thematisierung dar, wenn es nicht gelingt, Fachstrukturen, d. h. überlieferte Werke damit in Einklang zu bringen." So *Klaus Westphalen.*[50] Aus der Sicht der Fachwissenschaft hat am nachdrücklichsten wohl *Werner Suerbaum* auf das Bedenkliche dieser Entwicklung hingewiesen,[51] indem er darin eine Vernachlässigung der literarischen Qualität und historischen Bedingtheit des antiken Werkes erkennt. Werden viele, womöglich kurze Texte zu einem Thema gelesen, so geraten weder das Werk noch der Autor des jeweiligen Textes in angemessener Weise in das Blickfeld des Lesers: Werk und Autor erhalten nicht das für eine intime Auseinandersetzung nötige Profil, da ersteres kaum in seinem Kunstcharakter erfaßt wird, letzterer sich nur mit wenigen Details seiner Denkweise zu erkennen gibt.

---

[47] Wichtig dazu *Westphalen, K.*: Der Lateinunterricht im Spiegel neuer Lehrpläne. In: Gymnasialbildung und Oberstufenreform. – Donauwörth 1979, 100: Die Themen entsprächen „dem Postulat der Lernzielorientierung im höheren Maße".
[48] So neuerdings *Nickel, R.*: Einführung in die Didaktik, 145 (in Anlehnung an die Lerntheorie von *D. P. Ausubel*).
[49] S. dazu o. 114, 127.
[50] In: MDAV 17 (1974), 414ff. Reserven gegenüber dem thematischen Prinzip, gegen die „Idee der Thematisierung" auch bei *Hohnen, P.*: Einige kritische Anmerkungen zur Didaktikdiskussion, 327f. Zur Problematik vgl. auch *Glücklich, H.-J.*: Lateinunterricht, 142ff., *Maier, F.*: Autoren und Werklektüre innerhalb des curricularen Systems. In: Anregung 20 (1974), 23ff. und „Das Problem der Autorenlektüre oder der thematischen Lektüre". In: Handreichungen für den Lateinunterricht in der Kollegstufe. 3. Folge, Bd. 2. – München 1977, 47–51.
[51] Vor dem Ende der Ganzschrift-Lektüre. In: Anregung 19 (1973), 230ff., und: Werklektüre oder thematische Sequenzen-Lektüre? In: *Happ, E./Maier, F.* (Hrsg.): Kollegstufenarbeit in den Alten Sprachen, Bd. 2. – München 1976, 31ff.

Die Lektüre von kleineren Textstücken unter einem Thema, die sog. Häppchenlektüre, ist vorrangig auf das Erfassen der Textinhalte abgestellt.[52] Die Notwendigkeit einer Originallektüre solcher Texte läßt sich letztlich nicht mehr mit überzeugenden Gründen nachweisen; außerdem lassen sich solche Inhalte durch andere, auch nichtlateinische Texte belegen. Der Lateinunterricht erweist sich in dieser Hinsicht als ersetzbar.[53] Es sei nicht verschwiegen, daß nicht wenige der in den Lehrplänen der einzelnen Bundesländer angegebenen Themen der angedeuteten Gefahr ausgesetzt sind, etwa: „Römisches Leben", „Römische Lebenswirklichkeit im Spiegel von Texten", „Römische Außenpolitik", „Modelle und Motive ideologischer Sichtweise", „Römische Gesellschaftskritik". Die Problematik des thematischen Lektüreprinzips ist allerdings weithin erkannt, auch von den Lehrplan-Verfassern.[54] Man versucht, sie zu entschärfen. Sofern man nicht überhaupt auch in der Oberstufe die Werk- bzw. Autorenlektüre favorisiert, legt man die thematischen Arrangements so an, daß sie sich jeweils auf ein oder zwei Zentralwerke bzw. -autoren konzentrieren und dazu flankierende Begleit- oder Ergänzungstexte herangezogen werden.[55]
Man kann – aufs Ganze gesehen – dabei fünf Typen von thematischer Lektüre unterscheiden:

1. *Das thematische Aggregat:* Das Thema wird durch eine Reihe von Texten belegt, wobei jeder Text eine besondere Sichtweise ermöglicht; kein Text beansprucht den Vorrang. Man erarbeitet das Thema sozusagen linear, da ein textlich belegter Inhalt an den anderen gereiht wird. Die Reihenfolge der zusammengestellten Texte ist veränderbar, es sei denn, man hält sich an den äußerlichen Leitfaden der Chronologie.
Beispiel: „Politische Betätigung und individuelle Existenz"
(Texte von Cicero, Catull, Lukrez, Vergil, Seneca)
Lehrplan: Nordrhein-Westfalen
2. *Die thematische Sequenz:* Das Thema ist so angelegt, daß eine innere Entwicklung durch die genau bestimmte Abfolge von Texten aufgezeigt wird. Jeder Text beansprucht gleichen Rang, die Reihenfolge ist jedoch nicht austauschbar.

---

[52] Dazu *Maier, F.*: Das Übersetzen. Ein zentrales Thema der altsprachlichen Fachdidaktik. In: Zur Didaktik der Alten Sprachen in Universität und Schule. Fachdidaktische Studien 4 (hrsg. von *Gruber, J./Maier, F.*). – München 1973, 121; ebenso *Hohnen, P.*, Kritische Anmerkungen, 337, bes. Anm. 23.

[53] „Thematische Lektüre muß allerdings das literarische Defizit in Kauf nehmen, daß Texte nicht um ihrer selbst willen, sondern als Quellen für etwas anderes, nämlich als Aussagen zum Thema gelesen werden". So die richtige Feststellung im Lehrplan der „Oberstufe Lateinisch" von Nordrhein-Westfalen, 99.

[54] Man vgl. z. B. die tiefgreifenden Überlegungen zur Thematisierung antiker Literatur im Lehrplan von Nordrhein-Westfalen, 97ff.

[55] S. dazu *Maier, F.*: Autoren und Werklektüre innerhalb des curricularen Systems, 23ff., ebenso *Hohnen, P.*: Einige kritische Anmerkungen, 336, Anm. 22, und 344: Er kommt zu der Forderung, „grundsätzlich der Einzelschrift bzw. Autorenlektüre ihren Vorrang zu belassen, die Textauswahlen aber so zu treffen, daß für eine Thematisierung geeignete Stellen dabei anvisiert und gelegentlich mit wenigen Paralleltexten konfrontiert werden ...". Vgl. dazu auch die didaktischen Hinweise für eine auf Zentralautoren gerichtete thematische Lektüre im Lehrplan der „Oberstufe Lateinisch" von Nordrhein-Westfalen, 18.

Beispiel: „Pax"
(Entwicklung von der Etymologie des Wortes über die Funktion und Erscheinungsform des Begriffes bei Vertragsabschlüssen, in der augusteischen Friedenszeit bis hin zu seiner Bedeutung als geistiger Friede und in seiner religiösen Dimension im Gottesstaat des Augustinus)
Lehrplan: Rheinland-Pfalz

3. *Die thematische Zentrierung:* Dabei steht ein Text (gelegentlich auch zwei) dem Umfang und Zeitbedarf nach im Mittelpunkt; nach seiner Lektüre werden gleichsam konzentrische Kreise durch die Lektüre von Ergänzungs- oder Zusatztexten um den im Mittelpunkt stehenden Text gelegt; dadurch werden zusätzliche Perspektiven geliefert, die die inhaltliche Aussage verstärken, erweitern oder aus einer Gegenposition schärfer hervortreten lassen. Ziel ist die bessere Profilierung des Haupttextes.
Beispiel: „Frauen proben den Aufstand"
(Zentraltext: Livius, De lege Oppia abroganda mit Zusatztexten)
Lehrplan: Hessen.

4. *Der thematische Exkurs:* Die Lektüre des im Zentrum stehenden Werks wird unterbrochen, um eine dort erfaßte Problematik an anderen Texten von verschiedenen Seiten her zu beleuchten, in seinen Voraussetzungen und Nachwirkungen erfahrbar zu machen; nach diesem Exkurs wird die Lektüre des Hauptwerks fortgesetzt.
Beispiel: Cicero, De re publica
(nach Lektüre von Buch III „Recht und Gerechtigkeit im Staat" werden Texte zum Thema „Römischer Imperialismus" gelesen)[56]
Lehrplan: Bayern, Hessen.

5. *Die thematische Abrundung:* Die mehr oder weniger umfassende Lektüre eines Werks mündet in eine thematische Lektüre ein, insofern sich am Ende die Grundidee oder Tendenz des Werkes zu einer mehrperspektivischen Betrachtung entfaltet. Diese wird durch die Lektüre anderer, inhaltlich nahestehender Texte aus derselben oder aus der früheren oder späteren Zeit ermöglicht. Dabei wird die im Werk angeschlagene Thematik abgerundet; es können auch Wirkungen des Werkes aufgespürt und zur Anschauung gebracht werden.
Beispiel: Cicero, De re publica
(ausgehend von der Lektüre von Buch V, VI geht man zum Thema „Idee und Ideologie des Prinzipats" über, wozu Texte herangezogen werden von: Horaz/Vergil, Augustus: Monumentum Ancyranum, Velleius Paterculus, Tacitus)[57]
Lehrplan: Bayern.

3 Literaturkanon

Lehrpläne bzw. Richtlinien legen die Rahmenbedingungen für den Unterricht fest; in ihnen müssen Entscheidungen getroffen sein darüber, welche Autoren oder Werke bzw. welche Texte welcher Autoren zu einem angesetzten Thema herangezogen werden sollen. Damit stellt sich auch im Lateinunterricht das Problem des Literaturkanons – vielleicht noch dringlicher als im Deutschunterricht,[58] da dort in der gleichen

---

[56] S. die ausführliche Behandlung dieses Themas in Band 3.
[57] Diese Thematik, die in vielen Lehrplänen zur Lektüre vorgeschlagen wird, ist vom Verfasser für die unmittelbare Praxis aufbereitet: Idee und Ideologie des Prinzipats im Spiegel der Literatur. In: Auxilia 2. – Bamberg 1981, 47ff.
[58] Vgl. dazu o. 75ff.

oder noch reichlicheren Zeit durch schnelleres Lesen – da keine fremdsprachlichen Texte! – größere Textmassen bewältigt werden können. Das Bedürfnis nach einer „Richtschnur"[59] in der Auswahl der Lektüretexte ist im Lateinischen auch deshalb groß, weil in den verschiedenen Lehrgangstypen nach verschieden langen zeitlichen Abfolgen Abschlüsse möglich sind. Welche Literaturkenntnisse sollen Schüler mitbekommen, die nach der Mittelstufe/S I (nach der Kl./Jgst. 11 oder 10, oder 11, 1. Hälfte) den Lateinunterricht beenden? (Wobei zu berücksichtigen ist, daß der Abschluß für die einen Schüler zugleich die Grundlage für die anderen, die Latein fortführen, sein muß). Welche Literaturkenntnisse sollen sich Schüler in einem zwei- oder viersemestrigen Grundkurs, welche in einem viersemestrigen Leistungskurs (Leistungsfach) aneignen?

3.1 Der Aufbau des Lektüreunterrichts

Die vorausgehend versuchte Differenzierung der Interpretationsabsichten und -ebenen legt folgenden Aufbau des Lektüreunterrichts nahe; er dürfte am ehesten den Bedingungen und Bedürfnissen von Fach und Schüler genügen (vgl. Übersicht auf S. 149).

3.2 Kriterien für eine Lektüreauswahl

Im Anschluß daran ist die Frage zu klären, welche Werke, Autoren, Texte aus dem heute reichen Angebot von Lektüregegenständen ausgewählt werden sollen, damit sich der angedeutete Lektüreaufbau sinnvoll gestalten läßt. Die Formel, wertvolle Zeit – wertvoller Text' sollte dabei als Leitprinzip über allen anderen Überlegungen stehen.

3.2.1 Für die *Mittelstufe* haben sich folgende grobmaschige Auswahlkriterien als nützlich erwiesen:[60]

1. Die Texte müssen bedeutende Gegenstände des Faches sein, so daß sich eine Originallektüre lohnt (Aspekt des Faches).
2. Die Texte müssen von den Schülern sprachlich bewältigt werden können und inhaltlich ihrer Altersstufe und ihren Interessen angemessen sein (Aspekt des Schülers).
3. Die Texte müssen in sprachlicher und inhaltlicher Hinsicht zu den Anforderungen

[59] Die Problematik wurde eingehend behandelt von *Westphalen, K.*: Latein ohne Richtschnur? Zum Problem des Lektürekanons. In: Gymnasialbildung und Oberstufenreform, 79ff. Inzwischen hat sich wohl eine *communis opinio* dahingehend eingestellt, daß man auf eine gewisse Bindung an einen begrenzten Lektürekanon nicht verzichten kann.

[60] Diese Kriterien sind vom Arbeitskreis „Latein Mittelstufe" am Staatsinstitut für Schulpädagogik München erarbeitet worden; sie waren für die Konzeption der Lehrpläne für den Lateinunterricht in Bayern bindend. – Kriterien für eine „Auswahl der Texte" in der SI/MSt sind auch von *Hans-Joachim Glücklich* (Lateinunterricht, 150f.) formuliert worden. Vgl. dazu *Maier, F.*: Der lateinische Lektüreunterricht auf der Sekundarstufe I, 73, und *Wülfing, P.*: Lateinische Anfangslektüre. In: Fachdidaktisches Studium in der Lehrerbildung. Alte Sprachen 2, 52ff.

Der Aufbau des Lektüreunterrichts[61]			
Lektürephasen:	I. *Anfangs-lektüre:* L¹ (8./9. Kl./Jgst.: Anfang)	II. *Lektüre auf der Mittelstufe:* L¹/L² (9. Kl./Jgst.: Ende 10./11. Kl./Jgst.)	III. *Lektüre auf der Oberstufe/ Kollegstufe:* L¹/L² (12./13. Kl./Jgst: 1. bis 4. Kurshalbjahr)
Lektüreziele:	Erwerb sachlicher Voraussetzungen (Realienwissen, sprachliche Kenntnisse). Vertrautwerden mit Gestalten aus Geschichte, Mythos und Drama. Einblick in historische Fakten, Vorgänge und Entwicklungen. Vorsichtige Konfrontation mit menschlichen Entscheidungssituationen.	Zusätzlich zu I.: Einsicht in komplexere historische/politische Zusammenhänge an überschaubaren Gegenständen. ‚Hinterfragen' der Textaussage. Erfassen der in einem Text erkennbaren Problematik. Vorsichtige Aktualisierung und Bewertung der antiken Gedanken. Konfrontation mit fremden Kulturnormen und Wertvorstellungen.	Zusätzlich zu I. und II.: Einsicht in tiefere und umfassendere Problemkomplexe, auch in die Vorbedingungen der die Wirklichkeit konstituierenden Systeme (u. a. in ideologiekritischer Absicht). Bereitschaft, bei den aus den Texten erarbeiteten individuellen und gesellschaftlichen Entscheidungssituationen ein eigenes Urteil zu finden und zu formulieren und dabei die verschiedenen Beurteilungsperspektiven zum exemplarischen Gegenstand angemessen zu gewichten.
Interpretationsebenen:	*sachorientierte* Interpretation	*problemorientierte* Interpretation	*modellorientierte* Interpretation
Lektüregegenstände:	*kleine Textstücke, Kleinwerk, adaptierte Texte, (gekürzte) Dramen: Komödien.*	*Werk/Autor/Gattung*	*Thema* (mit genügender Möglichkeit zur Profilierung von Autor und Werk).

der Jahrgangsstufe/Klasse 11 und der Oberstufe hinführen, als Prosa- und Dichtungstexte (Aspekt der Fachorganisation).

4. Die für die Lektüre ausgewählten Autoren sollen als Persönlichkeiten der Geschichte, des Kultur- und Geisteslebens Gestalt gewinnen. Dabei spielt der Gesichtspunkt der Wirkung auf spätere geistige und kulturelle Entwicklungen wie auch der Wirkung auf den Schüler eine wichtige Rolle (Aspekt der kulturellen Bedeutung und Wirkungsgeschichte).

---

[61] Der Aufbau des Lektüreunterrichts vom Sprachunterricht über die S I bis zur S II ist im Lehrplan von Rheinland-Pfalz (siehe 132, Anm. 8) auf andere, stärker differenzierende Weise versucht: Lehrbuchlektüre, lehrbuchbegleitende Lektüre, Übergangslektüre, Anfangslektüre, Hauptlektüre, (Interimslektüre). Diese Lektürephasen heben auf die Funktion der Lektüre, nicht auf den Interpretationsanspruch ab. Ausführlicher dazu *Maier, F.*: Der lateinische Lektüreunterricht auf der Sekundarstufe I, 66ff. S. auch u. 186f.

5. Probleme, die bei der Lektüre thematisiert werden, sollen bei den Schülern die Bereitschaft zu vertiefter Auseinandersetzung wecken (Aspekt der Persönlichkeitsbildung).

3.2.2 In der *Oberstufe* gelten die für alle Fächer verbindlichen Leitziele der „Grundbildung/Allgemeinbildung“, der „Wissenschaftspropädeutik“, „der Erziehung zur Fähigkeit der Selbstverwirklichung in sozialer Verantwortung“.[62] Daraus lassen sich für die Textauswahl in der Oberstufenlektüre zusätzliche Kriterien gewinnen.[63]
1. Die Texte müssen große Leistungen von literarischem Rang (Kunstwerke), große Entdeckungen und folgereiche Entwicklungen der Antike zur Anschauung bringen (Aspekt der Information).
2. Die Texte müssen dem Prinzip der Multiperspektivität insofern Rechnung tragen, als sie die als wichtig erkannten Themen von verschiedenen Seiten beleuchten und die darin angesprochene Problematik – auf dem Weg von Vergleich und Kontrast – als zwar historisch bedingt, in ihrer Gültigkeit aber als zeitunabhängig, als anthropologisch konstant erkennen lassen; rezeptionsgeschichtliche Gesichtspunkte können dabei eine Rolle spielen (Aspekt der Reflexion).
3. Die Texte müssen zur Auseinandersetzung mit Sinnbezügen, Wertmaßstäben, Verhaltensmustern, existentiellen Grundfragen anregen, und zwar so, daß dabei die für die Gymnasialbildung als geistiges Band geforderte philosophische Vertiefung der Gegenstände und Fragestellungen möglich wird[64] (Aspekte der Meditation/Kontemplation und des Bewußtseins von der Moralität des Menschens).

3.3 **Literarische Horizonte**

Welche literarischen Horizonte können und sollen Lateinschüler an den einzelnen Einschnitten des Unterrichts, die sich durch die verschiedenen Abschlüsse ergeben, in den Blick bekommen? Daß dies einerseits von den Vorgegebenheiten der antiken Literatur, Kultur und Geisteswelt, andererseits von der Leistungsfähigkeit der Schüler abhängt, ist ohne weiteres einsichtig. Nachfolgend ist versucht, solche literarische Horizonte für den Abschluß nach der Mittelstufe/S I und nach der Oberstufe/S II zu skizzieren. Wir konzentrieren uns bei dieser Aufstellung notwendigerweise auf die Kernautoren bzw. auf die Kernthemen.[65]

---

[62] Diese allgemeinen Ziele der gymnasialen Oberstufe sind in der „Vereinbarung der Kultusminister zur Umgestaltung der gymnasialen Oberstufe in der Sekundarstufe“ vom 7. 7. 1982 verankert; sie treffen demnach auf alle Fächer zu, sie bilden für das Konzept des lateinischen Lektüreunterrichts vorrangige Orientierungspunkte.
[63] S. dazu oben die Ziele des Literaturunterrichts allgemein und speziell des lateinischen Lektüreunterrichts 88f.
[64] Dazu o. 89ff.
[65] Wir nehmen dabei die Klasse/Jgst. 11 noch zur Mittelstufe/S I; sie ist zwar in manchen Bundesländern ganz oder zur Hälfte der Oberstufe zugehörig, doch bestehen Absichten, sie wieder völlig aus dem Kurssystem der Oberstufe herauszunehmen.

3.3.1 *Der literarische Horizont nach Abschluß der Mittelstufe/S I*[66]

	Autoren/ Werke	literarische Gattungen	Politische, kultur- und geistesgeschichtliche Thematik
Prosa	Nepos	Biographie	griechische Demokratie; Verhältnis Griechenland - Rom; Rom - Karthago.
	Caesar	autobio-graphischer, politischer Bericht	Grundsätze, Verfahren und Wirkungen römischer Eroberungspolitik; Vergleich von Völkern in der Antike; politische Rechtfertigung eines „großen" Römers.
	Cicero (Reden)	Rhetorik	Elemente, Zielsetzungen, Wirkungen einer antiken Rede; römisches Prozeßverfahren; staatspolitische Grundsätze.
	Sallust/ Livius	Historiographie	Prinzipien und Probleme der Geschichtsschreibung; epochale Entwicklungen und Krisen in der römischen Geschichte; Verhältnis von Macht und Moral in der Politik; Bedeutung der Tradition.
	Tacitus (Germania)	ethnographische Schrift	Die Germanen aus der Sicht eines Römers.
	Plinius/ Cicero	Epistolographie	Formen und Elemente des Briefs; Einblick in geistige und politische Hintergründe römischer Wirklichkeit.
Poesie	Phaedrus	Fabel	Möglichkeiten literarischer Kritik an menschlichen Schwächen, an der römischen Gesellschaft und Außenpolitik.
	Terenz/ Plautus	Drama (Komödie)	Elemente und Aufbau eines Dramas; Formen des Komischen; menschliche Konflikte und ihre heitere Bewältigung.
	Ovid	Epos Elegie	Antike Mythologie in ihren existentiellen Aussagen; Wirkungen antiker mythischer Gestaltungen; Themen antiker Liebesdichtung.
	Vergil	Epos	Dichtung als Mittel römischer Herrschaftsideologie; existentielle Grundthemen des Menschen vor dem Hintergrund weltpolitischer Auseinandersetzung.
	Catull	Lyrik	Motive und Mittel römischer Liebesdichtung.

[66] Es ist das Beispiel der Lehrplankonzeption in Bayern gewählt; durch Fettdruck sind die wichtigen, für L 1 und L 2 verbindlichen Autoren gekennzeichnet.

Wie die veröffentlichten Lehrpläne zeigen, konzentrieren sich die Lektürevorschläge im Bereich der Mittelstufe/S I (11. Kl./Jgst. eingeschlossen) auf die angegebenen Autoren; man darf hier ohne Zweifel von einer neuen Kanonisierung der lateinischen Literatur in der Schule sprechen. Schüler mit L 1 haben nach Abschluß ihres Lateinunterrichts einen ziemlich reichen Horizont an antiken Autoren, Gattungen und Inhalten erfahren. Für Schüler mit L 2 verengt sich dieser Horizont erheblich (sie lesen in der Regel wohl nur die fettgedruckten Autoren).

3.3.2 **Der literarische Horizont nach Abschluß der Oberstufe/S II**

Aus den veröffentlichten Lehrplänen zur Oberstufe/S I in den einzelnen Bundesländern lassen sich folgende mehr oder weniger häufig vertretene Kernthemen der Oberstufe entnehmen; sie sind großenteils nicht immer identisch formuliert, meinen aber dieselbe Sache. In Klammern sind die jeweils dafür vorgeschlagenen Autoren angegeben, damit auch die literarische Bandbreite erkennbar wird. Die Reihenfolge ist ohne Wertung der Einzelthemen vorgenommen; die Themen sind auch nicht immer überschneidungsfrei voneinander getrennt.

1. Geschichtsdenken und Geschichtsschreibung bei den Römern
   (Cicero, Sallust, Livius, Tacitus);
2. Romidee und Romkritik
   (Sallust, Caesar, Cicero, Vergil, Tacitus, Augustinus);
3. Imperialismus als Erscheinungsform der römischen Außenpolitik
   (Caesar, Cicero, Sallust, Augustus, Tacitus, Augustinus);
4. Die Ideologie des Prinzipats
   (Cicero, Horaz, Vergil, Ovid, Augustus, Sueton, Velleius Paterculus, Tacitus, Augustinus);
5. „Pax" als Grundthema in römischen und christlichen Texten
   (Cicero, Caesar, Livius, Augustus, Seneca, Tacitus, Horaz, Augustinus, Thomas von Aquin, Erasmus, Hugo Grotius);
6. Rechtsentwicklung und Rechtsauffassung bei den Römern
   (Cicero, Corpus iuris civilis, XII tabulae, Digesten, Pandekten, Gaius, Ulpian);
7. Römisches Staatsdenken
   (Cicero, Laktanz, Augustinus, Corpus iuris civilis, Thomas von Aquin);
8. Politik und Rhetorik
   (Sallust, Cicero, Quintilian, Plinius, Tacitus, Augustinus);
9. Der einzelne und sein Verhältnis zu Staat und Gesellschaft
   (Nepos, Caesar, Livius, Cicero, Catull, Lukrez, Vergil, Seneca, Tacitus);
10. Rom in der Auseinandersetzung mit fremden Mächten und Wertvorstellungen: mit den Griechen, den Germanen, den Christen
    (Livius, Nepos, Cicero, Catull, Vergil, Horaz, Caesar, Tacitus, Plinius, Minucius Felix, Augustinus);
11. Die Sklavenfrage in der Antike
    (Terenz, Plautus, Cicero, Horaz, Seneca, Plinius, Martial, Caius, Columella, Augustinus);
12. Staat und Religion
    (Vergil, Horaz, Plinius, Tacitus, Tertullian, Augustinus, Minucius Felix);

13. Römische Lebenswirklichkeit im Spiegel von Texten
    (Nepos, Plinius, Martial, Tacitus, Juvenal, Ovid, Seneca);
14. Römische Lebens- und Wertbegriffe: humanitas, libertas, pietas, virtus u. a.
    (Cicero, Livius, Tacitus, Nepos, Horaz, Seneca, Plinius);
15. Das Bild des *mos maiorum*
    (Livius, Sallust, Cicero, Tacitus, Augustinus);
16. Lebensbewältigung durch Philosophie bei den Römern
    (Cicero, Lukrez, Seneca, Tacitus, Augustinus, Boethius);
17. Witz, Satire, Ironie (Parodie) bei den Römern
    (Martial, Juvenal, Horaz, Petron, Terenz, Plautus, Erasmus);
18. Poesie als Sprach- und Lebensform
    (Horaz, Vergil, Ovid, Catull, Tibull, Properz);
19. Rezeption und Tradition in lateinischen Texten
    (Griechen – Römer, Römer – Christen, Römer – Renaissance/Humanismus, Römisches – Moderne);
20. Antike-Rezeption: Epos und Tragödie
    (z. B. Vergils Aeneis bzw. Seneca, Oedipus).

Diese 20 aus den Lehrplänen der einzelnen Bundesländer ausgewählten Themen, die wir als die wichtigsten ansehen, umgreifen die ganze Bandbreite der lateinischen Literatur und die in ihr enthaltenen Inhalte; die dafür vorgeschlagenen Autoren machen den Kern der klassisch-römischen Literatur aus und greifen weit darüber hinaus. Soweit heute noch erkennbar, hat das antike Erbe bislang noch keine so umfassende und attraktiv formulierte Präsentation im Angebot der Schule erfahren. Man darf dieses Bemühen der Lehrplan-Konstrukteure durchaus als einen anerkennenswerten Schritt nach vorne kennzeichnen.

3.4 **Die verschiedenen Lektüreprofile**

Der literarische Horizont, der sich in der Oberstufe in aller Regel thematisch ausspannt, ist sowohl von den Autoren wie auch von den Inhalten her naturgemäß weiter, umfassender, aspekt- und problemreicher als in der Mittelstufe. Er umfaßt wohl alle wesentlichen Gebiete der antiken politischen, kulturellen und geistigen Welt. Allerdings muß auf folgenden Tatbestand hingewiesen werden: Während in der Mittelstufe zumindest im Kernbereich der Autoren ein verbindlicher Kanon festliegt, mit dem alle Schüler mehr oder weniger vertraut werden, kann in der Oberstufe die Kanonisierung infolge individueller Themenauswahl durch Lehrer (und auch Schüler) im Extremfall völlig aufgehoben werden. Ein auffallender Unterschied besteht hier zwischen Ländern mit Zentralabitur und Ländern mit Nicht-Zentralabitur. Man kann hier jeweils von einem gebundenen und einem offenen Lektüreprofil sprechen. Dies soll zunächst an zwei Extrembeispielen – bezogen auf die gesamte Phase des Lektüreunterrichts – angedeutet werden. Anschließend versuchen wir eine didaktische Wertung der verschiedenen Lesersituationen, die sich bei den einzelnen Lektüreprofilen einstellen. Als Beispiele werden die Lehrpläne *Bayerns* und *Nordrhein-Westfalens* herangezogen.

3.4.1 *Gebundenes Lektüreprofil: Beispiel Bayern*

	Jgst./ Kl.	L 1	L 2	L 3
Autoren-/Werklektüre	8	Sprachunterricht Übergangslektüre (Lesebuch oder Textsammlung)	Sprachunterricht	
	9	① Lektüreblock I (fakultativ) - **Nepos** oder ein anderer für die Anfangslektüre geeigneter Autor ② Lektüreblock II - **Phaedrus** und/oder Martial oder Terenz ③ Lektüreblock III - **Caesar**, De bello Gallico	Sprachunterricht Übergangslektüre (im Lehrbuch mit eigenen Texten)	Sprachunterricht
	10	④ Lektüreblock IV - **Cicero,** eine Rede ⑤ Lektüreblock V - **Ovid**, Metamorphosen ⑥ Texte der spätlateinischen und/oder mittellateinischen Prosa und Dichtung	① Lektüreblock I - **Caesar**, De bello Gallico fakultativ zusätzlich: z. B. Nepos ② Lektüreblock II - **Ovid**, erzählende und lehrhafte Dichtung fakultativ zusätzlich: z. B. Terenz (eine Komödie) ③ Lektüreblock III (fakultativ) Texte der späteren Antike und des Mittelalters, z. B. Martial, Epigramme, Vulgata, Hymnen, Vagantendichtung	Sprachunterricht Lektüre anhand des Übungsbuches oder einfacher Texte

gattungsorientierte Lektüre	11	① **Römische Geschichtsschreibung** Sallust, Catilina oder Iugurtha (alternativ: Livius); Tacitus, Germania oder Agricola ② **Römische Epik** Vergil, Aeneis ③ **Römische Lyrik** (fakultativ) Ovid und/oder Catull und/oder Tibull ④ **Römische Briefliteratur** Briefe von Cicero und/oder Plinius ⑤ Christliche oder Mittelalterliche oder humanistische Texte	① **Römische Geschichtsschreibung** Sallust, Catilina oder Iugurtha ② **Römische Dichtung** Ovid und/oder Catull ③ **Römische Beredsamkeit** eine Rede Ciceros oder Reden bei Historikern ④ **Römische Briefliteratur** (fakultativ) Briefe von Plinius	Lektüreblock I: Erstautor **Caesar**, De bello Gallico oder **Nepos**, De viris illustribus oder **Erasmus**, Enchiridion oder Adagia Lektüreblock II: Poesie **Catull**, Carmina und **Martial**, Epigramme; **Terenz**, Adelphen Lektüreblock III: Zentralautor **Sallust**, Catilina

		Leistungskurs	Grundkurs
thematische Lektüre	12/1	**Satire und Lyrik** (Petron oder Seneca, Martial, Horaz, Catull, lat. Gedichte des Mittelalters und der Neuzeit (Vergil, Elegiker))	**Der Mensch in Staat und Gesellschaft** (Cicero, De re publica oder Augustinus, De civitate dei)
	12/2	**Rede und Recht** (Cicero; Reden bei Historikern; juristische Texte)	**Liebe, Lob und Lästerung** (Catull, Vergil, Horaz, Martial, Vagantenlieder)
	13/1	**Staatslehre und Geschichtsdeutung** (Cicero, De re publica oder Augustinus, De civitate dei; Tacitus, Annalen, Horaz, Vergil, Augustus, Mon. Anc., Velleius Paterculus u. a.)	**Philosophie bei den Römern** Cicero, De finibus Seneca, Epistulae morales
	13/2	**Philosophie und Lebenspraxis** (Cicero, Seneca, Lukrez, Boethius, Augustinus)	**Juristisches Denken** (Gaius, Institutiones; Digesten)

3.4.2 *Offenes Lektüreprofil: Beispiel Nordrhein-Westfalen*

<table>
<tr><th rowspan="2">Kl.</th><th colspan="3">Mittelstufe/S I[67]</th></tr>
<tr><th>L 1</th><th>L 2</th><th>L 3</th></tr>
<tr><td>8</td><td>Sprachunterricht
Übergangslektüre:
Phaedrus; Epigramme</td><td>Sprachunterricht</td><td></td></tr>
<tr><td>9</td><td>Caesar, Bell. Gall.
Nepos, Atticus
Terenz, Adelphen
verschiedene Autoren
unter einem Leitthema</td><td>Sprachunterricht

Übergangslektüre</td><td>Sprachunterricht</td></tr>
<tr><td>10</td><td>Cicero, Rede
Ovid, Metamorphosen
Catull, Gedichte
Poesie des Mittelalters</td><td>Caesar, Bell. Gall.
(Cicero, Rede)
Ovid, Metamorphosen
Catull, Gedichte
Poesie des Mittelalters</td><td>Sprachunterricht</td></tr>
<tr><td>11/1</td><td colspan="2">Cicero: Das Wort als Waffe
Catull: Erlebnis und Kunstgestalt
Petron: Witz, Satire, Ironie und tiefere Bedeutung
Ovid: Menschliche Existenz in der poetischen Form des Mythos und die Rezeption Ovids in der europäischen Literatur und Kunst
Plinius: Leben und Kultur der frühen Kaiserzeit
Terenz, Adelphen: Autorität und Freiheit – zwei widerstreitende Prinzipien?</td><td>Beschränkte, auf den Leistungsstand (B-Kurse) abgestellte Auswahl aus Cicero, Catull, Petron; Ovid, Plinius oder Terenz (wie bei L 1/L 2)</td></tr>
</table>

Die Richtlinien bestimmen für die Jgst. 9 und 10, daß „in jeder Jahrgangsstufe ein ausführliches Modell der lateinischen Hochsprache verbindlich sein sollte“ und daß „im verbleibenden ‚freien‘ Raum Kontrastlektüre betrieben werden kann“. (S. 53). Für die Jahrgangsstufe 11/1, in der sowohl ein sinnvoller Abschluß gewährleistet wie auch eine begründete Kurswahl in der Oberstufe ermöglicht werden soll, wird „darauf verzichtet, Verbindlichkeit für einen Autor oder ein Thema zu fordern“ (S. 37f.).

---

[67] Entnommen aus: Gymnasium. Sekundarstufe I. Vorläufige Richtlinien Latein, 53ff. (für Kl. 8–10) und aus: Gymnasiale Oberstufe. Richtlinien Lateinisch, 37ff. (für 11/1).

Oberstufe/S II[68] 11/2-13/1[69]

Auswahl von 4 Kursthemen aus insgesamt 43 Kursthemen, die in folgende 10 Oberthemen zusammengefaßt sind:
(Ein Oberthema umfaßt in der Regel 4, einmal 5, einmal 6 Unterthemen/Kursthemen)[70]

10 Oberthemen

1	2	3	4	5	6	7	8	9	10
Literatur und Sprache in ihrem Verhältnis zu Politik und Gesellschaft	Staatsdenken, Staatstheorie, Staatswirklichkeit	Der Einzelne in seinem Verhältnis zu Staat und Gesellschaft	Römische Lebenswirklichkeit im Spiegel von Texten	Poesie als Sprach- und Lebensform	Römisches Philosophieren	Geschichtsdenken und Geschichtsschreibung bei den Römern	Rom in der Auseinandersetzung mit fremden Mächten und Wertvorstellungen	Sprache und Sprachen: Sprachgeschichte Sprachphilosophie, Sprachverwendung	Rezeption und Tradition in lateinischen Texten

Die Auswahl ist für die Oberstufe insofern eingeschränkt, als

- aus vier Oberthemen je ein Kursthema zu nehmen ist,
- als Zentralautor nur einmal derselbe Autor herangezogen werden darf (mit Ausnahme von Cicero),
- Poesie und Prosa jeweils mindestens in einem Kurshalbjahr vertreten sein müssen,
- gesichert sein muß, daß mindestens die Hälfte der Texte aus der klassischen römischen Literatur entnommen wird (wobei die spätrepublikanische, augusteische und kaiserzeitliche Epoche angemessen zu berücksichtigen sind).

---

[68] Entnommen aus: Gymnasiale Oberstufe. Richtlinien Lateinisch, 33ff. Die graphische Anlage wurde der Kürze und Übersicht wegen vom Verfasser so geschaffen.

[69] Das Kurshalbjahr 13/2 unterliegt wegen der bevorstehenden Abiturprüfung anderen Bedingungen, vor allem der Wiederholung, Fortführung und Vertiefung; siehe dazu Richtlinien, 36 (2.1.6) und 117 (3.3.1).

[70] Es ist anzumerken, daß die angeführten Themen sowohl für den Leistungskurs wie auch für den Grundkurs gelten; die Differenzierungskriterien für Leistungskurs und Grundkurs „können sich nicht aus den Themen/Inhalten ergeben" (Richtlinien, 113).

Trotz solcher Bindungen können bei einer individuell vorgenommenen Sequentialisierung von 4 Kursthemen völlig deckungsungleiche Lektüreprofile in der Oberstufe der verschiedenen Schulen zustande kommen. Folgende zwei Beispiele, die im Lehrplan selbst als Muster für mögliche Typen von Sequentialisierung angegeben sind, seien dafür genannt; an ihnen wird neben den großen Möglichkeiten zur thematischen Variation zugleich die angedeutete Typisierung der Themagestaltung sichtbar: im ersten Fall liegt offensichtlich ein „thematisches Aggregat", im zweiten Fall eine „thematische Zentrierung" vor (s. dazu o. S. 146f.).

Beispiel 1 (S. 40 und 120):

11/2	Sklaven in der römischen Antike (aus O.-th. 4)
12/1	Humanitas - Humanität - Humanismus (aus O.-th. 6)
12/2	Menschliche Existenz in der bukolischen und epischen Dichtung Vergils (aus O.-th. 5)
13/1	Rom und die Christen (aus O.-th. 8)

Beispiel 2 (S. 120):

11/2	Catull: Erlebnis und Kunstgestalt (aus O.-th. 5)
12/1	Cicero: De re publica: Staat und Staatsform in der Reflexion (aus O.-th. 2)
12/2	Dichtung und politisches Engagement (Vergil/Horaz) (aus. O.-th. 1)
13/1	Tacitus, Agricola: Krisen und Krisenbewußtsein in der römischen Historiographie: Analysen und Antworten (aus O.-th. 7)

3.4.3 *Vor- und Nachteile von gebundenen und offenen Lektüreprofilen*

Das *gebundene Lektüreprofil* hat zweifellos den Vorteil, daß alle Schüler, die einen Grund- bzw. Leistungskurs durchlaufen, eine einigermaßen geschlossene Einheit von Lektüretexten (Autoren, Werke) lesen und daß sie sich eine verhältnismäßig einheitliche Basis von Literaturerfahrung im Bereich der Antike zueignen, auf der sie sich über Themen und Probleme der Römer unterhalten, darüber verständigen können. Es ist eine gewisse Gewähr gegeben, daß die Kerngebiete den Schülern in etwa gleichermaßen vertraut geworden sind. Der Nachteil liegt darin, daß der Befriedigung individueller Interessen von Lehrern und Schülern wenig Raum bleibt und daß in der vorgegebenen Sequenz von Themen mit Notwendigkeit viele andere wertvolle Autoren, Texte, Themen, Inhalte ausgeschlossen bleiben. Zu dieser Beschränkung zwingt die zentrale Abiturprüfung.

Das *offene Lektüreprofil* bietet die großartige Chance, die wichtigsten Themen der antiken Literatur, von Kursgruppe zu Kursgruppe wechselnd, in das Zentrum zu rücken; dabei können Interessen, Leistungsfähigkeit der Schüler, auch Neigungen des Lehrers berücksichtigt werden, ebenso die wechselnde Aktualität bestimmter Problemkreise. Gesichtspunkte der Schwierigkeitsprogression oder eines chronologischen Aufbaus können zudem die Kursthemenwahl bestimmen. Möglich ist solche Freiheit nur, weil keine zentrale Abiturprüfung am Ende zu erledigen ist. Nachteilig wirkt sich zweifellos aus, daß Schüler der Oberstufe in ihren lateinischen Literaturkenntnissen, weil sie extrem verschiedene Lektüresequenzen durchmachen können, so weit auseinanderdriften, daß kein gemeinsamer Code für ein Gespräch über antike Texte und Themen mehr gegeben ist. Trotz der beschriebenen Bindungen besteht bei extremer Auswahl die Gefahr einer recht vereinseitigten Sicht auf die antike Welt.

Es läßt sich deshalb für beide Arten von Lektüreprofilen die Forderung aufstellen, daß über die Textlektüre hinaus Zusatzinformationen (etwa durch Referate, Lehrerhinweise, Übersetzungslektüre, Lektüre von Sekundärliteratur) gegeben werden, die den geistes- und kulturgeschichtlichen Horizont erweitern und runden, und zwar so, daß er sowohl die zentralen Themen, Probleme, Ideen der Antike erfaßt als auch den von der Gegenwart auf die Antike gerichteten Bedürfnissen genügt.[71]

Der literarische Horizont, den die Themenarrangements und Themenkombinationen für die Lateinschüler eröffnen, erweckt allerdings einen falschen Eindruck darüber, welche Wirkung und Bedeutung der Lateinunterricht heute hat. Den Unterricht in der Oberstufe, der – mit einer hohen Stundenzahl (6 bzw. 3) dotiert – einen umfassenden und vertieften Umgang mit der lateinischen Literatur ermöglicht, besuchen verhältnismäßig wenig Schüler. Die weitaus größere Zahl von Schülern schließt das Fach ab. Diese Schüler behalten den Lateinunterricht also so im Gedächtnis, wie sie ihn am Ende der Mittelstufe/S I verlassen haben. Hier aber liegt, wie allgemein bekannt, das Fach im argen, vor allem bei L 2, wo die Stundenzahl fast unter das Existenzminimum abgesunken ist. Sollte es hier nicht gelingen, den Sprach- und Lektüreunterricht in ein rechtes Verhältnis zueinander zu bringen, so daß zumindest ein abrundender Abschluß auch im Lektüreunterricht zustande kommt, wird das Dilemma der lateinischen Mittelstufe/S I sich über das ganze Fach ausweiten; in der 9./10./11. Klasse/Jgst. wird sich entscheiden, was aus dem Fach Latein in Zukunft wird. Auf die Einstellung dieser „Abwähl-Schüler" zum Fach kommt es an: sie werden als spätere Eltern ihre Kinder in den Lateinunterricht schicken oder nicht schicken. Die Bemühungen der Didaktik zielen deshalb – nach Abschluß der Oberstufenreform – mit Recht in letzter Zeit verstärkt darauf ab, dem Fach auch in der Mittelstufe/S I das zu verschaffen, was es bislang nicht hat, aber nun unbedingt braucht: Profil und Prestige.[72]

---

[71] Wichtig dazu: *Meyer, Th./Steinthal, H.*: Sachwissen (Realienkunde). In: LEU – Materialien Latein L 4. – Stuttgart 1977, 10: „Die Lektüre lateinischer Literatur führt erfahrungsgemäß von sich aus nicht dazu, daß der Gesamtablauf der römischen Geschichte und die römische Kultur insgesamt in den Blick kommen. Dies ist jedoch nötig, wenn vermieden werden soll, daß Einzelheiten isoliert gesehen und damit mißverstanden werden." Dabei „sollen die ganzen Gegebenheiten der römischen Welt behandelt werden, die grundlegend sind
– für das Gesamtverständnis des Phänomens Rom
– für das Weiterwirken der römischen Antike in Mittelalter und Neuzeit
– für den Versuch, aus Vergleich und Kontrast mit der römischen Kultur und Geschichte die Gegenwart besser zu verstehen".

[72] Dazu bes.: Kultusministerium Rheinland-Pfalz: Lateinische Lektüre – Sekundarstufe I (Siehe 132, Anm. 8); hier liegen beachtenswerte Ansätze für eine Didaktik des lateinischen Lektüreunterrichts in der Mittelstufe vor.
Wichtig dazu auch *Hohnen, P.*: Ovid als Anfangslektüre? 44ff. Er geht in einer mehr allgemein gehaltenen Passage seines Aufsatzes auf die Schwierigkeiten der profilbedürftigen Mittelstufe des Lateinunterrichts ein. Man sollte „daran denken, im Hinblick auf die bevorstehenden Abschlüsse nach Klasse 10 die Schüler nicht mit der bloßen Erinnerung an wenig erfolgreiche Übersetzungsmühsal oder sogar -misere zu entlassen, sondern ihnen einiges Bleibende von Art, Gehalt und Kunst der antiken Texte mit auf den Weg zu geben".

Wer vom Ziel nicht weiß,
kann den Weg nicht haben.
Christian Morgenstern

Lektüreunterricht unter dem Oktroy von Lehrplänen und Richtlinien?*

Objekt und Subjekt des Lehrens unter veränderten Bedingungen

Der Lateinunterricht hat in seiner „multivalenten" Ausrichtung ein neues Profil gefunden. Das Konstrukt, auf dem nun der einheitliche Bau des Faches aufruht, ist die sog. DAV-Matrix. Diese ist, wie mehr oder weniger erkennbar, zur Gliederungsgrundlage von Lehrplänen bzw. Richtlinien geworden, die den offiziellen Rahmen für den Unterricht abgeben.[1] Die Dynamik einer offensiven Darstellung des Faches im Zeichen der „Multivalenz" wirkte sich wohl auf dem Felde des Lektüreunterrichts am stärksten aus; vor allem die administrativen Vorgaben für den Lektüreunterricht nahmen die Ideen der neuen Didaktik in sich auf.
Die Lehrpläne bzw. Richtlinien für den Lektüreunterricht, die gegenüber früher ein völlig geändertes Aussehen haben, wollen die möglichen Fachleistungen zur Erscheinung und zur Verwirklichung bringen. In ihnen haben deshalb nicht nur die vier Lernzielbereiche „Sprache", „Literatur", Gesellschaft/Staat/Geschichte" und „Grundfragen menschlicher Existenz" durchgeschlagen; auch in der Formulierung der Lernziele und der diese zusammenfassenden und oft mehrere Gebiete übergreifenden Themen werden die Impulse der neuen didaktischen Konzeption als verbindliche Vorgaben für den Lehrer festgehalten.

Daß diese Neuorientierung nicht ohne Folgen für das Objekt und auch das Subjekt des Lehrens blieb, steht außer Zweifel. Denn einerseits den Literaturgegenstand in der Vielfalt seiner Aspekte pädagogisch fruchtbar machen heißt, ihn in den Dienst einer außerfachlichen Aufgabe stellen – was naturgemäß zu einem Konflikt mit der wissenschaftlichen Bedingtheit des Autors/Werkes/Textes führt; Andererseits der Person des Lehrers einen verpflichtenden Rahmen für seine Unterrichtstätigkeit vorgeben bedeutet, seine didaktische Phantasie und Freiheit eingrenzen – wodurch zweifellos eine Spannung zwischen Unterrichtsverwaltung und Lehrerpersönlichkeit aufgebaut wird.
Wie sich solche Folgen auf den Lektüregegenstand und auf den Lektüre praktizierenden Lehrer auswirken, ob das Ergebnis der Lehrplan-Reformen des letzten Jahrzehnts negativ oder positiv zu bewerten ist, sei an zwei der bedeutendsten Gegenstände der lateinischen Schullektüre dargestellt: am **Dichter Vergil** und am **Prosaiker Sallust**.

---

* Erstveröffentlichung in: Gymnasium 90 (1983), 273–285.

[1] Vgl. dazu bes. *Westphalen, K.*: Der Lateinunterricht im Spiegel neuer Lehrpläne. Eine Zwischenbilanz der Curriculumrevision. In: Gymnasialbildung und Oberstufenreform. – Donauwörth 1979, 93 ff., bes. 99 f. (erstmals veröffentlicht in MDAV 17,1 (1974); 4 ff.). *Westphalens* bereits 1974 gezogene „Zwischenbilanz" läßt sich jetzt nach dem Abschluß der Lehrplan-Reform vervollständigen; seine Untersuchungsergebnisse sind weitgehend zutreffend.

Zunächst wird am literarischen Großwerk der Aeneis (die anderen Werke Vergils spielen seit jeher in der Schule nur eine subsidiäre Rolle) gezeigt, welche Bedingungen und Schwierigkeiten dem Lektüreunterricht unter geänderten Zielsetzungen gestellt sind und wie sich diese in den einzelnen Bundesländern unterschiedlich auswirken. Dann mag die Verankerung des überall verbindlich vorgeschriebenen Autors Sallust im Lehrplan eines Bundeslandes *exempli causa* verdeutlichen, wo für den Lehrer unter dem Oktroy der administrativen Vorgaben Möglichkeiten und Grenzen seiner unterrichtlichen Freiheit, aber auch Spielräume seiner pädagogischen Verantwortung liegen.

1 **Ein Zentralautor im Spiegel von Lehrplänen und Richtlinien – Beispiel: Vergil** (Eine Lehrplanstudie: Stand 1983)*

Vergil steht vom Altertum an bis zur Neuzeit im Zentrum „des Lehrplans des Abendlandes“, wobei er über sein inhaltliches Angebot hinaus besonders für Prosodie und Metrik als qualifizierter Autor im *ordo docendi* empfohlen wird.[2] Der Dichter hat auch nach der „kopernikanischen Wende“ in der Lehrplangestaltung,[3] der sog. Curriculumreform, seine Stellung behalten, allerdings in einer abgeschwächten Form und unter anderen didaktischen Zielsetzungen. Der Grund dafür ist einmal darin zu sehen, daß der Lateinunterricht gerade in dem Bereich, in dem die Vergillektüre bislang angesetzt war, eine erhebliche Einbuße an Unterrichtsstunden erlitt, zum anderen darin, daß lateinische Lektüre in der Regel nicht mehr autorenbezogen, sondern eher unter dem Gesichtspunkt einer übergreifenden Thematik betrieben wird.
Als Hauptproblem stellte sich der sprachliche Schwierigkeitsgrad der vergilischen Werke heraus, den man gerade für Schüler mit Latein als zweiter Fremdsprache als zu hoch ansieht,[4] so daß zumindest in der Sekundarstufe I (Mittelstufe) Vergil fast nicht mehr im Kanon der verbindlichen Autoren enthalten ist. Die inhaltliche Qualität vor allem des Hauptwerkes, der Aeneis, als einer panegyrischen Dichtung auf den Herrscher stieß zudem vielerorts auf eine merkliche Reserve, so daß man deren Aussagen nur innerhalb von Themen für bedeutsam ansah, die sich kritisch mit dem Herrschaftsdenken und dem Herrschaftssystem des augusteischen Prinzipats auseinandersetzen. Die angedeuteten Probleme, die mit der sprachlichen Schwierigkeit und der inhaltlichen Qualität von Vergils Werken zu tun haben, lassen jedoch keine einheitliche Linie in der didaktischen Diskussion erkennen. Deshalb konkretisieren sich die didaktischen Vorstellungen vom Wert der Vergillektüre in sehr verschiedener Weise in den Lehrplä-

[2] Siehe dazu etwa *Dolch, J.*: Lehrplan des Abendlandes. Zweieinhalb Jahrtausende seiner Geschichte. – Ratingen 1971, 178 und passim.
[3] So *Westphalen, K.*: Traditionelle Bildung und aktuelle Lernziele. In: Gymnasialbildung und Oberstufenreform, 73.
[4] Eine Untersuchung unter Lehrern für Latein als zweite Fremdsprache in Bayern hat z. B. ergeben, daß Vergil in der Jahrgangsstufe 11 als Schulautor abgelehnt wurde.

nen der Länder der Bundesrepublik Deutschland.[5] Es lassen sich dabei drei Typen von Konkretisationen unterscheiden, die naturgemäß das Hauptwerk der Schullektüre, die Aeneis, betreffen. Im folgenden sind diese drei Typen entsprechend den Notierungen in den einzelnen Lehrplänen der Bundesländer skizziert. Die kleineren Werke Vergils sind dort beigefügt oder für sich aufgeführt, wo sie nach unserer Auffassung den Lehrplan-Typus mitrepräsentieren. Eine völlig überschneidungsfreie Zuordnung zu den einzelnen Lehrplan-Typen ist freilich nicht möglich.

1.1 **Die Aeneis als „Werklektüre"**

Bei diesem Lehrplan-Typus ist als Ziel gesetzt, die Schüler mit der Aeneis als einem eigenständigen großen Werk der römischen Literatur vertraut zu machen. Vier Bundesländer stellen diese Lehrplanforderung: Baden-Württemberg, Bayern, Hamburg und Saarland. Das allgemeine Ziel wird auch hier jeweils noch stärker differenziert und modifiziert, insofern ein bestimmter Aspekt oder mehrere Aspekte bei der Lektüre des Werkes zur Geltung gebracht werden sollen. Auch die Jahrgangsstufe oder der Lateinlehrgang (L 1, L 2) können verschieden sein.

---

[5] Zu dieser Lehrplanstudie lagen mir folgende Lehrpläne vor, die mir großenteils dankenswerterweise *Joachim Gruber,* Erlangen, zugänglich machte; soweit möglich, wurden auch Handreichungen hinzugezogen.

Baden-Württemberg: Lehrplan-Sonderdrucke aus Kultus und Unterricht, Amtsblatt des Kultusministeriums Baden-Württemberg, Latein 11 und Jahrgangsstufen 12 und 13. Materialien zur Einführung neuer Lehrpläne Latein. LEU-Stuttgart 1977. Reihe L., Heft 7 (darin ein Lektüre-Vorschlag von *E. Römisch*).

Bayern: Amtsblatt des Bayerischen Staatsministeriums für Unterricht und Kultus, So.-Nr. 17, vom 20. Mai 1977: Curriculare Lehrpläne für Latein als erste und zweite Fremdsprache in der 11. Jahrgangsstufe der Gymnasien, S. 623ff. Staatsinstitut für Schulpädagogik: Kollegstufe. Die neugestaltete gymnasiale Oberstufe in Bayern. Curricularer Lehrplan für Latein in der Kollegstufe. – München 1976.

Handreichungen für den Lateinunterricht in der Kollegstufe, 3. Folge. Band I, hrsg. vom Staatsinstitut für Schulpädagogik. – München 1976.

Berlin: Der Senator für Schulwesen. Vorläufiger Rahmenplan für Unterricht und Erziehung in der Berliner Schule. Gymnasiale Oberstufe. Fach Latein.

Bremen: Der Senator für Bildung: Kurse im Sekundarbereich II. – Neugestaltete gymnasiale Oberstufe. Latein. Oktober 1977.

Hamburg: Rahmenrichtlinien Latein im Vorsemester und in der Studienstufe.

Hessen: Hessischer Kultusminister. Kursstrukturpläne. Gymnasiale Oberstufe. Aufgabenfeld I; 3. Alte Sprachen, verbindliche Erprobung ab 1. 8. 1979.

Niedersachsen: Der niedersächsische Kultusminister. Handreichungen für Lernziele, Kurse und Projekte im Sekundarbereich II für das sprachlich-literarisch-künstlerische Aufgabenfeld. Dazu: Rahmenrichtlinien für die gymnasiale Oberstufe: Latein (Stand. Juni 1982; der Entwurf dieses Lehrplans ist mir dankenswerterweise durch *Johannes Gappa,* Hannover, zugänglich geworden).

Nordrhein-Westfalen: Die Schule in Nordrhein-Westfalen. Eine Schriftenreihe des Kultusministers. Gymnasiale Oberstufe. Richtlinien Latein 1981.

Rheinland-Pfalz: Kultusministerium Rheinland-Pfalz. Entwürfe der Curricula für die Mainzer Studienstufe. Entwurf zum Curriculum: Leistungskurs Latein.

Saarland: Der Minister für Kultus, Bildung und Sport. Leistungskurs und Grundkurs Latein (vorläufiger Entwurf, mir zugänglich geworden durch den 1. Vorsitzenden des DAV-Landesverbandes Saar, Herrn *G. Meiser*).

Schleswig-Holstein: (noch nicht veröffentlicht)

Baden-Württemberg
Vergil wird ausdrücklich zur „Autorenlektüre" (2.2.1 a) gerechnet (im Gegensatz zu den „Sachthemen" 2.2.1 b), die für den Grund- und Leistungskurs vorgeschrieben ist; die Beschäftigung mit dem Werk im Grundkurs wird von der im Leistungskurs durch „geringere Anforderungen an das sprachliche und interpretatorische Wissen und Können" abgehoben. Die inhaltlichen Schwerpunkte der Lektüre sind aus den vorgeschalteten allgemeinen Lernzielbereichen zu entnehmen, z. B. „1.3.3 e politische Ideen, insbesondere soweit sie zu normhaften Vorstellungen verdichtet sind (z. B. mos maiorum, Rechtsnormen, Romidee und Romkritik) . . ." oder „1.3.4 a Beschäftigung mit Problemen menschlicher Existenz im alten Rom und mit den hierauf bezüglichen Vorstellungen der Römer, soweit sie im Zusammenhang mit der behandelten Literatur vergegenwärtigt werden können (z. B. Zusammenhang zwischen Größe und Gefährdung des Menschen; Verhältnis zwischen Individuum und Gemeinschaft)". Vergil kann auch schon in Klasse 11 behandelt werden (2.1.2). Vorgeschlagene Texte (nach *E. Römisch*): I 1–222, 254–296; II 203–233; III 570–691; IV 1–361; VI 136–148, 450–476, 637–665; 666–900; VII 323–572; XII 697–952.

Bayern:
Vergils Aeneis ist für L 1 in der Jahrgangsstufe 11 verbindlich vorgeschrieben. Das Werk repräsentiert innerhalb des gattungsorientierten Lehrplans für die Jahrgangsstufe 11 das literarische Genus der Epik. Dabei sollen vier spezielle Ziele angestrebt werden:
„– Kenntnis des Hauptwerks der römischen Epik durch Lektüre wichtiger Stellen im Original und in Übersetzung (3.3.1),
– Kenntnis wesentlicher Grundzüge des römischen Epos (3.3.2),
– Einblick in die politische Funktion des Hauptwerkes der römischen Epik (3.3.3),
– Einsicht in die im Epos berührten Grundfragen der menschlichen Existenz (3.3.4)."
Vorgeschlagene Texte: i. A.

Hamburg:
Vergils Aeneis wird für Latein als fortgeführte Fremdsprache in der Studienstufe vorgeschlagen. Innerhalb des Lernzielbereichs „Dichtung" (2.1.3) sollte „mindestens ein dichterisches Genus, möglichst unter übergeordneten Themen" eingeführt werden. Vergils Werk repräsentiert das Genus „Epos"; das übergeordnete Thema sollte sein: „Selbstdarstellung der eigenen Mission".
Vorgeschlagene Texte: i. A.

Saarland:[6]
Leistungskurs 12/1, Hauptthema 2: Rom als Zielpunkt der Entwicklung in der antiken Welt – Vergil, Aeneis. Das Kursziel lautet: Verstehen von größeren Verspartien (Original) und Kennenlernen des ganzen Epos (Original und Übersetzung). Als „Lernziele in allgemeinster Form" sind folgende beschrieben:
„– Der Schüler soll in der Aeneis eine dichterische Deutung allgemeiner Probleme kennenlernen.
– Er soll Verständnis entwickeln für weltanschauliche Probleme (z. B. Schicksal, Leid, Lebensaufgabe, Liebe, Tod) und für das Verhalten eines Menschen, das dessen Wertvorstellungen widerspiegelt.
– Er soll sein Verständnis vertiefen für die Verantwortlichkeit des Menschen gegenüber einer anerkannten normativen Macht (Gewissen, Gottheit, sittliche Ordnung).

---

[6] Dieses Bundesland bietet die umfassendste und ausgewogenste Konzeption für eine werkorientierte Aeneis-Lektüre, deshalb sei sie exempli causa etwas ausführlicher zitiert.

- In Aeneas soll er den Musterfall eines Menschen sehen, der zur Einsicht in sein Schicksal heranreift und so fähig wird, historisch notwendig zu handeln.
- Der Schüler soll Einblick gewinnen in die Vielschichtigkeit dichterischer Aussagen zu Fragen des Lebenssinnes und der Einbezogenheit eines individuellen Schicksals in größere Zusammenhänge.
- Er soll die mythische Einkleidung eines Handlungsgefüges erkennen als eine Möglichkeit, Geschichte und politische Kräfte zu deuten.
- Er soll die Unterschiede zwischen Historiographie, idealisierender Literatur und Propaganda erfassen.
- Dabei soll er erkennen, daß bedeutende Literatur, die zu politischen Gegenwartsfragen Stellung nimmt, nicht nur durch diese Ereignisse selbst provoziert ist, sondern ihrerseits auf die politischen Kräfte einwirkt und von ihnen moralische Entscheidungen verlangt.
- Er soll die Fähigkeit und Bereitschaft, im unvertrauten Kunstbereich neue Eindrücke aufzunehmen, aktivieren und seine Fähigkeit zum Kunsterlebnis entwickeln.
- Er soll Kriterien der Kunstbetrachtung anwenden können und so zu einem ästhetischen Urteil gelangen können."

Die Lektüre des Epos soll in vier „Etappen" erfolgen. Es sind folgende Textstellen zur Originallektüre (O) oder Übersetzungslektüre (Ü) vorgeschlagen:

1. Etappe: **Römische Geschichte – göttliches Fatum**

I	1– 33 (Ü)	Proem
	34–197 (Ü)	Seesturm und Landung in Libyen
	198–207 (O)	Tröstung und Zuspruch für die Gefährten
	223–304 (O)	Venus' Fürsprache und Jupiters Verheißung
	657–756 (Ü)	Venus' Liste und Didos Abendfest

2. Etappe: **Aeneas und Dido: Infragestellen des Fatums**
(hier werden zwei Alternativvorschläge A und B gemacht

A IV	1– 5 (O)	Didos Schwanken zwischen Liebe
	6– 67 (Ü)	und Pflichtbewußtsein
	68– 85 (O)	Didos Not und Absprache zwischen
	86–128 (Ü)	Juno und Venus
	129–299 (O)	Aeneas' und Didos Liebesbund
	259–299 (O)	Mahnung an die Pflicht und Entschluß zur Abfahrt
	300–396 (Ü)	Didos Klage und Vorwürfe
	571–629 (O)	Aeneas' Flucht und Didos Fluch
	630–705 (Ü)	Didos Tod
B IV	1– 88 (O/Ü)	Didos Schwanken zwischen Liebe und Pflichtbewußtsein
	129–172 (Ü)	Aeneas' und Didos Liebesbund
	259–299 (O)	Mahnung an die Pflicht und Entschluß zur Abfahrt
	331–361 (O)	Aeneas' Rechtfertigung vor Dido
	522–583 (Ü)	Aeneas' Flucht
	630–705 (Ü)	Didos Tod

3. Etappe: **Überwindung allen Zweifels am Fatum**

V	605–761 (Ü)	Brand der Schiffe – Erscheinung des Anchises
VI	42–159 (Ü)	Sibylles Weissagung und Hilfe
	264–332 (Ü)	Aeneas' Weg ins Schattenreich
	426–476 (Ü)	Begegnung mit Dido

	628-678 (Ü)		Der Weg zu Anchises
	679-699 (O)		Begegnung mit Anchises
	703-751 (Ü)		Seelenwanderung
	752-853 (O)		Römer
	854-892 (Ü)		Anchises' Hinweise und Mahnungen
4. Etappe:	**Erfüllung des Fatums**		
VII-VIII		(Ü)	Inhaltsübersicht
VII	370-453 (Ü)		Schild des Aeneas
	608-731 (Ü)		
dazu:			Abbildung vom Panzer des Augustus von Primaporta.
IX-XII		(Ü)	Inhaltsübersicht
XII	791-841 (Ü)		Junos Zustimmung zu Aeneas' Fatum

Grundkurs 12/1: Hauptthema 2: Verständnis der eigenen Tradition als Strom verschiedener Quellen – Vergils Aeneis

Die Werklektüre, die auf dieses Thema ausgerichtet ist, steht unter folgenden „Lernzielen in allgemeinster Form“:

„– Der Schüler soll die Fähigkeit zur künstlerischen Einschätzung eines literarischen Kunstwerkes erhalten.
- Er soll den Symbolwert eines Geschehens erkennen können.
- Er soll Verständnis bekommen für die Beziehungen der Völker.
- Er soll erkennen, daß die Bestätigung durch Tradition einen Wert in der Existenz eines Volkes darstellt.
- Er soll erkennen, daß das außerordentliche Handeln eines Menschen Tradition bilden kann.
- Er soll in der Lage sein, den ideologischen Hintergrund eines Textes zu sehen.
- Der Schüler soll erkennen, daß Rom seine – volksmäßige, politische, geistige – Herkunft nicht autochthon begriff, sondern in ihr die Durchdringung zweier Hauptkomponenten sah unter Mitwirkung vieler anderer Einflüsse.
- Er soll dieses Phänomen an die spezifisch historische Situation Roms (Mischbevölkerung, Gefühl kultureller Unterlegenheit) anknüpfen können.
- Er soll in der Aeneis beispielhaft für andere Dichtungen eine Reihe von schicksalsmächtigen Begegnungen in verschiedenen Situationen finden, die durch den Symbolwert des Geschehens, vor allem aber des Helden, mythologische, traditionsbildende Kraft gewinnen.“

Die Lektüre des Epos soll in 9 Etappen erfolgen.

1. Etappe: Leben und Werk Vergils
2. Etappe: Prooemium und Junos Zorn: I 1–49
3. Etappe: Vorzeichen und ihre Beachtung durch Aeneas: II 671–711; IV 265–278 (IV 393–401)
4. Etappe: Hindernisse auf dem Weg – Verhalten des Fatums: V 622–663, 680–699, 719–731
5. Etappe: Bestätigung der Zukunftsverheißung in der Unterwelt: VI 264-281, 752–766, 776–853
6. Etappe: Die neue Heimat – Einheimische und Fremde: VII 25–36 (212–266); XII 175–194
7. Etappe: Rückschauende Übersicht
8. Etappe: Vergleich einer Stelle der Aeneis mit einer Stelle der Odyssee (Seesturm: Aen. I 76–123 Ü – Od. V 204–282 Ü)
9. Etappe: Antikenrezeption am Beispiel Dantes – Vergleich mit Dante (Göttliche Komödie, Hölle – 20. Gesang)

1.2 Vergils Werke, besonders die Aeneis, als zentrale Gegenstände innerhalb einer umfassenden Thematik

Bei diesem Lehrplan-Typus ist als Ziel gesetzt, ein umfassendes Thema so abzuhandeln, daß es an einem dafür repräsentativen Werk zentral zur Geltung gebracht und durch eine Reihe von Zusatz-, Begleit- und Ergänzungstexten erweitert wird. Dabei geht es nicht so sehr darum, das Werk in seiner Eigenart zu erfassen, sondern das im Werk liegende Aussagepotential im Sinn des gewählten Themas fruchtbar zu machen. Das Werk der Aeneis wird in einer mehr oder weniger großen Zahl von Stellen zur Lektüre verwendet; hier werden nun auch andere Gedichte Vergils – in der Regel in Teilen – in die thematische Behandlung einbezogen. Nachfolgend sind die in den Lehrplänen enthaltenen Themenkreise aufgeführt und in ihrer jeweils spezifischen Ausformung in den einzelnen Bundesländern angegeben.

Themenkreis 1
Römisches Sendungsbewußtsein – römischer „Imperialismus" – Romidee

Bayern:
Leistungskurs, 3. Kurshalbjahr: Staatslehre und Geschichtsdeutung.
„Äußerungen römischen Sendungsbewußtseins, z. B. in der Aeneis" (3, 5) mit den Lernzielen:
„– Kenntnis von Erscheinungsformen des römischen Sendungsbewußtseins,
– Einblick in die Ziele und in die Problematik der römischen Machtpolitik sowie in die Ansätze zur Kritik in der antiken Literatur."
Vorgeschlagene Textstellen: Aeneis I 223–304, 1. Ekloge
Grundkurs, 1. Kurshalbjahr: Der Mensch in Staat und Gesellschaft:
„Texte mit imperialistischen Aussagen (3.5)"
Vorgeschlagene Textstellen: Aeneis VI 777–807.
Bremen:
Leistungskurs 2: Zur literarischen Beurteilung einer Epoche.
Römische Autoren über die augusteische Zeit. Horaz und Vergil. Einzelthema 4: „Übertragung des römischen Sendungsbewußtseins der augusteischen Zeit auf Mythos- und Geschichtsdarstellung: Vergils Aeneis."

Vorgeschlagene Texte:

I	254-296	Jupiters Prophezeiung
IV	260-295	Merkur bei Aeneas
IV	331-361	Aeneas' Absage an Dido

Aus der Rede des Anchises:

VI	752-759	Einleitung der sog. ‚Heldenschau'
VI	777-787	Romulus und Roma
VI	788-807	Caesar Augustus
VI	847-853	Wesensdeutung des römischen Volkes
(VIII	626-731	Schild des Aeneas)

zusätzlich möglich, eventuell im Referat vorgetragen:

I	229-253	Rede der Venus und
VI	679-702	Aeneas und Anchises

Hessen:
13. Themenvorschlag: Römischer „Imperialismus“. Vorgeschlagene Texte: Vergil, Aen. I 229–253; VI 756–853: Sendungsbewußtsein.
18. Themenvorschlag: Zur literarischen Beurteilung einer Epoche: „Römische Autoren über die augusteische Zeit – Übertragung des römischen Sendungsbewußtseins der augusteischen Zeit auf Mythos- und Geschichtsdarstellung: Vergils Aeneis“
Vorgeschlagene Textstellen: I 254–296; IV 260–295; 331–361; VI 752–759; 777–807; 847–853; VIII 626–731; dazu ecl. IV.

Berlin:
Leistungskurs, 4. Kurshalbjahr:
Kursthema L 2/L 2–4.06: Roma aeterna. Besondere Lerninhalte:
„– Die Pietas des Aeneas als Verpflichtung gegenüber der Sendung Roms.
– Die Gründung der Romidee im Mythos (Trojasage).
– Die dichterische Gestaltung der Auseinandersetzung zwischen Rom und Karthago in mythologischem Gewande.“
Verbindliche Texte: Aeneis I, IV (Auswahl).

Niedersachsen:
Leistungskurs, 2. Semester: „Ideologie des römischen Imperialismus, 6. Teilthema: Rechtfertigung der Pax Romana.“
Vorgeschlagene Texte: u. a. Vergil, Aen. VI 851 ff., 792 ff.; I 254–276, 277–282; 235–237; I 522 ff.

> **Themenkreis 2:**
> Die Zeit des Augustus – Die Ideologie des augusteischen Prinzipats

Bayern:
Leistungskurs, 3. Kurshalbjahr: Staatslehre und Geschichtsdeutung.
„Die Ideologie des Machtträgers – ihre wechselnde Beurteilung in der Literatur eines Jahrhunderts.“
Vorgeschlagene Texte: u. a. Aeneis VI 788–807, ecl. IV 1–25 (Rest in Übersetzung).

Bremen:
Leistungskurs 2: Zur literarischen Beurteilung einer Epoche.
Römische Autoren über die augusteische Zeit. Einzelthema 1: Sorge und Verzweiflung in der Bürgerkriegszeit: Horaz und Vergil (bes. Ekloge IV).

Berlin:
Leistungskurs, 2. Kurshalbjahr: Kursrahmen: Das augusteische Zeitalter und seine Dichtung.
Kursthema l 1/L1–2.1: Das römische Nationalepos. Als „verbindliche Lernziele“ dieser Thematik werden aufgestellt:
„1. Kenntnis der Begründung und Durchsetzung des augusteischen Herrschaftsanspruchs
2. Kenntnis der augusteischen Friedensidee
3. Einblick in Dichtung als Abbild eines geschichtlichen Bewußtseins
4. Einblick in die geistigen und literarischen Quellen des Epos“
Vorgeschlagene Texte: u. a. Aeneis (i. A.), dazu ecl. I und IV; Georgica, 2. Buch: laudes Italiae.
Leistungskurs, 1. Kurshalbjahr: Kursrahmen: Römische Geschichtsschreibung.

Kursthema I 2/L 2–2.08: Augusteisches Zeitalter, besonders die Lerninhalte „Das Zeitalter des Augustus im Spiegel der Dichtung" – „Hofdichtung oder litterature engagée?"
Verbindliche Texte: u. a. ecl. IV; Aen. VIII 608–731.

Niedersachsen:
Leistungskurs, 1. Semester, Thema: Die Dichtung der augusteischen Zeit – Dichtung im Spannungsfeld der Politik des Augustus. – Vorgeschlagene Texte: u. a. Vergil, Aen. I 1–33 (dazu: Proömien von Ilias und Odyssee). I 233–296; IV 173–188, 791–807, 847–853; XII 818–841.

Nordrhein-Westfalen:
2.4.2.2 Ideologie des augusteischen Prinzipats
Vorgeschlagene Texte: u. a. Aeneis I 223–304; 781ff.

Rheinland-Pfalz:
Thema 3.5 Audiatur et altera pars (die verschiedene Beurteilung des Augustus) 3.8 A:
Vorgeschlagene Texte: u. a. Aen. VI 791–807.

Themenkreis 3:
Grundfragen menschlicher Existenz

Rheinland-Pfalz:
Thema 1.3: Die poetische Darstellung des Eros.
2.5 Vergil: Aeneas und Dido. Die Tragödie einer Liebe im Gewande des Epos.
Vorgeschlagene Texte: I 494–508; 588–593; 617–680; IV 1–30; 54–89; 133–150; 160–197; 219–221; 238–282; 356–396; 408–415; 437–451; 522–552; 576–583; 633–662; VI 440–444; 450–476.
Thema 4.5: Antikenrezeption, Gattung Epos
Zielvorstellung: „Einsicht in die gefährlichen Möglichkeiten, mit höchstem Können geschriebene dichterische Werke zum Mittel weltanschaulicher (Dante) oder poetischer (Vergil) Propaganda zu machen."
Vorgeschlagener Text: „Behandlung des 6. Buches der Aeneis entweder ganz im Originaltext, oder besser mit Lektüre von Kernstellen und Darbietung des übrigen aus einer Übersetzung." Dazu Vergleich mit Stellen aus Dantes Divina Commedia.

Nordrhein-Westfalen:
Oberthema 2.4.1: Literatur und Sprache in ihrem Verhältnis zu Politik und Gesellschaft.
1. Kursthema: Dichtung und politisches Engagement.
Vorgeschlagene Texte: Aen. I; VI; (IV); ecl. I; IV (georg. I 1–42; III 1–48).
Oberthema 2.4.5: Poesie als Sprach- und Lebensform.
2. Kursthema: Menschliche Existenz in der bukolischen und epischen Dichtung Vergils.
Vorgeschlagene Texte: ecl. I, IV, V, IX; Aen. IV (Ergänzungstexte: Aen. I 254–296, 372–385; II 286–298, 775–795; III 147–171, 374–462 i. A.).
Oberthema 2.4.8: Rom in der Auseinandersetzung mit fremden Mächten und Wertvorstellungen.
Kursthema 2: Rom und Hellas. „Diesen geistesgeschichtlichen Integrationsprozeß als Modell für entsprechende soziokulturelle Entwicklungen und Veränderungen, zumal in der Gegenwart, begreifen zu lassen, sollte wichtigste Zielsetzung der Textinterpretation sein."
Vorgeschlagene Texte: Aen. I 1–33; VI 847–853; VIII 608–731 (dazu Homer, Ilias 18, 478–607 i. Ü.).

1.3 **Texte aus Vergils Werken als Teilsequenzen oder als Ergänzungslektüre innerhalb größerer thematischer Zusammenhänge**

Bei diesem Lehrplan-Typus ist als Ziel gesetzt, ein übergreifendes allgemeines Thema, das in der Antike verwurzelt ist, an einer Reihe von dafür repräsentativen Texten zu entwickeln. Das Thema kann von literaturgeschichtlicher oder rezeptionsgeschichtlicher Bedeutung sein, es kann auch eine gesellschaftspolitische oder eine allgemeinmenschliche-philosophische Dimension haben. Im allgemeinen haben die lateinischen Texte hier Belegcharakter. Zuweilen steht ein längerer Text etwas stärker im Zentrum und die anderen treten ergänzend hinzu. Meistens aber stehen die vorgeschlagenen Texte gleichrangig nebeneinander. Textstellen aus Vergils Werken sind in dieser Aufgliederung nur als Teilsequenzen innerhalb eines Themas oder lediglich als Ergänzungstexte verstanden. In der nachfolgenden Darstellung sind die bereits unter dem Lehrplan-Typus 2 als Ergänzungstexte (zur Aeneis) erwähnten Textstellen aus anderen Werken Vergils nicht mehr gesondert aufgeführt.

Themenkreis 1:
Literaturgeschichte

Bayern:
Grundkurs, 2. Kurshalbjahr: Liebe, Lob und Lästerung
Unter der Zielsetzung: „Kenntnis wichtiger poetischer Texte der lateinischen Literatur durch die Lektüre des Originals“ (3.1) sowie „Kenntnis des Versuchs römischer Dichter, die Vorstellung von der idealen Zukunft aus einer idealisierten Vergangenheit zu entwickeln“ (3.3) und „Kenntnis einiger wichtiger literarischer Genera, hier: des Hymnus“ (3.5)
Vorgeschlagene Textstelle: u. a. Georgica, laudes Italiae.
Leistungskurs, 4. Kurshalbjahr: Philosophie und Lebenspraxis, unter der Zielsetzung: „Kenntnis literarischer Formen philosophischer Reflexion, hier: des Lehrgedichts.“
Vorgeschlagene Texte: u. a. Georgica IV 450–527

Themenkreis 2:
Rezeptionsgeschichte

Nordrhein-Westfalen:
„Stoffe und Motive der Poesie in wechselnder Gestaltung“ (2.4.5.4):
Orpheus und Eurydike (u. a. Georg. IV 450–527); Weltalter, aurea aetas (u. a. Georg. I 125–159; II 458–540 i. A.)
„Die Römer als erste Humanisten“ (2.4.10.1):
„Rezeptionsbewußtsein in Rom“: Aeneis V 847–853: griechischer Geist und römische Sendung.
„Der literarische Vorgang: Römische Rezeption“:
u. a. Vergil, Aen. I 91–101 und Homer, Odyssee V 297–312 und Aen. VIII 608–731 (Schildbeschreibung) und Homer, Ilias XVIII 478–607.

Themenkreis 3:
Gesellschaft – Politik

Hessen:
16. Themenvorschlag: Aspekte gesellschaftlicher Wirklichkeit in der Darstellung römischer Dichter: u. a. Vergil, ecl. I.

Rheinland-Pfalz:
Thema 2.2: Das Individuum in der Revolutionszeit.
Unter der Zielsetzung: „Der Dichter, der in der Revolutionszeit die Güte des Siegers erfährt und von ihr für sein Leben geprägt wird: der frühe Vergil."
Vorgeschlagene Texte: ecl. I und IX.

Nordrhein-Westfalen:
Der Einzelne in seinem Verhältnis zu Staat und Gesellschaft (2.4.3); darunter: Politische Betätigung und individuelle Existenz (2.4.3.3)
Vorgeschlagene Texte: u. a. Vergil, ecl. I, IX.

Berlin:
Kursthema L 2/L 2–2.05: Krieg und Frieden, besonderer Lerninhalt: u. a. Pazifismus.
Vorgeschlagene Textstelle: Aeneis VIII 184–279

Themenkreis 4:
Allgemeinmenschliche Problematik – Philosophie

Nordrhein-Westfalen:
„Entstehung und Leistung der Sprache" (2.4.9.1), darunter:
„Sprachentwicklung – Sprachverfall" (4)
Vorgeschlagene Texte: u. a. Aeneis IV 173–188

Rheinland-Pfalz:
Thema 4.3: „Der Mensch in der Polarität zwischen Glück und Leid"; darunter: „Der Mensch in der Entscheidung zwischen persönlichem Glücksempfinden und seinem Auftrag."
Text: Aeneis IV (i. A.).
Thema 5.2: „Das Todesthema in der lateinischen Literatur"; darunter: „Todesszenen in der lateinischen Literatur" (2.9).
Vorgeschlagene Texte: u. a. Aeneis IV 584–705 (Didos Tod).
Thema 5.1: „Aufklärung in Rom: Emanzipation des Individuums durch Philosophie"; darunter: „Vergils Huldigung an Lukrez: felix, qui potuit rerum cognoscere causas ..." (Georgica II 490ff.).

Zur zusammenfassenden Tabelle:
In der vorliegenden Tabelle sind nur die in den Lehrplänen zitierten Textstellen aufgenommen. Der Überblick ergibt kein klares Bild von der tatsächlichen Lektüre. Vielfach enthalten die Lehrpläne keine Angaben über eine Lektüreauswahl, in den meisten Fällen bei Werklektüre der

Vergil-Repräsentanz in den Lehrplänen der Länder der Bundesrepublik – Zusammenstellung der zur Originallektüre vorgeschlagenen Textstellen

Bundesländer	Werke	Aeneis I	II	III	IV	V	VI	VII	VIII	IX	X	XI	XII	Bucolica	Georgica
Baden-Württemberg (n. Römisch)	Oberstufe (auch schon 11. Jgst.)	1–222. 294–296	203–233	570–691	1–361 (i. A.)		136–148. 450–476. 637–900	323–572				697–952		IV	
Bayern	11. Jgst.	in Auswahl													
	Oberstufe GK							777–807						IV 1–25	II (laudes Italiae)
	Oberstufe LK	223–304													IV 450–527
Berlin	Oberstufe	in Auswahl							184–279. 508–731					I. IV	II (laudes Italiae)
Bremen	Oberstufe	(229–253) 254–296			260–295. 331–361		(679–702) 752–759. 777–807. 847–853		(626–731)					IV	
Hamburg	Studienstufe	in Auswahl													
Hessen	Oberstufe	in Auswahl												IV	
		229–253. 254–296			260–295. 331–361		752–853		626–731						
Niedersachsen		1–33. 233–296. 522 ff.			173–188. 791–807. 847–853		792 ff. 851 ff.						818–841		
Nordrhein-Westfalen	Oberstufe	(i. A.) 1–33. 41–101. 223–304. 372–385. 781 ff.	286–298. 775–795	147–171. 374–462 (i. A.)	(i. A.) 173–188		(i. A.) 847–853		608–731					I. IV. V. IX	I 1–42. 125–159. II 458–540. III 1–48. IV 450–527
Rheinland-Pfalz	Studienstufe	414–508. 588–593. 617–680			1–30. 54–89. 133–150. 160–197. 219–221. 238–282. 356–396. 408–415. 437–451. 522–552. 578–705		440–444. 450–476. 791–807							I. IV	II 490ff.
Saarland	Oberstufe GK	1–49	671–711		265–278 (393–401)	622–663. 680–699. 719–731	264–281. 752–766. 776–853	25–36 (212–266)					175–194		
	Oberstufe LK	1–207. 223–304. 657–756			1–5. 68–83. 129–172. 259–299. 571–629 (nur Alternative A)		679–699. 752–853								
Schleswig-Holstein		(Lehrpläne noch nicht veröffentlicht)													

Aeneis. Wo solche Vorschläge zur Verwirklichung der Lehrpläne aus „Handreichungen" zu entnehmen waren, sind sie notiert. Ansonsten wurde, wo keine Hinweise auf vorgeschlagene Texte zu finden waren, „in Auswahl" geschrieben. Bei Bundesländern mit umfangreichem Themenangebot (zur Auswahl der Lehrer) stehen in den einzelnen Rubriken mehr Textstellen, als tatsächlich gelesen werden. Oft überschneiden oder decken sich die vorgeschlagenen Textstellen der nämlichen Bundesländer bei verschiedenen Themenvorschlägen.

1.4 **Bewertung**

Die vorgelegte Untersuchung zeigt, daß Vergil in den neuen Lehrplänen der Bundesländer noch verhältnismäßig stark repräsentiert ist. In aller Regel ist der Autor in den Kursen der neuen Oberstufe als Lektüre angesetzt. In der Klasse 11 erscheint er mehrmals, allerdings nur in zwei Bundesländern außerhalb des Oberstufenkurssystems (Baden-Württemberg: kann; Bayern: soll). Die Anlage der Lehrpläne ist entweder objektorientiert, insofern der große Gegenstand der römischen Literatur: ‚Vergil' vorrangig zur Geltung gebracht werden soll, oder sie ist mehr subjektorientiert, insofern die Rücksicht auf das lesende Subjekt ‚Schüler' eine attraktive thematische Ausrichtung bedingte. Im ersteren Fall steht Vergils Aeneis repräsentativ für die literarische Gattung Epos; zugleich aber sollen an diesem Werk die römischen und allgemeinmenschlichen Züge herausgearbeitet und wirkungs- bzw. rezeptionsgeschichtliche Gesichtspunkte berücksichtigt werden. Der zweite Fall hebt auf die inhaltliche Substanz, das in den Werken Vergils angelegte Sinnpotential ab. Die thematischen Formulierungen lassen erkennen, daß man die Texte vorrangig als „Denkmodelle" versteht, an denen man sowohl die historischen Bedingungen und Wirkungen der Aussageintention bearbeitet als auch die anthropologischen Konstanten in ihrer Bedeutung für den Schüler heute herausstellt. Die Augustus-Panegyrik, die römische Herrschaftsideologie und der römische Imperialismus sind ebenso Kernthemen wie das von Liebe und Entsagung geprägte Verhältnis zwischen Aeneas und Dido oder die Leiden des Krieges. Man kann aus der thematischen Formulierung und den Lernzielen durchaus eine länderspezifisch verschiedene Beurteilung der auf Augustus hin geschriebenen Dichtungen Vergils ablesen: die Bandbreite reicht von kritischer Distanz über sachlich-nüchterne Demonstration bis hin zum Verständnis für die aus den historischen Bedingungen heraus erklärbare Autorenabsicht. Einige Bundesländer lehnen sich im Thema und dessen Aufgliederung äußerst eng aneinander an (einige Male bis auf wörtliche Identität).
Unterschiede sind auch im Umfang der Vergil-Repräsentanz feststellbar. In mehreren Bundesländern tritt Vergil an vielen Stellen des Lehrplans in Erscheinung, in einigen nur an wenigen Stellen mehr oder weniger ausführlich. Der Grund hierfür ist einerseits darin zu sehen, daß bei vorherrschender Werklektüre die einmalige Notierung genügt (Baden-Württemberg, Saarland), andererseits darin, daß bei Bundesländern mit nichtzentraler Abiturprüfung eine größere Anzahl von Themen (bis zu 20 im Leistungskurs) dem Lehrer zur Wahl vorgelegt werden können (z. B. Hessen, Nordrhein-Westfalen, Rheinland-Pfalz). Es darf freilich die aufs Ganze gesehen starke Berücksichtigung Vergils in den Lehrplänen nicht zu dem Schluß verleiten, daß mit diesem

Klassiker der Weltliteratur auch eine entsprechend hohe Zahl von Schülern vertraut gemacht wird. Dies hängt bekanntlich davon ab, ob und wieviele Schüler sich in der Oberstufe für das Fach Latein entscheiden. Der weitaus größere Teil der Lateinschüler lernt Vergil nicht kennen.
So zeigt sich an Vergil das ganze Dilemma der modernen Lehrplan-Gestaltung im Fach Latein; die hier auftretende Problematik sei in zwei Punkten angedeutet:
1. Man glaubt in aller Regel auf der einen Seite nicht, daß der große Gegenstand allein so viel Attraktivität besitzt, daß durch die bloße Nennung seines Namens im Lehrplan die Schüler zur Wahl des Faches animiert werden. Andererseits ist eine thematische Aktualisierung so sehr modischen Trends unterworfen, daß im schnellen Wechsel der Meinungen und Interessen der Lehrplan ständiger Erneuerung bedürfte. Wo liegt die richtige Mitte zwischen der Aussagekraft des Gegenstands und der Aktualität seiner thematischen Aufbereitung?
2. Gerade Vergils Aeneis ist ein Großwerk, dessen Teile nur aus der künstlerischen und inhaltlichen Komposition des Ganzen voll verständlich werden. In der Schule lassen sich von den 9886 Versen der Aeneis bei wohlwollender Zeitzuteilung ca. 500 Verse im Original lesen (so etwa im Lehrplan des Saarlandes notiert); dies sind 5%. Diese Not erfordert eine zusätzliche Übersetzungslektüre, aber auch die didaktische Fähigkeit, im Detail der gelesenen Kernstellen immer auch das Ganze der Dichtung aufscheinen zu lassen.[7] Lohnt sich bei dieser Sachlage überhaupt noch die Originallektüre? Wie läßt sich in der zeitlichen Enge des Lateinunterrichts und bei den geringen Lateinkenntnissen der Schüler ein Werk, wie das Vergils (bes. die Aeneis), in einer auch dem Erkenntnisstand der Wissenschaft genügenden Weise behandeln?
Die hier formulierten Fragen bleiben der Didaktik des Faches immer gestellt. Bei ihrer Lösung ist sie auf die Fachwissenschaft angewiesen.

2 **Lehrplan Latein: Direktive oder Unterrichtshilfe?* – Beispiel: Sallust**

Sallusts historische Monographien haben schon immer eine zentrale Stellung im Kanon der Schulschriftsteller inne; dies auch in den neuen Lehrplänen. Besonders die *Coniuratio Catilinae* ist durch Inhalt und sprachliche Gestaltung in hervorragendem Maße geeignet, die profilbildenden Lernzielbereiche des Lateinunterrichts »abzudecken«.[8] Hier hat der Lehrer die Chance, sein bei diesem Gegenstand zumeist gut

[7] *Werner Suerbaum* („Die Aeneis als Schultext". In: Gymnasium 90, 1983, 258ff.) drückt dies so aus: „Eine Aeneis-Lektüre soll in der Einzel-Passage das Ganze der Dichtung sichtbar machen." Vgl. auch denselben: Vergils Aeneis. Beiträge zu ihrer Rezeption in Gegenwart und Geschichte. Auxilia 3. – Bamberg 1981, bes. 3ff. (hier alle weitere Literatur zur Problematik der Vergillektüre).
* Veränderte, z. T. verkürzte Wiedergabe des Aufsatzes des Verfassers: Lehrplan Latein: Direktive oder Unterrichtshilfe? Zum lateinischen Lektüreunterricht in der Mittelstufe. In: Anregung 24 (1978), 18–26.
[8] Dazu genauer in Bd. 3: Politische Bildung an Sallusts „Denkmodellen".

fundiertes fachliches Wissen im Unterricht umzusetzen und die Lernziele des Lektüreunterrichts voll zur Geltung zu bringen. Allerdings sind solchen Absichten Grenzen und Bedingungen gesetzt, die sich aus der äußeren Organisation des jeweiligen Schultyps und aus dem inneren Aufbau des Faches Latein ergeben.
Sallust wird wegen seines inhaltlichen Anspruchs und wegen seiner sprachlichen Schwierigkeiten in aller Regel in der Jahrgangsstufe/Klasse 11 gelesen. Dieser kommt eine besondere Funktion zu; sie ist das Zwischenglied zwischen der Mittelstufe (SI) und dem Kurssystem der Oberstufe (wobei sie vielfach in der zweiten Hälfte schon in das Kurssystem der Oberstufe integriert ist).[9]

2.1 **Organisatorische Bedingungen und fachliche Notwendigkeiten**

Aus der besonderen Stellung der Jahrgangsstufe/Klasse 11 ergeben sich für das Fach Latein[10] organisatorische Bedingungen und fachliche Notwendigkeiten, die sich in den administrativen Vorgaben der Lehrpläne niedergeschlagen haben.

2.1.1 *Organisatorische Bedingungen*

– Das Fach muß nach einem verkürzten Sprachunterricht auch im Lektüreunterricht mit verringerten Stundenzahlen auskommen; dies wirkt sich gerade bei Latein als zweiter Fremdsprache negativ aus.
– Das Fach muß einen sinnvollen Abschluß nach der Jahrgangsstufe/Klasse 11 anvisieren und zugleich die Voraussetzungen für den Unterricht in der neugestalteten Oberstufe schaffen; hierbei ist die Aufgabe des Motivierens für die Wahl des Faches eingeschlossen.
– Das Fach muß die verschieden langen Ausbildungswege von L 1 und L 2 allmählich so zusammenführen, daß am Ende der Jahrgangsstufe/Klasse 11 ein einigermaßen gleiches Leistungsniveau erreicht wird. Die Oberstufe unterscheidet nicht mehr zwischen den einzelnen Lehrgangsarten (nur bei L 3).

2.1.2 *Fachliche Notwendigkeiten*

– Es müssen für die Mittelstufe/SI bis zur Jahrgangsstufe/Klasse 11 bei L 1 und L 2 Lektüre-Profile geschaffen werden, die den Gegebenheiten des Faches und den Bedürfnissen der Schüler im Alter von in der Regel 14 bis 16 Jahren angemessen sind.
– Es muß eine Auswahl aus der Literatur getroffen werden, die für die didaktischen Anliegen wertvoll und ergiebig ist, die sich demnach als „Originallektüre lohnt“.[11]
– Es müssen die zur Verfügung stehende Zeit und die ausgewählte Literatur in eine sinnvolle Relation zueinander gebracht werden.

---

[9] Ausführlicher dazu *Maier, F.*: Die elfte Jahrgangsstufe im Lateinischen. Zur Ausrichtung des Faches auf die Kursphase der Kollegstufe. In: Anregung 22 (1976), 96–106.
[10] Auf L 3 und L 4 (Latein als spätbeginnende Fremdsprache) ist hier nicht Bezug genommen; diese Lehrgangsformen haben wiederum ganz andere Voraussetzungen und Bedingungen, weshalb auch ihre Erscheinungsformen verschieden sind; vgl. dazu Bd. 1, 108ff. (hier weitere Literatur).
[11] So *Glücklich, H.-J.*: Lateinische Lektüre auf der Sekundarstufe I. In: AU XXII, 3 (1979), 7.

2.2 **Die Funktion des neuen Lehrplans**

Die administrativen Vorgaben und fachlichen Aufgaben liegen fest; auf dieser Grundlage eine allgemeine Konzeption des Lateinunterrichts zu entwerfen, ist an sich nicht schwierig; Luftschlösser sind bekanntlich schnell gebaut. Schwierig aber und weit ist der Weg vom Allgemeinen zum Konkreten, vom Konstrukt zum Unterricht. Und hier tritt nun der Lehrplan in Funktion: Er ist zwischen die allgemeine Vorstellung vom Fach und deren Konkretisierung im Unterricht gestellt. Der neue Lehrplan ist also eine Art, ‚Plan vom Unterricht',[12] und zwar nicht mehr eine grob angelegte Geländeskizze wie in seiner alten Form von 1964,[13] sondern schon mehr eine ausgearbeitete Landkarte mit Wegmarkierungen und Richtungsweisern. In seiner neuen Form gibt der Lehrplan stärkere Orientierung, er strukturiert den Weg von der Idee zur Wirklichkeit, er greift unmittelbarer als der alte in diese Wirklichkeit, in den Unterricht, ein. Verbindlichkeit und Freiheit, Normierung und Entscheidungsspielraum kommen in eine stärkere Spannung zueinander.

2.2.1 *Verbindlichkeit und Freiheitsspielraum im Lehrplan*

Im Lehrplan sind, in aller Regel, die Lernziele und die Lerninhalte, soweit sie nicht als Beispiele angegeben sind oder in Alternative zu anderen Vorschlägen stehen, verbindlich. Wie wirkt sich dies aus? Am besten läßt sich dies nun am Beispiel eines Lehrplans zeigen: Lehrplan L 2 für die Jahrgangsstufe 11 (wohl die neuralgischste Stelle im Lehrplanwerk für den Lateinunterricht).[14] Die autoren- bzw. werkgebundene Lektüre, die „thematische Autorenlektüre"[15] – in der Mittelstufe didaktisches Prinzip! – ist im Lehrplan der Jahrgangsstufe 11 nach literarischen Gattungen aufgegliedert. Vorgeschrieben sind: Geschichtsschreibung, römische Dichtung (Lyrik), Beredsamkeit; fakultativ möglich: Briefliteratur. Für jede Gattung ist jeweils ein Autor (z. T. mit Alternativen) verbindlich gemacht.

Als *Arbeitszeit* dürfen in der Jahrgangsstufe 11 bei 4 Wochenstunden und bei 28 für eine Stoffbehandlung verfügbaren Wochen ca. 112 Stunden veranschlagt werden.[16] Davon ist einiges für systematische Spracharbeit abzuziehen; für die Lektüre darf man wohl mit etwa 100 Stunden insgesamt rechnen. Eine sinnvolle Stoff-Zeitrelation scheint dringend nötig. Diese könnte sich jeder Lehrer selbst machen; man kann ihm

---

[12] Dazu bes. *Westphalen, K.*: Das Curriculum als Planungsinstrument. In: Lernplanung und Unterrichtsgestaltung auf der Grundlage pädagogischer und lernpsychologischer Erkenntnisse (hrsg. von *Schmaderer, F. O.*). – München 1977, 20ff.

[13] Siehe Amtsblatt des *Bayerischen Staatsministeriums* für Unterricht und Kultus, Jahrgang 1964, 345ff.

[14] Siehe Amtsblatt des *Bayerischen Staatsministeriums* für Unterricht und Kultus, Jahrgang 1977, Sondernummer 17, 638ff.

[15] Dazu genauer u. 188.

[16] Siehe dazu Präambel des Lehrplans, a.O., 639 unter Ziffer 6: Zeitplanung. Dazu auch KMS Nr. II/3–8/81 159 vom 3. Juni 1977 (Lehrplanentlastung im Fach Latein auf der Mittelstufe der Gymnasien).

aber, wie im Lehrplan in der Spalte Unterrichtsverfahren geschehen, eine Orientierungshilfe geben.[17] Dabei wird sichtbar: Der Lehrplan läßt einen Spielraum zwischen einem Maximalprogramm und einem Minimalprogramm zu (s. Skizze 1). Jeder Unterricht wird an irgendeinem Punkte zwischen diesen Extremen verlaufen.

Skizze 1 11. Jahrgangsstufe: L 2
Zeit-Stoff-Relation
Ca. 100 Stunden stehen zur Lektüre zur Verfügung.

Maximal-Programm (bezogen auf Autoren und Genera) | Minimal-Programm (bezogen auf Autoren und Genera)

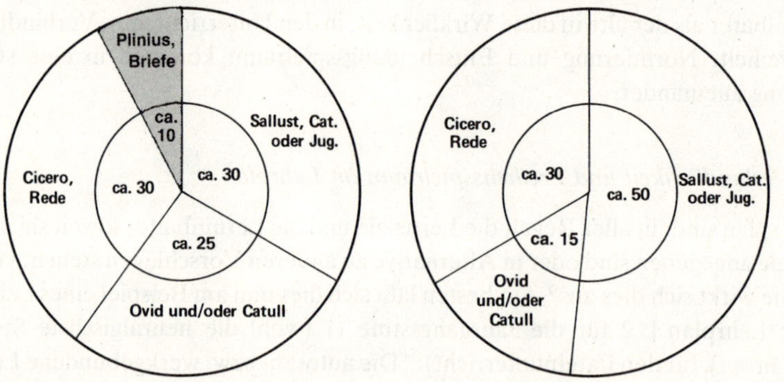

Für jede literarische Gattung bzw. für den Autor oder das Werk einer literarischen Gattung sind eine Reihe von Lernzielen als verbindlich angegeben, im Richtzielbereich 3: „Einblick in die lateinische Literatur und ihre Wirkungsgeschichte". Diese Lernziele sind entweder an Ort und Stelle als gattungsspezifisch (genusbezogen) fixiert oder als gattungsübergreifend (genusübergreifend) unter dem Stichwort „Kulturelle, politische und geistesgeschichtliche Grundlagen" vorweggestellt bzw. unter dem Stichwort „Weiterentwicklungen und Wirkungen" nachgestellt. Die Lernziele zur Sprache, zur Sprach- und Textreflexion bilden gewissermaßen das dauerhafte Substrat der Unterrichtsarbeit, sie aktualisieren sich ständig im Prozeß des Übersetzens. Sprache und Literatur sollen ja, wie an anderen Stellen aufgezeigt[18], die beiden Säulen sein, auf denen die Konzeption des Lateinunterrichts gründet.
Welche und wieviele Lernziele pro Gattung anfallen, sei am Beispiel der „Geschichtsschreibung": Sallust, Catilina oder Iugurtha,[19] kurz verdeutlicht (s. Skizze 2).

---

[17] Die unverbindlichen Angaben zum etwaigen Zeitaufwand sind beim Unterrichtsverfahren des jeweils ersten Lernziels einer Literaturgattung angegeben.
[18] S. Bd. 1, 39, und in diesem Bd. 185ff.
[19] Im Lehrplan Ziffer 3.2, S. 642.

Skizze 2 11. Jahrgangsstufe: L 2

Vorgaben des Lehrplans
(Sprachliche und inhaltliche Lernziele)

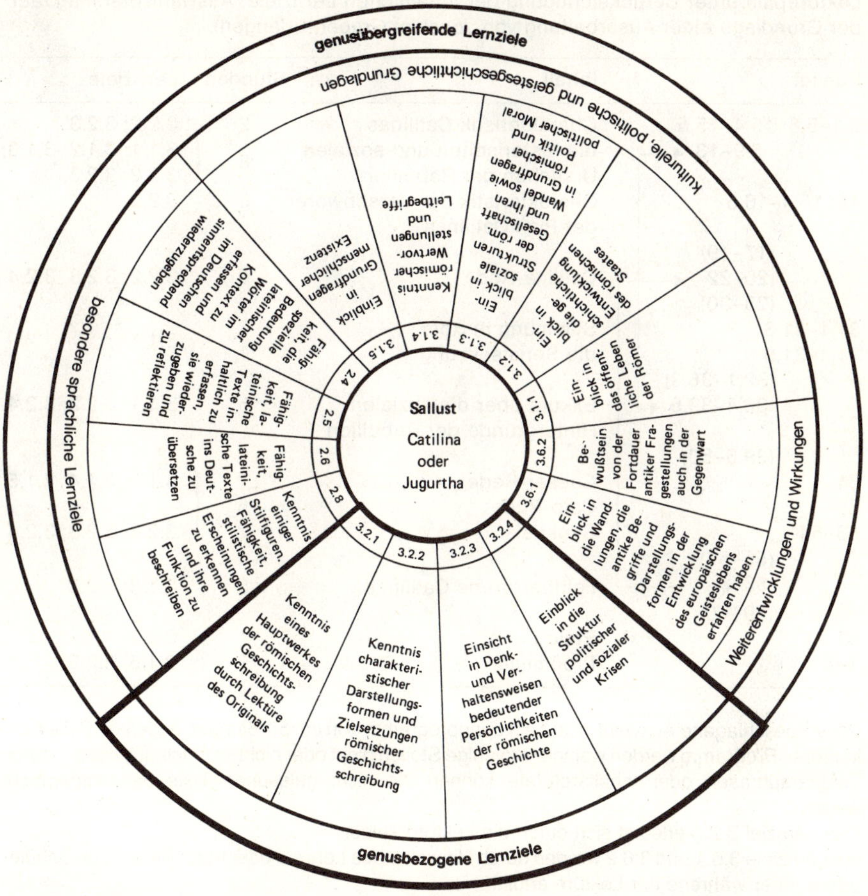

Diese Lernziele bleiben im Blick des Lehrers; seine Arbeit am Text, seine Interpretation und seine Bewertung der Inhalte sind darauf gerichtet. Er verfolgt diese Ziele (etwa 15 Grobziele) innerhalb einer Lektüreperiode von ca. 30 bis 50 Stunden. Er wird dabei aus dem Werk solche Textstellen auswählen, die ihm die geeignetsten für die Erfüllung dieser Lernziele erscheinen (s. Skizze 3). Die Lernziele werden im Zuge der Lektüre bei entsprechender Schwerpunktsetzung (also nicht systematisch nach der Aufgliederung im Lehrplan, sondern entsprechend der Kapitelfolge des Werkes) erfüllt. Daß dabei das Gesamtwerk in Aufbau und künstlerischer Gestaltung zur Geltung gebracht wird (gemäß dem Prinzip der Autoren- und Werklektüre), braucht nicht eigens betont zu werden (aus dem unverbindlichen Lektürevorschlag, Skizze 3, wird dies deutlich).

Skizze 3

Sallust, Catilina
Lektüreplan unter Berücksichtigung der inhaltlichen Lernziele: Auswahlvorschlag (auf der Grundlage einer Ausarbeitung von *Joachim Gruber,* Erlangen)

Kapitel	Inhalt	Stunden	Lernziele
5,1–5,8; 15,4–15,5	Charakteristik Catilinas	2	3.2.2; 3.2.3
5,9–13	die historischen und sozialen Ursachen der Rebellion	8	3.1.1; 3.1.2; 3.1.3; 3.2.2; 3.2.3;
14; 16,4–16,5	Charakteristik der Verschwörer der Plan Catilinas	3	3.2.3
(17–19)			
20–22	Catilina-Rede	6	3.2.2; 3.2.3; 3.2.4
(23–30)			
31,1–31,3	Stimmung in Rom	1	3.1.1
31,4–31,9	die Senatssitzung	1	
(32,1–36,3)			
36,4–39,5	Exkurs über die sozialen Hintergründe der Rebellion	5	3.1.1; 3.2.2; 3.2.4
(39,6–50)			
51	Caesar-Rede	7	3.1.3; 3.1.4; 3.1.5
52	Cato-Rede	5	
53–54	Synkrisis	2	3.2.2; 3.2.3; 3.2.4
(55–57)			
58	Feldherrnrede Catilinas	5	3.1.3; 3.2.3
(59–60)			
61	Epilog	1	3.2.2
1–4	Proömium	6	3.1.5; 3.2.2

Die vorgeschlagene Auswahl ist auf ein Langprogramm von ca. 50 Stunden angelegt. Bei einem kürzeren Programm werden weniger ergiebige Stellen nicht oder nicht im Original gelesen; durch Textparaphrasen oder Inhaltsreferate können die nicht gelesenen Teile bekanntgemacht werden.
Das Lernziel 3.2.1 erledigt sich durch die Lektüre selbst;
die Lernziele 3.6.1 und 3.6.2 werden durch Hinweise des Lehrers oder Kurzreferate von Schüler oder Lehrer während der Lektüre erfüllt.

Fassen wir also – bezogen auf die Sallustlektüre, um bei dem konkreten Beispiel zu bleiben – die Entscheidungsmöglichkeiten, die den Freiheitsspielraum ausmachen, zusammen:

1. Man kann sich für eine bestimmte *zeitliche Dauer* entscheiden (z. B. bei Weglassen der Briefliteratur und Beschränkung der Dichterlektüre ca. 50 Stunden für Sallust).
2. Man kann sich bei Sallust für ein *bestimmtes Werk* (Catilina oder Iugurtha) entscheiden.
3. Man kann eine einem persönlich günstig erscheinende *Auswahl aus dem gewählten Werk* Sallusts treffen.

4. Man kann unter dem „Dach" der ca. 15 Grobziele dem Unterricht sein *individuelles Profil* geben, also das spezielle „Sallustprojekt" entwerfen (bestehend aus den einzelnen Interpretations- und Wertungsaspekten, die als „Feinziele" in den ca. 30 bis 50 Stunden erarbeitet werden).
5. Man kann sich für die einem am effektivsten erscheinenden *Unterrichtsverfahren* entscheiden (Frontal-/Gruppenunterricht, statarische-/kursorische Lektüre, Einsatz von doppelsprachigen Ausgaben/der gedruckten Übersetzung usw.[19a]).
Diese konkreten Angaben und Aussagen lassen ein Urteil zu.

2.2.2 *Die Beurteilung des neuen Lehrplans*

Der Zustand des neuen Lehrplans Latein und seine Wirkung lassen sich am veröffentlichten Lehrplan der Jahrgangsstufe/Klasse 11 diagnostizieren. Zeigt er die Krankheitsmerkmale einer „Curriculitis perniciosa", wie es *Kurt Fina* allgemein von derartigen Produkten befürchtete?[20] Ist also die der curricularen Idee inhärente Gefahr der Übersteigerung, des Perfektionismus daran akut geworden? Stellt sich der Lehrplan als ein Curriculum dar, das „den Schüler dumm" (so „Die Welt" am 2. 12. 72) und den Lehrer – Spuren eines „Despotismus" nach *Manfred Fuhrmann*[21] – zum „Erfüllungsgehilfen der Curriculum-Konstrukteure" herabwürdigt, ihn also zum Sklaven eines vorgefertigten Schemas macht? Ist das Pensum so breit und detailliert festgeschrieben, daß es, wie *Affemann* argwöhnt[22], den Lehrer notwendigerweise „durch den Lehrplan hetzt"? Ein Lehrplan also, der die „Lerngegenstände auf ein unbarmherzig abrollendes Programm" festlegt (so wieder *Manfred Fuhrmann*) und die „pädagogische Phantasie der Lehrer" in einen schwer lösbaren Konflikt mit dem „Oktroy der Lernziele" bringt (das sind *Richard Kannichts* Bedenken)?[23]
Dazu ist zunächst allgemein und nüchtern – mit *Hermann Steinthal*[24] – zu sagen: Jeder Lehrplan, ob in seiner alten oder in seiner neuen (lernzielorientierten) Form, hat etwas von einer Utopie an sich: in ihm sollen sich ja alle möglichen individuellen Unterrichtssituationen repräsentiert finden – in mehr oder weniger Annäherung an ihn; der Lehrplan muß den wirklichen Unterricht in jedem Falle transzendieren. Dann gilt die etwas speziellere Feststellung: Ein Curricularer Lehrplan – und an dieser terminologischen Variante sollte der Unterschied schon äußerlich klar werden – ist kein Curriculum.[25] Dies trifft auf alle neuen Latein-Lehrpläne in den Bundesländern zu. Das

---

[19a] Diese sind im Lehrplan als unverbindliche Vorschläge in der Spalte, ‚Unterrichtsverfahren' zu den jeweiligen Lernzielen und Lerninhalten angegeben; so oder ähnlich in den Lehrplänen auch anderer Bundesländer.
[20] In: Das Gymnasium in Bayern 11 (1973), 374f.
[21] Curriculum-Probleme der gymnasialen Oberstufe: Latein. In: Gymnasium 84 (1977), 241.
[22] Lernziel Leben, 45.
[23] Curriculum-Probleme in der gymnasialen Oberstufe: Griechisch. In: Gymnasium 84 (1977), 260.
[24] In einem Gespräch in Marktoberdorf hat mir *Steinthal* diese seine Auffassung dankenswerterweise mitgeteilt.
[25] Dazu vor allem *Westphalen, K.*: Praxisnahe Curriculumentwicklung. – Donauwörth ²1974, 37ff., und derselbe: Das Curriculum als Planungsinstrument, a.O., 22ff.

Signum des Curricularen Lehrplans ist nicht die totale „Geschlossenheit", wonach alles bis ins einzelne festgelegt, verplant ist, sondern die weitgehende „Offenheit", wo sich – das kann niemand ernstlich bestreiten – ein freier Raum individuellen Absichten und Wünschen öffnet. Daß dem so ist, dafür haben wir genügend Garanten: aus der wissenschaftlichen Pädagogik etwa *Theodor Wilhelm*, der – bei all seiner Skepsis gegen die Curriculumtheorie – eine solche Lehrplankonzeption von den möglichen Mängeln freigesprochen hat,[26] aus der Kulturpolitik etwa *Hans Maier,* der im Modell des Curricularen Lehrplans ein Konstrukt gegen eine „totale Verplanung und Inhalte" sieht.[27]

Der neue Lehrplan Latein ist ein solcher „Curricularer Lehrplan". Er sollte also an sich frei von jenen negativen Symptomen sein. Trotzdem ist die Diagnose in concreto durchzuführen. Jeder Lehrplan muß sich die Frage gefallen lassen: Ist er mehr Direktive oder mehr Unterrichtshilfe? Diese Frage läßt sich wohl nicht unmittelbar und für alle beantworten. Jeder einzelne sollte sich die Antwort – nach reiflicher Prüfung – selbst geben. Mit zu berücksichtigen ist dabei ganz sicherlich, was durch den Lehrplan vermieden, was durch ihn erreicht wird.

- *Vermieden* wir ein in allem *„zielloser"* Unterricht; ziellos deshalb, weil die Lektüre als bloßer „Übersetzungsdrill", als „öder Grammatizismus", wie man es der Latein-Lektüre vorgeworfen hat, betrieben wird und am Jahresende irgendwo im Sande verläuft, oder ziellos deshalb, weil umgekehrt die Lektüre als Anlaß zum Diskutieren, Debattieren, Kritisieren mißverstanden wird – unter Vernachlässigung von Sprache und Text – und so irgendwo oder nirgends zum Abschluß kommt.
- *Erreicht* wird ein aufs Ganze gesehen *„zielstrebiger"* Unterricht; zielstrebig deshalb, weil die administrativen Vorgaben in der Kürze der zur Verfügung stehenden Zeit mit den rationellsten Mitteln und Methoden erfüllt werden, zielstrebig auch deshalb, weil die alten und neuen fachdidaktischen Überlegungen zur Legitimation des Faches im Lektüreunterricht, also die „Ambivalenz" der Lernaspekte – in einer ausgewogenen Berücksichtigung der sprachlichen und inhaltlichen Lernziele – realisiert werden.

Zudem: Durch ein schwieriges Gelände – und die Mittelstufe/SI ist für den Lateinunterricht schwierig geworden – wandert man sicherer, wenn man eine gute Landkarte mit Wegangaben und Zielmarkierungen in der Tasche hat. Die Ziele scheinen mir dabei unentbehrlich. Ohne Ziele sein bedeutet im Grunde auch ohne Wege sein. Wie sagt doch *Christian Morgenstern:* „Wer vom Ziel nicht weiß, kann den Weg nicht haben."[28]

---

[26] Schule in der Schlinge der Gesellschaftsutopie. In: IGP-ISP 1966–1976. 10 Jahre Arbeit für die Schulreform in Bayern. – München 1977, 32f.

[27] Ansprache zum zehnjährigen Bestehen des Staatsinstituts für Schulpädagogik. In: IGP–ISP 1966–1976, 15.

[28] Piper und Co. München o. J. Zur Zielorientierung als Strukturprinzip menschlichen Denkens sagt schon Aristoteles in Frageform Entscheidendes aus: „Hat nicht die Erkenntnis des Endziels ein entscheidendes Gewicht, und können wir dann nicht wie Bogenschützen, die ihren Blickpunkt haben, leicht das Richtige treffen?" Zitiert bei *Westphalen, K.*: Die Dimension ihrer Ziele in der Schule. Zielfindung, Zielformulierung, Zielerreichung. In: Lehrerkolleg: Lehren und Erziehen heute. – München 1977, 27ff.

2.2.3 *Der Lehrer im neuen Lehrplan*

Wer aber ist es, der das Ziel ins Auge faßt, um den Weg zu haben? Und dieses Ziel ist die Summe der Fachleistungen des lateinischen Lektüreunterrichts, wie sie o. 90ff. angedeutet wurden. Wer ist es also,

- der die Lektürearbeit so betreibt, daß sie als „pädagogischer Elementarvorgang des Übersetzens" wirkt und den Schülern dabei Kulturwissen und Kulturtechniken vermittelt werden,
- der im engagierten Umgang mit Sprache und Text den Schülern nicht nur elementare Verhaltensweisen und Fähigkeiten im Sprach- und Literaturgebrauch anerzieht, sondern bei ihnen auch die Möglichkeit zu schöpferischer Eigenleistung (etwa im Produkt des Übersetzens und der persönlichen Stellungnahme) anbahnt,
- der die „Botschaften" der antiken Texte den Schülern in ihrer Bedeutung, in ihrem Sinn für den heutigen Menschen erschließt, auch unter Berücksichtigung von Rezeptionsdokumenten,
- der die Auseinandersetzung mit den in den antiken Texten enthaltenen ‚Denkmodellen' des menschlichen Verhaltens und Weltverstehens so anbahnt, daß sich daraus die Fragen nach den Werten und Normen des menschlichen Daseins – auch in ihrer philosophischen Vertiefung – entzünden?

Vom *Lehrer* ist bisher nicht oder nur wenig gesprochen worden. Welche Rolle kommt ihm, um im Bild zu bleiben, in einem solchen curricular ausgesteckten Gelände (Lernziele – Lerninhalte – Unterrichtsverfahren – Lernzielkontrollen/Lernerfolgskontrollen) zu? Zumal in einem Fach, in dem „das Fundamentalproblem der Curriculum-Forschung", nämlich „das Fragen nach den Bildungszielen des Menschen als Menschen"[29], mit Notwendigkeit aufbricht. Wird der Lehrer hier „auf die Stufe eines Lernverfahrenstechnikers" reduziert?[30] Gewiß nicht! Er steht als Person, total, mit seinen Fähigkeiten und Vorzügen, aber auch mit seinen Schwächen, in der Mitte zwischen Fach und Schüler, er ist im echten Sinne der „Vermittler". Er kennt das Leben, das *Rudolf Affemann* zum obersten Lernziel der Schule erhoben hat,[31] er kennt auch die Antike. Die aus ihr überlieferten Aussagen – manche nennen sie „Botschaften" – weiß er, an der Erfahrung des Lebens von heute zu prüfen. Antike und Gegenwart kommen in ihm als Fachmann und Menschen zum Schnitt, zur Konvergenz. Nur dem Lehrer gelingt daher in der Regel der Qualitätssprung vom toten Papier der Texte in lebendige Erfahrung, die er auch dem Schüler zukommen läßt, ob man sie nun „Grunderfahrung", „Sinnerfahrung" oder „Welterfahrung" nennt (alles Ausdrücke der didaktischen Literatur).

Der Lehrer gibt dem Gegenstand des Unterrichts, wie es *Hans Schiefele* ausdrückt, den „humanen Aspekt",[32] er wählt aus der Fülle der möglichen Gegenstände, in unserem

---

[29] So *Schwarz, R.*: Bildungspolitik ohne Bildung? Beilage zu „Das Parlament" B 51–52 vom 22. 11. 73, 21f.

[30] Dies hält ein Kritiker der curricular angelegten Lehrpläne für möglich: *Reitinger, J.*: Zurück zu Wilhelm von Humboldt oder was sonst? Vorüberlegungen zu einer inneren Reform des Gymnasiums. – München 1977, 27.

[31] Lernziel Leben, passim.

[32] Zitiert bei *Willer, R.*: Die Motivation im Lateinunterricht. – München 1977.

Falle: der Texte, der Textstellen jene aus, die – es sei *Hans Maier* zitiert – „Existenzwert besitzen, die eine Begegnung auslösen und Anstöße geben – über das Historische und Bildungsmäßige hinaus“,[33] er macht eben diese Begegnung mit den antiken Gegenständen und Gedanken zu einem – so *Ernst Gegenschatz* – „einmaligen Texterlebnis“[34] oder anders ausgedrückt: er läßt den „Appellcharakter“ der antiken Texte im Unterricht selbst deutlich werden (dies ist *Werner Suerbaums* Forderung).[35]
Dies gewiß alles innerhalb des weit gesteckten Rahmens des Lehrplans, aber sicherlich nicht in einem Unterricht, der nach Schablone abläuft, der sich in einem ängstlichen Abhaken der im Lehrplan aufgelisteten Lernziele erschöpft, auch nicht in einem Unterricht, der, wie *Manfred Fuhrmann* befürchtet, den „erzieherischen Prozeß dem Schema eines Fließbandes“ anähnelt,[36] sondern in einem Unterricht, der, weil die Freiheit dazu gegeben ist, allemal ein individuelles Profil erhält, in dem also Temperament und Neigung von Lehrer und Schüler, auch die Spontaneität des Augenblicks vorherrschen, in dem auch Raum ist, mit unvorhergesehenen Schwierigkeiten fertig zu werden und unvorhergesehene Entdeckungen zu machen. Unterricht ist und bleibt – auch nach dem neuen Lehrplan – die personale Begegnung von Menschen, die sich an demselben Gegenstand abmühen, sich daran vielleicht sogar gemeinsam freuen. Wo eine solche ‚Begegnung‘ geschieht – zwischen Lehrern und Schülern am Gegenstand von Sprache und Literatur –, dort endet alle Planbarkeit.[37]
Affemann behauptet, heutzutage stehe im Mittelpunkt der Schule der Lehrplan, dem der Lehrer unterworfen sei.[38] Ist dem wirklich so? Ist etwa gar der Lehrplan zum „Maß der Schule“ geworden? Wir können dies wohl – zumindest für den Lateinunterricht – verneinen: Curriculum necessarium, magis necessarium magister.

---

[33] Wie unverschämt dürfen Dichter sein? Das Verhältnis zwischen Staat und Literatur. In: „Die Welt“, 23. April 1977, Nr. 94.
[34] Zur Zielsetzung der Lektüre im Lateinunterricht. In: Didaktik des altsprachlichen Unterrichts (Hrsg. von *Nickel, R.*). – Darmstadt 1974, 327.
[35] a.O., Anm. 15. *Suerbaums* Anmerkungen zur Rolle des Lehrers im Literaturunterricht der Schule verdienen Beachtung.
[36] Curriculum-Probleme der gymnasialen Oberstufe: Latein, a.O., 243.
[37] Vgl. dazu allgemein: *Oblinger, H.*: Ist Unterricht planbar? In: Lernplanung und Unterrichtsgestaltung auf der Grundlage pädagogischer und lernpsychologischer Erkenntnisse (hrsg. von *Schmaderer, F. O.*), a.O., 0ff.
[38] a.O., 73.

Problemkind Mittelstufe

Georg Reimann

Lektüre ‚auf Sparflamme' in der Mittelstufe (Sekundarstufe I)

Aufgaben und Probleme in der ersten Lektürephase, bes. bei L 2

1 Didaktischer Hintergrund in der Mittelstufe (S I)

Die Startbedingungen für den Lektüreunterricht des Faches Latein sind alles andere als gut. In den Klassen/Jahrgangsstufen 8, 9, 10 ist einerseits die Beanspruchung der Schüler durch die anderen, z. T. neubeginnenden Fächer sehr hoch, so daß die Schüler nur wenig Energie auf Erweiterung und Vertiefung ihrer Übersetzungsfähigkeit verwenden, andererseits sind die Schüler selbst in einer Lernhaltung, die sie nicht spontan den der Aktualität ihrer Lebenswelt so ‚fern' stehenden Fächern zugetan sein läßt, so daß die Interpretationsarbeit, also die Auseinandersetzung mit den Textinhalten nur mühsam anläuft. Dieses Dilemma der ersten Lektürephase betrifft zu allererst Latein als zweite Fremdsprache (L 2). Dies soll im folgenden verdeutlicht werden.

1.1 Die Situation des Faches

Die Situation des Lateinunterrichts in der MSt/S I hat sich insofern merklich verschlechtert, als die Zahl der Wochenstunden erheblich gekürzt wurde.[1] Diese Kürzung beeinträchtigt nicht so sehr das grundständige Latein (ab Kl./Jgst. 5), in dem nach wie vor ein kontinuierlicher, systematischer Aufbau der Sprachkenntnisse und eine einigermaßen intensive Begegnung mit Literatur möglich ist. Den hauptsächlichen Schaden hat Latein als zweite Fremdsprache zu tragen; und da auf dieser Lehrgangsform seit langem der Schwerpunkt des gymnasialen Lateinunterrichts liegt,[2] ist das Fach in MSt/S I in seinen Grundfesten erschüttert. In Bundesländern, in denen dem Lateinunterricht in den Kln./Jgstn. 7–10 eine Jahreswochenstundenzahl von nur 14 (4, 4, 3, 3) oder 15 (5, 4, 3, 3), wie etwa in Nordrhein-Westfalen oder in Bayern, verblieben ist, hat das Fach, wie Erfahrungsberichte einhellig zeigen, kaum mehr die Chance, die Fachziele in einer Lehrer und Schüler nicht überfordernden Weise zu verwirklichen.[3] Diese mißliche Lage kann durch eine statistisch fundierte Reduktion des Stoffes im Bereich von Wortschatz und Syntax, durch neue Lehrbücher, durch den Einsatz moderner Methoden und Medien u. ä. nur wenig verbessert werden; der Unterricht muß grundsätzlich neu überdacht werden.[4]

---

[1] Genauer dazu Verfasser: Latein als 1., 2., 3. und 4. Fremdsprache. In: Fachdidaktisches Studium in der Lehrerbildung. Alte Sprachen, Bd. 2, 163ff.

[2] Man vgl. dazu bes. *Scheda, G.*: Latein an den Gymnasien der Bundesrepublik Deutschland – eine statistische Bestandsaufnahme. In: MDAV 22, 4 (1979), 1ff.

[3] Vgl. dazu allgemein *Westphalen, K.*: Schülerbeanspruchung im Lateinunterricht. In: Anregung 26 (1980), 358ff.; bes. 365f. (hier weitere Literatur).

[4] Diese Neuorientierung des Unterrichts in der Mst/SI ist hier in Bd. 2 und noch mehr in Bd. 3 versucht.

Der Umstand, daß neue Fächer in den gymnasialen Kanon aufgenommen wurden, entzieht dem fast in den Rang eines ‚Nebenfaches' abgesunkenen Lateinunterricht die stetige Aufmerksamkeit und Zuwendung der Schüler, die ein sequentiell-aufbauendes Fach unbedingt nötig hat.[5]
Die hier angedeutete Belastung bringt Latein als zweite Fremdsprache gegenüber dem in der Regel zur Wahlalternative angebotenen Französisch in einen merklichen Konkurrenznotstand. Die Konsequenz, das Niveau des Faches zu senken, wird allerdings zu Recht nirgends ernsthaft erwogen; dadurch würde ohne Zweifel das Erreichen des fachlichen Bildungsanliegens, letztlich auch die Existenz des Lateinunterrichts sehr stark gefährdet.[6]

1.2 **Die Situation der Schüler**

Die Schwierigkeiten, vor die sich der Lateinunterricht in MSt/S I durch die äußeren Bedingungen gestellt sieht, werden durch die auf dieser Stufe allgemein erkennbare Situation des Schülers erhöht.[7] Latein verlangt den lernwilligen, arbeitstüchtigen, konzentrationsstarken, intelligenten und interessierten Schüler. Sowohl unter entwicklungspsychologischem wie auch unter jugendsoziologischem Aspekt sehen wir diese Forderung im allgemeinen als schwer erfüllbar an. Auf knappe Andeutungen verkürzt und idealtypisch vereinfacht läßt sich sagen:[8] Bei Schülern der MSt/S I beginnt zwar das Sinngedächtnis vorzuherrschen, es nimmt ihre Fähigkeit zu, sich mit abstrakt-logischen Sachverhalten zu beschäftigen, und auch ihre Bereitschaft, sich selbständig und kritisch mit Sinnzusammenhängen und Problemen in überschaubaren Bereichen auseinanderzusetzen; es wird aber auch deutlich, daß sehr viele Schüler durch außerschulisches Engagement stark abgelenkt sind, an Konzentrationsschwäche, der „Pest unserer Zeit"[9] leiden, mangelndes Durchhaltevermögen, oft sogar Schulmüdigkeit zeigen.
Die Reserve gegenüber der Schule und ihren Verpflichtungen, die sich als Folge dieser Erscheinungen einstellt, wird verstärkt durch Entwicklungen, die der Schüler in seinem Gemeinschaftsverhalten durchmacht.[10] Er löst sich allmählich aus bisherigen

---

[5] Vgl. dazu etwa *Fuhrmann, M.*: Der altsprachliche Unterricht zwischen Traditionspflege und Traditionsabbruch. In: Handbuch für den Lateinunterricht. Sekundarstufe II (hrsg. von *Höhn, W./Zink, N.*). – Frankfurt/Berlin/München 1979: „Die alten Sprachen sind keine ‚Kunde'-fächer, keine additiven Sequenzen, deren Teile man nach Belieben austauschen oder fortlassen könnte; vielmehr greift eines in das andere und baut eines auf dem anderen auf . . ."

[6] Inwieweit die Zulassung von Interpretationsaufgaben (zusätzlich zur Übersetzung) eine Erleichterung des Faches bedeutet, läßt sich heute noch nicht sagen; das hängt vermutlich mit Art, Umfang und Bewertung solcher Aufgaben zusammen. Vgl. auch *Westphalen, K.*, a.O., 360, und Verfasser: Die „Interpretationsaufgabe" im lateinischen Lektüreunterricht. Ihr Stellenwert in der fachpolitischen und fachdidaktischen Diskussion. In: MDAV 24, 1 (1981), 5ff. und in: Anregung 27 (1981), 88ff.

[7] Vgl. dazu bes. *Schmidt, U.*: Aufgabe und Funktion der gymnasialen Mittelstufe. In: die höhere schule 2 (1979), 64ff.

[8] Vgl. dazu Bd. 1, 23ff. (hier weitere Literatur) und in diesem Band 133f.

[9] zitiert bei *Schmidt, U.*, a.O., 67.

[10] Dieser jugendsoziologische Aspekt wird erst in letzter Zeit verstärkt in die Diskussion um die Probleme der gymnasialen Mittelstufe eingebracht. Vgl. bes. *Reimann, G.*: Problemkind Mittel-

Bindungen, vor allem der Familie und sucht nach neuen Beziehungen (Freundschaft, Gruppe, Clique, Peer-group); diese Bewegung ist begleitet von Mißtrauen und Kritik gegenüber autoritativen Personen und Institutionen, von Anpassungsproblemen, schließlich von Ruhelosigkeit, Einsamkeit, innerer Leere, nicht selten von einem erkennbaren Identitätskonflikt, so daß sie hier schon Gefahr laufen, Ersatzbefriedigungen in Diskobar, Zigarette, Alkohol und Droge zu suchen. Hinter dieser äußeren und inneren Unsicherheit wird die Sehnsucht nach Orientierung und Halt, nach Sinnbezug und echter Bindung fühlbar, auch die Bereitschaft, sich mit dem Rollenverhalten der unmittelbaren Umgebung sowie mit den Kulturnormen und Wertvorstellungen der weiteren Umgebung auseinanderzusetzen.
Die entwicklungspsychologische und jugendsoziologische Situation der Schüler signalisiert einen nicht unerheblichen „Motivationsstau", eine Motivationskrise und macht die oft bemängelten Überforderungssyndrome („Schulstress") gerade in der MSt/S I verständlich; daß davon gerade die schwierigen Fächer, darunter Latein, zumal in der Lehrgangsform L 2, betroffen sind, steht außer Zweifel.[11] Diese Situation zeigt aber auch Ansatzpunkte für ein doch noch erfolgreiches Arbeiten im lateinischen Lektüreunterricht, auch bei L 2. Das bedarf allerdings einer grundlegenden didaktischen und methodischen Neubesinnung, die gleichzeitig neben den Forderungen und Bedingungen des Faches die Bedürfnisse und Interessen des Schülers berücksichtigt.[12] Der Lateinunterricht muß sich auf der Stufe, die „die höchste Fächervielfalt der ganzen Schulzeit" aufweist und „den Jugendlichen in der Zeit seiner größten Labilität"[13] herausfordert, ein neues und eigenständiges Profil geben.

2 Forderungen und Folgerungen für die Lateindidaktik der Mittelstufe (S I)

Der Versuch, dem Lateinunterricht in MSt/S I ein ausgeprägtes Profil zu geben, führte zu vielfachen didaktischen Forderungen und Folgerungen; sie betreffen sowohl die äußere Organisation wie auch die innere Konzeption des Faches.

2.1 Das Verhältnis von Sprach- und Lektüreunterricht

Da man weitgehend darin übereinstimmt, daß sich das Bildungsanliegen des Lateinunterrichts in Sprachbetrachtung und Literaturbegegnung erfüllt, ist man bemüht, die

stufe. In: Schondorfer Bericht, 25. Jahrgang, November 1978, 16ff. Vgl. allgemein dazu *Ausubel, D. P.*: Das Jugendalter. – München 1968; *v. Hentig, H.*: Jugend. Oder: Die Unzuständigkeit der Pädagogik. In: Jugend in der Gesellschaft. – München 1975.

[11] So hat z. B. *Rudolf Affemann* (Lernziel Leben. Der Mensch als Maß der Schule. – Stuttgart 1976, 105f.) u. a. auch daraus die Forderung abgeleitet, in erster Linie Mathematik und Latein aus der gymnasialen Mittelstufe zu entfernen oder in ihrem Anspruch erheblich zu reduzieren.

[12] *Hans-Joachim Glücklich* (Lateinische Lektüre auf der Sekundarstufe I. In: AU XXII, 3, 1979, 5ff.) hat sich sehr eingehend mit dem Lektüreunterricht auf der MSt/S I befaßt, allerdings ist er auf die Bedürfnisse und Interessen der Schüler nicht eingegangen, auch nicht im Kapitel: „Die Interessenlage der Schüler und die Erziehungs- und Bildungsziele des Gymnasiums" (S. 6).

[13] So *Reimann, G.*, a.O., 21.

beiden Phasen des Spracherlernens und der Originallektüre in ein ausgewogenes Verhältnis zueinander zu bringen.[14] Es wird darauf geachtet, daß auch schon in der MSt/S I die Lektürephase ausreichend groß ist; die Mehrzahl der Schüler schließt nämlich den Lateinunterricht mit Beginn der Kursphase der Oberstufe ab, in den meisten Bundesländern nach Kl./Jgst. 11, in einigen schon nach Kl./Jgst. 10 oder in der Mitte der Kl./Jgst. 11. Diesen Schülern muß das Erlebnis der Lektüre ermöglicht werden. Deshalb wird die Phase des Sprachunterrichts soweit wie möglich zusammengedrängt, bei L 1 auf 4 bzw. 3½ Jahre, bei L 2 auf 3 bzw. 2½ Jahre, so daß für den Lektüreunterricht bei L 1 in der Regel 3 Jahre, bei L 2 in der Regel 2 Jahre verbleiben.

Die strenge Trennung der beiden Phasen ist dabei aufgegeben;[15] durch die Gestaltung des Sprachunterrichts, der sich weitgehend an zusammenhängenden, aussagekräftigen Texten antiken Inhalts orientiert, ist der Sprachunterricht in Ansätzen bereits Lektüreunterricht; der Lektüreunterricht ist, da begleitend zur Lektüre die Sicherung, Vertiefung und Erweiterung der Wortschatz- und Syntaxkenntnisse sowie der Fähigkeit des Übersetzens und Texterschließens verfolgt werden, auch noch – in einer anspruchsvolleren Form – Sprachunterricht.

Um den in früherer Zeit stets auftretenden Bruch zwischen Sprach- und Lektüreunterricht, der nicht selten einen „Lektüreschock" bei den Schülern auslöste, zu vermeiden oder zumindest abzumildern, wird außerdem die Lektüre der Originaltexte in verschiedenen Abstufungen vorbereitet bzw. herbeigeführt[16], z. B. durch

- die *lehrbuchbegleitende Lektüre*, die erforderlich erscheint, wenn die verwendeten Lehrbücher keine oder nur wenige zusammenhängende Texte enthalten,
- die *Übergangslektüre*, die im letzten Teil des Grammatikunterrichts einsetzt und in den eigenständigen Lektüreunterricht überleitet,
- die *Anfangslektüre*, in der nach Abschluß des Grammatikunterrichts behutsam und mit stärkster Berücksichtigung der sprachlichen Gegebenheiten an einfachen Originaltexten, an „kleineren in sich geschlossenen Texteinheiten" das Übersetzen und

---

[14] Siehe dazu Bd. 1, 39ff. (hier weitere Literatur).

[15] Allgemein dazu *Glücklich, H.-J.*: Der Zusammenhang des Lateinunterrichts auf den Sekundarstufen I und II. In: Handbuch für den Lateinunterricht, Sekundarstufe II (hrsg. von *Höhn, W./Zink, N.*). – Frankfurt 1979, 70ff. Siehe auch *Heilmann, W.*: Sprachreflexion im Lateinunterricht, ebenda., 108ff. bes. 112. S. auch Bd. 1, 39ff.

[16] Die nachfolgenden Begriffe sind von *Hans-Joachim Glücklich* (Lateinische Lektüre auf der Sekundarstufe I, 7ff. und Lateinunterricht, Didaktik und Methodik. – Göttingen 1978, 144ff.) geprägt und inhaltlich beschrieben worden. Sie finden auch in den Lehrplänen von Rheinland-Pfalz für die Sekundarstufe I Verwendung. S. dazu: Lateinische Lektüre, Sekundarstufe I, Themen–Texte–Ziele (hrsg. vom Kultusministerium Rheinland-Pfalz). – Mainz 1981, 12ff. Die Möglichkeit der „Begleitlektüre" wird auch in den Lehrplänen von Baden-Württemberg für L 1 und L 2 in den Kln. 5–8 bzw. 7–8 erwogen; s. dazu auch: Materialien zur Einführung neuer Lehrpläne LEU L 11: Texte zur Begleitlektüre und L 16: Plautus, Mostellaria (bearbeitet für frühe Lektüre). Die „Übergangslektüre" wird z. B. auch in den Lehrplänen von Baden-Württemberg für L 1 und L 2 sowie im Hamburger Lehrplan Latein als 2. Fremdsprache (S. 5; hier allerdings nicht mit diesem Begriff benannt) empfohlen. Wichtig zur „Übergangslektüre" AU XVII, 5 (1974): „Zur lateinischen Übergangslektüre" mit Beiträgen von *Klowski, J., Fink, G., Fuhrmann, M., Hermes, E.* – Zur Übergangslektüre genauer Bd. 3.

Texterschließen geübt und vertieft und die Schüler in ersten Schritten in die Textinterpretation eingeführt werden,[17]

– die *Hauptlektüre*, die über einen längeren Zeitraum hin das Werk oder die Werkteile eines Autors zum Unterrichtsgegenstand macht, so daß hier nun erstmals Lektüre im eigentlichen Sinn als Begegnung mit Literatur praktiziert wird.

In der Hauptlektüre wird zwischen den einzelnen Blöcken zur Auflockerung und zur stärkeren Motivierung eine sogenannte *„Interimslektüre“* empfohlen.[18]

Der „Aufbau“ des Lektüreunterrichts läßt sich in seinen möglichen Phasen folgendermaßen verdeutlichen:

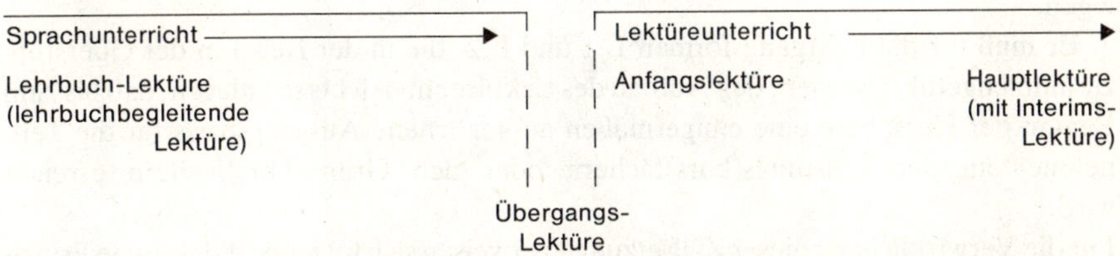

Es sei dahingestellt, ob man die Schüler unbedingt auf all den genannten Stufen zur Originallektüre führen muß; dies hängt wohl sehr vom verwendeten Lehrbuch für den Sprachunterricht ab. Es ist durchaus denkbar, daß die in den letzten Bänden immer stärker originalbezogenen Texte mancher Lehrbücher ausreichend auf eine Anfangslektüre und die anschließende Hauptlektüre vorbereiten.[19] Allerdings dürften zwei Forderungen allgemein gültig sein:

1. Der Sprachunterricht muß immer – bei aller Betonung einer auch eigenständigen Zielsetzung – den Lektüreunterricht im Blick haben und darauf in der Sprachbehandlung, Textverarbeitung und in der Aneignung von Realienkenntnissen sukzessiv vorbereiten.

2. Die Arbeit mit den Sprachlehrbüchern muß rechtzeitig abgeschlossen sein, wenn nicht die Ausgewogenheit zwischen Sprachunterricht und Lektüreunterricht empfindlich gestört werden sollte (was von der umfassenden Zielsetzung des Lateinunterrichts her nicht vertretbar ist).

---

[17] Ausführlicher dazu *Wülfling, P.*: Lateinische Anfangslektüre. In: Fachdidaktisches Studium in der Lehrerbildung. Alte Sprachen, Bd. 2, 48ff.
Allgemein *Nickel, R.*: Die Alten Sprachen in der Schule. – Frankfurt ^{2}1978, 290 (hier weitere Literatur), und Verfasser: Zur Didaktik des Lektüreunterrichts in der Sekundarstufe I, aufgezeigt an einem Beispiel der lateinischen Anfangslektüre. In: Plädoyer für Erziehung (hrsg. vom Staatsinstitut für Schulpädagogik München). – Donauwörth 1975, 203ff.

[18] Die „Interimslektüre“ wird von *Glücklich* (Lateinische Lektüre auf der Sekundarstufe I, 6f.) beschrieben; sie ist im Lehrplan von Rheinland-Pfalz als eine Möglichkeit ausdrücklich genannt; sicherlich lassen sich motivierende „Zwischentexte“ auch dort, wo sie im Lehrplan nicht erwähnt sind, gelegentlich im Unterricht einsetzen. Genauer dazu Bd. 3.

[19] In den Lehrplänen mancher Bundesländer, z. B. Bayerns, Niedersachsens und Nordrhein-Westfalens wird von einer solchen Voraussetzung ausgegangen. Das schließt nicht aus, daß gelegentlich der Sprachunterricht durch die Lektüre kürzerer Originaltexte ergänzt und aufgelokkert wird; vorgeschlagen im Lehrplan Niedersachsens: Rahmenrichtlinien für das Gymnasium, Klasse 7–10, Latein (hrsg. vom Niedersächsischen Kultusministerium), 12.

2.2 Didaktische Zielsetzungen und Prinzipien

Der Lateinunterricht in der MSt/S I hat drei allgemeine didaktische Zielsetzungen zu verfolgen, die – je nach Bundesland – bis zu Beginn, Mitte oder Ende der 11. Kl./Jgst.[20] erreicht werden sollen. Diese bereits o. S. 174 beschriebenen Zielsetzungen seien hier, weil für den Zusammenhang nötig, nochmals aufgeführt:

1. Er muß in den beiden Lehrgangsformen L 1 und L 2 für den Großteil der Schüler einen sinnvollen Abschluß – auch im Bereich der Lektüre – anstreben.
2. Er muß zugleich die Schüler zur Wahl des Faches in der Oberstufe motivieren und für den Oberstufenunterricht die Grundlagen in den Kenntnissen und Fähigkeiten legen.[21]
3. Er muß für die Lehrgangsformen L 1 und L 2, die in der Regel in der Oberstufe zusammengeführt werden, den Aufbau des Lektüreunterrichts so anlegen, daß bis zum Beginn der Kursphase eine einigermaßen ausgeglichene Ausgangsbasis für die Teilnehmer an den Leistungs(kurs)fächern oder den Grund(kurs)fächern erreicht wird.[22]

Für die Verwirklichung dieser Zielsetzungen erweisen sich folgende didaktische Prinzipien als sinnvoll und förderlich:

1. Die Autoren- oder Werklektüre steht im Vordergrund; die Schüler bedürfen einer längeren Zeit des Einlesens in einen Autor, der ihnen als eine sich allmählich profilierende historische, literarische Persönlichkeit gegenübertritt, so daß sie sich mit ihm, seinen Aussagen und Vorstellungen gleichsam in einem Dialog über einen Zeitabstand hinweg auseinandersetzen können. Die Auswahl aus dem Werk eines Autors kann dabei thematisch gebunden sein; man spricht in einem solchen Falle von „themenorientierter" oder „themengebundener" Autorenlektüre.[23]
2. Die geringe zur Verfügung stehende Zeit bringt den Grundsatz: „wertvolle Zeit – wertvoller Text" nachhaltig zur Geltung; es sollen nur literarisch wertvolle Texte gelesen werden. Dabei kommt es nicht so sehr auf den Umfang der Texte (die Quantität des Pensums) als auf eine intensive sprachliche und inhaltliche Erschließung der Texte (die Qualität der Interpretation) an; der Grundsatz *multum, non multa* ist

---

[20] Genauer dazu Verfasser: Die elfte Jahrgangsstufe im Lateinischen. Zur Ausrichtung der Fächer auf die Kursphase der Kollegstufe. In: Anregung 22 (1976), 96ff.

[21] Die ersten beiden Zielsetzungen sind im Hamburger „Lehrplan Latein als 2. Fremdsprache", 5, ausdrücklich genannt: „um einen sinnvollen Abschluß des Lateinunterrichts in der Sekundarstufe I zu gewährleisten und andererseits die notwendigen Voraussetzungen der Sekundarstufe II zu schaffen ...".

[22] Diese Forderung ist in den Lehrplänen einzelner Bundesländer unmittelbar angesprochen, so z. B. in den „Vorläufigen Richtlinien und Lehrplänen für das Gymnasium – Sekundarstufe I in Nordrhein-Westfalen Latein". – Köln 1978, 9: „Es wird als erreichbar angesehen, daß die Schüler mit Latein-Beginn in Klasse 5 und die Schüler mit Latein-Beginn in Klasse 7 der Sekundarstufe I einen annähernd gleichen Kern von Kenntnissen und Fähigkeiten erworben haben."

[23] S. dazu o. 175. Dazu ein Beispiel aus einem Lehrplan, nämlich den Rahmenrichtlinien für das Gymnasium in Niedersachsen, 11: „Die ‚Werklektüre' sollte unter thematische Leitlinien gestellt werden, z. B.: Humanitas (Terenz, Literatur des Mittelalters), Gesellschaftskritik (Phaedrus), Selbstdarstellung und Propaganda (Caesar), Weltsicht des Dichters (Catull)."

hier demnach vorherrschend. Allerdings sollte pro Stunde durchaus ein angemessenes Textpensum bewältigt werden.[24]

3. Für die Lektüre kommen in der Regel nur unveränderte Originaltexte in Frage, da nur an diesen in unverfälschter Weise die Auseinandersetzung zwischen Autor und Leser provoziert wird. Veränderte (verkürzte, vereinfachte) Texte finden allerdings als lehrbuchbegleitende Lektüre und als Übergangslektüre Verwendung.[25] Das Heranziehen von gedruckten Übersetzungen erweist sich dann als sinnvoll, wenn Übersetzungsschwierigkeiten auf dem Wege des Vergleichs mehrerer Übersetzungen verdeutlicht werden sollen.[26]

4. Das Anliegen der Motivation verlangt nach Abwechslung; diese bedingt, daß die Beschäftigung mit *einem* Text (Werk) zeitlich nicht überzogen wird, daß gelegentlich kürzere Zwischentexte in die Hauptlektüre eingeschaltet[27], und daß aus den Texten selbst durch die Interpretation eine Vielfalt anregender Aspekte erarbeitet werden, die sich zu den aktuellen Interessen und Bedürfnissen der Schüler in Bezug setzen lassen.

5. Die Interpretation der Texte zielt zunächst auf das Erfassen der sachlichen Informationen und Gehalte; von hier ausgehend weitet sie sich allmählich auf die in den Texten enthaltenen existentiellen Fragestellungen aus. Man kann von einer sachorientierten und problemorientierten Interpretation sprechen, die in der MSt/S I vorherrschen.[28]

6. Die Lektüregegenstände sind aufzugliedern in einen festen, womöglich verbindlichen Kern von Autoren bzw. Werken, vor allem aus der „klassischen" Zeit (sog. Fundamentum) und einer Anzahl von Ergänzungs- oder Zusatztexten, die zu einem großen Teil aus späterer Zeit stammen können (sog. Additum). Das Fundamentum sollte den für L 1 und L 2 gemeinsamen Lektürekanon darstellen. Auf diese Weise läßt sich das Problem der Zusammenführung von L 1 und L 2 am ehesten lösen.[29]

3 Generelle fachliche Lernziele und Erziehungsziele

Der Lateinunterricht der MSt/S I läßt sich zwar nicht isoliert von seinem als Einheit zu begreifenden Programm am Gymnasium betrachten; doch können mit Rücksicht auf die Situation des Faches und der Schüler Schwerpunkte in den generellen fachlichen Lernzielen und den Erziehungszielen angegeben werden. Es bedarf des besonderen Hinweises, daß gerade in der MSt/S I das pädagogische Anliegen wieder ausdrücklich

---

[24] Zur Frage des Textquantums vgl. etwa *Fuhrmann, M.*: Alte Sprachen in der Krise? – Stuttgart 1976, 101; *Wülfing, P.*: Lateinische Anfangslektüre, 60; bei beiden scheint mir allerdings der Anspruch zu hoch angesetzt. Vgl. auch o. 174.

[25] Zum Problem *Wülfing, P.*: Lateinische Anfangslektüre, a.O., 59f.

[26] Grundlegend dazu *Vester, H.*: Die gedruckte Übersetzung im altsprachlichen Unterricht. In: Anregung 22 (1976), 147ff., und *Nickel, R.*: Die Arbeit mit Übersetzungen. In: Handbuch für den Lateinunterricht, Sekundarstufe II, 191ff.

[27] *Glücklich* (Lateinische Lektüre auf der Sekundarstufe I, 16) spricht in diesem Falle von „Orientierungslektüre und Interimslektüre".

[28] Vgl. o. 135f.

[29] Genauer dazu Verfasser: Die 11. Jahrgangsstufe im Lateinischen, 101f. Vgl. auch o. 174ff.

betont wird.[30] In diesem Lichte erscheint es auch richtig, wenn in letzter Zeit neben den kognitiven auch die affektiven Lernziele des Lateinunterrichts stärker beachtet und ausdrücklich formuliert werden.

3.1 Generelle fachliche Lernziele

Aus veröffentlichten Lehrplänen[31] und didaktischen Publikationen zu MSt/S I läßt sich folgender Kern von generellen fachlichen Lernzielen zusammenstellen:

- Einsicht in die Eigenart des Lateinischen und damit modellhaft in Wesen und Leistung sprachlicher Symbolsysteme,
- Fähigkeit, das so gewonnene Wissen und Können für das Erlernen anderer Sprachen und für das Verständnis internationaler wissenschaftlicher Terminologie nutzbar zu machen,
- Steigerung der Übersetzungsfähigkeit und Entwicklung der Fähigkeit zu problemlösendem Denken beim Übersetzen,
- Erweiterung der Sprachkompetenz durch Sprachreflexion und Sprachvergleich sowie Steigerung der Abstraktionsfähigkeit durch Verfeinerung der Begriffsbildung,
- Fähigkeit zur Analyse von sprachlichen und inhaltlichen Problemen und zur Kombination von Fakten als Voraussetzungen wissenschaftlichen Arbeitens,
- Einblick in Fakten, Gestalten und Zusammenhänge vor allem aus Mythos und Geschichte sowie in gesellschaftliche und politische Verhältnisse, Normen und Argumentationsweisen der Antike,
- Fähigkeit, sich mit den aus der Lektüre gewonnenen Erkenntnissen über Lebensbedingungen und Daseinsverständnis antiker Völker und Kulturen persönlich auseinanderzusetzen sowie Wirkungen antiken Lebens und Denkens in späterer Zeit zu erkennen,
- Einblick in die historische Rückbindung eines politisch-geistigen Ordnungsgefüges und in die Bewältigung der Aufgabe, Eigenes und Fremdes zu integrieren,
- wachsendes Verständnis für Werke der römischen Kunst,
- Fähigkeit, die Arbeitsformen des Lektüreunterrichts allmählich selbständig anzuwenden und sich einfacher Hilfsmittel (Lexika, Sachnachschlagewerke u. ä.) zu bedienen, so daß schrittweise die Grundlagen zu wissenschaftlichem Arbeiten gelegt werden.

---

[30] Grundlegend dazu *Westphalen, K.*: Bildung und Erziehung im Curriculum der modernen Schule. In: Plädoyer für Erziehung, 57ff. Ebenso allgemein derselbe: Was soll Erziehung leisten? – Donauwörth 1979, bes. 75ff. und 92ff.

[31] Herangezogen wurden vor allem die Lehrpläne von Baden-Württemberg, Bayern, Hamburg, Niedersachsen und Nordrhein-Westfalen.
Generelle fachliche Lernziele für die MSt/S I werden formuliert von *Glücklich, H.-J.*: Der Zusammenhang des Lateinunterrichts auf den Sekundarstufen I und II, 76ff., sowie Lateinunterricht, Didaktik und Methodik, 140f. Vgl. auch o. 90ff.

3.2 **Erziehungsziele**[32]

Im Lateinunterricht der Kln./Jgstn. 9 und 10 bei L 1 und in Kl./Jgst. 10 bei L 2 werden durch die Arbeit an der Sprache und die Interpretation der Texte immer zugleich erzieherische Ziele angestrebt. Die Arbeit im Unterricht und bei der regelmäßigen häuslichen Vorbereitung erzieht zu einem disziplinierten Lernverhalten; sie fordert und fördert Gewissenhaftigkeit, Konzentration, Genauigkeit, Selbständigkeit und Eigenverantwortung. Bei gelegentlichen Arbeiten in der Gruppe erhalten die Schüler Anstöße und Orientierungspunkte für partnerschaftliches, soziales Verhalten.
Durch die Lektüre der lateinischen Literatur werden die Schüler zu einer Auseinandersetzung mit den Inhalten der Texte als ‚Denkmodellen' veranlaßt. Sie werden mit Triebkräften menschlichen Handelns und menschlicher Verhaltensweisen konfrontiert, die sich zumeist aus unterschiedlichen Wertvorstellungen im persönlichen Bereich wie auch im Verhältnis von Gruppen und Völkern zueinander ergeben. Unter Anleitung des Lehrers gelangen sie allmählich von einer rein gefühlsmäßigen Stellungnahme zu sachlich begründeten Aussagen und gewinnen auf diese Weise ein eigenes Urteil. Sie nehmen kritisch Stellung zu den Aussagen und Verhaltensweisen von Personen der Geschichte und Gestalten der Dichtung, sie identifizieren sich mit ihnen oder distanzieren sich von diesen. So können sich in ihnen der Sinn für die historische Dimension und das Bewußtsein für sittliche Werte und für die Problematik ihrer Verbindlichkeit im persönlichen Leben wie in der Gemeinschaft entwickeln. Ein Anliegen ist es, im Schüler allmählich die Bereitschaft wachsen zu lassen, das Angebot an Sinn- und Wertbezügen in lateinischer Literatur zu prüfen und der Orientierung im eigenen Leben zugrundezulegen. Darüber hinaus werden die Schüler auch mit der künstlerischen Gestaltung dieser Texte und dadurch mit ästhetischen Kategorien vertraut gemacht.
Auf der Grundlage solcher allgemeiner Erwägungen lassen sich ohne Schwierigkeit die affektiven Lernziele des lateinischen Lektüreunterrichts in MSt/S I formulieren; sie sind entweder den speziellen kognitiven Lernzielen an gegebener Stelle jeweils zugeordnet (z. B. in den Lehrplänen Bayerns) oder in der Präambel des Lehrplans vorweg zusammengefaßt, wie etwa in den Rahmenrichtlinien Niedersachsens.[33] Diese seien hier als Beispiel zitiert:

„Mit den kognitiven Lernzielen verbunden und für den Lernerfolg und die Persönlichkeitsbildung besonders wichtig sind folgende Einstellungen und Verhaltensweisen im affektiven Bereich, die durch den Lateinunterricht gefördert werden sollen:
- Bereitschaft, seine eigene Sprache zunehmend bewußter zu formen
- Bereitschaft, durch Fleiß und Ausdauer zum Lernerfolg beizutragen
- Bereitschaft, die erworbenen Kenntnisse und Fähigkeiten anzuwenden

[32] Der nachfolgende Text wurde mit Abänderungen entnommen aus den Lehrplänen Bayerns für L 1 und L 2: Curricularer Lehrplan für Latein als erste Fremdsprache in der Jahrgangsstufe 10 des Gymnasiums. Amtsblatt des Bayerischen Staatsministeriums für Unterricht und Kultus, Sondernummer 16. – München 1979, 468f. bzw. 502f.
[33] Rahmenrichtlinien für das Gymnasium, Klasse 7–10, Latein, 6.

- Bestreben, Sicherheit im Urteil zu entwickeln
- Beharrlichkeit, Lösungen zu suchen und Zweifel zu klären
- Ehrlichkeit, eigene Irrtümer zuzugeben
- Achtung vor anderer Denkweise
- Aufgeschlossenheit gegenüber Fragen und Problemstellungen der Antike
- Aufgeschlossenheit für lateinische Literatur und römisch-antike Kultur
- Bereitschaft, die Leistungen anderer Zeiten zu sehen und anzuerkennen."

Das Erreichen von Erziehungszielen, wie sie vorausgehend genannt worden sind, ist über die inhaltliche Komponente hinaus sehr von der Auswahl und Anwendung motivierender Unterrichtsverfahren abhängig, entscheidend aber vom Einsatz und der Überzeugungskraft des Lehrers. Im Lehrplan selbst wie auch in der didaktischen Literatur sind allenfalls nur Anstöße zu solchem erzieherischen Wirken gegeben.

4 Auswahl, Angebot und Planung der Lektüregegenstände

Den pädagogischen Aufgaben der MSt/S I in der zur Verfügung stehenden Zeit zu genügen, ist auch für den lateinischen Lektüreunterricht unverbrüchliches Gesetz. Das Bemühen ist deshalb darauf gerichtet, für diese Aufgabe taugliche Autoren und Texte ausfindig zu machen und dem Lehrer in einer für den Unterricht brauchbaren Form anzubieten. Zweifelsohne ist hier gerade in den letzten Jahren erfolgreiche didaktische Arbeit geleistet worden.[34]

4.1 Das Problem der angemessenen Auswahl

Die alten Autoren wurden neubearbeitet; neue Texte aus allen Epochen der lateinischen Tradition werden für den Unterricht entdeckt; das Angebot ist heute so umfassend, daß sich der Lateinlehrer einem Dilemma gegenüber sieht: Der Fülle möglicher Autoren und Texte steht eine nur sehr beschränkte Zahl von Unterrichtsstunden gegenüber.

Sicherlich bringt dieses „Überangebot" an Lektüregegenständen den Vorteil der freien Wahl und der Abwechslung mit sich; er erschwert aber letztlich die Erfüllung der allgemeinen didaktischen Zielsetzungen; denn es besteht die Gefahr, daß die einzelnen

[34] Man braucht hierzu nur die Kataloge der Schulbuch-Verlage anzusehen; die neuen Reihen der Textausgaben sind ein sprechender Beweis, z. B.:
Altsprachliche Texte. Klett-Verlag, Stuttgart
Exempla – Lateinische Texte. Verlag Vandenhoeck und Ruprecht, Göttingen
Fundus – Materialien zum Unterricht in der Kollegstufe. Auer-Verlag, Donauwörth
Fructus – Arbeitsmaterialien Latein. Ploetz Verlag, Freiburg/Würzburg
Lindauers lateinische Quellen. Lokalhistorische Texte. J. Lindauer Verlag (Renate Schaefer), München
Modelle für den altsprachlichen Unterricht. Diesterweg-Verlag, Freiburg/Berlin/München
ratio – Lernzielbezogene lateinische Texte. Buchners Verlag, Bamberg
Testimonia – Curriculare Reihe lateinischer und griechischer Texte. Bayerische Verlagsanstalt, Bamberg

Lehrer oder Schulen in ihren Lektüre-Programmen so weit auseinanderdriften, daß einerseits Chancengleichheit für die Schüler nicht mehr gewährleistet ist, andererseits das für die Oberstufe nötige gemeinsame Leistungsniveau nicht überall erreicht wird. Die Lehrpläne bzw. Rahmenrichtlinien müssen daher einen Orientierungsrahmen vorgeben, in dem die zur Lektüre tauglichen Texte benannt sind.
Dabei erfolgte die Auswahl, wie zu erkennen ist, überall nach strengen Kriterien.[35]

4.2 **Autoren als Lektüregegenstände**

Unter den Autoren, welche die Prüfung nach den beschriebenen oder ähnlichen Kriterien bestanden haben, lassen sich deutlich, wie die veröffentlichten Lehrpläne bzw. Rahmenrichtlinien zeigen, zwei Gruppen unterscheiden:

1. Kernautoren bzw. Kerntexte, die im Zentrum des Lektüreangebots stehen (verbindlich fixiert oder gegenseitig in Alternative gestellt),
2. Zusatzautoren bzw. Zusatztexte, die entweder in der Übergangslektüre oder in der „Interimslektüre" als Ergänzung oder als Kontrast[36] zu den Kernautoren bzw. -texten in der Anfangs- und/oder Hauptlektüre gelesen werden können.[37]

Kernautoren bzw. -texte sind:
Prosa: Nepos, Caesar, Cicero (einfachere Reden)
Dichtung: Phaedrus, Terenz, Plautus, Ovid
Zusatzautoren bzw. -texte sind vor allem:
Prosa: Gellius, Valerius Maximus, Curtius Rufus, Plinius, Petron, Einhard, Legenda Aurea, Gesta Romanorum, Paulusreden, Texte aus dem Alten und Neuen Testament, lokalhistorische Texte
Dichtung: Catull, Martial, Hymnen des Mittelalters, Carmina Burana
Da in den Lehrplänen bzw. Rahmenrichtlinien der einzelnen Bundesländer die didaktischen Akzente verschieden gesetzt sind, ist die Zuweisung der Autoren und Texte zu den beiden Gruppen nicht einheitlich.

4.3 **Das Prinzip von Bindung und Freiheit**

In allen Lehrplänen bzw. Rahmenrichtlinien ist deutlich das Anliegen zu spüren, neben einem verbindlichen Kern von Autoren bzw. Texten eine Reihe von Zusatzautoren bzw. -texten zur freien Verfügung anzubieten. Der Lehrer soll einerseits eine Richtschnur haben, die ihm Gewähr gibt, daß zumindest innerhalb eines Bundeslandes seine Lektüreabsichten und -anforderungen mit denen der Kollegen anderer Schulen auf einer Ebene liegen, andererseits soll ihm die Möglichkeit geboten sein, entsprechend

---

[35] Diese Kriterien sind o. 148ff. ausführlich beschrieben.
[36] In verschiedenen Lehrplänen ist deshalb auch von „Ergänzungslektüre" und/oder „Kontrastlektüre" die Rede.
[37] Das Prinzip von Kernautoren und Zusatzautoren ist in den Lehrplänen von Baden-Württemberg am deutlichsten ausgeprägt; hier werden neben den Kernautoren jeweils unter dem Sigel Z verschiedene Zusatzautoren genannt.

seinem Wissen und mit Rücksicht auf Leistungsstand und Interesse der Schüler weitere Texte im Unterricht zu behandeln und auf diese Weise den Einblick in die lateinische Literatur, soweit es diese Schulstufe zuläßt, zu vergrößern.
Das Prinzip von Bindung und Freiheit, das hier zur Geltung kommt, kann in den Lehrplänen bzw. Rahmenrichtlinien entweder nur locker angedeutet oder deutlich ausformuliert sein.
Für beide Möglichkeiten sei je ein Beispiel zitiert, und zwar für die Kl./Jgst. 10 bei Latein als zweiter Fremdsprache.[38]

1. Lehrplan *Hamburgs*[39]
„2. Lektüreunterricht
2.1 Der Stoffplan für das erste Halbjahr des Lektüreunterrichts liegt im Ermessen des Fachlehrers bzw. der Fachkonferenz (...).
2.2 Zur Einführung in lateinische Dichtung eignen sich Ovid, Phaedrus, Catull, Martial, Plautus.
2.3 Im letzten Halbjahr des Lateinunterrichts wäre die Behandlung etwa folgender Texte möglich:
Caesar, De bello Gallico VII
Auswahl: Die Darstellung des Vercingetorix
Caesar, De bello civili I
Auswahl: Caesars Darstellung der politischen Entwicklung;
eine leichte Cicero-Rede".

Hier wird die Wahl weitestgehend in das Ermessen des Fachlehrers bzw. der Fachkonferenz gelegt; allerdings ist dadurch, daß auf die besondere Eignung bestimmter Autoren und Texte hingewiesen wird, zweifellos ein verbindlicher Rahmen für die Textsorten und den Schwierigkeitsgrad der Lektüregegenstände vorgegeben.

2. Lehrplan *Bayerns*[40]
„3. Einblick in die lateinische Literatur und ihr Fortwirken
3.1 Lektüreblock I:
– Caesar, De bello Gallico.
Fakultativ zusätzlich:
z. B. Nepos.
3.2 Lektüreblock II:
– Ovid, erzählende und lehrhafte Dichtung.
Fakultativ zusätzlich:
z. B. Komödie (Terenz).

[38] Die Kl./Jgst. 10 in L 2 ist nachfolgend deshalb gewählt, weil hier die neuralgischste Stelle des Lateinunterrichts vorliegt; denn hier stehen in den meisten Bundesländern nur mehr 3 Wochenstunden zur Verfügung, so daß das Fach beinahe in den Rang eines ‚Nebenfaches' abgesunken ist.
[39] Latein als 2. Fremdsprache, Gymnasium 7–10, 8.
[40] Curricularer Lehrplan für Latein als zweite Fremdsprache, Lehrplankonzeption, 503. Welche Position der hier abgedruckte Lehrplan-Block im Gesamtkonzept des L 2-Lektüreunterrichts in Bayern hat, ist o. 154 genauer verdeutlicht. Dort wird auch erkennbar, auf welch schmaler Basis ein nachher (in der 11. Kl./Jgst., Oberstufe) doch erheblich breiterer Lektürebau aufruhen muß.

fakultativ:
3.3 Lektüreblock III:
Lateinische Texte der späteren Antike und des Mittelalters:
z. B. Martial, Epigramme.
Vulgata,
Hymnen,
Vagantendichtung."

Hier ist deutlich zwischen verbindlichen Autoren (Caesar, Ovid) und fakultativen Autoren (z. B. Nepos, Terenz) unterschieden; ein ganzer Lektüreblock III ist als fakultatives Angebot ausgewiesen.

Die beiden angeführten Beispiele markieren extreme Positionen, die Angaben in den Lehrplänen bzw. Rahmenrichtlinien anderer Bundesländer sind Spielformen, die dazwischen liegen.[41]
Das Prinzip „Bindung und Freiheit", das in den Lehrplänen bzw. Rahmenrichtlinien mehr oder weniger stark zur Geltung kommt, stellt an den Lehrer erhebliche Anforderungen; es verlangt von ihm Arbeitsdisziplin, didaktische Phantasie und pädagogische Verantwortung.[42]

4.4 **Zeitplanung und Lektüre-Programme**

Für den Lateinlehrer stellt sich die Aufgabe, im Rahmen der ihm vom Lehrplan vorgegebenen Möglichkeiten sich für das jeweils anstehende Schuljahr ein Lektüre-Programm zu entwerfen. Nichts wäre heute didaktisch verfehlter und pädagogisch verantwortungsloser, als im Lektüreunterricht gewissermaßen von der Hand in den Mund zu leben. Planung ist nötig, im großen wie im kleinen.[43]

---

[41] Im Lehrplan (L 2, 10. Klasse) von *Baden-Württemberg* steht das Prinzip mehr dem in Bayern gültigen nahe: „Autorenlektüre: Phädrus, Caesar – Z Catull, Martial, Carmina Burana". Der Lehrplan von *Nordrhein-Westfalen* (Gymnasium, Sekundarstufe I, vorläufige Richtlinien, Latein, 53) liegt eher auf der Linie des Lehrplans *Hamburg*: Es soll „in jeder Jahrgangsstufe ein ausführliches Modell der lateinischen Hochsprache verbindlich sein", so etwa für 2, 10. Klasse: „Caesars bellum Gallicum im Umfang von etwa 30 Kapiteln"; „im verbleibenden ‚freien' Raum" könne für L 2, 10. Klasse „‚Kontrastlektüre' betrieben werden", und zwar in drei verschiedenen Modellen:

1. „beispielsweise eine Auswahl aus Nepos, Atticus (erste Fassung) oder Terenz, Adelphoe oder Phaedrus oder Martial oder verschiedene Autoren unter einem Leitthema",
2. „beispielsweise eine Auswahl kurzer einfacher Abschnitte aus Ovids Metamorphosen oder einzelner leichter Catullgedichte oder aus religiöser oder profaner Poesie des Mittelalters oder aus verschiedenen Dichtern unter einem Leitthema",
3. „ggf. auch eine Einführung in Ciceros Reden".

In *Rheinland-Pfalz* (Lateinische Lektüre, Sekundarstufe I, 18) wird eine Alternative für L 2 in der 10. Kl./Jgst. angeboten: Ovid, Metamorphosen; Plinius, Epistulae; Rhetorik; Vagantenlyrik (10/1: H 3 + I 6; 10/2: H 5 + I 4) oder Terenz, Adelphoe bzw. Plautus, Mostellaria; Catull, carmina; Plinius, Epistulae (10/1: H 6/H 1 + I 5; 10/2: H 4 + I 6).

[42] Über Verbindlichkeit und Freiheitsspielraum im Lehrplan ist o. 175ff. innerhalb der Darstellung der 11. Kl./Jgst. ausführlicher gehandelt, auch über die sich daraus ergebenden Konsequenzen.

[43] Dazu genauer o. 179ff. und u. 209ff.

Für die Makro-Zeitplanung eines Schuljahres sollte man folgende Zeitkalkulation zugrunde legen:
Man muß davon ausgehen, daß dem Lehrer von 36 Unterrichtswochen innerhalb eines Schuljahres nur 28 für die eigentliche Durchnahme des Lehrstoffes, also für die Behandlung der Lektüre bleiben. Ca. 8 Wochen sind erfahrungsgemäß für Schulveranstaltungen, für Unterrichtsausfälle wegen Krankheit und für Prüfungen (Klassenarbeiten/Schulaufgaben) anzusetzen.
Für ein dreistündiges Fach stehen demnach etwa 85–90 Stunden im Jahr zur Verfügung. Die Zeitplanung sollte von diesem Stundenansatz ausgehen: 5–10 Stunden werden davon, zumal bei L 2, zur systematischen Sicherung und Vertiefung der Sprachkenntnisse verwendet, 75–85 Stunden sollten für den eigentlichen Lektüreunterricht veranschlagt werden.

Innerhalb des Lehrplan-Rahmens sind demnach – mit Rücksicht auf die zur Verfügung stehende Zeit und in Abhängigkeit von den Lektüreabsichten des Lehrers – verschiedene Lektüre-Programme möglich. An den Beispielen von *Bayern* und *Nordrhein-Westfalen* (s. Anm. 41) sei dies verdeutlicht:

Bayern

Festliegen nur die beiden verbindlich vorgeschriebenen fettgedruckten Autoren Caesar und Ovid. Eine Stundennotierung für sie ist nicht vorgeschrieben; sinnvollerweise wird dafür eine Mindeststundenzahl als Empfehlung angegeben. Die Zusatzautoren können jeweils durch andere ersetzt werden. Sicherlich lassen sich zwischendurch auch Kontrasttexte im Sinne einer „Interimslektüre" lesen. Es wird ersichtlich: Das Programm ist im wesentlichen in die freie Entscheidung und in die Verantwortung des Lehrers gelegt. Das Bemühen um Abwechslung und Motivation favorisiert das Maximalprogramm, das Leistungsvermögen der Schüler läßt allerdings sehr oft nur das Minimalprogramm zu. Im Interesse eines attraktiven Lateinunterrichts liegt es freilich, wo immer möglich, zumindest das Normalprogramm anzubieten.

Nordrhein-Westfalen

Caesar ist hier verbindlich vorgeschrieben; für die geforderten 30 Kapitel sind etwa 50 Stunden zu veranschlagen. 25–35 Stunden verbleiben für die „Kontrastlektüre". Die Wahl dieses Kontrastprogramms steht dem Lehrer frei, ebenso die Entscheidung für einen Lektüregegenstand innerhalb eines Kontrastprogramms. Vorgegeben sind drei Möglichkeiten von Kontrastlektüre, aus denen eine auszuwählen ist (s. dazu Anm. 41).

In allen Lehrplan-Vorschlägen für den Lektüreunterricht in der MSt/S I (hier: Beispiel 10. Kl./Jgst. bei L 2) spürt man die Absicht der Kultusministerien, den schmalen zeitlichen Rahmen in der Weise sinnvoll auszufüllen, daß sowohl einige anerkannte Texte gelesen werden müssen, aber der Lehrer doch einen mehr oder weniger großen Spielraum zu einer eigenen Wahlentscheidung hat.

Mögliche Lektüreprogramme für Kl./Jgst. 10 bei L 2

in *Bayern*:

1. Minimalprogramm

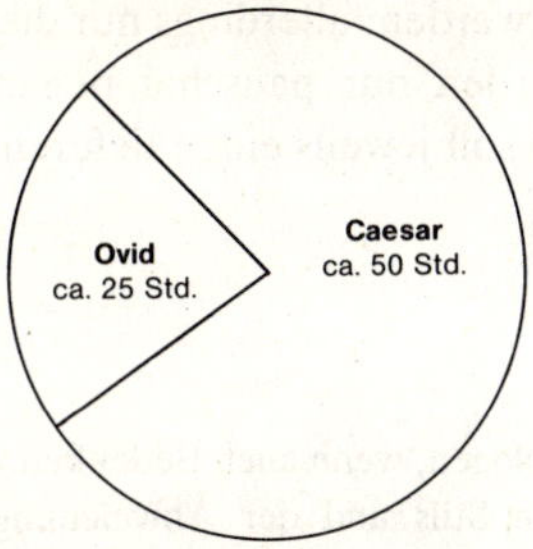

2. Maximalprogramm

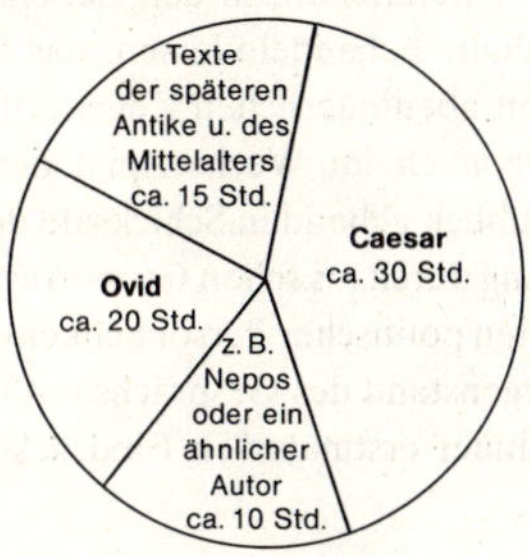

3. Normalprogramm

a) mit Schwerpunkt Dichtung

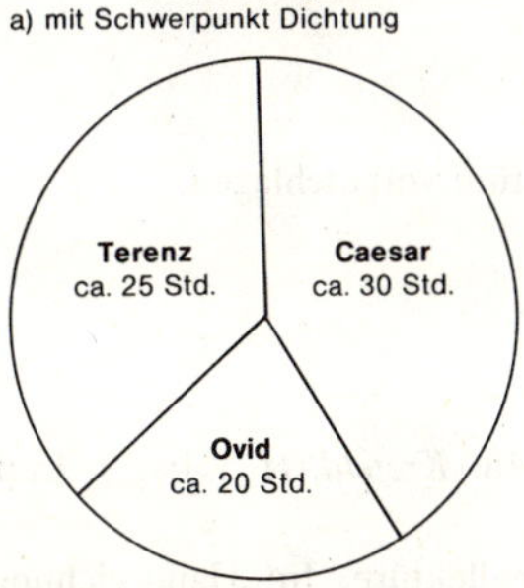

b) mit Schwerpunkt Prosa

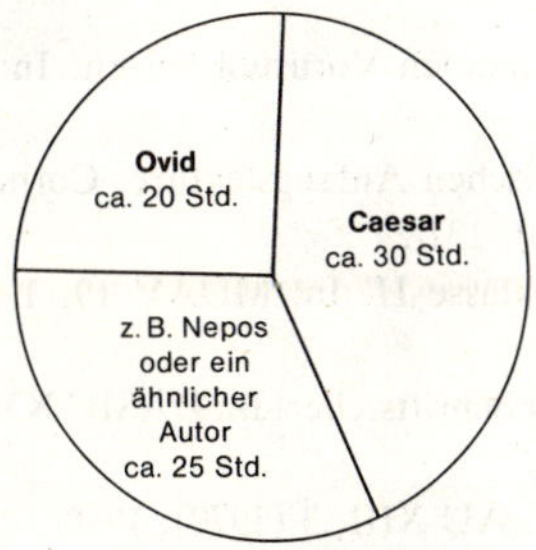

in *Nordrhein-Westfalen*:

1. Programm (Alternative I)

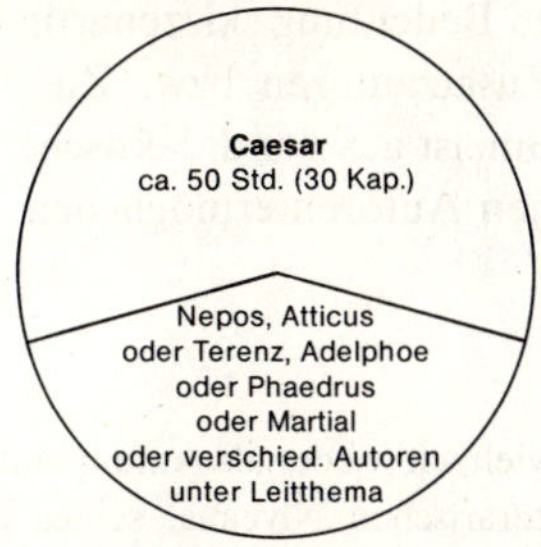

2. Programm (Alternative II)

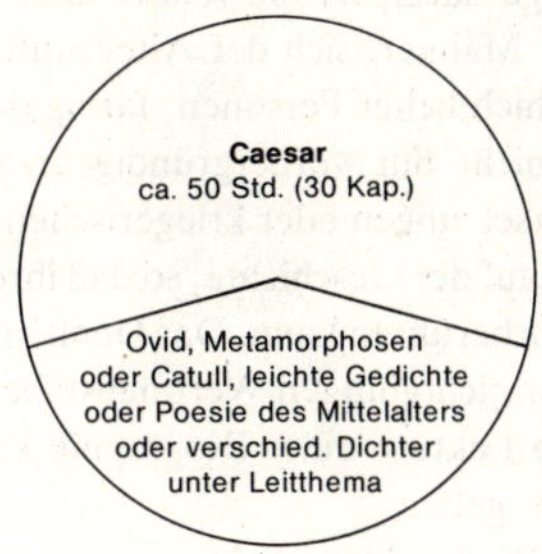

3. Programm (Alternative III)

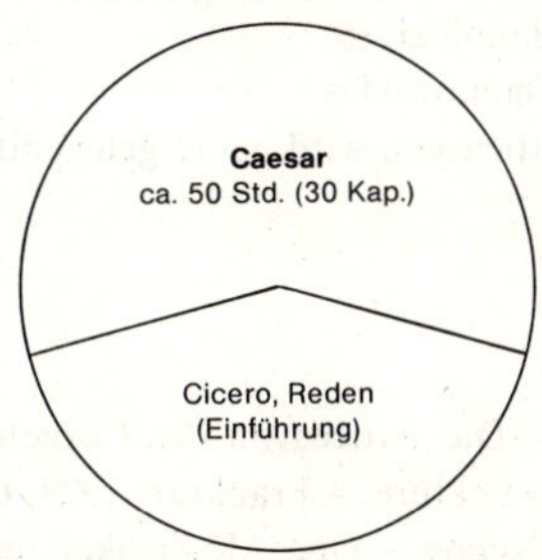

5 **Didaktische Bewertung der Autoren der Mittelstufe (S I)**

Die Autoren bzw. Texte, die in der MSt/S I gelesen werden, sollen nachfolgend in ihrer didaktischen Bedeutung skizzenartig gewürdigt werden; allerdings nur die Kernautoren. Die Zusatzautoren bzw. Zusatztexte werden nur pauschal behandelt. Eine Auswahl zumeist aus der didaktischen Literatur soll jeweils einen tieferen Zugang zu den einzelnen Autoren ermöglichen.

5.1 **Nepos**

Nepos wird vielfach wieder als Anfangsautor vorgeschlagen, wenn auch Bedenken wegen seines niedrigen literarischen Niveaus, seines eigenwilligen Stils und der Abweichungen von der „Schulgrammatik" sowie wegen der sprachlichen Schwierigkeiten fortbestehen. Man erkennt seine Vorzüge darin, daß in relativ überschaubaren Texteinheiten, in den Lebensbiographien bedeutender Männer, sich der Altersstufe gemäße Inhalte behandeln lassen: das Handeln und Leiden geschichtlicher Personen, farbig dargestellt, mit abenteuerlichen Zügen, oft dramatisch aufgebaut, nicht nur vordergründig erzählt, sondern auch im Wechselspiel der politischen Auseinandersetzungen oder kriegerischen Kämpfe Einblick gebend in Schicksale des Menschen und in den Lauf der Geschichte, so daß ihre Besprechung durchaus schon Grundfragen menschlicher Existenz berühren kann. Das Denken und Verhalten politischer Persönlichkeiten, die für sie gültigen oder nichtgültigen Wertmaßstäbe können Gegenstand des Gesprächs mit den Schülern werden. Die Lektüre einer Biographie kann dem Schüler erstmals den Eindruck einer Ganzschriftlektüre geben.
Bevorzugte Biographien sind:
- vita des Alkibiades,
- vita des Hannibal,
- vita des Themistokles.

Auch die Atticusvita wird heute gelegentlich als Lektüre vorgeschlagen.

Literatur:
Altevogt, H.: Die Atticusvita des Cornelius Nepos. In: *Krefeld, H.* (Hrsg.): Impulse für die lateinische Lektüre. – Frankfurt 1979, 69–84.

Rieger, E.: Nepos – eine Möglichkeit erster Originallektüre. In: Handreichungen für den Lateinunterricht in der Mittelstufe (hrsg. vom Staatsinstitut für Schulpädagogik München). – Donauwörth 1985.

Schönberger, O.: Cornelius Nepos von einem herrschenden Vorurteil befreit. In: Hermes 96 (1968), 508ff.

Schönberger, O.: Politische Erziehung bei der lateinischen Anfangslektüre. Cornelius Nepos, Alkibiades, Kap. 9 und 10. In: Anregung 22 (1976), 13ff.

Schönberger, O.: Affektive Lernziele in der Inhaltsklasse H. In: MDAV 19, 1 (1976), 14f. (Ermordung des Alkibiades).

Schönberger, O.: Cornelius Nepos – Ein mittelmäßiger Schriftsteller. In: DASIU XXX, 2 (1983), 20ff.

Stolz, Chr.: Interpretationsbeispiele zu C. Nepos. In: AU XIII, 3 (1970), 19ff.

5.2 **Caesar**

Caesar hat trotz heftiger Angriffe vonseiten der Fachwissenschaft und Fachdidaktik seine Position als Schulautor behauptet; allerdings werden in dem hauptsächlich gelesenen Werk „De bello Gallico" nicht mehr so sehr die kriegerischen Partien gelesen, sondern eher diejenigen Stellen, in denen sich ein Eindruck vom Schriftsteller, Politiker und Menschen Caesar vermitteln läßt. Das Ziel einer „Politischen Bildung" steht dabei im Vordergrund; wie sich politischer Wille in Sprache umsetzt und der Darstellung Tendenz gibt, läßt sich am Originaltext hervorragend aufzeigen. Der Autor tritt den Schülern dabei nicht bloß als römischer Imperator und Staatsmann entgegen, er profiliert sich, zumal wenn man die Wirkungsgeschichte einbezieht, als eine historische Persönlichkeit, die weitreichende politische und zivilisatorische Entwicklungen in Gang gesetzt hat, und als Exponent römischer Machtpolitik und römischen Sendungsbewußtseins, so daß an ihm die Züge eines bestimmten, in der abendländischen Geschichte vertretenen Menschentypus erkennbar werden. Daß die Lektüre Caesars auch Einblicke in das Wesen alter Völker und in ihre Unterschiede (Römer, Gallier, Germanen) sowie in die bei ihnen und zwischen ihnen gültigen Wertvorstellungen ermöglicht, darf als weiterer Vorzug dieser Lektüre gelten. Die Caesar-Lektüre erweist sich zudem für die spätere Behandlung von Kernautoren als unbedingte Voraussetzung.
Bevorzugte Lektüre-Stellen aus „De bello Gallico" sind:

I 1–54 (Auswahl: Helvetierkrieg; Auseinandersetzung mit Ariovist);
II 8–35 (Nervierkampf);
IV 1–15 (Usipeter und Tencterer);
16–19 (1. Rheinübergang);
20–36 (1. Expedition nach Britannien);
VI 11–28 (Gallier und Germanen);
VII 1–90 (Auswahl: Freiheitskampf der Gallier).

Die Lehrpläne einiger Bundesländer schlagen auch kürzere Partien oder Einzelkapitel aus „De bello civili" zur Lektüre vor.

Literatur:

Bayer, K.: Caesar im Unterricht. In: Die Alten Sprachen im Gymnasium (hrsg. v. *Hörmann, F.*). – München 1968 (Das Bildungsgut der Gymnasien, Klassische Reihe Band IV), 67–92.

Bayer, K.: Lernziele der Caesarlektüre, Interpretationen der Dumnorixkapitel (BG 5, 1–8). In: AU XV, 5 (1972), 5–25.

Bratvogel, F. W.: Empirisches Verstehen am Beispiel der Caesarlektüre. In: AU XX, 5 (1977), 25–41.

Burandt, R.: Interpretationen von Caesar, „Bellum Gallicum" V 44, 1–3. In: AU X, 5 (1967), 58–60.

Clasen, A.: Der Griff nach Britannien, und *Dohm, H./Powierski, R.:* Caesar, „Bellum Gallicum", VII 70 im Zeichenfilm. Versuch einer Textübertragung mit den Mitteln des Films. In: Neue Wege bei der Caesar-Lektüre (IPTS Beitrag für Unterricht und Lehrerbildung 7). – Kiel 1978.

Doblhofer, E.: Caesar und seine Gegner Ariovist und Ambiorix. Zur Interpretation von BG I 35–36, 43–44, V 27. In: AU X, 5 (1967), 35–60.

Doblhofer, E.: Curio bei Caesar. In: AU XVI, 3 (1973), 42–50.

Fink, G.: Caesarbild und Caesarlektüre. In: AU XXIII, 3 (1980), 32–41.

Glücklich, H. J.: Das erste Buch des „Bellum Gallicum“ im Schulunterricht. In: AU XV, 5 (1972), 44–82.

Glücklich, H.-J.: Rhetorik und Führungsqualität – Feldherrnreden Caesars und Curios. In: AU XVIII, 3 (1975), 33–64.

Görler, W.: Caesar als Erzähler. In: AU XXIII, 3 (1980), 18–31.

Gottwald, R.: Cäsar und die Helvetier – Cäsarrezeption im Jugendbuch. In: Anregung 29 (1983), 315ff.

Hafter, H./Römisch, E.: Caesars Commentarii „De bello Gallico“. Interpretationen – Didaktische Überlegungen. – Heidelberg 1971 (Heidelberger Texte – Didaktische Reihe 4).

Jäkel, W.: Der Auswanderungsplan der Helvetier. In: AU I, 4 (1952), 40–57.

Klinz, A.: Die Caesarlektüre. In: *Ahrens, E.* (Hrsg.): Lateinausbildung im Studienseminar. – Frankfurt 1966, 74–83.

Klinz, A.: Schlagwort und Propaganda. Ihre Bedeutung bei der Caesarlektüre. In: AU XII, 1 (1974), 85–88.

Kohns, H. P.: Der Verlauf der Nervierschlacht. In: Gymnasium 76 (1969), 1–17.

Latacz, J.: Zu Cäsars Erzählstrategie (BG I 1–29: Der Helvetierfeldzug). In: AU XXI, 3 (1978), 70–87.

Maier, F.: Politik ein Absolutum? Ein Vorschlag zur Caesarlektüre. In: Anregung 12 (1966), 386–393.

Maier, F.: Auch Caesar ein Schriftsteller der Anfangslektüre. Zu den Problemen des lateinischen Lektürebeginns. In: Erbe, das nicht veraltet. Klassische Sprachen und Literaturen, Bd. XI (hrsg. von *Neukam, P.*). – München 1979, 142–176.

Maier, F. (Hrsg.): Caesar im Unterricht. Auxilia 7. – Bamberg 1983 (mit Beiträgen von *Maier, Clasen, Olbrich, Keulen, Rinner, Zeitler, Hundsrucker, Meißner*).

Maier, F.: Caesar redivivus. Politische Bildung am Zentralautor der Mittelstufe. In: Information aus der Vergangenheit. Dialog Schule und Wissenschaft. Klassische Sprachen und Literaturen, Bd. XVI (hrsg. von *Neukam, P.*). – München 1982, 168ff.

Maier, F.: Caesar als Schulautor – viel Feind, viel Ehr? In: Lateinunterricht zwischen Tradition und Fortschritt. Bd. 3 (Interpretationsmodelle zum 1. Britannenzug und zur Ariovist-Auseinandersetzung).

Munding, H.: Politische Bildung und Caesar-Lektüre. In: AU XV, 5 (1972), 26ff. Auch in: Antike Texte – aktuelle Probleme. Auxilia 12. – Bamberg 1985.

Oppermann, H.: Caesar. In: *Krefeld, H.:* Interpretation lateinischer Schulautoren. – Frankfurt [2]1970, 28–50.

Scheda, G.: Caesars Marsch nach Vesontio (BG I 38). In: AU XIV, 1 (1971), 70–74.

Schiefer, R.: Die Rede des Critognatus und Caesars Urteil über den gallischen Krieg. In: Gymnasium 79 (1972), 477ff.

Schönberger, O.: Caesar, Dumnorix, Divitiacus. Zu Caesar, de bello Gallico I, 16–20. In: Anregung 17 (1971), 378–382.

Storch, H.: Caesar als Politiker der ausgehenden Republik – Thematische Lektüre im kooperativen Unterrichtsverfahren. In: Theorie und Praxis des kooperativen Unterrichts (hrsg. von *Ulshöfer, R.*), Bd. II: Resultate und Modelle in den Fächern, Heft 4: Alte Sprachen (hrsg. von *Meyer, Th.* und *Steinthal, H.*). – Stuttgart 1972, 38–57.

Storch, H.: Nugae et facetiae statt „Bellum Gallicum“? In: Mitteilungen für Lehrer der Alten Sprachen 1974, 2, 21f.

Tschiedel, H. J.: Caesar und wir. Vorwort zur vollständigen Ausgabe von Caesar Bellum Gallicum. – Paderborn, o. J.

Tschiedel, H. J.: Zu Caesars literarischer Aktualität. In: Widerspiegelungen der Antike. Dialog Schule und Wissenschaft. Klassische Sprachen und Literaturen. Bd. XIV (hrsg. von *Neukam, P.*). – München 1981, 78ff.

Tschirky, J.: Spannende Caesarlektüre. In: AU V, 5 (1962), 94–107.

Vretska, H.: Beobachtungen zu Caesars Bellum Gallicum I. In: Festschrift für Karl Vretska zum 70. Geburtstag. – Heidelberg 1970, 290ff.

Wimmer, A.: Eine Caesarausstellung. In: Anregung 3 (1957), 303f.

5.3 **Cicero (Reden)**

Cicero als vorrangiger Repräsentant der lateinischen Sprache und des römischen Denkens, begegnet den Schülern mit seinen Hauptwerken in Kl./Jgst. 11 und in der Oberstufe. In der MSt/S I ist er mit den Orationes vertreten, und zwar in der Regel bei L 1. Hier kommt es darauf an, den Autor als wortgewaltigen Politiker vorzustellen, der das römische Forum beherrschte und der im politischen Wechselspiel der ausgehenden römischen Republik eine bemerkenswerte Stellung innehatte.

Die Lektüre einer Rede erfordert auch ein Eingehen auf die politischen, sozialen und oft auch kulturellen Voraussetzungen, so daß sich eine Auseinandersetzung mit den römischen Institutionen und Wertvorstellungen als notwendige Folge ergibt. Kernziel sollte freilich sein, durch das Vertrautmachen mit dem Aufbau einer antiken Rede, mit ihren stilistischen und psychologischen Darstellungsmitteln die Rolle und Wirkung der persuasiven Kommunikation erkennbar zu machen und das Empfinden dafür zu wecken, daß durch eine Rede auf das öffentliche Bewußtsein entscheidend Einfluß genommen werden kann. Der Schüler erhält einen Eindruck von der Bedeutung der römischen Rhetorik und der Redekunst allgemein; zugleich wird ihm die ethische Problematik der Beredsamkeit einsichtig.

Bevorzugte Reden sind:
Pro Archia
In Catilinam I
In Verrem I, II, IV
De imperio Cn. Pompei
Pro Ligario
Pro Sexto Roscio Amerino
De rege Deiotaro
Orationes Philippicae.

Literatur:

Albrecht, M. v.: Das Prooemium von Ciceros Rede pro Archia Poeta und das Problem der Zweckmäßigkeit der argumentatio extra causam. In: Gymnasium 76 (1969), 419–429.

Albrecht, M. v./Vester, H.: Ciceros Rede pro Archia. Deutung und unterrichtliche Behandlung. Heidelberger Texte – Didaktische Reihe Bd. 2. – Heidelberg 1970.

Bayer, K.: Wider die permanente Revolution. Zur Interpretation von Ciceros Rede pro Sex. Roscio Amerino. In: Anregung 9 (1963), 312–319.

Clarke, M. L.: Die Rhetorik bei den Römern. – Göttingen 1968.

Eisenhut, W.: Einführung in die antike Rhetorik und ihre Geschichte. – Darmstadt 1974.

Fuhrmann, M.: Narrative Techniken in Ciceros zweiter Rede gegen Verres. In: AU XXIII, 3 (1980), 5–17.

Glücklich, H.-J.: Redekunst – Lebenskunst. Ein Rhetorikkurs im Lateinunterricht der 10.–12. Jahrgangsstufe. – Göttingen 1980 (Reihe Consilia Bd. 2).

Jens, W.: Rhetorik. In: Reallexikon der deutschen Literaturgeschichte, Bd. III. Berlin ²1971, 432–456.

Knauss, E.: Unterrichtliche Behandlung von Cicero, in Verrem II 4, 72–83 als Einführung in die römische Wertewelt. In: AU V, 3 (1962), 67–85.

Maroscheck, B.: Die Lektüre der vierten und siebten „Philippica" Ciceros als Beitrag zur politischen Bildung. In: AU XIII, 1 (1970), 62–83.

Philipp, G.: Stilistische Beobachtungen zu Ciceros Rosciana. In: DASIU 27, 1 (1980), 29–37.

Römisch, E.: Satis praesidii. Gedanken zur Behandlung der catilinarischen Reden. In: AU XI, 5 (1968), 48–61.

Rutz, W.: Ciceros Rede pro Archia poeta im Lateinunterricht des nichtaltsprachlichen Gymnasiums. In: AU VII, 5 (1964), 47–57.

Schönberger, O.: Ciceros Rede für den Dichter Archias. In: Gymnasium 62 (1955), 289 ff.

Schulze, W.: Ciceros Rede für den Dichter Archias unter Berücksichtigung des Phänomens „Rhetorik" im Lateinunterricht und der Fächerkooperation (Literaturbericht bis Februar 1983). In: Anregung 29 (1983), 260 ff.

Stroh, W.: Taxis und Taktik. Die advokatische Disputationskunst in Ciceros Gerichtsreden. – Stuttgart 1975.

Stroh, W.: Über Absicht und Ablauf von Ciceros erster Catilinarie. In: DASIU XXIX, 1 (1982), 7–15.

Vischer, R.: Cicero „In C. Verrem actio prima" als problembezogene Lektüre. In: AU XVII, 2 (1974), 26–48.

Vretska, H./Vretska, K.: Marcus Tullius Cicero. Pro Archia Poeta. Ein Zeugnis für den Kampf des Geistes um seine Anerkennung. – Darmstadt 1979.

Wieacker, F.: Cicero als Advokat. – Berlin 1965.

Wilsing, N.: Interpretationen. In: Praxis des Lateinunterrichts, Teil II. Probleme der Lektüre. – Stuttgart ²1972, 79–93.

Wülfing, P.: Die Anfangslektüre des Kölner Arbeitskreises. In: AU XVIII, 5 (1975), 79–92.

Zink, N.: Orator perfectus. Ciceroreden (am Beispiel der Ligariana) und die rhetorische Theorie. In: AU IX, 4 (1968), 79–92.

5.4 **Phaedrus**

Der Fabeldichter Phaedrus ist im Bereich „Dichtung" vielfach als Erstautor vorgeschlagen, vor allem bei L 1. Er hat zwar keine zentrale Stellung inne, zumal nicht allzu viele Fabeln ohne Überdruß der Schüler gelesen werden können; doch ist seine Rolle, in Sprache und Metrum einzuführen, nicht gering zu veranschlagen. Es gilt zu klären, was die Gattung Fabel ist und was sie leistet. Darüber hinaus stellt sich die Aufgabe, die inhaltliche Substanz einer Fabel behutsam und ohne belehrende Geste herauszuarbeiten. Die Fabel, die in einem Spiegelbild den Menschen und die Welt zeigt, die also eine welterschließende Funktion hat, ist kritische Literatur; sie behandelt moralische und soziale Probleme von zeitloser Gültigkeit, die auch den jungen Menschen zur eigenen Stellungnahme und kritischen Prüfung der Aussage herausfordern. Phaedrus, mit dem die Schüler einen Vertreter einer kleinen, „niederen" Literaturgattung kennenlernen, läßt sich schon unter dem Gesichtspunkt der problemorientierten Interpretation lesen. Auf das Fortleben und Fortwirken der Fabel in der europäischen Tradition ist unbedingt einzugehen.

Bevorzugte Fabeln sind:
Der Wolf und das Lamm (I 1)
Der Hund, der ein Stück Fleisch durch den Fluß trägt (I 4)
Kuh, Ziege, Schaf und Löwe (I 5)
Wolf und Kranich (I 8)
Fuchs und Rabe (I 13)
Der geplatzte Frosch und der Ochse (I 24)
Fuchs und Storch (I 26)
Adler und Krähe (II 6)
Der Wolf und der Hund (III 7)
Der Fuchs und die Traube (IV 3)
Der Fuchs und der Ziegenbock (IV 9)
Über die Fehler der Menschen (IV 10)
Der gebärende Berg (IV 24)

Literatur:

Barié, P.: Zur linguistischen Beschreibung von Texten im altsprachlichen Unterricht. In: AU XVIII, 2 (1975), 54–57.

Christes, J./Schindler, W./Nickel, R.: Phaedrus. Die Fabel. In: Aditus Teil III. Lehrerhandbuch. – Freiburg/Würzburg 1975, 1–45.

Dedek, R.: Le Loup et l'Agneau. Eine Fabel La Fontaines im Unterricht (im Vergleich mit Phaedrus I 1). In: Anregung 21 (1975), 41–48.

Firnkes, M.: Phaedrus als Autor der Mittelstufe. In: Handreichungen für den Lateinunterricht in der Mittelstufe (hrsg. von ISP, München). – Donauwörth 1985, und in: Lateinische Dichterlektüre I. Auxilia 4 (hrsg. von *Maier, F.*). – Bamberg 1982, 27ff.

Hirsch, F.: Phaedrus, Unterrichtsversuch in einer 10. Klasse. In: Beiheft AU XVII (1974), 12–44.

Lühr, F.-F./Krüger, J.: Probleme politischer Bildung im altsprachlichen Unterricht. In: AU XXIV, 2 (1981), 22–28: Zur politischen Funktion der antiken Fabel.

Mayer, J. A.: Die Fabel vom Wolf und vom Lamm. In: Pontes. – Stuttgart 1968, 11–14.

Niemann, K. H.: Die Fabel als Spiegel menschlichen Verhaltens und als Anstoß zur Verhaltensänderung. In: AU XXII, 3 (1979), 57–81.

Römisch, E.: Macht und Moral. In: AU VII, 3 (1964), 58–81.

Römisch, E.: Der Weg zur Dichtung im altsprachlichen Unterricht. In: Neue Einsichten. Dialog Schule und Wissenschaft. Klassische Sprachen und Literaturen. Bd. V (hrsg. von *Hörmann, F.*). – München 1970, 82ff. (zu Phaedrus, App. XII, I 24, I 4).

5.5 **Ovid**

Der Dichter Ovid ist seit je als Schulautor unumstritten, nicht nur weil er sprachlich und metrisch von allen Dichtern am ehesten von den Schülern zu meistern ist, sondern weil er durch seine inhaltliche Substanz den Lern- und Erziehungszielen der Schule entgegenkommt. Die Wirkungsgeschichte weist gerade diesen Autor als „unerschöpflichen Inspirationsquell" (Wilfried Stroh) für „Dichtung, Theater und Malerei Europas" aus, so daß sich von überall her Anknüpfungsmöglichkeiten ergeben. Am Hauptwerk Ovids, den Metamorphosen, das im Zentrum der Schullektüre zumal in der MSt/S I steht, lassen sich sicherlich nicht die großen Strukturlinien nachzeichnen, auch eine ästhetisch-künstlerische Deutung genügt den schulischen Absichten nicht. Hier zielt man eher auf die ethische oder philosophische Ausdeutung einzelner überschaubarer Episoden ab; es geht darum, aus dem mythischen Kern der Geschichten die anthropologische Wahrheit herauszuholen und den Schülern sozusagen als ‚stilles Angebot' zu einer wertenden Stellungnahme vorzulegen. Kaum ein Autor bietet ein so dichtes und tiefgreifendes Material zur Behandlung menschlicher Grundfragen. Die geistes- und kulturgeschichtliche Bedeutung Ovids muß den Schülern auch durch Einbeziehung von Zeugnissen seiner Wirkungs- bzw. Rezeptionsgeschichte nahegebracht werden. Andere Texte Ovids werden in der MSt/S I in der Regel nur subsidiär herangezogen; es soll etwa der Dichter als Persönlichkeit aus seinen Selbstäußerungen vorgestellt werden oder man beabsichtigt, die behandelten Themen dadurch zu erweitern oder abzurunden.

Bevorzugte Texte sind:

Metamorphosen:

I 5–243 (Weltschöpfung, die vier Weltalter)
I 452–565 (Apollo und Daphne)
IV 55–166 (Pyramus und Thisbe)
VI 146–312 (Niobe)
VI 313–381 (Die Lykischen Bauern)
VIII 183–235 (Dädalus und Ikarus)
VIII 611–724 (Philemon und Baucis)
X 1– 75 (Orpheus und Eurydike)

Texte aus anderen Werken:

Tristien IV 10 (Werdegang des Dichters)
I 3 (Abschied aus Rom)
III 10, 13 und V 10 (Im Lande der Verbannung)

Fasti (Knappe Auswahl)

Ars amatoria: eine mehr oder weniger lange Auswahl aus den 3 Büchern (Einblick in das Liebesleben der augusteischen Zeit).

Literatur:

v. Albrecht, M.: Ovids Humor – ein Schlüssel zur Interpretation der Metamorphosen. In: AU VI, 2 (1963), 47ff.

v. Albrecht, M.: Römische Poesie. Texte und Interpretationen. – Heidelberg 1977, 63–79.

Brandhofer, F. J.: Ovid als Autor für Latein als zweite Fremdsprache. In: Auxilia 4 (hrsg. von *Maier, F.*). – Bamberg 1982.

Cancik, H.: Spiegel der Erkenntnis (zu Ovid, Met. III 339–510). In: AU X, 1 (1967), 42ff.

*Clade, R.:*Menschlicher Wille und göttliche Ordnung – eine Lektüreeinheit aus Ovids „Metamorphosen". In: AU XXII, 3 (1979), 39ff.

Dietz, G./Hilbert, K.: Phaethon und Narziß bei Ovid. – Heidelberg 1970 (Heidelberger Texte – Didaktische Reihe Bd. 3).

Dörrie, H.: Wandlung und Dauer. Ovids Metamorphosen und Poseidonios' Lehre von der Substanz. In: AU IV, 2 (1959), 95–116.

Dörrie, H.: Echo und Narcissus (Ovid, Met. III 341–510). Psychologische Funktion in Spiel und Ernst. In: AU X, 1 (1967), 54ff.

Dörrie, H.: Der verliebte Kyklop. Interpretation von Ovid, Met. 13, 750–897. In: AU XII, 3 (1969), 75–100.

Erren, M.: Die Metamorphose des Maulbeerbaums. Ein Mimus bei Ovid. In: AU XXII, 4 (1979), 87ff.

Froesch, H.: Lautmalerei in den Metamorphosen Ovids. In: AU XXVI, 4 (1983), 12ff.

Haedicke, W.: Die Nicht-Metamorphose. In: AU XII, 3 (1969), 73f.

Hebel, B.: Vidit et obstupuit. Ein Interpretationsversuch zu Daedalus und Ikarus in Text und Bild. In: AU XV, 1 (1972), 87ff.

Klowski, J.: Die Antike als Gegenmodell und daher Lektüre nach Themen, aber nicht nach kulturkundlichen, sondern nach existentiell relevanten Themen (Ovid, Met. I 80–150). In: Anregung 19 (1973), 331f.

Latacz, J.: Ovids „Metamorphosen" als Spiel mit der Tradition. In: Verpflichtung der Antike. Dialog Schule – Wissenschaft. Klassische Sprachen und Literaturen Bd. XII (hrsg. von *Neukam, P.*). – München 1979, 5ff.

Maier, F.: Die Wahrheit im Mythos von Dädalus und Ikarus. Ein Deutungsversuch von Ovid, Metamorphosen VIII 183–235. In: Anregung 13 (1967), 291ff.

Maier, F.: Ovid: Dädalus und Ikarus. Die Wirkung eines antiken Mythologems. Metamorphosen VII 183–235. In: Auxilia 2 (hrsg. von *Maier, F.*). – Bamberg 1981, 5–46.

Maier, F.: Orpheus und Eurydike – Ein „unüberwindlicher" Mythos. In: Lateinunterricht zwischen Tradition und Fortschritt, Bd. 3.

Rieger, E.: Ovid – ein unsterblicher Bildner. In: DASIU 27, 1 (1980), 2ff.

Rieger, E.: Der Mann im Spannungsfeld zwischen eigenem Wollen und gottgerechtem Sollen. Ovids Metamorphosen als Einführung in die Dichterlektüre. In: Anregung 26 (1980), 209ff. und 294ff.

Rieger, E.: Literaturbericht Ovid. In: Anregung 26 (1980), 334ff.

Römisch, E.: Integration und Konzentration im altsprachlichen Unterricht. In: Gymnasium 69 (1962), 350–365.

Römisch, E.: Metamorphosen Ovids im Unterricht. – Heidelberg 1976 (Heidelberger Texte – Didaktische Reihe Bd. 9).

Roser, F.: Die vier Weltalter in Ovids „Metamorphosen". In: AU XIII, 5 (1970), 54ff.

v. Schirnding, A.: Ovid, Pyramus und Thisbe. Ein Unterrichtsbeispiel aus Klasse 9. In: Anregung 15 (1969), 237ff.

Stroh, W.: Ovid im Urteil der Nachwelt. Eine Testimoniensammlung. – Darmstadt 1969.

Vicenzi, O.: Gedanken über Ovid, Met. I 89–150. In: Anregung 19 (1973), 122ff.

Vögler, G.: Der Begriff der „Metamorphose" bei Ovid. In: AU XVIII, 1 (1975), 19–35.

Voit, L.: Die Niobe des Ovid. In: Gymnasium 64 (1957), 135–149.

Andere Werke:

Burck, E.: Ovid, Amores I 3 im Rahmen der römischen Liebesdichtung. In: AU XX, 4 (1977), 63–81.

Doblhofer, E.: Ovids Exilpoesie – Mittel, Frucht und Denkmal dichterischer Selbstbehauptung. In: AU XXIII, 1 (1980), 59–80.

Doblhofer, E.: Ovids Abschied von Rom. – Versuch einer Modellinterpretation von Trist. I 3. In: AU XXIII, 1 (1980), 81–97.

Fink, G.: Ovid als Psychologe – Interpretatorische Schwerpunkte bei der Lektüre der ars amatoria. In: AU XXVI, 4 (1983), 4ff.

Lutz, M.: Auswahl aus Ovids „Ars amatoria" als erste Lektüre der Dichtung und als Vorbereitung für die „Metamorphosen" (für das 4./5. Lateinjahr). In: AU XIX, 1 (1976), 64–67.

Stroh, W.: Rhetorik und Erotik. Eine Studie zu Ovids liebesdidaktischen Gedichten. In: Würzburger Jahrbücher, Neue Folge 5 (1979), 117–132.

Stroh, W.: Ovids Liebeskunst und die Ehegesetze des Augustus. In: Gymnasium 86 (1979), 323–352.

5.6 Terenz/Plautus

Die römische Komödie hat ihren Platz im Unterricht zurückerobert. Terenz und Plautus gehören in vielen Bundesländern zum festen Lektüreprogramm, zumindest sind sie als Alternative zu anderen Dichtern oder fakultativ zusätzlich zur Lektüre vorgeschlagen. Als Vorzüge nennt man den kleinen Wortschatz, den einfachen Satzbau, die erzieherische Wirkung der Komödienstoffe, vor allem weil eine Identifikation der Schüler mit den Dramengestalten möglich wird.
Die Lektüre einer Komödie verschafft einen Einblick in Aufbau, Formelemente und Sprache dieser Gattung; sie vermittelt zugleich die Erfahrung menschlicher Verhaltensweisen und der Probleme antiker Menschen im Alltag. Da die römische Komödie bei vielen Autoren Europas nachhaltig fortgewirkt hat, kann die unterrichtliche Beschäftigung allgemein das Interesse für die europäische Komödienliteratur wecken. Terenz wird immer in Alternative zu Plautus gestellt; da ersterer von vielen als für die MSt/S I zu schwierig angesehen wird, gibt man nicht selten Plautus den Vorzug.

Bevorzugte Komödien sind:
Terenz: Eunuchus
Adelphi
Plautus: Mostellaria
Miles gloriosus

Literatur:

Binder, K.: Die Terenz-Comics aus der Sicht des Kunsterziehers. In: Alte Sprachen in Rheinland-Pfalz und im Saarland XXIII, 1 (1977), 11f.

Frings, U.: Comics im Lateinunterricht? In: Gymnasium 85 (1978), 47–54. *Glücklich, H.-J.:* Die „Mostellaria" des Plautus im Unterricht. – Göttingen 1980.

Happ, E.: Das Erzieherische bei der Lektüre der Adelphen des Terenz. In: Impulse für die lateinische Lektüre (hrsg. von *Krefeld, H.*). – Frankfurt 1979, 11–18.

Happ, E.: Terenz statt Caesar als Anfangslektüre. In: Probata – Probanda. Dialog Schule – Wissenschaft. Klassische Sprachen und Literaturen Bd. VII (hrsg. von *Hörmann, F.*). – München 1974, 168–188.

Jäger, G.: Der „Eunuchus" des Terenz als Lektüre der Mittelstufe (S I). In: Auxilia 4 (hrsg. von *Maier, F.*). – Bamberg 1982.

Ludwig, W.: Die lateinischen Schulautoren. In: MDAV 11, 1 (1968), 1–12.

Meyer, Th.: Lernziele und Praxis des Lateinunterrichts. Unterrichtsmodell: Die „Adelphen" des Terenz auf Sekundarstufe II. In: Praxis des offenen Unterrichts. Das Konzept einer neuen kooperativen Didaktik (hrsg. von *Ulshöfer, R./Götz, Th.*). – Freiburg 1976, 199–224.

Niemann, H.: Gedanken zu Terenz' Adelphoe in Comics. In: Alte Sprachen in Rheinland-Pfalz und im Saarland XXIII, 1 (1977), 7–11.

Primmer, A.: Zur Lektüre von Terenz' Eunuchus. In: Verpflichtung der Antike. Dialog Schule – Wissenschaft. Klassische Sprachen und Literaturen, Bd. XII (hrsg. von *Neukam, P.*). – München 1979, 93ff.

Schwemmer, G.: Plautus, Mostellaria (bearb. für frühe Lektüre). Materialien zur Einführung neuer Lehrpläne. LEU Reihe L 16. – Stuttgart 1979.

Stark, W.: Überlegungen zu einer Terenzlektüre. In: AU XIII, 3 (1970), 5–18.

Stein, A.: Terenz-Lektüre in U II. In: Mitteilungsblatt des Landesverbandes Rheinland-Pfalz im DAV 1970, H 4, 2f.

5.7 **Zusatzautoren und Zusatztexte**

Autoren und Texte, die nicht zum festen Kern der Lektüre gehören, werden als Übergangs-, Anfangs-, Begleit- oder Interimslektüre herangezogen.[44] Ihnen fällt demnach die Aufgabe zu, auf die Hauptlektüre vorzubereiten, sie aufzulockern oder durch Vergleich und Kontrast abzustützen und zu vertiefen. Ihr Einsatz ermöglicht, daß den Schülern weitere Bereiche des antiken Denkens und der lateinischen Literatur bekannt werden; es ist auch anzunehmen, daß in ihnen auf diese Weise ein gewisses Gespür für die Kontinuität der lateinischen Sprache in der europäischen Tradition wach wird.

Solche Zusatzautoren und -texte gehören vorwiegend entweder dem klassischen und nachklassischen Bereich an (z. B. Catull, Martial, Plinius, Petron, Curtius Rufus) oder sie sind der christlichen lateinischen Literatur entnommen (z. B. Altes und Neues Testament, Legenda Aurea, Hymnen) oder sie sind profane Zeugnisse des lateinischen Mittelalters (z. B. Gesta Romanorum, Carmina Burana) oder sie stammen aus der Humanistenzeit (z. B. Reuchlin, Erasmus). Auch lokalhistorische Texte werden vorgeschlagen.

Die Lektüre solcher Texte darf allerdings die in der MSt/S I geltende Autorenlektüre nicht überwuchern; ihre nur subsidiäre Funktion bleibt immer zu beachten.

Literatur (sehr begrenzte Auswahl):

Butz, H.: Gaius Plinius Secundus: Weissagungen, Träume, Erscheinungen. In: *Nickel, R.* (Hrsg.): Aditus. Neue Wege zum Latein. Lese- und Arbeitsbuch für die ersten Lektürejahre, Teil III. Lehrerhandbuch. – Freiburg/Würzburg 1975, 83–94.

Daheim, J.: Einführung in die Rhetorik an Texten aus dem „Neuen Testament" – Eine Unterrichtsreihe im Lateinunterricht der Sekundarstufe I. In: AU XXII, 3 (1979), 94ff.

Fink, G.: Ex noctibus Atticis lux? (Zur Diskussion gestellt). In: Anregung 20 (1974), 268–270.

Fink, G.: Kleine Gattungen als Begleitlektüre. In: AU XVIII, 5 (1975), 13–23.

Fink, G./Fuhrmann, M.: Die Siebenschläfer-Legende des Jacobus de Voragine. In: AU XXIII, 4 (1980), 39–50.

Frings, U.: Titus Petronius Arbiter: Witz, Satire, Ironie? In: *Nickel, R.* (Hrsg.): Aditus, Teil III, Lehrerhandbuch. – Freiburg/Würzburg 1975, 112–149.

Frings, U.: Reuchlins „Henno" (Scaenica progymnastica). In: *Krefeld, H.* (Hrsg.): Impulse für die lateinische Lektüre. – Frankfurt am Main 1979, 223–250.

Fuhrmann, M.: Lateinische Anfangslektüre. In: Gymnasium 82 (1975), 279–280.

Fuhrmann, M.: Über kleine Gattungen als Gegenstand der Anfangslektüre. In: AU XVIII, 5 (1975), 24–43.

Fuhrmann, M./Fink, G.: Erwartungshorizont und Lesersteuerung: Drei Beispiele aus Notkers Gesta Caroli. In: AU XXIII, 3 (1980), 41–53.

Glücklich, H.-J.: Die „Passio Sanctarum Virginum" Hrotsvith von Gandersheims – Ein mittelalterliches Drama als Schullektüre. In: AU XXII, 3 (1979), 82–93.

Gösswein, U.: Martial-Lektüre in der Mittelstufe (S I). In: Auxilia 4 (hrsg. von *Maier, F.*). Bamberg 1982, 4ff.

Gruber, J.: Europäische Literatur in lateinischer Sprache. Auxilia 13. – Bamberg 1985.

Hamacher, J.: Die „Gesta Romanorum" – Spätes Latein als frühe Lektüre. In: AU XXII, 3 (1979), 31ff.

[44] Zu Übergangs- und Interimslektüre ausführlicher in Bd. 3.

Hermes, E.: Texterfassungslehre im lateinischen Erstlektüreunterricht. In: AU XVIII, 5 (1975), 44–62.

Klowski, J.: Die Übergangslektüre – Didaktische Überlegungen. In: AU XVIII, 5 (1975), 5–12.

Klowski, J.: Erläuterungen zu den Texten für die Übergangslektüre. In: AU XVIII, 5 (1975), 63–78.

Klowski, J.: Thomas Morus, Utopia. Ein Versuch, das Werk für die Schullektüre zu erschließen. In: *Krefeld, H.* (Hrsg.): Impulse für die lateinische Lektüre. – Frankfurt 1979, 269–291.

Lühr, F.-F.: Res inauditae, incredulae. Aspekte lateinischer Unterhaltungsliteratur bei Petronius, Plinius dem Jüngeren und Gellius. In: AU XIX, 1 (1976), 5–19.

Schirok, E.: Carmina Burana: Lieder des Mittelalters. In: *Nickel, R.* (Hrsg.): Aditus, Teil III, 46–63.

Stephan-Kühn, F.: Martial als Anfangslektüre – eine Anregung. In: Anregung 20 (1974), 412–413.

Stephan-Kühn, F.: Aspekte der Martial-Interpretation. In: AU XXVI, 4 (1983), 22–48.

Wülfing, P.: Lateinische Anfangslektüre im heutigen Schulunterricht. In: Studien, Seminarberichte aus dem IPTS 17. – Kiel 1974, 103–121.

Wülfing, P.: Die Anfangslektüre des Kölner Arbeitskreises. In: AU XVIII, 5 (1975), 79–92.

Wülfing, P.: Lateinische Anfangslektüre. In: – Fachdidaktisches Studium in der Lehrerbildung. Alte Sprachen 2 (hrsg. von *Gruber J./Maier, F.*). – München 1982, 48ff. (mit Besprechung verschiedener Autoren und Themen).

Der lateinische Lektüreunterricht der MSt/S I stellt den Lateinlehrer vor gewaltige Schwierigkeiten. Die Mittelstufe ist nicht nur allgemein, sie ist vor allem für das Fach Latein zum „Problemkind" geworden. Die Probleme traten vorausgehend klar zutage. Wir haben Vorschläge zu ihrer Lösung (Lektüre-Prinzipien, Auswahlkriterien, Lektüreprogramme u. ä.) angedeutet; die Literaturhinweise sollen zusätzliche Hilfe bieten. Da allerdings der Kern des Übels, die geringe Stundenzahl, nicht zu beseitigen ist, läßt sich das Dilemma des Lateinunterrichts in der MSt/S I einigermaßen nur in Grenzen halten, wenn die Lehrer mit vollem Engagement, mit gewissenhafter Vorbereitung und unter Einsatz aller lernfördernden und motivierenden Unterrichtshilfen die Lektürestunden gestalten. Die Lektüre brennt in der MSt/S I ‚auf Sparflamme'. Gerade in dieser Stufe bedarf deshalb die Literaturbehandlung – auf der Grundlage der veröffentlichten Lehrpläne bzw. Richtlinien – einer tiefgreifenden Erneuerung; das hiervon auch die Lernerfolgskontrolle/Lernzielkontrolle nicht ausgeschlossen werden darf, steht außer Zweifel.[45] Es wird zunehmend erkennbar, daß die Zukunft des Lateinunterrichts entscheidend davon abhängig ist, wie die noch verbliebenen Möglichkeiten in der MSt/S I genutzt werden. Der Großteil der Schüler schließt hier das Fach ab; die Eindrücke, die auf die Schüler der Lateinunterricht als Lektüreunterricht zuletzt hinterlassen hat, werden dafür bestimmend sein, ob sie einmal später als Eltern für ihre Kinder wieder Latein als Unterrichtsfach wählen. Was aus dem Lateinischen in den nächsten Jahren, Jahrzehnten wird, liegt heute mehr denn je in der Verantwortung jedes einzelnen Lehrers.

---

[45] Darüber ist in Bd. 3 ausführlich gehandelt.

Planen, unaufhörliches Planen ist für uns Menschen notwendig. Nicht gegen das Planen, sondern gegen ein Planen, daß das Unfaßbare miteinbeziehen will, ist der Schutz notwendig.

Karl Jaspers

Das Unterrichtsprojekt in der Lektürephase

Geplante abwechslungsreiche Wege zur lateinischen Literatur

Planung ist für jeden Unterricht gefordert. „Planung ist ein strukturelles Moment des Unterrichts, d. h. ein Unterricht ohne Planung ist nicht denkbar."[1] „So wenig ein Baumeister ein Haus baut, ohne Pläne gemacht zu haben, so wenig soll der Lehrer unterrichten wollen, ohne sich vorher überlegt zu haben, was er will und wie er das Erstrebte am besten erreichen könnte . . ."[2] Solche Planung betrifft den Gesamtablauf des Schuljahres ebenso wie die sich über mehrere Tage oder Wochen hin erstreckende Unterrichtseinheit (die sog. Makrostruktur); sie betrifft auch den feinen Aufbau der einzelnen Unterrichtsstunde (die sog. Mikrostruktur). Wo allerdings geplant wird, sieht sich die Freiheit eingeschränkt. Die Spannung „zwischen Festlegung und Freiheit, Verplantheit und Offenheit"[3], unter der allgemein das schulische Geschehen steht, wird dem Lehrer nirgends so hart spürbar wie beim Planen und Vorbereiten des Unterrichts. Die pädagogischen Untersuchungen zeigen aber, daß erst eine wohlüberlegte Planung die Räume schafft, welche plötzliche Einfälle, Spontaneität, Kreativität, Improvisation, individuelles Entdecken und Erfahren, gefühlsmäßige Erlebnisse am Stoffe, den offenen Zugang auf den Gegenstand in einem überschaubaren Sinngefüge möglich machen. Planung und pädagogischer Freiraum stehen in einem dialektischen Verhältnis zueinander:[4] „Es ist pädagogisch Unsinn, nur zu arrangieren, ohne improvisieren zu lassen, aus der Ordnung das Wagnis zu entfernen; es ist im didaktischen Feld aber auch unmöglich, improvisieren zu lassen, ohne arrangiert zu haben."[5]

Das didaktische Arrangement, ob weiträumig oder engmaschig angelegt, hat sich an Vorgaben zu orientieren. Zu allererst sind dies die administrativ vorgegebenen Rege-

---

[1] So *Peterßen, W. H.*: Handbuch Unterrichtsplanung. Grundfragen, Modelle, Stufen, Dimensionen. – München 1982, 17.

[2] So *Huber, F.*: Allgemeine Unterrichtslehre. – Bad Heilbronn o. J., 196.

[3] *Peterßen*, a.O.

[4] Vgl. dazu etwa *Bittlinger, L.*: Der pädagogische Freiraum. In: Unterrichtsplanung durch Lernziele (hrsg. vom *Staatsinstitut für Schulpädagogik*). – München o. J., 100ff., bes. 106, und *Westphalen, K.*: Der Schüler im Mittelpunkt? Zwischen Lernzwang und pädagogischem Freiraum. In: ders.: Was soll Erziehung leisten? – Donauwörth 1979, 92ff., bes. 100ff.

[5] So *Meyer, E.*: Unterrichtsvorbereitung in Beispielen. – Bochum o. J., 22. Vgl. auch *Oblinger, H.*: Ist Unterricht planbar? In: Lernplanung und Unterrichtsgestaltung auf der Grundlage pädagogischer und lernpsychologischer Erkenntnisse (hrsg. von *Schmaderer, F. O.*). – München 1977, 11ff.

lungen der Lehrpläne/Richtlinien;[6] in deren Konzeption sind die bestimmenden Bezugspunkte (Determinanten): das Fach, der Schüler, die Lebenswirklichkeit, also jene drei Kriterienbereiche, die im Didaktischen Dreieck zu einem Beziehungsgefüge miteinander verbunden sind.[7] Da dieses Didaktische Dreieck schlechthin das Feld der „didaktischen Reflexion und Entscheidung" markiert, vollzieht sich in ihm auch jede Unterrichtsplanung; d. h. sie nimmt auf das Fach, den Schüler und die Lebenswirklichkeit Rücksicht. Ob hier alle drei Determinanten mit gleichem Gewicht zur Geltung kommen sollen, darüber streiten sich die Experten.[8]

1 Planung eines Unterrichtsprojekts in der Lektürephase

Für den lateinischen Lektüreunterricht ist eine wohlüberlegte Planung existenznotwendig; denn einerseits verlangt die gerade in der Mittelstufe/SI auf ein Mindestmaß beschränkte Stundenzahl nach einem haushälterischen Umgang mit Stoff und Zeit: es müssen bestimmte Texte mit vorzeigbaren Ergebnissen gelesen werden; andererseits muß die Lektüre so angelegt sein, daß ihr pädagogischer Gewinn, ihr ,Sitz im Leben' zu spüren ist: es bedarf abwechslungsreicher Verfahren, welche den *fructus legentis* auf den drei Ebenen der Interpretation zur Entfaltung bringen. Die angedeuteten Aufgaben machen aber zugleich deutlich, wie sehr es gerade im Lektüreunterricht darauf ankommt, innerhalb der verplanten Zeit Situationen entstehen zu lassen, in denen die „eigentlich fruchtbaren Momente im Bildungsgeschehen"[9] auftreten: das Erfaßtwerden vom Text, die Auseinandersetzung mit dem Inhalt, das Gespräch mit dem Autor, alle spontanen und kreativen Reaktionen auf die Herausforderung durch die gelesene Literatur.

Die Didaktik des Lateinunterrichts hat zwar bisher sich mit Fragen der lang- und kurzfristigen Unterrichtsvorbereitung und der Stoffverteilung im Sprachunterricht

---

[6] Vgl. dazu etwa *Westphalen, K.*: Das Curriculum als Planungsinstrument. In: Lernplanung und Unterrichtsgestaltung, 20ff. „Zur Funktion des Lehrplans" bei der Unterrichtsplanung ausführlich *Peterßen*, a.O., 174ff.

[7] Vgl. dazu Bd. 1, 20ff.

[8] Die verschiedenen Positionen in dieser Hinsicht sind bei *Peterßen*, a.O., 21ff., zusammengestellt.

[9] So allgemein ausgedrückt von: *Jeziorsky, W.*: Praxis und Theorie der Unterrichtsvorbereitung. – Braunschweig 1968, 9.

[10] Die allgemeine, in ihren konkreten Teilen aber stark am Lateinunterricht orientierte Darstellung von Unterrichtsplanung, die *Hans-Peter Drögemüller* (Sachorientierte Unterrichtsplanung und -realisierung, Lehrer-Lerngruppe. – Stuttgart 1977) vorlegte, bleibt bezeichnenderweise auf den Sprachunterricht beschränkt. In den alten Methodiken zum Lateinunterricht ist zwar vom „Aufbau und der Feinplanung einer Lektürestunde" gehandelt, nicht aber von der Anlage von Lektüreprojekten. Bei *Frings/Keulen/Nickel*: Lexikon zum Lateinunterricht, s. v.: „Unterrichtsvorbereitung" wird als didaktisches Desideratum die weiträumige Planung eines Unterrichtsprojekts im Lektüreunterricht zwar nicht angesprochen, aber nachdrücklich spürbar. Der Aspekt der Planung ist auch von *Niels Wilsing* (Die Praxis des Lateinunterrichts , Bd. 1. – Stuttgart ²1964, 17ff.) nur auf „die Vorbereitung des Unterrichts" in der Spracherwerbsphase beschränkt; in Bd. 2, 11, ist lediglich gesprochen von der „unerläßlichen Pflicht, nicht nur für ein Semester oder

befaßt;[10] für den Lektüreunterricht liegen allerdings Ergebnisse nur für die Mikroplanung einer Lektürestunde vor.[11] Die didaktisch erarbeitete Struktur eines Lektüreprojekts stellt offensichtlich ein Desideratum dar.[12] Deshalb sei hier eine Möglichkeit angedeutet. Das für die Gestaltung von Unterricht allgemein gültige Phasen-Konstrukt (von *Wilhelm H. Peterßen*) soll dafür die pädagogisch-wissenschaftliche Grundlage sein.[13] Für den Lehrer umfaßt – anders als für den Schüler – der Unterricht drei Phasen: Der Unterrichtsverlauf hat „immer auch eine vorbereitende (oder auch simultane) Phase der Unterrichtsplanung sowie eine folgende (oder auch simultane) Phase der Unterrichtskontrolle".

Im Schema:

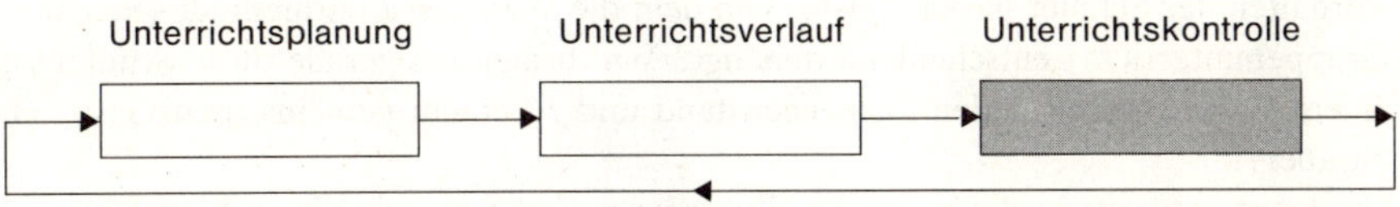

1.1 **Die Unterrichtsplanung**

Vor Beginn eines Unterrichtsprojekts hat der Lehrer eine Fülle von Vorüberlegungen anzustellen; man nennt diese Arbeitsphase auch die „vorunterrichtliche didaktische Reflexion". Unabdingbar nötig ist das genaue Studium des Lehrplans/der Richtlinien, sowohl in den allgemeinen Teilen („Präambel", „Allgemeine Einführung", „Vorwort zu den Zielbereichen und allgemeinen Lernzielen des Lektüreunterrichts" u. a. m.) wie auch in den spezifischen Teilen des zur Lektüre anstehenden Werkes bzw. Themas („Lernziele", „Lerninhalte", „Unterrichtsverfahren", „Lernziel-/Lernerfolgskontrollen" o. ä.).

Es ist auch zu überlegen, mit welchen Mitteln des **Faches** die in den Lehrplänen/Richtlinien vorgegebenen Ziele erreicht werden können: Schulausgaben, Kommentare, Wortkunde, Grammatik, grammatisches Begleitbuch, Realienbuch, didaktische Interpretationshilfen, wissenschaftliche Sekundärliteratur, Kartenmaterial u. ä. m. Mit den zu Gebote stehenden Mitteln muß sich der Lehrer selbst – vor Einsatz der Lektüre – den Lektüretext erarbeiten, wissenschaftlich und didaktisch. Nach *Heinrich Roth* führt erst die intime Auseinandersetzung mit der Sache beim Lehrer zu genauer

---

ein Jahr, sondern für den gesamten Studiengang der Klasse einen Lektüreplan aufzustellen." Wie das geschehen kann, bleibt allerdings im Vagen; einige Perspektiven aus der eigenen Unterrichtspraxis zeigt *Wilsing* an.

[11] Vgl. etwa *Hansen, J. G.*: Vorschläge zur Strukturierung des Unterrichts. In: Anregung 26 (1980), 16ff. S. auch *Frings/Keulen/Nickel*: Lexikon zum Lateinunterricht, s. v. „Unterrichtsartikulation und Unterrichtsvorbereitung". Siehe auch *Glücklich, H.-J.*: Lateinunterricht, 120–128; 158–160.

[12] Bei *Frings/Keulen/Nickel,* a.O., s. v. „Unterrichtsplanung und Unterrichtsvorbereitung" sind einige allgemeine Angaben aus der pädagogischen Literatur zusammengestellt; die großräumige Planung eines Unterrichtsprojekts im Lektüreunterricht im Lateinischen bleibt jedoch unberücksichtigt; dazu liegen offensichtlich keine einschlägigen Veröffentlichungen vor.

[13] Handbuch Unterrichtsplanung, 11.

Sachkenntnis, die für pädagogische Entscheidungen unerläßlich ist.[14] Nur auf solcher Grundlage kann er sich auch eine ungefähre Verlaufsskizze (über Zeitbemessung, Interpretationsansätze, methodisches Vorgehen, Zusatzmittel und Medien,[15] anzustrebende Ergebnisse u. a. m.) machen. Dazu kommen dann Überlegungen, die die **Schüler** betreffen: Wie ist der Leistungsstand der Klasse, in den Sprachkenntnissen, in der Übersetzungsfähigkeit, im Interpretationsverständnis? Welche literarischen, historischen, geistes- und kulturgeschichtlichen Vorkenntnisse können vorausgesetzt werden (eventuell durch andere Fächer, z. B. Deutsch, Geschichte, Sozialkunde, vermittelt)? Welche Aufnahmefähigkeit, Interessenslage liegen im allgemeinen aufgrund von Alter, Reife, Erfahrungsbildung vor? Gibt es spezifische Neigungen, Wünsche, Profilprägungen gerade in der betroffenen Klasse? Wie ist das soziale Verhalten der Schüler in der Klasse, von dem die Wahl der Lehrmethode (Frontal-/Gruppenunterricht) entscheidend abhängt? Wie bringe ich gerade diese Schüler zu einem Engagement für den Fachgegenstand und zu einem gemeinsamen Gespräch darüber?[16]

Die letzte, aber nicht die geringste Überlegung wird sein, wie die zu behandelnden Texte mit der **Lebenswirklichkeit** des Schülers in Beziehung gebracht werden können. Welche Methoden eignen sich, den Text interessant, ansprechend, in seiner existentiellen Bedeutung erfaßbar zu machen?[17] Gibt es fachübergreifende Ansätze? Mit welchen Interpretationsformen und -mitteln gelingt eine Aktualisierung am stärksten (wobei auf den unterschiedlichen Grad dieser Zielsetzung auf den einzelnen Interpretationsebenen zu achten ist)? Methodische Anregungen und Empfehlungen dazu enthalten die meisten Lehrpläne/Richtlinien, z. B. in den Lehrplanspalten: „Unterrichtsverfahren"/„Hinweise zur Methode" oder in den Lehrplanabschnitten „Lernorganisation"/„Methodische Hinweise"/„Methodische Überlegungen" o. ä.[18]

Schließlich muß auch schon vor Beginn des Projekts die Entscheidung darüber getroffen sein, welche Arten von Lernerfolgs-/Lernzielkontrollen eingesetzt werden. Vor allem sollte von Anfang an festliegen, welche Schulaufgabe/Klassenarbeit zu schreiben ist (als bloße Übersetzungsaufgabe oder als zweigeteilte Aufgabe). Prüfungen haben den Lernweg eines Unterrichtsprojekts zu begleiten und abzuschließen.[19]

---

[14] Die Kunst der rechten Vorbereitung. In: ders.: Pädagogische Psychologie des Lehrens und Lernens. – Hannover 1960, 127ff. *Roth* fordert am Beginn der Unterrichtsplanung eine Art von „vorpädagogischer Sachanalyse".

[15] Wichtig dazu: *Meißner, O.*: Lernplanung und Unterrichtsgestaltung unter dem Aspekt der Medien und des Medieneinsatzes. In: Lernplanung und Unterrichtsgestaltung, 97ff.

[16] Inwiefern Unterrichtsgestaltung, demnach auch Unterrichtsplanung unter dem Aspekt der Schülerorientiertheit zu geschehen hat, stellt nachdrücklich heraus *Schläger, J.*: Schülerorientierte Lernplanung und Unterrichtsgestaltung, ebenda, 89ff., bes. 91.

[17] Vgl. dazu *Munding, H.:* Antike Texte – aktuelle Probleme. Auxilia 12. – Bamberg (in Vorbereitung).

[18] Allgemeine Hinweise zur vorunterrichtlichen didaktischen Reflexion bei *Frings/Keulen/Nikkel*: Lexikon zum Lateinunterricht, s. v. „Unterrichtsvorbereitung", 282ff.

[19] *Füller, K.*: Funktionen und Formen von Prüfung. – Neuburgweiher 1975, 25: Zusätzlich zu bloß lernwegabschließenden, prognostischen Prüfungen sollten mehr lernwegbegleitende, diagnostische Prüfungen konzipiert werden. Vgl. dazu auch *Schulz, W.*: Unterrichtsplanung. – München/Wien/Baltimore ³1981, 131ff.

1.2 **Der Ablauf des Unterrichtsprojekts**

Ein Unterrichtsprojekt des Lektüreunterrichts läuft in aller Regel in drei Phasen ab: Vorbereitung, Arbeitsunterricht, Nachbereitung.

1.2.1 *Die Vorbereitung* füllt zumeist den größeren Teil einer Unterrichtsstunde oder – bei Großprojekten der Lektüre der Aeneis, der Carmina Burana, der Behandlung eines Themas wie „Philosophie und Lebenspraxis" – eine ganze Unterrichtsstunde aus; sie zielt darauf ab, in Autor und Werk, in die Sprache des Textes, ggf. in die Besonderheit seiner metrischen Gestaltung einzuführen oder – bei thematischer Ausrichtung – den historischen, kultur- und geistesgeschichtlichen Rahmen zu errichten, in dem das Textarrangement steht. Es darf jedoch durch diese einführenden Informationen nichts von dem vorweggenommen werden, was die spätere Lektüre an Erkenntnissen bringen soll; die späteren Lektüreergebnisse sollen im Gegenteil das Bild von Verfasser und Werk ständig, soweit möglich, rückwirkend vervollständigen und vertiefen bzw. den ausgesteckten thematischen Rahmen allmählich ausfüllen. Andernfalls besteht die Gefahr, daß die Spannung der Schüler auf die kommende Lektüre vorschnell abgebaut wird. Die Einführung hat nämlich auch die Aufgabe zu leisten, die Schüler auf den Lektüregegenstand gespannt zu machen – die Lernpsychologie verwendet dafür den Begriff der „intentionalen Spannung".[20] Dieses Bemühen, eine „Einstiegsmotivation"[21] zu erzeugen, läßt sich mit dem Bild des griechischen Ringers veranschaulichen, der an seinem öltriefenden Rivalen nur mit größter Mühe und durch Einsatz besonderer Tricks einen Haltegriff (λαβή) ansetzen kann; heutige Schüler, von der unmittelbaren Lebens- und Erfahrungswelt nahezu total in Anspruch genommen, lassen sich für antike Gegenstände nur schwer ‚fassen'; man muß sich trickreiche Griffe (Bilder, Dias, Zeitungsausschnitte, Tonaufnahmen, aktuelle oder aktualisierende Texte o. ä.) einfallen lassen, um das Interesse zu stimulieren. Zweifellos kann gelegentlich auch allein der Titel eines Werkes Spannung erzeugen, z. B.: *Ars amatoria,* „Verschwörung des Catilina". Der erzeugten Erwartungshaltung ist freilich, ehe sie wieder abflaut, noch in der gleichen Stunde eine gewisse Befriedigung zu geben, indem die Schüler unmittelbar an den Text geführt werden. Grundsätzlich sollte in Abwandlung des Plinius-Satzes: *Nulla dies sine linea* für den Lektüreunterricht gelten: keine Unterrichtsstunde ohne Textarbeit!

1.2.2 *Der Arbeitsunterricht* umfaßt je nach Größe des Projekts eine Mehrzahl von Unterrichtsstunden, die sich in ihrem Aufbau gleichen, insofern sich der didaktische Dreischritt Übersetzen, Interpretieren, Werten wiederholt, die aber in der Anwendung der Methoden variieren können, ja müssen. Denn die Sache, der bearbeitete Text, verlangt aufgrund seines wechselnden sprachlichen Anspruchs und der Verschiedenheit der inhaltlichen Aspekte ebenso nach unterschiedlichen Möglichkeiten der

---

[20] Vgl. dazu allgemein *Becker, G. E./Clemens-Lodde, B./Köhl, K.*: Unterrichtssituationen II. Motivieren und Präsentieren. – München/Berlin/Wien 1976.

[21] Ein anschauliches Beispiel dafür liefert *Nagel, W.*: Einstiegsmotivation und Gruppenarbeit im Lateinunterricht (ein Beispiel der Tacitus-Lektüre). In: Informationen zum altsprachlichen Unterricht 7 (1982), 22ff. Auch in: Anregung 29 (1983), 239ff.

Bearbeitung wie auch die Zielsetzung einer schülergerechten Aufbereitung der Lektüre mit Ansätzen zu Transfer, zu Aktualisierung, zur existentiellen Auseinandersetzung. Auch die von Stunde zu Stunde gestellten Hausaufgaben sollten wechseln; neben der obligatorischen Übersetzungsaufgabe und Wortschatzwiederholung können als variierende Aufgaben gestellt werden: Bearbeiten von Leitfragen, Erstellen einer schriftlichen Stellungnahme, einer Textgliederung, Sammeln von Informationen, Zusammenstellen eines Wort- oder Sachfeldes, Anfertigen einer Zeichnung zum Inhalt, einer Konstruktionsanalyse, Nachschlageaufgaben, sinnbezogenes Lesen von Texten, Interpretationsaufgaben.[12]
Die Stunde für Stunde erarbeiteten Interpretationsergebnisse werden in der Mittelstufe/SI an der Tafel oder auf Overheadfolie fixiert und vom Schüler im Sach-/Interpretationsheft festgehalten; in der Oberstufe werden sie vom Schüler mit zunehmender Eigenständigkeit – auch dies ein Beitrag zur angestrebten Studierfähigkeit – schriftlich festgehalten. Alle diese Aufzeichnungen bilden gleichsam die Mosaiksteine, aus denen sich am Ende, soweit möglich, das Gesamtbild des Verfassers und seines Werkes zusammenfügt bzw. das Thema zu einer inhaltlichen Einheit wird.

1.2.3 *Die Nachbereitung* kann je nach Gegenstand und Zielsetzung ein bis zwei Unterrichtsstunden beanspruchen. Sie dient der zusammenfassenden Betrachtung, der ‚Schlußinterpretation'[23], in der der gelesene Textabschnitt, das Werk das Thema in seinem Aufbau, in seiner Aussage, in seiner Bedeutung für den heutigen Menschen endgültig bewußt gemacht werden. Die Richtung dieser abschließenden Interpretation wird oft durch die Vorgaben des Lehrplans/der Richtlinien gewiesen. Daß die Berücksichtigung der Wirkungsgeschichte bzw. der Rezeptionsgeschichte für die Absicht, den Wert des gelesenen Textes spürbar zu machen, eine wertvolle Hilfe ist, hat die neuere didaktische Forschung überzeugend nachgewiesen.[24] Als notwendig und vorteilhaft wird es auch angesehen, die am Ende gemeinsam (im Frontalunterricht oder in einer lockeren Diskussionsrunde) erarbeiteten Ergebnisse in einem Interpretationsprotokoll/Schlußprotokoll festhalten zu lassen und dann allen Schülern hektographiert zur Verfügung zu stellen.[25]

---

[22] Grundlegend zur Hausaufgabenstellung im Lektüreunterricht *Eller, K. H.*: Aufgabenstellung für Klausur und Hausarbeit. In: Handbuch für den Lateinunterricht Sekundarstufe II (hrsg. von *Höhn, W./Zink, N.*). – Frankfurt 1979, 234ff. Unter Berücksichtigung der allgemeinen pädagogischen Literatur zu den Hausaufgaben hat *Karlfriedrich Ruf* ein überzeugendes Konzept zu den Problemen und Möglichkeiten der Hausaufgabe im Sprach- und Lektüreunterricht vorgelegt: Hausaufgaben? – Hausaufgaben! (mit Beispielen). LEU-Materialien zur Lehrerfortbildung. Handreichungen zum Lateinunterricht in SI/SII, L 37. – Stuttgart 1982, bes. 9ff. Wichtig und hilfreich hier auch *Clasen, A.*: Hausaufgaben im altsprachlichen Unterricht. In: Mitteilungsblatt für Lehrer der Alten Sprachen in Schleswig-Holstein, Heft 1/2 (1980), 2ff. Allgemein dazu auch *Frings/Keulen/Nickel*: Lexikon zum Lateinunterricht, s. v. „Hausaufgaben", 95.

[23] Dazu ausführlicher u. 245ff.

[24] Dazu ausführlicher u. 260ff.

[25] Siehe dazu o. 180; Beispiele dafür u. 232ff.

1.2.4 *Die Lernzielkontrolle/Lernerfolgskontrolle*

Bei einem Unterrichtseinschnitt, an dem ein Lektüreprojekt zum Abschluß gebracht wird, ist es ratsam und – als sekundäre Motivation – wirkungsvoll, eine Überprüfung des Lernerfolgs durchzuführen: Ein Lektüretest oder eine Schulaufgabe/Klassenarbeit/Klausur bilden in der Regel die sinnvolle Abrundung.[26]

2 **Methodische Elemente eines Lektüreprojekts**

Wie sich ein Unterrichtsprojekt des Lektüreunterrichts im einzelnen aufbaut, sei zunächst im folgenden Schema verdeutlicht; darin sind die hauptsächlichen Möglichkeiten einer sach- und schülergemäßen Behandlung des Textes, seines gedanklichen Umfeldes und seiner Wirkungsgeschichte zusammengestellt. Diese Möglichkeiten werden nachfolgend, sofern sie eine fachspezifische Ausprägung haben, beschrieben und durch Beispiele verdeutlicht. Einige methodische Varianten bleiben hier unberücksichtigt, da sie ausführlich entweder in anderen Kapiteln schon dargestellt wurden[27] oder noch dargestellt werden (vgl. Schema S. 216).[28]

2.1 **Formen der Textlektüre**

2.1.1 *Statarische Lektüre*

In der Textbearbeitung gebührt zweifellos auf allen Schulstufen der Vorrang der sog. *statarischen Lektüre,*[29] also jenem Verfahren, das langsam fortschreitend, gleichsam „stehend" *(stare!)*, die semantischen, syntaktischen und stilistischen Gegebenheiten des Textes in ihren feinsten Nuancierungen erfaßt und damit unter die Oberfläche des Textes dringt.

Die Sprache wird unter dem Mikroskop betrachtet, weshalb man hier auch von einem „mikroskopischen Lesen" spricht.[30] Aus solchem methodischen Umgang mit dem Text werden Ansätze zu einer vertieften Interpretation gewonnen. Es ist zuzugeben, daß dieses Verfahren nicht die Lektüre großer Textmassen zuläßt. Es herrscht das Prinzip *multum, non multa* vor: danach geht es nicht um die Quantität, sondern um die Qualität des Lesens und der dabei aktivierten Fähigkeiten. Textstellen, an denen sich solche methodische Arbeit lohnt und sich das Ziel von Vertiefung und Konzentration erstrebenswert zeigt, sind sorgfältig auszuwählen; an ihnen muß sich zumindest ansatzweise im Detail das Ganze zur Anschauung bringen lassen. Daß in dieser mühevollen Arbeit am Text ein höchst erzieherisches Moment liegt, insofern „Arbeitsmoral", „geistige Zucht" gefordert und gefördert werden, hat zuletzt *Nickel* nach-

---

[26] Über Leistungserhebung ausführlicher in Bd. 3.
[27] Z. B. verschiedene Analyse-Methoden, vgl. Bd. 1, 204 ff.
[28] Alle Verfahren, die mit Rezeptionsdokumenten zu tun haben, vgl. Bd. 3; Verfahren des Vergleichs vgl. Bd. 3; Verfahren der Visualisierung vgl. Bd. 3.
[29] S. dazu *Frings/Keulen/Nickel*: Lexikon zum Lateinunterricht, s. v. „Statarische Lektüre" (hier weitere Literatur).
[30] S. dazu Bd. 1, 177, ebenso o. 191.

Schema eines Unterrichtsprojekts (Makrostruktur)

	Vorbereitung (ca. 1 Std.)	Arbeitsunterricht (mehrere Stunden)	Nachbereitung (1 bis 2 Std.)	
Vorgänge	Einführende Informationen über Autor, Werk, Sprache, Metrik; Erstellen des thematischen Rahmens; Einstiegsmotivation (λαβή)	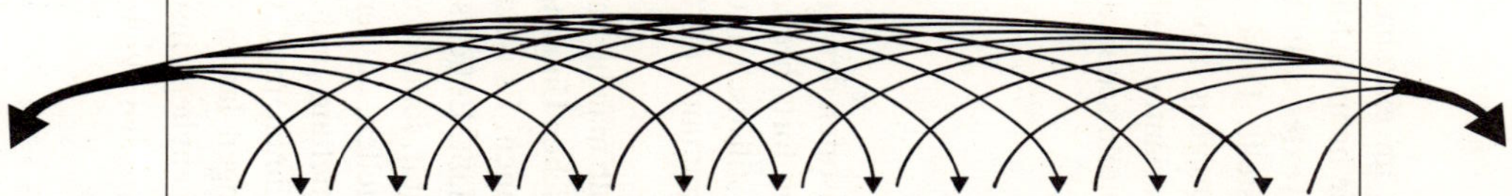 1. Std. | 2. Std. | 3. Std. | 4. Std. | 5. Std. | 6. Std. | 7. Std. | 8. Std. | 9. Std. | 10. Std. | 11. Std. | 12. Std. Werten ↑ Interpretieren ↑ Übersetzen	Zusammenfassende Betrachtung; ‚Schlußinterpretation'; Berücksichtigung der Wirkungs- bzw. Rezeptionsgeschichte	Lernzielkontrolle/ Lernerfolgskontrolle
Methoden und Mittel	Lehrervortrag; Schülerreferat; Tafelskizze; Einsatz von Bildern (Dias), Zeitungsausschnitten, Tonaufnahmen, aktuellen/aktualisierenden Texten	statarische Lektüre (auch in Gruppenarbeit), kursorische Lektüre; bilingue Lektüre, Übersetzungslektüre; verschiedene Analyse-Methoden; Verfahren der Texterschließung; textlinguistische Verfahren; Tafelbild, Overheadfolie, Karte, Bildkollage, Wandplakat; verschiedene Formen des Vergleichs; Übersetzungswettstreit; Heranziehen von Rezeptionsdokumenten (aus Musik, Malerei, Architektur); produktive Rezeptionen: Zeichnung, Spiel; literar. Interview, „Rundfunkmeldung" Beantworten von Leitfragen oder Erschließungsfragen; Erstellen eines Essays, einer schriftlichen Stellungnahme; Schülerreferat, Einträge ins Sachheft/Interpretationsheft	Frontalunterricht oder lockere Diskussionsrunde; Debatte; Epoché-Gespräch Schülerprotokoll/ Interpretationsprotokoll	Lektüretest; Schulaufgabe/ Klassenarbeit; Kursarbeit; Klausur

drücklich herausgestellt;[31] er weist zugleich darauf hin, daß der Lernende bei einer solchen Textarbeit den Gegenstand einseitig produktiv bearbeitet und im Prinzip dieser „produktiven Einseitigkeit“[32] ließen sich über die Erarbeitung fachspezifischer Inhalte grenzüberschreitende Kontakte herstellen (indem eben zusätzlich in anderen Fächern dominante Verfahren herangezogen werden). Die statarische Lektüre und ihre pädagogischen Ansprüche liefern im Raum der Schule den einzig schlagkräftigen Beweis dafür, warum antike Texte im Original zu lesen sind.

2.1.2 *Kursorische Lektüre – bilingue Lektüre – Übersetzungslektüre*

Die *kursorische Lektüre*[33] kann nur eine ergänzende und zugleich motivierende Aufgabe innehaben, ebenso wie die *bilingue Lektüre* und die *Übersetzungslektüre*. Sofern ein rasches Vorankommen im Text geboten ist, etwa um Zwischenpartien schnell zu erfassen, kann man sich der extensiv-zügigen, der „eilenden“ *(currere!)* Lektüre oder der zweisprachigen Lektüre bedienen, wofür sich mehrere Schüler vorbereitet haben können; in der Mittelstufe kann dies bei langatmigen Stellen einer Komödie notwendig sein. Das Prinzip *et multum et multa* darf allerdings in der Regel nur für die Oberstufe gelten; neuere Erkenntnisse deuten freilich an, daß auch hier der Akzent eher auf dem *multum* liegen sollte. Die Aufgabe, ein Großwerk, z. B. ein Epos oder einen Roman, so zu lesen, daß bei Lektüre weniger Kernstellen (etwa im Höchstfall 5% des Gesamttextes bei Vergils Aeneis) trotzdem der Eindruck des Gesamten und seine ungefähre Kenntnis eintritt, stellt für jeden Lehrer eine Herausforderung dar;[34] er ist dieser nur gewachsen, wenn er die restlichen Teile in einer gedruckten Übersetzung von jedem Schüler lesen oder auf der Grundlage einer Übersetzungslektüre einige Schüler darüber vortragen läßt. Die geringe Stundenzahl setzt den ergänzenden Formen der Textlektüre deutliche Grenzen.

2.2 **Textreflexion – eine Forderung an den modernen Lektüreunterricht**

2.2.1 *Textlinguistische und textgrammatische Verfahren – eine Bereicherung des Lesens?*

Textlinguistik und Textgrammatik haben auch im Lateinunterricht Eingang gefunden, in der Spracherwerbsphase in kleinen Ansätzen, in der Lektürephase mit größeren Anteilen.[35] Das Verdienst, hierfür im Bereich der Alten Sprachen Pionierarbeit

---

[31] Römische Wertbegriffe und Allgemeinbildung. In: DASIU XXX 2 (1983), 20f.
[32] Zum Begriff vgl. *v. Cube, F.*: Allgemeinbildung oder produktive Einseitigkeit? Der Weg der Bildung im Geiste Kerschensteiners. – Stuttgart 1960.
[33] Vgl. dazu *Jäkel, W.*: Methodik des altsprachlichen Unterrichts. – Heidelberg, [2]1966, 97–118; ebenso *Frings/Keulen/Nickel*: Lexikon zum Lateinunterricht, s. v. „Kursorische Lektüre“.
[34] Vgl. o. 173.
[35] Vgl. dazu allgemein: Textstruktur und Textverständnis. AU XVIII 2 (1975).

geleistet zu haben, gebührt *Willibald Heilmann*[36], *Rainer Nickel*, *Hans-Joachim Glücklich*[38], *Wilhelm Höhne*[39], *Paul Barié*[40]. Ohne Zweifel wird hier ein nützliches Instrumentarium zur Verfügung gestellt, den Text nicht nur in seinen grammatischen und stilistischen Einzelheiten, sondern als gefügtes Ganzes zu erkennen, so daß sich einerseits bessere und schnellere Zugänge zum Inhalt erschließen, andererseits der Text als solcher zum Objekt der Betrachtung wird.[41] Kommunikation, zumal in geschriebener Sprache, geschieht in der Regel nicht in Einzelsätzen, sondern in Texten. Und „ein Individuum . . . muß imstande sein, seine Kommunikationsmittel zu analysieren, um sie effizienter machen zu können."[42]

Textreflexion ist deshalb neben Sprachreflexion mit Recht weithin eine übergreifende Zielsetzung besonders des Lektüreunterrichts. In den Lehrplänen hat sich diese Zielsetzung verfestigt. *Karlfriedrich Ruf* hat überzeugend nachgewiesen, daß es für die adäquate Beschreibung der Sprache nötig ist, über den Satz hinausgreifend den Text in seiner intensiven Einheit zu erfassen. „Die Satz-Linguistik muß hinführen zur Textlinguistik".[43] „Der Text in seiner sprachlichen Formung ist Ausgangspunkt und Mitte der Bemühungen des Lateinunterrichts".[44] Die Methoden der Textanalyse müssen aber klar durchschaubar sein und immer auf die Aufgaben des Verstehens von Texten bezogen bleiben. Darin deuten sich zugleich die Grenzen dieses Prinzips im Raum der Schule an:

1. Die textlinguistische und textgrammatische Zielsetzung darf nicht verabsolutiert werden in der Weise, daß am Text, gleich welchem, das Funktionieren eines Textes betrachtet wird, und die Inhalte dahinter zurückstehen oder gar belanglos werden; die Perfektion der Erschließungstechnik darf „die Gedanken eines fremden Dichterwerks nicht so überrennen, daß sie nihilistisch, weniger als *‚nihil'* werden".[45]

2. Textgrammatische und textlinguistische Arbeit muß demnach im letzten der Interpretation, d. h. dem besseren Verständnis der Texte des Werkes, des Autors dienen;

---

[36] Vgl. etwa: Zur Didaktik des lateinischen Sprachunterrichts in der Sekundarstufe I. In: Zur Didaktik der alten Sprachen in Universität und Schule. – München 1973, 111ff.

[37] Der moderne Lateinunterricht. – Freiburg/Würzburg 1977, 43ff.

[38] Lateinunterricht, 50f., 69–70.

[39] Zur Anwendung textlinguistischer Verfahren im Lateinunterricht der Sekundarstufe II. In: *Höhne, W./Zink, N.* (Hrsg.): Handbuch für den Lateinunterricht II. – Frankfurt 1979, 133–150.

[40] Zur linguistischen Beschreibung von Texten im altsprachlichen Unterricht. In: AU XVIII 2 (1975), 38ff.

[41] Das dafür maßgebliche Werk liegt vor bei *Glücklich/Nickel/Petersen*: Interpretatio. Neue lateinische Textgrammatik. – Freiburg 1980. Es enthält für jeden Lehrer äußerst nützliche Anregungen, die ihn zugleich in weite Gebiete der neuen Art, Texte zu betrachten, einführen. Nützlich auch zum Einarbeiten in die Typologie und Analyse von Texten: *Brendel, A./Brack-v. Wins, I./Schmitz, V.*: Textanalysen II, Untersuchung von Texten. – München ²1977, 23ff.

[42] *Meermann, H.*: Struktur der Kindersprache. Untersuchungen einer Projektgruppe der Max-Planck-Gesellschaft. In: SZ Forschung, Wissenschaft, Technik von Mittwoch/Donnerstag 18./19. Mai 1980.

[43] Linguistik im Lateinunterricht. In: LEU Materialien zur Einführung neuer Lehrpläne Latein, L 17 (1979), 38ff.

[44] So *Meyer, Th.*: Praxis des offenen Unterrichts. Herderbücherei Pädagogik Nr. 9039, 207.

[45] So *Renner, I.*: Grammatik und Wirklichkeit. – 1964, 18f.; was sie gegen die modernen Ansätze der Strukturanalyse sagt, gilt ebenso gegen die Auswüchse der Textlinguistik.

diese dienende Aufgabe wird nicht gewahrt, wo die Fülle der zusätzlichen *termini technici* die Textarbeit überwuchert und das Zugehen auf den Text und seine Aussage eher behindert als erleichtert.[46] Eine zweite Metasprache neben der grammatischen kann sich Latein als anerkanntermaßen schwieriges, d. h. belastendes Fach nicht mehr leisten (am ehesten noch in den Leistungskursfächern der Oberstufe); dazu reicht auch keineswegs die zur Verfügung stehende Zeit.

2.2.2 *Beschränkte Möglichkeiten von Textlinguistik und Textgrammatik*

Bei behutsamen Umgang mit der textlinguistischen und textgrammatischen Methode können etwa folgende Begriffe Verwendung finden:[47]

Kontext:	Beziehungen eines Textausschnittes zum umgebenden Text und zu außertextlichen Gegebenheiten
Kohärenz:	Textzusammenhang, die notwendige Bedingung für den Textcharakter eines sprachlichen Gebildes
semantische Merkmale:	auf Bedeutung von Wörtern, Wendungen, Sätzen bezogene Merkmale
Merkmaldominanz:	Vorherrschen bestimmter Merkmale, welche das „Thema eines Textes" konstituieren
Konnotation:	Summe der Begleitvorstellungen, Begleitgefühle, Assoziationen, durch die ein Wort über seine im Text faßbare Bedeutung hinausweist oder die sie weckt
Proformen:	ein Wort oder eine Wortgruppe als Stellvertreter oder Repräsentant von bereits erwähnten

---

[46] *Bariés* Versuch (Zur linguistischen Beschreibung von Texten im altsprachlichen Unterricht. In: AU XVIII 2, 1975, 54ff.), die Phaedrus-Fabel I 24 (Rana rupta et bos) textlinguistisch zu analysieren, ist in dieser Hinsicht aufschlußreich; er braucht für das kleine Kunstwerk mit 66 lateinischen Wörtern an die 40 textlinguistische Begriffe, um es entsprechend zu sezieren und sein Funktionieren erkennbar zu machen. Das durch seine prägnante, schlagkräftige Kürze wirkende Gedicht bleibt auf der Strecke. Ein derartiger Versuch mag gelegentlich nützlich sein, für die Regel gilt: *Admirabile, non imitabile* (was der Verfasser im Gespräch auch zugibt).

[47] Sehr kritische Äußerungen gegen eine Überbetonung des textgrammatischen Prinzips neuerdings bei *Vester, H.*: Zum Verhältnis von Didaktik und beruflicher Praxis. In: AU XXVI 6 (1983), 61ff.

[47a] In den Lehrplänen zum Lektüreunterricht in Baden-Württemberg sind sehr behutsam und, wie uns scheint, in nicht überfordernder Weise solche Zielsetzungen gemacht; die nachfolgende Aufstellung ist großenteils entnommen aus LEU, Berichte und Materialien. Entwurf einer Basisliste grammatischer Fachausdrücke. B – 80/7. – Stuttgart 1980, 33ff. Kap. 4: Semantik und Textanalyse. Der lateinische Lektüreunterricht sollte sich in der Verwendung der textlinguistischen Termini (in Umfang und Benennung) in etwa an das „Verzeichnis grundlegender grammatischer Fachausdrücke" halten, das von der KMK am 26. 2. 1982 zustimmend zur Kenntnis genommen wurde (abgedruckt in: Anregung 29, 1983, 292ff.). Dieses Verzeichnis gilt für alle Schularten, besonders für die weiterführenden, also insbesondere für das Gymnasium, und zwar für das Fach Deutsch. Wenn Latein seine Basisfunktion fachübergreifend (für Deutsch und die Fremdsprachen) zur Wirkung bringen will, darf es sich nicht zu sehr spezialisieren; es gerät sonst wieder in die Isolation. In diesem Verzeichnis sind folgende Fachausdrücke genannt: denotative, konnotative Bedeutung, semantisches Merkmal, Synonym, Antonym, Homonym, Sachfeld, Wortfeld, Kontext.

Konnektoren:	Wörter, die der Verbindung zwischen Wörtern oder Sätzen dienen
Tempus-Relief:	Verteilung und Abfolge der Tempora innerhalb eines Textes zur Unterscheidung des Handlungsvordergrundes und Handlungshintergrundes (z. B. bei erzählenden Texten)
Wortfeld:	Wörter derselben Wortklasse mit einem gemeinsamen semantischen Merkmal (z. B. laufen, gehen, springen, hüpfen)
Sachfeld:	Wörter verschiedener Wortklassen, die einem bestimmten Sachbereich zugehören (z. B. Flugzeug, Pilot, Flughöhe, starten, aufsetzen)
kollokatives Feld:	die möglichen lexikalischen Verbindungen und Anschlußmöglichkeiten von Wörtern (z. B. *adire periculum/magistratum/amicos*)
synonym:	gleichbedeutend
antonym:	das Gegenteil bedeutend

Sinnvolle Aufgaben wären demnach etwa:[48]
- das Feststellen von semantischen Merkmalen eines Textes
- das Erstellen einer Textgliederung
- das Suchen einer Thema-Überschrift über einen Text
- das Zusammenstellen von Wort- und Sachfeldern
- das Beobachten der Tempora, die dem Textgeschehen Hintergrund und Vordergrund geben
- das Beobachten, mit welchen Proformen und Konnektoren ein Text zu einer inhaltlichen Einheit geknüpft ist

Einige vorsichtige Versuche der Anwendung solcher Verfahren wurden gemacht in Bd. 3.

2.3 Die Stellung von Leitfragen oder Erschließungsfragen[49]

Unter Leitfragen oder Erschließungsfragen versteht man schriftlich fixierte (diktierte, oder besser: hektographierte) Fragen oder Arbeitsaufträge über den zu lesenden oder – seltener – über den bereits gelesenen Text; sie dienen dem Zweck, den Vorgang der Texterschließung und Interpretation zu ‚leiten', d. h. so zu strukturieren, daß die Schüler zu einer zielgerichteten, intensiven und persönlichen Auseinandersetzung mit den Texten, ihrer Sprache und ihrem Inhalt geführt werden.

Die Methode der Leitfragen oder Erschließungsfragen[50] hat eine mehr äußere Legitimation. Die Lerneffektivität hängt erwiesenermaßen von der aktiven Mitarbeit des

---

[48] S. dazu auch *Ruf, K.*: Hausaufgaben? – Hausaufgaben! a.O., 10ff.

[49] Verkürzte Fassung meines Beitrages: Leitfragen im altsprachlichen Lektüreunterricht. In: Fachdidaktisches Studium in der Lehrerbildung. Alte Sprachen Bd. 2 (hrsg. von *Gruber, J./ Maier, F.*). – München 1982, 37ff.

[50] Dabei dürfen die „Leitfragen oder Erschließungsfragen" keineswegs als eine völlig neue Methode des modernen altsprachlichen Unterrichts angesehen werden; viele Lehrer bedienten sich ihrer schon sehr früh, beeinflußt von den Verfahrensweisen im deutschsprachlichen Lektüreunterricht. Eine didaktische Begründung fehlte allerdings lange. Sie wurde erstmals versucht vom Verfasser: Die Stellung schriftlich fixierter Fragen im Lateinunterricht der Kollegstufe. In:

Schülers im Lernprozeß ab.[51] Da die Bearbeitung solcher Fragen alle Schüler zur Aktivität auffordert, also jeden einzelnen unmittelbar an die Sache, an den vorgegebenen Text verweist und seine persönliche Antwort verlangt, sind die Arbeitserträge zweifellos größer, intensiver und wirksamer als im bloßen mündlichen Frage- und Antwortverfahren des normalen Frontalunterrichts.
Die allgemeine Zielsetzung des altsprachlichen Unterrichts, die Schüler zu einer zielgerichteten, d. h. auf Lernziele bezogenen Auseinandersetzung mit den Texten zu veranlassen, wird auf diese Weise verstärkt erreicht. Werden die Leitfragen oder Erschließungsfragen regelmäßig gestellt, so wird auf diese Art ein kontinuierliches Verstehen des Werkes oder Textes ermöglicht. „Die Antworten und Lösungen sind gleichsam Mosaiksteinchen des intendierten thematischen Verständnisses. Dadurch wird das Thema allmählich anschaulich und greifbar. Die Leitfragen oder Erschließungsfragen eröffnen Wege von den Texten zum Thema und vom Thema zu den Texten."[52] Da die Leitfragen oder Erschließungsfragen in der Regel den Schülern vor der Textarbeit schriftlich übergeben und entweder im Unterricht oder gelegentlich auch zu Hause von den Schülern in Ruhe mit Hilfe von zusätzlichen Arbeitshilfen (Kommentaren, Sach- und Wörterbüchern o. ä.) bearbeitet werden, da sich zudem oft mehrere Schüler um die Lösung einer Frage bemühen, führt dies „zu einem Gespräch der Schüler untereinander und zur Verbesserung der Kenntnisse und Fähigkeiten und hat damit einen besonders motivierenden Charakter.[53]" Über das Fach hinausgreifend, erkennt man den Wert von Leitfragen oder Erschließungsfragen vor allem daran, daß sie nicht unwesentlich zur wirkungsvollen Sicherung der Studierfähigkeit des Abiturienten beitragen, auf die im allgemeinen die neugestaltete Oberstufe abzielt[54] und

---

Kollegstufenarbeit in den Alten Sprachen (hrsg. von *Bayer, K./Westphalen, K.*) – München 1971, 99ff. Die dort vorgetragenen Ergebnisse waren Anlaß, diesen methodischen Vorschlag in die bayerischen Lehrpläne der neugestalteten Oberstufe aufzunehmen und in den „Handreichungen für den Latein- und Griechischunterricht in der Kollegstufe" (2. Folge, Juli 1972, vgl. etwa 16) an die Lehrer weiter zu empfehlen. *Hans-Joachim Glücklich*, hat das Verfahren (ohne freilich auf den oben genannten ersten Begründungsversuch Bezug zu nehmen) spezifizierter dargestellt (zuletzt zusammenfassend in: Lateinunterricht. Didaktik und Methodik. – Göttingen 1978, 39ff.). *Rainer Nickel* hat die Methode unter dem Gesichtspunkt des „Vergleichenden Lernens im lateinischen Lektüreunterricht" (In: AU XXI 5, 1978, 14ff.) gewürdigt und noch tiefer zu begründen versucht. Als „Leitlinien" hat *Werner Suerbaum* (Leitlinien für lateinische Interpretationsklausuren. In: Anregung 22, 1976, 82ff.) die „Leitfragen" auf die Ebene der Universitätsdidaktik gehoben und somit die Grundlage dafür geschaffen, die Textbearbeitung in den Staatsexamensklausuren unter vorgegebenen Interpretationsaspekten in einem gewissen Maße zu steuern. In Österreich spricht man hier auch von „Impulsfragen".

[51] Vgl. dazu u. a. *Skinner, B. F.*: Verhaltenspsychologische Analyse des Denkprozesses. In: Denken und Lernen. Beiträge zur Methodik des Unterrichts. – Braunschweig 1967, 57.

[52] So *Nickel, R.*: Vergleichendes Lernen, 15.

[53] So *Glücklich, H.-J.*: Übersetzen und Interpretieren im Lateinunterricht der Sekundarstufe II. In: Handbuch für den Lateinunterricht. Sekundarstufe II, 176. S. auch *Drögemüller, H.-P.*: Sachorientierte Unterrichtsplanung, 131f.

[54] Eines der drei Lernziele der Oberstufe in Bayern ist der „Erwerb einer verbesserten Studierfähigkeit"; s. dazu *Westphalen, K.*: Curriculare Lehrpläne für die Kollegstufe. In: Idee und Wirklichkeit der Kollegstufe (hrsg. von *Lanig, K.*). – München 1972, 84f.; Studierfähigkeit wird auch in den anderen Ländern der Bundesrepublik als ein vorrangiges Ziel des Gymnasialunterrichts angesehen.

welche im besonderen auch das Langzeitprogramm des Lateinunterrichts von der Unter- bis zur Oberstufe zunehmend vorantreiben will.[55] Die drei Komponenten von Studierfähigkeit[56]: Besitz hinreichender Grundkenntnisse, Beherrschung von Arbeitstechniken und Eingeübtsein in Verhaltensformen (miterfassend schriftliche und mündliche Kommunikationsfähigkeit[57]), werden im Verfahren der Lösung von Leitfragen oder Erschließungsfragen stets gefordert und gefördert. Denn die regelmäßig betriebene Bearbeitung und Durchdringung eines kleineren Sprach- und Sinnkomplexes unter einer Fragestellung verlangt vom Schüler einen festen Kernbestand an transferierbaren Kenntnissen und Fähigkeiten, sie übt auch Arbeitstechniken ein, die nicht nur im Studium vieler Fächer, sondern weithin in akademischen Berufen eine notwendige Voraussetzung sind; sie schult zudem die Fähigkeit zur sachbezogenen Stellungnahme, zur fairen Auseinandersetzung mit erkennbaren Meinungen und Standpunkten anderer und zur sprachlich einwandfreien Darstellung der eigenen Erkenntnis und Position.[58]
Es lassen sich zwei Erscheinungsformen von Leitfragen oder Erschließungsfragen in der Lektürepraxis unterscheiden:

2.3.1 *‚Engmaschige Anlage' der Fragen*

Die Arbeitsbögen mit umfangreichen Fragenketten[59] wollen die Akte des Feststellens (Beobachtens), Auswertens und Deutens beim Interpretationsvorgang systematisieren und dem Schüler einen Weg vorgeben, auf dem er in selbständiger Arbeit kontinuierlich von den sprachlichen Gegebenheiten des Textes zu seiner inhaltlichen Aussage gelangt. Durch eine eher engmaschige Anlage der Fragen wird der Texterschließungsvorgang in gewissem Sinne programmiert, ohne freilich in allzu stereotype Bahnen gelegt zu werden. „Dem Schüler sollte bewußt sein oder bewußt gemacht werden, daß auch andere als die in den Arbeitsaufträgen berücksichtigten Deutungen möglich sein können und daß er seine eigenen Gedankengänge immer in den Unterricht einzubringen versuchen sollte."[60]

---

[55] So weisen z. B. die Latein- und Griechischlehrpläne vieler Länder der Bundesrepublik einen Richtzielbereich „Allgemeine Studierfähigkeit" auf.

[56] Vgl. dazu etwa: *Grundmann-Roch, A.*: Entwurf eines Modells für den Unterricht in der Kollegstufe (12. und 13. Klasse). In: Die Höhere Schule 23, 4 (1970), 68ff.

[57] Mit diesen drei Komponenten sind konstitutive Leistungen nicht nur wissenschaftlichen Arbeitens, sondern überhaupt auch Elemente der im Beruf geforderten Elastizität und gesellschaftlichen Mündigkeit beschrieben; vgl. dazu *Lanig, K.*: Die Oberstufenreform der Gymnasien als Generationenproblem. In: Anregung 14 (1968), 289ff.

[58] Diese Methode realisiert auch eines der Lernziele, die die Bloomsche Taxonomie allgemein verbindlich setzt, nämlich die Fähigkeit, einen Stoff auf die Beantwortung einer bestimmten Frage hin neu zu ordnen. Vgl. dazu *Rumpf, H.*: Lernziele. Die Taxonomie von *Benjamin S. Bloom* und Mitarbeitern. In: Die Höhere Schule 23, 7 (1970), 172ff.

[59] Dieses spezielle Verfahren wurde von *Hans-Joachim Glücklich* entwickelt in: Lateinunterricht, 39ff. Vgl. auch denselben: Arbeitsweisen und Organisationsformen im lateinischen Lektüreunterricht der Sekundarstufe II. In: AU XXII 2 (1979), 36ff.

[60] So *Glücklich*, zitiert bei *Nickel*, Vergleichendes Lernen, 15. Hier ist auch ein anschauliches Beispiel für diese Art von Leit- oder Erschließungsfragen vorgestellt.

2.3.2 *‚Grobmaschige' Anlage der Fragen*

Die lernzielorientierten Leitfragen oder Erschließungsfragen wollen die Konzentration des Schülers auf die Gesichtspunkte des Lektüretextes lenken, die zum Erreichen der angestrebten Lernziele von Bedeutung sind, ob diese nun als Grobziele in den Lehrplänen bzw. Rahmenrichtlinien verbindlich festgelegt oder als Feinziele vom Lehrer selbst für die jeweilige Unterrichtsstunde oder Unterrichtseinheit formuliert werden. Dabei kommen entsprechend der „didaktischen Inhalt-Ziel-Korrelation"[61] das von außen an den Text herangetragene Interesse des lesenden Subjekts wie auch der objektiv-vorgegebene Sach- und Sinnverhalt des Textes in gleicher Weise zur Geltung. Solche Leitfragen oder Erschließungsfragen sind, da man sie grobmaschig anlegt, in ihrem Umfang kurz und in ihrer Zahl gering gehalten. Sie dienen nicht der systematischen Erschließung eines Textes und lassen dem Lehrer und Schüler einen weiten Spielraum eigener Erkenntnis und Deutung. Die Leitfragen oder Erschließungsfragen in den kommentierten Schulausgaben sind zumeist in dieser Form gestaltet. Leitfragen oder Erschließungsfragen sind anwendbar in der statarischen und kursorischen Lektüre; sie sind Voraussetzung für einen gut organisierten Gruppenunterricht.[62] Zur Vorbereitung auf Prüfungsarbeiten (Schulaufgabe/Klassenarbeit, Kurzarbeit, Klausur, Abitur) helfen sie den anfallenden Lernstoff zu strukturieren und unter übergreifenden Gesichtspunkten zu durchdenken.

Einige **Beispiele** für solche Fragen seien angeführt:
- Worin erkennen Sie positive, worin negative Auswirkungen in Caesars Übergang nach Britannien? (Lektüre BG IV 20–36)
- Warum mußte sich Rom nach Ciceros Auffassung gegen Mithridates VI. zur Wehr setzen? Teilen Sie Ciceros Auffassung? (Lektüre: Cicero, De imperio Cn. Pompei)
- Inwiefern läßt sich der moderne Begriff „Imperialismus" nur schwer auf die römische Herrschaftspolitik übertragen? Welche Gefahren entstünden? (Lektüre: Cicero, De re publica)
- Wodurch ist Apers ablehnendes Verhältnis zur Kunst begründet? (Lektüre: Tacitus, Dialogus)
- Inwiefern kann man Tacitus in seiner Darstellung des Augustus den Vorwurf der Meinungsmanipulation machen? Wie verträgt sich dies mit seinem historiographischen Leitprinzip „sine ira et studio"? (Lektüre: Tacitus, Annalen I 1–10)
- In welchen gegensätzlichen Motiven und Verhaltensweisen gründet der Konflikt zwischen Iason und Medea? (Lektüre: Seneca, Medea)

---

[61] Damit ist gemeint, daß Lernziele und Lerninhalte in einem Verhältnis zueinander stehen, in dem sie sich wechselseitig in ihrer Bedeutung festlegen und erhellen. Genauer dazu *Nickel, R.*: Die Alten Sprachen in der Schule. – Frankfurt ²1978, 8ff.

[62] Siehe dazu vor allem *Erb, J.*: Gruppenunterricht in den Alten Sprachen. In: Fachdidaktisches Studium in der Lehrerbildung, Alte Sprachen, Bd. 2, 246ff.

2.4 **Das Tafelbild**

Das Tafelbild ist die Verobjektivierung des persönlichen Textverständnisses, und zwar des Lehrers ebenso wie aller an der Textarbeit beteiligten Schüler. Es dokumentiert den Unterrichtsverlauf und seine Ergebnisse.[63] Was am Text, seiner strukturellen Anlage und seiner inhaltlichen Aussage erfaßt wird, setzt der Lehrer in Zusammenarbeit mit dem Schüler in eine mehr oder weniger verkürzende graphische Darstellung um, mit dem Ziel eines besseren eigenen Verständnisses und zugleich einer Verständniskontrolle für alle. Das Tafelbild muß daher ständig den Unterricht „vom Beginn der Themafindung und der Texterschließung“[64] begleiten. Keine Stunde ohne Tafelanschrift! Was am Ende an der Tafel stehen soll, ist vom Lehrer sorgfältig vorzuplanen. „Nichts fordert den Leser mehr auf, einen Text genau anzuschauen und tief zu durchdenken, als die Absicht, seine Aussagesubstanz in eine Graphik umzusetzen“, gestand einmal ein Student. Der Lehrer muß trotz seiner Planung elastisch genug sein, um spontane Einfälle der Schüler im Unterricht mitzuberücksichtigen. Festzuhalten ist auch, daß aufgrund des beschränkten optischen Aufnahmevermögens der Schüler der Umfang der an die Tafel geschriebenen Punkte überschaubar gehalten wird.[65] Überladene Tafelbilder können am Ende sogar mehr verwirren als klären.[66] Aus Zeitgründen kann das Tafelbild auch durch eine Overhead-Folie ersetzt werden;[67] oftmals bieten sich beide Varianten nebeneinander an.[68]
Tafelbilder zur Strukturanalyse wurden in Bd. 1, 203ff., angeboten. An dieser Stelle sollen die für die inhaltliche Erfassung eines Textes möglichen Typen von Tafelbildern beschrieben werden. Man kann hier drei Typen unterscheiden, die mehr oder weniger durch die jeweilige Interpretationsabsicht bedingt sind.

2.4.1 *Das statisch verdeutlichende Tafelbild*

Bei einer eher sachorientierten Interpretation (s. S. 135f.) kommt es darauf an, die wichtigsten (für das Verständnis des Geschehens oder Gesprächsverlaufs aufschlußreichen) Fakten, Vorgänge, Begriffe, Wertorientierungen herauszustellen und in ihrer gegenseitigen Beziehung oder Wechselwirkung zu kennzeichnen. Was im Text s t e h t,

---

[63] Vgl. dazu *Glücklich, H.-J.*: Lateinunterricht, 36ff.
[64] So *Glücklich,* a.O.
[65] Vgl. dazu *Fröhlich, A.*: Die audiovisuellen und auditiven Unterrichtsmittel. – Basel 1974, 26; er macht deutlich, daß der Aufnahmebereitschaft Grenzen gesetzt sind, weil die Anzahl von Augenfixationen etwa 3–4/sec. beträgt (gemessen mit der Augenkamera).
[66] Als wichtiges Kriterium für die ‚Richtigkeit‘ des Tafelbildes gelten u. a. seine „Überschaubarkeit“, und damit die Möglichkeit, es rasch als Hefteintrag vom Schüler zu übernehmen. Vgl. dazu *Barsig, W./Berkmüller, H.*: Die Unterrichtsvorbereitung für die Schule von heute. – Donauwörth ²1971, 99.
[67] Zur Arbeit mit Overheadfolien vgl. *Müller, W.*: Der Tageslichtprojektor im Lateinunterricht. Auxilia 1. – Bamberg 1981, 33ff.: „Einsatz bei der Interpretation“. Ebenso *Steinhilber, J.*: Medienhandbuch zum Lateinunterricht. Auxilia 6. – Bamberg 1982, 94ff.
[68] Allgemein s. *Frings/Keulen/Nickel*: Lexikon zum Lateinunterricht; s. v. „Tafelbild“ (hier einige weitere Literatur).

wird in seinem informatorischen Gerippe so verdeutlicht, daß es allen zugänglich, einsichtig wird. Dabei können aus den vorausgehenden Kapiteln oder aus dem Wissen des Lehrers kommende Informationen ergänzend hinzugefügt werden.

Beispiel 1: Caesar BG VI 13 (erstellt von stud. phil. *Gabi Ruhland*)

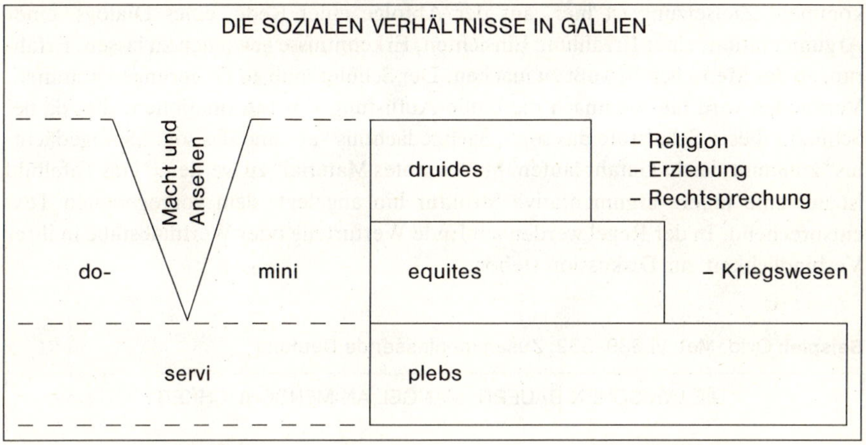

Beispiel 2: Caesar BG I 18–20 (erstellt von stud. phil. *Jörg Labuhn*)

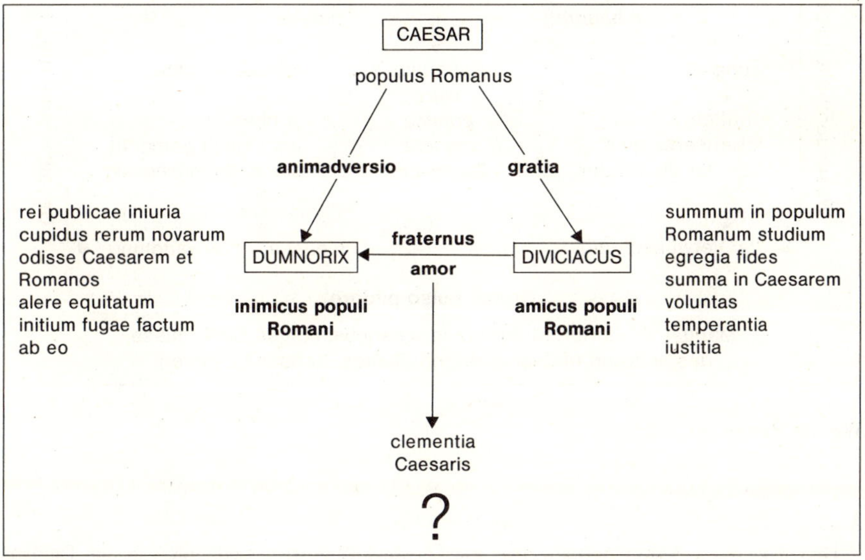

Weitere Beispiele s. Bd. 3.

2.4.2 *Das sich dynamisch entwickelnde Tafelbild*

Bei einer eher problemorientierten Interpretation kommt es darauf an, die Gedanken einer Textstelle oder einer Kapitelfolge gemäß der ihnen eigenen Dynamik graphisch so zu entwickeln, daß die sich im Text abzeichnende Problematik schrittweise erfaßt wird und die daraus resultierenden Konsequenzen oder Konflikte zur Anschauung kommen. Zielsetzung ist hier, aus der Abfolge einer Rede, eines Dialogs, einer Argumentation, einer Erzählung Einsichten, Erkenntnisse gewinnen zu lassen, Erfahrungen des Menschen bewußt zu machen. Der Schüler muß zu Folgerungen kommen. Vermieden wird hier demnach die bloße Auflistung von Informationen, die, da bei Schülern dieser Schulstufe das sog. „Sachgedächtnis" ab- und das sog. „Sinngedächtnis" zunimmt, leicht Gefahr laufen, bloßes „totes Material" zu werden.[69] Das Tafelbild ist auf eine innere argumentative Struktur hin angelegt, dem vorgegebenen Text entsprechend. In der Regel werden am Ende Werturteile oder Wertmaßstäbe in ihrer Verbindlichkeit zur Diskussion stehen.

Beispiel: Ovid, Met. VI 339–382: Zusammenfassende Deutung

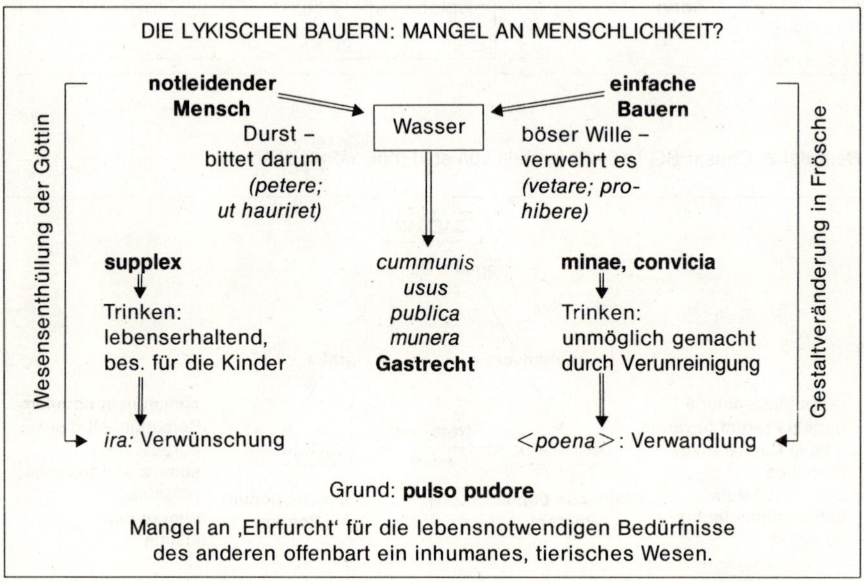

Weitere Beispiele s. Bd. 3.

[69] Hier liegt der Lektüreunterricht nahe am Geschichtsunterricht, zumindest in der Tafelanschrift. Deshalb kann hier weiterführen: *Lutz, W.*: Die dynamische Tafelanschrift im Geschichtsunterricht der Höheren Schule. In: Anregung 11 (1965), 369ff.

2.4.3 *Das dialektische oder antithetische Tafelbild*

Wo Texte miteinander verglichen werden, also vor allem bei einer modellorientierten Interpretation, aber auch, wo sich gegensätzliche Positionen in Rede und Gegenrede, in Maßnahmen und Gegenmaßnahmen gegenüberstehen, ist es didaktisches Gebot, die konträren Auffassungen bzw. Standpunkte scharf gegeneinander abzuheben. Die Dialektik des Für und Wider läßt sich am besten herausarbeiten, indem Punkt für Punkt unmittelbar miteinander kontrastiert werden. Die Suggestivität des ins Auge springenden Kontrasts zwingt den betrachtenden Schüler zu einem wertenden Urteil. Daß in einer solchen graphischen Anlage die intensivste Herausforderung zu einem Reagieren auf den Text erfolgt, also der Text in vollem Maße seinen Appellcharakter zur Wirkung bringt, bestätigt sich immer wieder in der unmittelbaren Schulpraxis.

Beispiel 1: Phaedrus I 1: Lupus et agnus

(Die Lektüre einer Fabel regt dazu an, die oft konträren Positionen, die zu einem Konflikt führen, scharf herauszustellen; die „Lösung" läßt sich dann entsprechend der Fabelkritik, hier im Epimythion, diskutieren und verallgemeinern.)

„KONFLIKTLÖSUNG" ZWISCHEN WOLF UND LAMM

Wolf (oberhalb des Bachlaufs stehend)	**Lamm** (unterhalb des Bachlaufs stehend)
Vorwurf	Verteidigung
1. *turbulentum fecisti mihi aquam*	1. *a te decurrit ad meos haustus liquor*
2. *ante hos sex menses male dixisti mihi*	2. *equidem natus non eram*
3. *pater tuus ibi maledixit mihi*	3. keine Chance mehr zur Antwort

iniusta nece!

zerreißt das Schaf!

Der gesuchte Konflikt wird durch vorgegebene Gründe und am Ende gewaltsam gelöst: Kritik am brutalen menschlichen Verhalten (indirekt auch am römischen Herrschaftsgebaren?).

Beispiel 2: Caesar BG IV 27
(Es erweist sich auch schon in der Anfangslektüre als notwendig, in das römische Wertdenken und in das Verhältnis von Römern zu Nichtrömern einzuführen. Was geschah bei einer Konfrontation mit angegriffenen Völkern?)

Tafelbild KONFRONTATION ZWISCHEN RÖMERN UND BRITANNEN

barbari		**Romani**
	pacem petere →	
eigene Lebensformen	legatos de pace mittere petere, ut ignosceretur ←	römische Zivilisation
Freiheit (libertas)?	queri, quod bellum sine causa intulissent	Schutz (fides)?
	dicere se ignoscere imprudentiae	
Folge: Krieg	obsides imperare	Folge: Frieden
	civitatem Caesari commendare	
	amicitiam praebere	

Beispiel 3:
(Während der Lektüre von *Ciceros De imperio Cn. Pompei* läßt sich z. B. in einem thematischen Exkurs, s. o. S. 147, Ciceros Einstellung zum *imperium Romanum* verdeutlichen und zugleich problematisieren, indem man zwei Vergleichstexte, s. Bd. 3, heranzieht: *De officiis II 27* und *Caesar BG VII 77*; es lassen sich folgende konträre Positionen entwickeln, die zu lebhaften Diskussionen unter den Schülern Anlaß geben):

GEGENSÄTZLICHE POSITIONEN ZUM IMPERIUM ROMANUM

Cicero	**Caesar**
Pompeius (Römer)	Critognatus (Gallier)
Ein engagierter Vertreter des imperium Romanum	Ein leidenschaftlicher Gegner des imperium Romanum
Garantie für Verteidigung und Schutz der socii	Kampf für die Freiheit des eigenen Volkes
quies / pax	libertas
in Asia	in Gallia
patrocinium orbis	turpissima servitus
Schutzherrschaft	Knechtschaft

Weitere Beispiele s. Bd. 3.

2.5 **Interpretationsbeiträge**

Die schulische Interpretation setzt nicht nur die überlegte, bis ins Detail planende Vorbereitung des Lehrers voraus; sie lebt entscheidend von den Beiträgen, die die Schüler, vom Lehrer geführt oder spontan, liefern; oftmals entdecken Schüler an einem Text mehr als der ‚vorgebildete', deshalb mit Vor-Urteilen den Text betrachtende Lehrer, so daß der *fructus legentis* in einem wechselseitigen Geben und Nehmen der an der Interpretation Beteiligten gewonnen wird. Hier rückt der Schüler verstärkt in den Mittelpunkt. In den meisten Fällen werden die Interpretationsbeiträge von den Schülern mündlich vorgetragen. Sie können aber auch in Erledigung eines geplanten Arbeitsauftrages (der in der Regel schriftlich fixiert wird) angeboten werden. Dabei lassen sich zwei Möglichkeiten unterscheiden:

2.5.1 *Die inhaltliche Textbearbeitung*

Der Schüler erhält einen Arbeitsauftrag (oft auch in der Form einer erweiterten Leitfrage gestellt); er ist in seiner Bearbeitung des Auftrags oder der Fragestellung insofern **gebunden**, als er auf eine ganz bestimmte Richtung der Textbeobachtung oder Textdeutung festgelegt wird, z. B.

- Stellen Sie Ausdrücke und Wendungen zusammen, die zum Sachfeld „Fliegen" gehören! Welches Thema läßt sich daraus für den vorliegenden Text erschließen? (Ovid, Dädalus und Ikarus, Met. VI 183–235)
- In welchem äußeren und inneren Zustand befindet sich Dido unmittelbar vor ihrem Tod? (Vergil, Aeneis IV).

Beispiel:
DIDOS TOD (Vergil, Aeneis IV 585–705)
Quem metui moritura? – Alle von Dido ausgeloteten Möglichkeiten, wie sie ihren Untergang verhindern könnte, muß sie selbst wieder in den Wind schlagen; sogar im Mythischen (Pelopssage) sucht sie einen Ausweg, doch nicht einmal Aufschub ist ihr gegönnt! Ihre Liebe zu Aeneas pervertiert sich zum Haß und gipfelt in seiner Verfluchung, obwohl sie doch fühlt, daß nicht er es ist, der schuld ist, sondern eben dieselben Götter, bei denen sie ihn jetzt verflucht: *Dulces exuviae, dum fata deusque sinebat,* sagt sie in 650, als sie sich verzweifelt auf das verlassene Lager des Aeneas wirft: Süße Gewänder waren es, solange das Fatum und ein Gott es zuließen. Didos Gefühlssubjektivität, die sie den Eid gegenüber ihrem verstorbenen Ehemann brechen und sich dadurch vom eigenen Volk entfremden ließ, ist der komplizierten, scheinbar paradoxen Situation des Aeneas zwischen Notwendigkeit und Willensfreiheit, freilich einer wiederum nur in den Schranken des Notwendigen möglichen Willensfreiheit, nicht mehr gewachsen. Dido dagegen ist jeder Möglichkeit, ein Ziel anstreben zu können, beraubt. Hätte sie noch eine Art *pietas,* wem gegenüber sollte sie diese zeigen? Sie muß notwendig untergehen. Ihr Untergang und ihr Todesfluch ist für Vergil die tiefe Ursache für Karthagos Feindschaft zu Rom. *Quam primum abrumpere lucem* (631): möglichst schnell will sie sterben. Ihr Leben ist eine Qual. *Et partis animum versabat in omnis* (630). Völlig ohne Ruhepunkt jagt ihr Geist von einem Punkt zum anderen: durch die Situation des Leben-Wollens und doch nicht Leben-Könnens geradezu in die Schizophrenie getrieben. – Mit blutigen Augen und zitternden Wangen steigt sie auf den

Scheiterhaufen. Ungerächt muß sie sterben; ihr Leben zieht noch einmal an ihr vorüber. Mit dem Schwert des Aeneas ersticht sie sich, sich dadurch selbst in den Fluch einbeziehend. Ihre letzte Hoffnung: *Hauriat hunc oculis ignem crudelis ab alto, Dardanus!* (661 f.) „Möge der grausige Troer noch vom hohen Meer dies Feuer mit den Augen ‚ausschöpfen' und mit sich die Zeichen meines Todes tragen!" – Karthago ist erschüttert, zu spät merkt ihre Schwester Anna, wozu der Scheiterhaufen wirklich bestimmt war: sie verflucht sich und birgt die noch lebende Dido aus den Flammen. Dreimal bäumt diese sich noch auf und sucht das Licht am Himmel, bis sich Juno, ihre zweifelhafte Freundin, ihrer erbarmt und Iris herabschickt, sie zu erlösen. Noch hat Proserpina ihr nämlich die Locke nicht abgeschnitten, das heißt: Dido wird kein Opfer der Götter der Unterwelt. Iris schneidet ihr die Locke ab: *atque in ventos vita recessit* (705) – ihr Leben entwich in die Lüfte. So barg die Wunde, die ihr Amor am Anfang des IV. Buches schlug, bereits im Keime den Tod Didos in sich; das Gift in den Adern, die heimliche Flamme verzehrte sie: *Volnus alit venis et caeco carpitur igni* (2).

Gschwill, Klasse 12 (1972)

Der Schüler kann auch einen Arbeitsauftrag erhalten, der in seiner Bearbeitung möglichst **offen** gehalten ist (natürlich immer in festem Bezug zum lateinischen Text); offen ist die Bearbeitung insofern, als sich der Schüler selbst die Perspektive wählen kann, unter welcher er den Text betrachtet und aus seiner Einsicht eine Deutung versucht.

Beispiel:
FEHLENDE ROLLENIDENTIFIKATION – HORAZ' MENSCHLICHES LEID?
(Horaz, Serm. II 6, 40–58)

Zwei Rollen muß Horaz in Rom erfüllen: in der einen wird er von Mäzenas als Unterhalter in Anspruch genommen, in der anderen als angeblich gut unterrichteter politischer Ratgeber vom Volk. Doch er weiß, daß ihm, seiner Persönlichkeit, keine der beiden gerecht wird. Daß man den Eindruck gewänne, er identifiziere sich mit einer der beiden Rollen, er halte sich dafür, wofür er von den anderen gehalten wird, das sucht er durch die Ironie der Darstellung, jene verunsichernde Unter- bzw. Übertreibung, zu verhindern. Er muß darauf beharren, daß er andere, wichtigere Aufgaben hat, als im gesellschaftlichen Leben Roms zu ‚funktionieren'. Und dennoch schafft die Beziehung zu Mäzenas, welche durch zu starke politische Bindung, durch eine mögliche Identifikation mit der zugedachten Rolle, seine Kunst gefährden kann, als Existenzgrundlage die Voraussetzung für jegliches freiere Schaffen. Er also, in Klischees gedrängt und als Sohn eines Freigelassenen nicht zum Adel, als Freund des Mäzenas nicht zum Volk gehörig, schlechthin nirgends ansässig zu machen, steht allein. Von seinen Rollen fordern alle etwas, aber er als Mensch, als Person, ist von keiner angesprochen. Dieser Mangel an tiefem persönlichen, Emotionen weckenden Kontakt stellt für jeden Menschen einen bedeutenden Leidensdruck her, der psychisch verarbeitet werden muß. Bei Horaz geschieht das dahingehend, daß er die auf Grund seines Intellekts ohnehin naheliegende Position des Rationalen zu der seinen macht. Und mit diesem Boden unter den Füßen, reflektierend und mit der Distanz des Darüberstehenden, kann er sich wieder, wie die nachfolgende Schilderung des von ihm ersehnten Landlebens zeigt, mit dem Emotionalen befassen, dabei seine emotionale Betroffenheit mit Ironie überspielend und in Frage stellend (wie es sich auch in der Liebeslyrik zeigt).

Lohmaier, Klasse 13 (1971)

2.5.2 *Die persönliche Stellungnahme*

Die Wirkung, die von einem Text ausgeht, sofern er sorgfältig ausgewählt und interpretiert ist, kommt erst dann bei den Schülern voll zum Tragen, wenn sie ihr wertendes Urteil abgeben, also eine aus ihrer eigenen, sicherlich noch beschränkten Lebenserfahrung kommende Stellungnahme formulieren, mündlich oder schriftlich. Erst in diesem Akt geschieht Persönlichkeitsformung an und durch Literatur, insofern sich innere Anteilnahme einstellt, das Sich-Identifizieren oder auch das Sich-Distanzieren; in solcher engagierter Auseinandersetzung kommt sehr viel Emotionales mit ins Spiel. Schüler müssen durch entsprechende Fragen oder Denkimpulse dazu angeregt werden. Manche dieser Beiträge, die fachliche Gegenstände oder auch fachliche Zielsetzungen (z. B. humanistische Bildung) betreffen können, nehmen oft essayistische Züge an. Daß hier besonders die Wirkungsgeschichte der antiken Stoffe miterfaßt wird, liegt in der Natur der Sache.

Beispiel 1:

Inwiefern wird im Gemälde von John Armstrong „Ikarus" (1980) noch etwas vom Mythoskern des antiken Gedichts spürbar?

Meiner Meinung nach stellt die Kugel die Erde dar – mit all ihren Zwängen. Daedalus und Ikarus haben diese Zwänge, verdeutlicht durch die herumfliegenden Fetzen, teilweise abgesprengt. Die Erde ist jetzt genauso leer wie Ikarus ohne seine Flügel. Sie hat aber immer noch Gewalt, sie ist noch Käfig genug, so daß sie Ikarus, der ihr ihre letzte Kraft nehmen will, auf den Boden zurückschleudert. Dies verdeutlicht der auf dem Untergrund liegende zerstörte Flügel, der als Mauer gezeigt ist, – Zeichen dafür, daß der Mensch immer wieder an seine Grenzen stößt.[69a]

Neu, Klasse 10d (1983)

69a Diese sehr neue Ikarus-Rezeption als Gemälde, die mir dankenswerterweise *Werner Suerbaum* zur Verfügung stellte, erweist sich für Schüler, wie die Erfahrung gezeigt hat, als ‚Interpretationsanstoß' ersten Ranges. Das Bild ist schwer zu deuten, es läßt alle Möglichkeiten des Verstehens offen. Gerade deshalb fühlen sich Schüler provoziert, hier Eigenes zu sagen, orientiert an ihren Erkenntnissen der Ovid-Lektüre: Eine echte Chance zur Vertiefung und dazu, beim Lernenden Kulturinteresse zu wecken, ihn zur Kontemplation anzuhalten! Das aus 23 Antworten ausgewählte Beispiel, das mir am meisten gefiel, spricht für sich selbst.

Beispiel 2:
Politische Gedichte des Horaz werden oft als Lektüre vorgeschlagen. Haben Sie seine lyrischen Gedichte nicht beeindruckt?
„Nun (d. h. nach dem Kennenlernen der politischen Gedichte des Horaz) erfolgte das, was man vielleicht als ‚Erlebnis' im wahrsten Sinne bezeichnen könnte. Als Gegenpol zum bisher Gelesenen vertieften wir uns in *vides, ut alta stet nive candidum* . . . Hier konnte ich mir einen Römer als Menschen wahrhaftig vorstellen, nicht mehr nur in der Ferne, sondern ganz nahe, als Menschen, der heute genau so gut leben könnte; . . . hier war Interpretation nicht mehr nötig, das Gedicht lebt aus sich selbst heraus, ist heute noch genau so lebendig wie zu der Zeit, als es geschrieben wurde. Ich möchte behaupten, daß sein höchster Wert eben darin liegt, daß kein Verständnis, keine Bildung, keine Übertragung vorhanden sein muß, daß es zeitlos ‚aktuell' ist. Allein für dieses Gedicht haben sich, wie ich meine, neun Jahre Lateinunterricht gelohnt, durch dieses Gedicht ist es gelungen, humanistische Ideale mit Inhalten zu füllen. Es mag der Einwand kommen, daß meine Begeisterung für dieses Gedicht von einer gewissen Affinität meiner eigenen Weltanschauung zu der, die hinter den Zeilen des Gedichtes steht, herrührt. Das will ich nicht bestreiten, ich möchte vielmehr behaupten, daß überhaupt erst dann, wenn man sich selbst in einem Dichter wiederentdeckt, eine Lektüre an sich von Nutzen ist und einen bildenden, pädagogischen oder sonstigen Wert hat."

Wildenauer, Klasse 12 (1972)

2.6 **Das Interpretationsprotokoll**

Lektüreunterricht, der sich an Zielen orientiert – der Lehrplan gibt den groben Rahmen, der Lehrer setzt die Schwerpunkte im Detail –, ist auf Ergebnisse hin angelegt; d. h. der Lehrer muß zumindest eine ungefähre Vorstellung zu Beginn des Projektes von dem haben, was er an Informationen, Einsichten, Erkenntnissen, Fragestellungen an seine Schüler heranbringen will; der aktuelle Unterricht wird sicher Änderungen, Abstriche, Ergänzungen, Ausweitungen erfordern. Was Stunde für Stunde am Text erarbeitet wird, findet seinen Niederschlag im Sach- oder Interpretationsheft (S. 238ff.). Bei Abschluß einer Lektüreeinheit (einer in sich geschlossenen Kapitelgruppe, eines Buches, eines Werkes) sollte unbedingt eine übergreifende Schlußbetrachtung stehen, die die einzelnen Stundenergebnisse zu einer geschlossenen Einheit zusammenfaßt und zugleich Wert und Bedeutung gerade dieser Lektüre erhellt; Hinweise auf wirkungsgeschichtliche Zusammenhänge, Ansätze zu Transfer und Aktualisierung müssen hier gebracht werden. Da bei dieser intensiven Arbeit die Schüler stark gefordert sind, demnach nicht gleichzeitig sich Aufzeichnungen über die Unterrichtsergebnisse machen können, erweist es sich als vorteilhaft, ein oder zwei Schüler zu beauftragen, den Gesprächsverlauf zu protokollieren. Das Erstellen eines Interpretationsprotokolls[70] will gelernt sein; deshalb müssen die Schüler von Anfang

---

[70] Das seit langem in der Praxis verwendete Interpretationsprotokoll ist in seinem didaktischen Wert und in seiner methodischen Anlage noch nirgends, soweit ich sehe, dargestellt worden. Bei *Frings/Keulen/Nickel* (Lexikon zum Lateinunterricht) fehlt deshalb dieses Stichwort. Als geistige Väter dürfen offensichtlich *Karl Bayer* und *Hans Schober* gelten, die als Seminarlehrer für Latein und Griechisch schon von 1960 an dieses methodische Element an ihre Referendare weiterempfahlen. Erste Erwähnung bei *Karl Bayer* (Wider die permanente Revolution. In: Anregung 9, 1963, 319).

des Lektüreunterrichts an in diese Methode schrittweise und behutsam eingeführt werden. Es empfiehlt sich, den Protokollanten am Anfang zunächst die Grundsätze der Protokollaufnahme klar zu machen, eine Gliederung des ungefähren Stundenablaufs, wie er geplant ist, zu übergeben, in die sie dann selbständig die Ergebnisse fixieren. Daß hier der Lehrer auch nachher noch korrigierend – vor allem hinsichtlich der sachlichen Richtigkeit – eingreifen muß, ist ohne weiteres einsichtig. Im Laufe der Mittelstufe/S I sollten freilich alle Schüler fähig werden, solche Protokolle selbständig anzufertigen.[71] In der Oberstufe/S II ist dieses Vermögen ein Teil der angestrebten Studierfähigkeit.[72] Das Protokoll wird in jedem Fall – nach Durchsicht des Lehrers – in Maschine geschrieben, vervielfältigt und jedem Schüler zum Einkleben oder Einheften in das Interpretationsheft (bzw. in die Interpretationsmappe) übergeben. Das bedeutet für die Schüler, daß das Unterrichtsprojekt zu einem Ende gekommen ist – mit einem jedermann vorzeigbaren Ergebnis. An diesem Endprodukt, an dem der Schüler durch seinen eigenen Beitrag mitgewirkt hat, wird ihm nochmals der Wert der Textarbeit einsichtig – ein nicht zu verachtender Aspekt der Motivation.[73] Nichts wäre für die Einschätzung des Lateinunterrichts heute schädlicher, als die begonnene Lektüre irgendwo im Sande verlaufen zu lassen – abgesehen davon, daß ja für die Prüfungsaufgaben gesicherte Ergebnisse vorliegen müssen.[74]

Das Interpretationsprotokoll kann in Kurzform oder in Langform angelegt sein.

---

[71] Solche Fähigkeit wird in vielen Berufen gefordert; sollte der Schüler schon nach dem Ende der Mittelstufe das Gymnasium verlassen, so hat er sich diese technische Voraussetzung bereits geschaffen: „In vielen Berufen werden Sie (als Ausübender eines Berufes, Erg. Verf.) häufig Protokolle (z. B. von Sitzungen) anzufertigen haben, auf die jeweils zurückgegriffen werden kann, wenn Streitigkeiten auftauchen oder bestimmte Inhalte abgerufen werden sollen. Häufig dient ein Protokoll auch dazu, andere, die an einer bestimmten Veranstaltung oder Sitzung nicht teilnehmen konnten, zu informieren. Manchmal werden auch Leistungsnachweise damit erbracht." So *Schuster, K.*: Arbeitstechniken Deutsch. – Bamberg 1980, 79.

[72] Vgl. dazu etwa: Empfehlungen zur Arbeit in der gymnasialen Oberstufe, gemäß Vereinbarung zur Neugestaltung der gymnasialen Oberstufe in der Sekundarstufe II. Beschluß der Kultusministerkonferenz vom 2. Dezember 1977, 17.

[73] Daß hier bestimmte Aspekte der Motivation mit Nachdruck angesprochen werden, steht außer Zweifel; z. B. werden die „Lernmotive" befriedigt, also der Beweggrund einer Person, in bestimmten Bereichen bzw. bezüglich „spezieller Inhalte" „etwas zu lernen", d. h. „neues Wissen zu erwerben und eigene Fertigkeiten zu vervollkommnen" oder die „Leistungsmotive", also die Beweggründe einer Person, die eigene Tüchtigkeit in bestimmten Arbeitsgebieten einzusetzen und zum Erfolg, d. h. zu Ergebnissen zu führen. Vgl. dazu *Meister, H.*: Förderung schulischer Lernmotivation. – Düsseldorf 1977, 48ff.

[74] *Karl Bayer* (Anregung 9, 1963, 319) schreibt dazu: „Für die jeweiligen Interpretationen, wenigstens für die Schlußzusammenfassung, wird ein Protokollführer oder ein Protokollteam bestimmt, das die Aufgabe hat, das Wesentliche in eine übersichtliche Form zu bringen. Solche Ergebnisse können dann vervielfältigt, jedem zum Einheften oder Einkleben in sein Sachheft zur Verfügung gestellt werden. Man sollte solche Schülerleistungen möglichst ernst nehmen, selbst wenn sie nicht der Weisheit letzten Schluß enthalten. Es liegt darin eine Möglichkeit, in den neuen Arbeitsstil der Oberstufe hineinzuwachsen und Freude am selbständigen – wenn auch gelenkten – Finden zu gewinnen."

2.6.1 *Das Kurzprotokoll* ist geboten, wenn eine kleinere Texteinheit zu einem wichtigen Abschluß gebracht wird. Hier werden die Ergebnisse von 2 bis 3 Stunden erfaßt (auch graphisch verkürzt) und einer Wertung unterzogen (insofern läßt sich hier auch von einem „Ergebnisprotokoll" sprechen). Der Umfang eines Kurzprotokolls beträgt etwa ½ bis 1 Hektogrammseite.

Beispiel (nach Interpretation von Tacitus, Annalen I 9–10):
DAS INDIREKTE URTEIL DES TACITUS ÜBER AUGUSTUS:

Aussagen des Volkes	*vana*	*Äußerlichkeiten*
Aussagen der „Klugen"	*Gutes:*	*Schlimmes:*
Bürgerkrieg:	aus Respekt gegenüber Vater, wegen der Staatskrise, dabei auch	üble Lage des Staates nur Vorwand, eigentlicher Grund
	vis	*cupiditas dominandi*
Folgezustände:	Festigung der res publica unter dem *Princeps* Sicherung des imperium, Rechtssicherheit auf moralischer Grundlage, kultureller Aufschwung	Außerkraftsetzen der res publica durch persönliche Ziele, auch *Livias,* Niederlage des Varus, Proskriptionen, Exekutionen, unmoralisches Leben am Kaiserhof, kein Raum für Götterverehrung
	→ *quies*	*pax cruenta* ←

Oberflächlich hat Tacitus ein ambivalentes Verhältnis zu Augustus:
Positive und negative Stellungnahmen scheinen ausgeglichen.
Dennoch überwiegt letzten Endes das negative Urteil:

1. Die Länge der Argumente ist unterschiedlich, pro: 163, contra: 243 Wörter; das Gewicht liegt auf der negativen Seite.
2. Die negativen Argumente sind an den Schluß gestellt und hinterlassen einen stärkeren Eindruck.
3. Allgemeinen Feststellungen steht eine Fülle von konkreten Fakten gegenüber.
4. Auch im ersten Teil sind schon schlimme Züge eingezeichnet, die nach Verteidigung verlangen.
5. Im zweiten Teil geht die indirekte Rede in die direkte über, so daß die Aussagen hier unmittelbar und massiver wirken.

Es stellt sich deshalb die Frage: Muß man Tacitus nicht den Vorwurf der Manipulation machen?

2.6.2 *Das Langprotokoll* ist wohl der Normalfall; es hält die in der Schlußinterpretation zur Einheit zusammengeführten Ergebnisse einer längeren Lektüreeinheit, eben des Lektüreprojekts, fest. Was während der Unterrichtsstunde an Informationen gegeben, an Einsichten gewonnen, als Probleme erkannt werden, wird in Kürzestform niedergeschrieben. Man kann hier auch von einem „Verlaufsprotokoll“ sprechen. In der Mittelstufe beschränkt sich der Umfang in der Regel auf 1 bis 2, in der Oberstufe auf 2 bis 4 Hektogrammseiten.

Beispiel (In der Mittelstufe erarbeitet; Lektüre: Nepos, Alcibiades):

INTERPRETATIONSPROTOKOLL ZU NEPOS, ALCIBIADES

Alcibiades – ein Held oder Opportunist?

A) **Einleitende Überlegung: Warum schreibt Nepos Biographien?**
- Um eine griechische Erfindung nachzuahmen,
- um den Interessen der Römer für griechische Geschichte zu entsprechen und um Unterhaltung zu geben,
- um an geschichtlichen Figuren allgemein Lehrreiches aufzuzeigen.

B) **Was läßt die Biographie an der Gestalt des Alcibiades erkennen?**

1 *Wie stellt Nepos die einzelnen Lebensstationen dar?*

Das Leben des Alcibiades: ein Drama

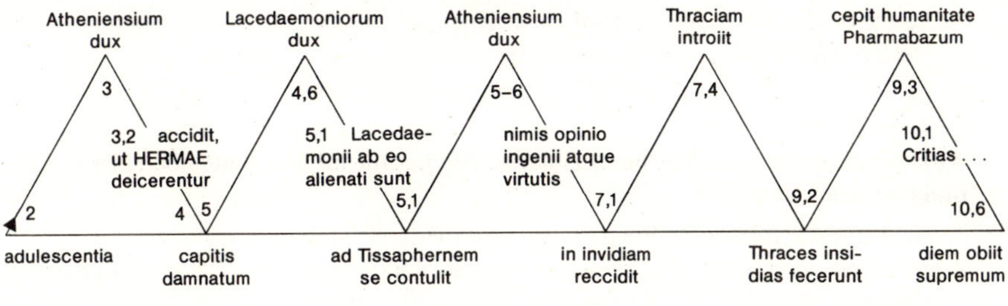

2 *Was ist der Grund für dieses Auf und Ab im Leben des Alcibiades?*
Alcibiades' Leben ist in große geschichtliche Vorgänge eingespannt:

2.1 Griechische Perspektive: Peloponnesischer Krieg, Auseinandersetzung der beiden großen Stadtstaaten Athen und Sparta um die Hegemonie in Griechenland.

2.2 Im Hintergrund wird die große Auseinandersetzung zwischen Griechenland und Persien, also zwischen Europa und Asien spürbar.

3 *Welche Rolle spielt Alcibiades in der griechischen Geschichte?*

3.1 Er ist eine führende Persönlichkeit aufgrund seiner Abkunft und Naturveranlagung („Genie“); seine Charakterzüge führen ihn aber auch auf politischen „Zickzackkurs“ (temporibus callidissime serviens, ad omnes res aptus, plenus consilii, dissolutus, intemperans); Ehrgeiz und Vaterlandsliebe stehen oft in Widerspruch (cupiditas gloriae – caritas patriae).

3.2 Er ist ein anerkannter, begehrter Führer für die militärisch-politischen Machtblöcke; er wird aber wegen seines Wesens auch gefürchtet.

4 *In welcher Weise wirkte die Volksmasse am Schicksal des Alcibiades mit?*

4.1 Die Masse feiert ihn und verflucht ihn (Verhältnis der Masse zum herausragenden Menschen).

4.2 Das Volk ist von Neid und Mißtrauen erfüllt (Angst um die Demokratie).

4.3 In existentieller Not klammert sich das Volk an den „Retter" Alcibiades (triumphaler Empfang bei der Rückkehr aus Sparta).

4.4 Das Volk nützt den Charakter des Menschen aus.

5 *Welches Licht werfen die Gegenspieler auf Alcibiades?*

5.1 Thrasybulus und Theramenes werden bei der Ankunft in Athen nicht gefeiert. Den Vorzug erhält Alcibiades, wegen seines „Charismas" (Ausstrahlung), er ist der Star, die anderen sind nur Mitläufer.

5.2 Philocles, der athenische Stratege in Thrakien, reagiert auf das Angebot des Alcibiades, den Athenern zu helfen, trotzig; er hat Angst um sein persönliches Image. Er ist Egoist, es fehlen ihm Verantwortungssinn und Vaterlandsliebe, also Vorzüge, die Alcibiades hat.

6 *Wie beurteilen wir das Leben des Alcibiades?*

6.1 Man könnte dieses Leben leben mögen, weil er ein strahlender Mensch und in der Öffentlichkeit bekannt war, weil es sehr abwechslungsreich verlief.

6.2 Man muß es ablehnen, weil es sehr vielen Gefahren ausgesetzt war (bes. sein Tod war furchtbar).

6.3 Man muß es respektieren: Alcibiades wollte wahrscheinlich Athen retten; ihm standen aber seine Natur *(natura),* sein Charakter, und das Mißtrauen des Volkes im Wege. Dadurch wird sein Leben zum Drama und endet wie eine Tragödie.

6.4 Es hängt von der eigenen persönlichen Einstellung ab, ob man Alcibiades eher einen Helden oder einen Opportunisten nennt.

C) Abschließender Gedanke:

Weshalb könnte die Lektüre der Alcibiades-Biographie für uns heute noch interessant und förderlich sein?

1. Man kann durch konkrete Beispiele ein Stück Geschichte besser erleben.
2. Man kann den Machtkampf zwischen zwei Staaten (Monarchie – Demokratie) deutlich erfahren.
3. Man kann darin die erste große Auseinandersetzung zwischen Europa und Asien erkennen.
4. Man kann darin erkennen, daß man in der Politik einem einzelnen Menschen nicht zu viel folgen und vertrauen sollte.
5. Man kann lernen, daß eine opportunistische Haltung viele Feinde machen kann, daß sie für den einzelnen wie für die Gemeinschaft gefährlich ist.
6. Man kann verfolgen, wie der Charakter eines einzelnen Menschen für ein ganzes Volk schicksalsgebend sein kann (vgl. etwa Hitler im Dritten Reich).

Schriftführer: *Elfi Glocker, Aurel Betz* 9d (1981)

Beispiel (In der Oberstufe erarbeitet; Lektüre: Lukrez i. A.):

INTERPRETATIONSPROTOKOLL ZU LUKREZ, DE RERUM NATURA

A) Biographische und geistesgeschichtliche Einordnung

1 *Urteile über Lukrez*

Cicero: „Das Gedicht des Lukrez ist mit vielen Blitzen des Genies; sein Werk ist von hoher Technik."

Mommsen: „Lukrez ist gewiß der genialste Dichter Roms, aber er hat sich im Stoff vergriffen!"

Lukrez' Werk wurde hinsichtlich seiner literarischen Kunst anerkannt, nicht jedoch der Stoff des Werkes: Versuch einer neuen Interpretation der Welt und einer Standortbestimmung des Menschen.

Lukrez trifft auf Ablehnung, da er mit der epikureischen Lehre eine Gegenposition zum damaligen allgemeinen römischen Denken schafft.

2 *Biographische und existentielle Bedingungen des Schaffens*

2.1 *Lebenszeit*

Lukrez lebte etwa von 98–55 v. Chr. (Er erlebte die Zeit der Bürgerkriege und den Verfall der Republik.)

2.2 *Soziale Stellung*

Stadtrömer, wohl von adeliger Herkunft; sehr gebildet und bewandert in den literarischen Kreisen Roms; soziale Bindung an Memmius („Snob"-Aristokrat).

2.3 *Humane Voraussetzung*

Es gilt als Grundbedürfnis des antiken Menschen, sich erkenntnistheoretisch der Welt zu nähern, um daraus Konsequenzen für moralische Verhaltensweisen abzuleiten. Schwermut; innere Unzufriedenheit.

3 *Geistesgeschichtliche Einordnung*

3.1 *Lukrez ist kein „eigenständiger Denker"*

Die Ideen seines Werkes sind von Epikur geprägt; er ist der einzige römische Repräsentant dieser philosophischen Richtung.

Das römische Bewußtsein ist gegen diese Philosophie gerichtet; führte zu Spannungen. (Staatsdenken der Römer: Sich dem Staat widmen!)

Lukrez: „Lebe im Verborgenen!". Streben nach Ataraxie).

3.2 *Lukrez in einer Umbruchsituation: Wendung gegen das mythische Weltbild*

Entmythologisierung (Aufklärung);

Verdrängung der Metaphysik durch die Physik.

3.3 *Lukrez – Epikur in Widerspruch zu den anderen philosophischen Systemen*

Polemische Gegenstellung zur damaligen Welt; immer wieder zitiert Lukrez andere philosophische Richtungen.

B) Das Weltbild des Lukrez (bzw. des Epikur)

1 *Atomistische und materialistische Welterklärung*

1.1 Grundprinzipien: Raum und Materie;

Erhaltung der Substanz (→ *Monismus*)

1.2 Existentielles Anliegen, der Welt auf den Grund zu kommen, um die Wahrheit *(res vera)* zu finden.

2 *Rationalistische Welterklärung*
(Mittel: *ratio*, der Begriff erscheint an zentralen Stellen)

2.1 Struktur der Materie ist die gleiche wie die des Denkens bzw. des Geistigen *(ratio materiai ~ ratio mentis)*

2.2 Kontrolle der Spekulation an der Evidenz

2.3 Die unsichtbaren Dinge sind aus dem Zusammenhang der sichtbaren Dinge, die durch die Sinne vernehmbar sind *(→ Sensualismus)*, zu erklären.

3 *Beobachtung aus dem Bereich der Natur*

3.1 Natur ist gleich Wirklichkeit *(natura naturans, natura naturata)*

3.2 Lukrez denkt die Welt aus natürlichen Gegebenheiten ohne Eingriff einer übergeordneten Kraft.

3.3 Natur ist das einzige existierende Sein *(→ „Naturalismus")*.

4 *Zentralproblem: Leib/Seele-Problem*

4.1 *Kompliziertes Seelenmodell*
Materialistische Deutung der Seele;
Schwierigkeit: psychophysisches Zusammenwirken *(tactus?)*

4.2 *Todesproblem*
Nach dem Tode zerstreuen sich die Seelenatome;
Leben als Kontrapunkt zum Tod, der den Menschen eigentlich nichts angeht *(nihil mors ad hominem)*.

5 *Persönliches Anliegen*

5.1 *Ethisches Postulat*

5.1.1 Logik und Physik sind Voraussetzungen der Ethik; Logik insofern, um Irrtümer zu meiden, Physik, um richtig zu handeln.

5.1.2 Lebensprinzip der Epikureer: Vermeidung von Schmerz und Angst vor dem Tod. Die Vernunft lehrt, daß das eigentliche Glück viel eher in heiterer Beschaulichkeit, in ausgeglichener Ruhe des Geistes (Ataraxie) zu finden ist. Qualitative Veränderung des Menschen.

5.2 *libertas im Gegensatz zu fatum*

5.2.1 Da die Ethik eine freie Bestimmungsfähigkeit des Menschen voraussetzt, ist Lukrez gezwungen, den freien Willen durch die Physik zu erklären; das ist sein Dilemma.

5.2.2 Deshalb Gegensatz zu Demokrit in der Atombewegung; senkrechter Fall der Atome, Abweichung *(declinatio)* als Ansatzpunkt für die Willensbewegung.

5.2.3 Die Grundgedanken des Lukrez (und seiner Vorgänger) haben geistesgeschichtliche Sprengkraft entwickelt (besonders in der Renaissance und bei Vertretern des modernen Materialismus).

Schriftführer: *Kreilinger, Niebauer* 13 a (1972)

2.7 **Das Sach- oder Interpretationsheft**

Das inhaltliche Erschließen und Auswerten des Textes, seine Interpretation hat gleiches Gewicht im Unterricht wie das Übersetzen; zumindest sollte sich im Laufe des Lektüreunterrichts dieses Gleichgewicht einstellen.

2.7.1 *Die Begründung des Sach- oder Interpretationsheftes*

Interpretieren führt zu Ergebnissen und baut ständig auf bereits gewonnenen Erkenntnissen auf. Das bedeutet, wenn der Schüler diese Ergebnisse präsent haben soll (für den laufenden Unterricht, aber auch für die Prüfungen, besonders für die zusammenfassende Schlußbetrachtung einer Textpartie), so muß er sie irgendwo festgehalten haben: Empfohlen wird dafür – auch in den Lehrplänen – das Sach- oder Interpretationsheft, das alle wichtigen im Unterricht erarbeiteten Ergebnisse, aber auch Hausarbeiten zur Interpretation, Protokolle u. a. festhält (in den oberen Klassen tritt an seine Stelle oft die Ringbuch-Mappe).[75] Dem Schüler ist freie Hand gegeben, sein Heft nach eigenem Geschmack und in eigener Planung anzulegen (in Farbe, durch Einkleben zusätzlicher Informationen aus Lexika, von Bildern, Graphiken). Hier ist aller Erfahrung nach ein Element gegeben, bei dem der Schüler seine emotionale Bindung zum Fach zur Geltung bringen kann oder nicht. Viele Hefte werden mit Liebe, Sorgfalt und Einfallsreichtum gestaltet, manche nur pflichtgemäß geführt.

Das Anlegen und Führen eines Sach- oder Interpretationshefts will allerdings gelernt sein; am Anfang bedarf es hier der Hinweise, Anregungen und Kontrolle von seiten des Lehrers (die Note für das Führen dieses Heftes sollte unbedingt zu Buche schlagen). Das bedeutet: Im beginnenden Lektüreunterricht trägt der Schüler ein, was der Lehrer an die Tafel schreibt, diktiert oder zur Hausaufgabe stellt; wobei er auch zusätzliche Demonstrationsmittel an entsprechender Stelle unterbringt und in den Zusammenhang des Textes bzw. der Interpretationseinheit (innerhalb des Unterrichtsprojekts) einordnet, mit entsprechender Kennzeichnung. Solche Materialien können vom Lehrer als Hektogramm oder als Ablichtung zur Verfügung gestellt werden; die Schüler können sie aber auch sich selbst beschaffen: Graphiken, Skizzen, Bilder, Paralleltexte, Lexikonartikel, selbstgefertigte Zeichnungen (vgl. S. 241). Mit zunehmendem Lektürefortschritt muß der Schüler allmählich selber lernen, das Wichtige vom weniger Wichtigen zu unterscheiden und Ergebnisse festzuhalten: ein elementarer Bestandteil der angestrebten Studierfähigkeit.

2.7.2 *Mögliche Einträge ins Sach- oder Interpretationsheft*

Was soll und kann in einem Sach- oder Interpretationsheft stehen? Informationen und Ergebnisse, die das Verständnis der Sache sowie die Problematik des Textes und seiner Wirkung fördern und die im didaktischen Dreischritt von Übersetzen, Interpretieren, Werten eine Rolle spielen. Die wichtigsten Möglichkeiten seien nachfolgend aufgezählt:

---

[75] Vgl. dazu *Karl Bayer* (Anregung 9, 1963, 319): „Dazu bedarf es des Sachheftes, in dem die Schüler die jeweiligen Stundenresultate selbständig wenigstens soweit festhalten, daß der Hauptinhalt eines jeden Paragraphen rasch wieder feststellbar ist, so daß man sich an die gegebenen Erklärungen und Tafelanschriften rasch wieder erinnert."

1. Sprachlich-stilistische Hinweise über bestimmte Erscheinungen, z. B. Kasusfunktionen, partizipiale Besonderheiten (etwa kryptoaktive Verwendung), Hyperbaton, Parallelismus, Chiasmus, Ellipse, Alliteration, Hyperbel.
2. Satzanalysen (nach bestimmten Methoden, z. B. Kästchenmethode, Einrückungsmethode, Schachtelmethode, Stammbaummethode, s. Bd. 1, S. 205ff.).
3. Metrische und prosodische Informationen, z. B. iambischer Senar, Hexameter, Pentameter, Distichon, Zäsur, Elision, Synalöphe; metrische Analysen.
4. Textgrammatische Ergebnisse, z. B. Sachfelder, Wortfelder, Schemata der Erzählstrategie.
5. Informationen zur Person des Autors, zum Werk, zur Zeitgeschichte von Autor und Werk.
6. Informationen über größere historische oder mythologische Zusammenhänge (z. B. Stammbäume von Kaisern oder mythischen Figuren).
7. Tafelbilder.
8. Antworten auf Leitfragen.
9. Gliederungsschemata oder Inhaltszusammenfassungen zu einzelnen Kapiteln.
10. Textvergleich und seine Auswertung (s. Bd. 3).
11. Pro- und Contra-Standpunkte zu bestimmten Figuren und Grundsätzen, z. B. pro und contra Caesar, pro und contra römischer „Imperialismus" (s. Bd. 3).
12. Kurz- und Langprotokolle (s. S. 232ff.).
13. Persönliche Stellungnahme zu antiken Erscheinungen, z. B. zur pax Augusta.
14. Eigene Deutungsversuche zu bestimmten Rezeptionsdokumenten.
15. Schülerzeichnungen zu einer Textszene.
16. Illustration einer Figur oder Sache des antiken Lebens (z. B. ein römischer Krieger, eine römische Thermenanlage).
17. Rezeptionsdokumente in Bild und Text; Hinweise auf Nachgestaltungen in Musik und Film (s. S. 260ff. und in Bd. 3).
18. Karten zur geographischen oder ethnographischen Klärung einer Textangabe.
19. Aspekte der aktuellen Bedeutung des antiken Textes, aktuelle Zeitungsnotizen.
20. Referatsergebnisse.
21. Auswertung von Textstellen im Sinne eines „existentiellen Transfers", also der Übertragung der antiken Vorstellung auf heutige Verhältnisse.
22. Begriffsdefinitionen, z. B. bellum iustum, Ideologie, Imperialismus, Rhetorik.
23. Zitate oder Wendungen (z. B. aus der heute gültigen Rechtssprache, etwa *audiatur et altera pars*).

2.7.3 *Zwei Seiten aus einem Sach- oder Interpretationsheft*

Nachfolgend seien *exempli causa* zwei fortlaufende Seiten aus einem Sach- oder Interpretationsheft eines Schülers der 9. Klasse (L 1) im Faksimile (entnommen aus dem Sachheft von *Dietmar Mass*, 9d, 1982) abgedruckt (S. 241f.):

Das Sach- oder Interpretationsheft hat nicht nur einen pädagogischen Wert: der Schüler lernt Ergebnisse geordnet, übersichtlich, attraktiv festzuhalten und darzustellen; sein Wert liegt auch im Psychologischen: Die Schüler bekommen das Gespür, daß der Unterricht nicht im Sande verläuft, sondern zu Ergebnissen führt, die er schwarz auf weiß nach Hause trägt. Die erfolgreiche Führung des Heftes (vom Lehrer durch regelmäßige Überprüfung bestätigt) motiviert ihn auch zum engagierten Mitmachen. Das Fach gewinnt eine zusätzliche Dimension, zumal die Einträge des Sachheftes weit

PHAEDRUS IV 9:

Schülerzeichnung

15.6.1982

VERGLEICH MIT NACHGESTALTUNGEN

	IV 9 : Fuchs und Bock		IV 3 : Fuchs und Traube	
	Aesop / Phaedrus	Hagedorn	Aesop / Phaedrus	Lessing
Form	- Promythion - Fabelerzählung (Mythos)	- Fabelerzählung (Mythos) - Lehre / Moral	- Fabelerzählung (Mythos) - Epimythion	- „Lehre" - Fabelerzählung (Mythos)
	kurz, prägnant	ausschweifend		
Inhalt	Verlockung des Dummen: fraus: Trick, List	Verlockung des Dummen: fraus: Vertrauensbruch	Schlechtmachen des Wunschgegenstandes bei Nichterreichen: Vortäuschung von Desinteresse	Schlechtmachen des Wunschgegenstandes bei Nichterreichen: Entlarvung des Desinteresses (Schadenfreude)
	raffiniert	unverschämt	einsichtig	gemein

Gemeinsame Tendenz bei beiden Übertragungen ins Deutsche:

Drastische Verschlechterung ins Unmoralische!

18.6.1982

– – | – ◡ ◡ | – – | – ◡ ◡ | – – | ◡ –

I.4: Lympharum in speculo vidit simulacrum suum.

Spondeus | Daktylus | Spondeus | Daktylus | Spondeus | Jambus

Wortstellung bei Phaedrus: Canis per flumen carnem cum ferret natans.

mögl. Wortstellung (z.B. bei Caesar):

Canis cum per flumen natans carnem ferret.

Hausaufgabe:

Vergleich der Fabeln von Phaedrus und La Fontaine

Bei beiden Fabeln steht die Lehre am Anfang. Doch während Phaedrus seine Lehre sehr auf den Inhalt bezieht, bringt La Fontaine nur eine Feststellung und einen Hinweis auf den Text. In der Fabel selbst bestehen wesentliche Unterschiede: Bei Phaedrus muß der Hund den Verlust des Fleisches seiner Dummheit zuschreiben, bei La Fontaine hingegen kommt der Hund wegen seiner Gier in Schwierigkeiten und muß seine Beute loslassen, um sein Leben zu retten.

fauces, -ium : Rachen → Freßgier	Metapher / Metonymie (Teil des Ganzen)	21.6.1982
mihi .... bibendi	Hyperbaton	

Phaedrus / Aesop	La Fontaine	22.6.1982
Promythion: 1 Zeile; Verlust des Eigentums zu Recht bei Streben nach Fremdem.	Promythion: 5 Zeilen; „eitles" Streben der Menschen nach Schatten.	
Fabel: Ein Hund beim Durchschwimmen ⇒ Spiegelbild Anschnappenwollen der vermeintlichen Beute und Verlust von beiden.	Fabel: Ein Hund steht überm Wasser ⇒ Spiegelbild Hineinspringen und Lebensgefahr im Strom.	
metr. Maß: jambischer Senar	Reime wesentl. länger	Vergleich
märchenhaft.	realistischer.	
auf Fakten beschränkt, nüchtern „Habgier".	ausgemalt, phantasieanregend „Streben des Menschen nach Vergänglichem, nach Wunschträumen".	

Ausweitung der Fabel vom Konkreten ins allgemein Menschlich-Moralische

Weiter so ordentlich geführt 30.6.82

[illegible]

über das Sprachliche hinausgehen, durch die vielfachen Bezüge in Wort, Graphik und Bild die aktuelle Lebenssituation des Schülers miterfassen. Das Heft führt den Sitz des Faches mitten im Leben unserer Zeit ad oculos – gegenüber Schülern, Eltern und einer breiteren Öffentlichkeit. Neben den Prüfungsaufgaben ist das Sach- oder Interpretationsheft während der Lektürephase das Aushängeschild des Faches, da in ihm Seite für Seite der Gesichtspunkt der Multivalenz des Lateinunterrichts ansichtig wird. In diesem Heft und der Art seiner inneren Gestaltung wird die didaktische Stellung des Faches jedem mit Nachdruck bewußt: zwischen Tradition und Fortschritt. Für einen Lektüreunterricht, der sich in überlegt geplanten Unterrichtsprojekten verwirklicht, ist das Sach- oder Interpretationsheft eine *condicio sine qua non.*

2.7.4 *Exkurs: Sonderformen des Interpretationsheftes*

a) Das ‚wandernde' Interpretationsheft

Darunter versteht man ein für die Klasse gemeinsam geführtes Interpretationsheft, das von Schüler zu Schüler wandert und von jedem einen mit Namen signierten Eintrag erhält. Diese Einträge beziehen sich auf im Lektüreunterricht Erarbeitetes, auf den Text und Dokumente seiner Wirkung. Sie können sich locker oder überhaupt nicht an die vom Lehrer gesuchte Interpretationslinie anpassen. Gerade antike Texte sind offen für viele Deutungsmöglichkeiten. Die leitende Frage kann sein: Wie wirkt der Text auf mich als Schüler der heutigen Zeit? Was sagt er mir? Woran erkenne ich etwas Bemerkenswertes? Der Sinn dieses Unternehmens ist darin zu sehen, die Schüler zu einer freien, durch nichts vorgeprägten Meinungsäußerung zu gewinnen, ihnen zu einem kreativen Produkt Anlaß zu geben. Der jeweilige Eintrag wird am Stundenbeginn vorgelesen, besprochen und kann so Anstoß zur vertiefenden Interpretation sein, die nahtlos in die weitere Textbehandlung übergeht. Das Heft, eine Summe von Eigenleistungen der Schüler, zeigt dem Lehrer die Wirkung antiker Texte aus einer Perspektive, die ihm sonst verstellt wäre: aus der des „naiven" Rezipienten (wobei so manche der Einträge Neues entdecken, was dem Lehrer so nicht aufgefallen ist). Die Schüler lernen sich gegenseitig auf dem Weg über diese Interpretationsleistungen, die oft sehr individuell gestaltet sind, von einer anderen Seite kennen und schätzen – ein sozial-integratives Element. Das ‚wandernde' Interpretationsheft ersetzt keineswegs das von allen Schülern einzeln geführte Sach- oder Interpretationsheft.[76]

b) Die ‚Schülerzeitung'

Eine bewährte Form, Schüler zu einer eigenschriftstellerischen Aktivität anzuregen, ist die Gestaltung einer „Schülerzeitung", z. B. Acta diurna. In Ihr werden Vorfälle der Politik, Kultur, des Alltags, auch Werbeanlässe journalistisch aufgemacht, auch mit

---

[76] Genauer dazu *Maier, F.*: Das „wandernde" Interpretationsheft. Ein methodischer Vorschlag zum altsprachlichen Lektüreunterricht. In: Anregung 18 (1972), 145ff. Die germanistische Literaturdidaktik befürwortet die freie Stellungnahme zu einem Text, „weil die Aussagen eines Schülers über einen literarischen Text auch Aussagen über ihn selbst, über die Intensität sind, in der er den Text zu lesen vermag". So *Berker, K./Riemenschneider, H.*: Literaturwissenschaft und Fachdidaktik. – Düsseldorf 1973, 39.

Bildern versehen. Anlaß ist immer eine gerade laufende Lektüre, etwa Caesar in Gallien, die Verschwörung des Catilina, Alcibiades zwischen Athen und Sparta, römische Liebesaffären (Ovid, Catull), Aeneas bei Dido, der Vesuvausbruch u. ä. m. Die Zeitung kann in Klein- oder Großformat angelegt sein. Sie wird vervielfältigt, geheftet und an alle Schüler und interessierte Außenstehende verteilt, für die „Schöpfer“ der Zeitung ein ideeller Lohn für ihre Bemühungen, für andere eine gute Möglichkeit, Einblick zu nehmen in das, was im lateinischen Lektüreunterricht gemacht wird.[77] Die ‚Schülerzeitung‘ sollte womöglich in Latein verfaßt sein.

c) Das ‚Schülerbuch‘

Die eleganteste Möglichkeit, kreative Leistungen der Schüler zu provozieren und damit die unvoreingenommene Schülerperspektive zur Geltung zu bringen, liegt im Anlegen eines kleinen ‚Schülerbuchs‘. Jeder Schüler einer Klasse liefert zu dem sie mehrere Monate beschäftigenden Lektüreprojekt einen Beitrag: eine Sachinformation, die Deutung einer Stelle, eine Illustration mit Text, eine geographische Skizze, aktuelle Vergleichstexte, Rezeptionsdokumente mit eigener Wirkung, eine kritische Glosse zum Autor, feuilletonistische Notizen über den Lektüregegenstand u. a. m. Die Beiträge können jeweils ein bis zwei Seiten umfassen; sie werden in Maschine geschrieben (Bilder und Skizzen an entsprechender Stelle eingeklebt), dann wird alles auf DIN A 2 verkleinert, vervielfältigt, mit festem Einband versehen und geheftet. In dieser Form erhalten es käuflich die anderen Schüler der Schule, auch Eltern wird es zum Kauf angeboten (zur Deckung der Unkosten). Ein Parergon des Unterrichts, von dem hohe Motivationskraft ausgeht.

Auf zwei Beispiele sei hingewiesen:

- Caesar mit den Augen einer 9. Klasse betrachtet (hergestellt von Schülern des Wittelsbacher-Gymnasiums München 1972 unter Anleitung von *Karl Bayer*)
- Cornelius Nepos. Alcibiades: Das Leben – ein Drama (hergestellt von Schülern des Wittelsbacher-Gymnasium in München 1977 unter Anleitung von *Ernst Rieger*).

Die Deckelseite des letztgenannten ‚Schülerbuchs‘ sei hier abgedruckt:

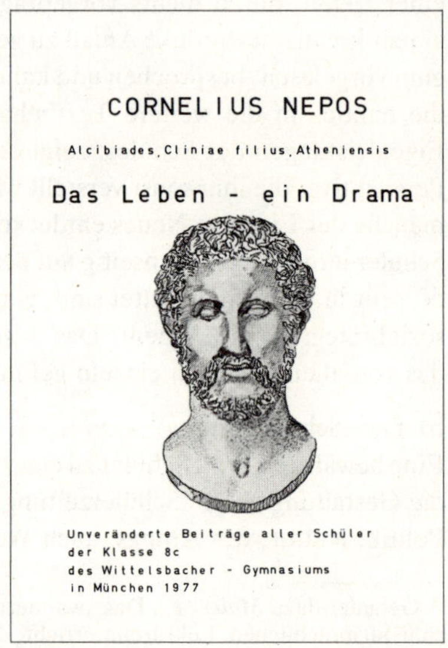

[77] Schülerzeitungen solcher Art werden vielerorts hergestellt; besonders gefördert hat diese Richtung offensichtlich *Hermann Keulen*, Hilden, von dem mir einige attraktive „Zeitungen“ zur Caesarlektüre vorliegen.

2.8 **Möglichkeiten des abschließenden Interpretationsgesprächs**

Schüler müssen die positive Erfahrung machen, ihre Arbeit, die sich über Tage, Wochen, oft Monate hin erstreckt, mit Ergebnissen zum Abschluß zu bringen. Auch darin liegt ein Stück Erfolgserlebnis des Unterrichts. In einem solchen rückblickenden, zusammenfassenden Gespräch, in dem die Summe gezogen wird und die Bedeutung des Lektüregegenstandes an sich und für den jungen Leser (also das *quid ad nos?*) zur Diskussion steht, werden am stärksten Kräfte des emotionalen Engagements frei. Dies verlangt vom Lehrer nicht nur äußerst intensive Vorbereitung, sondern die Kunst einer elastischen, aber doch auch zielstrebigen Gesprächsführung. Es lassen sich hier verschiedene Möglichkeiten des abschließenden Interpretationsgesprächs unterscheiden:

2.8.1 *Die Schlußinterpretation*

Sie erfolgt in der Form eines straffen Frontalunterrichts, in dem im Frage- und Antwortspiel die vom Lehrer zu Hause vorgeplante Zusammenfassung Punkt für Punkt erarbeitet wird. Daß hierbei die Einträge ins Sach- oder Interpretationsheft die Grundlage bilden, sei nochmals betont: sie liefern die Mosaiksteine für das Gesamtbild, das der Lehrer am Ende eindrucksvoll vor den Augen der Schüler entstehen läßt. Die Planung muß freilich so weit offen sein, daß für spontane Einfälle der Schüler Raum bleibt. Die innere Linie dieser Schlußinterpretation steigt von der sachlich informatorischen Ebene über das Erfassen der Problembereiche zur Wertung des gesamten Textes bzw. Werkes auf. Am Ende wird in der Regel die Frage nach der Aktualität des Gelesenen stehen. Diese Art des abschließenden Gesprächs ist in der Mittel- und Oberstufe möglich; sie stellt wohl den Regelfall dar. Die Ergebnisse werden protokolliert und in hektographierter Form dann allen Schülern zur Verfügung gestellt (s. S. 232ff.).

Beispiel:

ABSCHLUSSINTERPRETATION ZU HORAZ

A) **Große Dichter der Weltliteratur?**

I. *Dichter der Weltliteratur sind z. B.* Homer, Euripides, Sophokles, Vergil, Dante, Shakespeare, Goethe, Schiller, Tolstoi, Dostojewsky, Shaw, Hemingway

II. *Kriterien für ‚Dichter der Weltliteratur' sind:*

1. Meister ihrer Sprache.
2. Repräsentanten ihres Volkes.
3. Künder des Menschlichen.
4. Der Mut, sich gegen die Zeit zu stellen (Zeit- und Gesellschaftskritik).

B) **Ist Horaz ein Dichter der Weltliteratur?**

I. *Horaz als Meister der Sprache*

1. Beherrscher der sprachlichen Mittel (Form, Wort, Stil).

2. Meister der Komposition:
   Alle Gedichte sind kunstvoll gebaut (z. B. Steigerung durch Verlagerung zweier Aussageebenen: Trinklied wird zum Siegeslied: c. I 37).
3. Vielzahl der Formen.
4. Vollender in der Verbindung von Form und Inhalt.
   Beispiele: Ernst der Epoden-Invektive, Jamben (Epod. 7;16),
   Gelöstheit der Ode (c. I 37; III 9), Kleinepos (c. III 3) –
   Wechsel der Stilebenen (sat. II 6).
5. Bedeutendster antiker Theoretiker der literarischen Darstellung:
   „ars poetica" (neben Aristoteles).

Fazit: Horaz könnte als ein großer Meister der Sprache gelten.

II. *Horaz als Repräsentant römischen Wesens*

1. Römisches Sendungsbewußtsein: römische Geschichte – Endpunkt einer vorgezeichneten Bestimmung (episch-mythische Überhöhung in den Römeroden).
2. Universalgeschichtliches imperiales Denken: Demonstration des Selbstbewußtseins Roms (Carmen saeculare, Augustus – Friedensfürst).
3. Programmatischer Herrschaftsanspruch des Prinzipats.
4. Synthese von griechischer Kultur und römischem Geist in der Gestalt des Horaz.

Fazit: Horaz demonstriert das römische Bewußtsein in seinen wichtigsten Merkmalen.

III. *Horaz als Künder des Menschlichen*

(Horaz nimmt Stellung zum Problem von sozialer Bindung und individueller Freiheit)

1. Konsequenz der sozialen Bindung: engste Beziehung zum römischen Staat: keine Distanz, keine Möglichkeit, sich abzusetzen, Kritik zu üben.
2. Konsequenz der individuellen Freiheit: unverbindliche Distanz, kein Sich-Exponieren; epikureische Philosophie (unrömische Einstellung).

Fazit: Das Auffallende an Horaz als Künder des Menschlichen ist, daß er ein Grundproblem menschlichen Seins aufdeckte: Die Spannung seines Lebens, das sich als dauerndes Ringen um die Balance zwischen politischer Verantwortung und privater Zurückgezogenheit zu erkennen gibt (Rollenkonflikt eines intellektuellen Menschen).

IV. *Ist Horaz ein Zeit- und Gesellschaftskritiker?*

1. Invektive auf das träge, bürgerkriegssüchtige Römervolk in den Epoden 7, 16.
2. Kritik an moralischen Auswüchsen der Zeit in den Satiren und Briefen.
3. Versuch einer Lösung des Wertekonflikts Freiheit – Frieden durch Synthese (Kritik: Inwiefern ist Horazens persönliche Freiheit durch sein Verhältnis zu Mäzenas beeinträchtigt worden?).
4. Erfahrbarmachen dessen, was politischer Opportunismus sein kann: Ist Horaz vom Republikaner zum Monarchisten geworden? Wäre eine solche Wendung vertretbar durch den Umstand, daß Augustus die *res publica libera* restauriert hat und den dem Verfall preisgegebenen Staat gerettet hat?

Fazit: Horaz ist aus Opposition zu zeit- und gesellschaftlichen Entwicklungen, aus dem Leiden an der Zeit erst zum Dichter geworden.

C) **Wertung und Urteil**

I. *Negativ:*

1. Man könnte Horaz vorwerfen, er sei systemkonform, anpassungsfähig, damit letztlich unfrei.
2. Man könnte Horaz auch vorhalten, daß er sich in seiner schwebenden Unverbindlichkeit niemals ernst nehmen läßt, auch nicht in der Liebeslyrik (vgl. *Donec gratus eram tibi*).

II. *Positiv:*

1. In Horaz' Dichtung manifestiert sich so etwas wie existentielle Gebrochenheit.
2. Anerkennenswert sind zweifellos seine zeit- und gesellschaftskritischen Auslassungen.
3. Horaz hat die Fähigkeit, lebendigen Weltstoff rational zu durchdringen und in schöner Sprache zu gestalten.
4. Es gelingt Horaz, Griechisches ins Römische zu transponieren; er hat die Weisheit griechischer Gesittung für Rom entdeckt.
5. Er hat der römischen Dichtung durch Ausrichtung an griechischen Vorbildern eine bedeutende Würde verliehen.

Man darf demnach Horaz zweifellos zu den Dichtern der Weltliteratur zählen.

Schriftführer: *Pfaff, Wildenauer* 12a (1973/74)

Die abgedruckten Interpretationsprotokolle sind gleichfalls Belege für den Ablauf solcher Schlußinterpretationen, s. S. 234ff.

2.8.2 *Die Abschlußdiskussion*

Das abschließende Interpretationsgespräch kann auch in der Form einer lockeren Diskussionsrunde erfolgen; hierzu erhalten die Schüler mehrere weiter gefaßte Fragen, die sie zu Hause mit Hilfe des Textes und der im Sach- oder Interpretationsheft stehenden Ergebnisse allein (oder wenn möglich auch in Kleingruppen) bearbeiten sollen. Die Fragen zielen darauf ab, den Lektüregegenstand möglichst umfassend zu besprechen, und zwar auf einer Interessenebene, die weitgehend von den Schülern bestimmt wird. Einzelne Schüler tragen ihre erarbeiteten Ergebnisse zu den Fragen vor, andere ergänzen, korrigieren oder widerlegen sie; das innere Engagement ist, wie die Erfahrung zeigt, groß. Der Lehrer als Diskussionsleiter hält sich möglichst zurück, er steuert das Gespräch nur insoweit, als er Denkimpulse gibt, auf die sachliche Richtigkeit bedacht ist und fixierbare Ergebnisse festhält. Denn auch dieses Gespräch wird – freilich mit größerer Schwierigkeit als bei einer Schlußinterpretation – protokolliert, so daß die Ergebnisse allen zur Verfügung stehen. Daß eine Abschlußdiskussion viel weniger planbar ist, einen größeren Teil an Elastizität und Souveränität im Umgang mit den Schülerbeiträgen vom Lehrer verlangt, steht außer Zweifel. Das schwierigste Problem ist, die Zeit richtig zu kalkulieren. Die Abschlußdiskussion ist deshalb nur in der Oberstufe sinnvoll, wo sehr oft zwei Stunden an Gesprächszeit zur Verfügung stehen.

Beispiel:

SALLUST: BELLUM CATILINAE
Methode:
Um die Diskussion möglichst sachbezogen zu gestalten, wurden vom Diskussionsleiter drei Fragen gestellt, die vorher von den Diskussionsteilnehmern stichwortartig bearbeitet werden mußten.

1 **Welche Motive bestimmen nach Sallusts Ansicht Catilina und seine Anhänger? Lassen sich diese begründen? Welche Risiken liegen in Catilinas Vorgehen?**

1.1 Motive und Begründungsaspekte:

1.1.1 *Politischer Aspekt:*

Die Verschwörer erkannten, daß der römische Staat *keine res publica libera* mehr war, sondern sich in den Händen einer *oligarchischen* Führungsgruppe befand. Dieser Zustand konnte *nur mit Gewalt* verändert werden, durch eine Revolution. Dieses *ideelle Motiv* scheint jedoch *fraglich* wegen des

1.1.2 *amoralischen Aspekts:*

Verschiedene Indizien, so z. B. die geplante Ermordung des Konsuls, das Anzünden der Hauptstadt und vor allem das Bündnis mit den Allobrogern, also Staatsfeinden, deuten darauf hin, daß das *politische Motiv nur als Vorwand für ein Gruppeninteresse* zu verstehen ist. Catilina hatte auf die Schwäche des Staates *spekuliert* und war *verschuldet.* Er nützte den *labilen Idealismus* der Jugend für *egoistische Zwecke* aus; seine Anhänger strebten vor allem aus *Neid* eine Umverteilung des Besitzes zu ihren Gunsten an, mit allen Mitteln; zahlreiche Kriminelle waren unter den Verschwörern: Sie wollten sich der Strafe entziehen. – Wie aber das lange Ausholen in der Archäologie zeigt, will Sallust die Verschwörung nicht erklären ohne den

1.1.3 *sozialen Aspekt:*

Die Bewegung ist ohne den zerrütteten sozialen Hintergrund nicht denkbar: Das römische Reich hatte die *Grenzen seiner Expansionsfähigkeit* erreicht – *Heteronome Volksstämme* ließen die *Homogenität im Imperium verlorengehen.* Der Gemeinschaftsgedanke konnte keinen Fuß mehr fassen im Schmelztiegel Rom. Caesar meinte, daß dieser Staat *nicht mehr zur Demokratie fähig* sei und einer *starken Hand* bedürfe. So wollte er (eine führende Position bei der Verschwörung erschien nicht wahrscheinlich; bestenfalls kann eine stillschweigende Duldung angenommen werden) sicherlich das durch die Verschwörung entstehende Vakuum ausnützen, um die Alleinherrschaft leichter zu erlangen. Daraus erwächst natürlich die Gefahr, das

1.2 *Risiko:*

Eine Diktatur Caesars hätte unweigerlich den *Verlust der libertas* zur Folge gehabt und somit sicherlich einen *Bürgerkrieg.* Bei einem Sieg Catilinas birgt sein Bündnis mit der Masse die Gefahr der *Ochlokratie* und damit *anarchische Tendenzen* in sich.

2 **Woraus läßt sich der Charakter des Catilina laut Sallust erklären? Inwiefern ist diese Erklärung stichhaltig? Worin reicht sie über den römischen Ansatz hinaus?**

2.1 *Catilinas Wesenszüge:*

Sallust charakterisiert Catilina *direkt, nicht indirekt*; er nimmt ohne Umschweife Stellung: Er stellt ihn als *organisierende Intelligenz* dar, mit einem signifikanten *Gegensatz* zwischen seinen *individuellen Fähigkeiten* und seinen *sozialen Eigenschaften.* Für Sallust ist er ein *fanatischer Überzeugungstäter*, dessen schlechte Charakterzüge sich nur aufgrund des *gesellschaftlichen Hintergrundes* erklären lassen: Mit der Zerstörung Karthagos im Jahre

146 fiel jegliche äußere Bedrohung weg, so daß keine Konzentration der inneren Kräfte nach außen mehr möglich war. Durch das *Wegfallen der einigenden kollektiven Bedrohung* ging auch die *individuelle Bindung an die Gemeinschaft verloren*: Die *soziale Kluft* zwischen Arm und Reich wurde immer größer. Aus dieser Situation heraus erklärt Sallust den Catilina und läßt in ihm, wie in einem Brennpunkt, römisch-geschichtliches Bewußtsein erscheinen. Dabei beschränkt er sich nicht auf Catilina, sondern entwirft ein

2.2 *exemplarisches Menschenbild, das über den römischen Ansatz hinausgeht.*
Der Mensch stellt sich als Ergebnis aus Umwelt und Anlagen dar. In Catilina findet man den *Prototyp eines machtgierigen Revolutionärs.* Catilina gilt als Beispiel eines Menschen, der seine geistigen Fähigkeiten *gegen den eigenen Staat* wendet und scheitert. Über Plutarch wirkten solche Ansätze in der römischen Politik weiter und gewannen *großen Einfluß auf die französische Revolution.*

3 Worin liegt das Modellhafte in Sallusts Aussage?

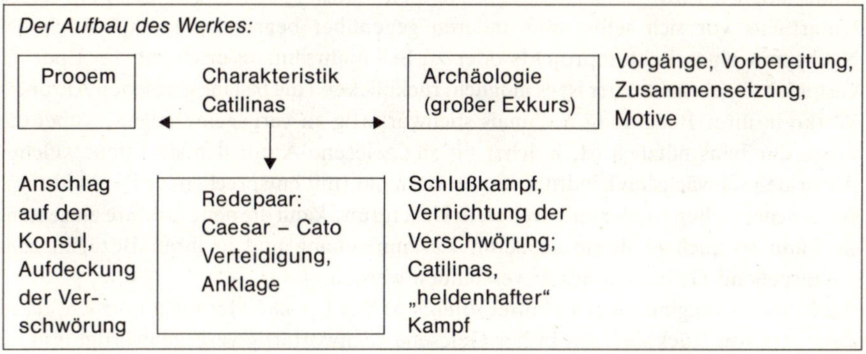

Sallusts Bellum Catilinae hat den Charakter eines ‚Denkmodells', das an einer Einzelperson und ihrer Wirkung in einer historischen Situation verdeutlicht wird: An drei zentralen Stellen (s. Kästen) seines Werkes löst er sich vom historischen *Spezialfall* der Verschwörung zu *allgemeiner Geschichtsbetrachtung*:

3.1 *Prooem:*
Sallust setzt *philosophisch* an und entwirft ein Menschenbild, in dem der Mensch als *Geistwesen auf Leistung innerhalb der staatlichen Gemeinschaft angelegt* ist.

3.2 *Archäologie:*
Hier zeigt Sallust seine *Theorie vom Geschichtsablauf* an der Dekadenz der römischen Gesellschaft auf. Er vergleicht den speziellen Fall mit der Gesamtgeschichte.

3.3 *Redenpaar:*
Sallusts übertragbares Schema zeigt, daß es eine *Gesetzmäßigkeit im Verhältnis zwischen Individuum und Gesellschaft* gibt.

Gesamteindruck:
Sallust ist zweifellos ein moralischer, kein analytischer Geschichtsschreiber. Überall ist sein subjektives Urteil spürbar. Auch ist er ein wenig an Caesars politischer Anschauung orientiert, dem er in seiner politischen Karriere viel zu verdanken hat. Sallust will freilich den Staat wohl weniger durch Revolution als durch Evolution verbessern.
Protokollführer: *Asenbaum* 11a (1973)

2.8.3 *Das Epoché-Gespräch*

Eine sich über lange Zeit hin erstreckende Lektüre, z. B. einer Cicero-Rede, einer Livius-Passage, eines Seneca-Dialogs, von Ausschnitten aus Augustinus' Civitas Dei, läuft Gefahr, zur routinehaften Textbearbeitung zu werden; das Soll wird eben Stunde für Stunde erfüllt. Es empfiehlt sich, in solchen Fällen gelegentlich auf der langen Wegstrecke stehen zu bleiben, innezuhalten (gr. ἐπέχειν, ἐποχή, die Haltestelle, das Innehalten), um sich auf den Kern des unterrichtlichen Tuns zu besinnen. Warum lesen wir diesen Text (so lange)? Was sagt er uns? Lohnt es sich, ihn im Original zu Ende zu lesen? Wenn ja, warum? Welche angesprochene Probleme betreffen uns am meisten? So oder ähnlich. Die Schüler und auch der Lehrer geben sich Rechenschaft über ihre Arbeit und die Richtigkeit des Weges. Die Folge kann sein, daß man auf einem neugegründeten geistigen Fundament weiterarbeiten kann, ein neuer Motivationsschub möglich wird – und vor allem, daß man – auch später noch – den Sinn dieses Unterrichts vor sich selbst und anderen gegenüber begründen kann.[78] Auch bei Neubeginn eines Lektüreprojekts oder zu Schuljahrsanfang erscheint das Epoché-Gespräch angebracht. Hier ist es möglich, rückblickend die bislang gelesenen Autoren/Werke in ihrer Bedeutung nochmals stichwortartig zu vergegenwärtigen, wobei die Frage durchaus nützlich ist, welcher bislang gelesene Autor den stärksten, welcher Autor den schwächsten Eindruck hinterlassen hat (mit entsprechender Begründung). Auf solchermaßen wieder aufbereitetem Untergrund kann die neue Lektüre einsetzen, sie kann so auch in ihrem größeren Zusammenhang und in ihren Bezügen zum vorausgehend Gelesenen besser verstanden werden.
Auch bei Neubeginn eines Lektüreprojekts ist das Epoché-Gespräch nützlich, da in einer Art von Rückblick das bisher Gelesene stichwortartig vergegenwärtigt und im Ausblick das Bevorstehende in einen größeren Zusammenhang eingebettet werden kann.

Beispiel:

An eine von mir zwei Jahre geführte Klasse stellte ich kurz vor Ende der 10. Klasse (es folgte nur noch die Lektüre einer Heiligenlegende und einiger Vagantenlieder) zwei Fragen, die die Schüler schriftlich beantworten sollten und deren Beantwortung Ausgangspunkt für ein Epoché-Gespräch wurde; es waren 23 Schüler einer 10. Klasse bei L 1. Die Fragen lauteten:

1. Welcher Autor hat bei Ihnen den stärksten Eindruck hinterlassen und warum?
2. Welcher Autor hat bei Ihnen den schwächsten Eindruck hinterlassen und warum?

Gelesen waren bis zu diesem Zeitpunkt in Klasse 9: Nepos, Alcibiades; Caesar, De bello Gallico (A); Phaedrus, Fabulae (A); in Klasse 10: Cicero, De imperio Cn. Pompei (A); Ovid, Metamorphosen (A).

---

[78] Eine Diskussion über den Sinn humanistischer Bildung an der Akademie für Lehrerfortbildung in Dillingen, an der sich auch Schüler beteiligten, hat für viele die ernüchternde Erkenntnis gebracht, daß die Schüler eigentlich nicht oder nur schwer den Sinn ihrer Lateinlektüre begreifbar machen können; *Klaus Westphalen* hat sich deshalb mit Nachdruck für eine gelegentliche „Besinnungsstunde“ in der oben dargestellten Form ausgesprochen.

Antworten auf Frage 1 (stärkster Eindruck)

Rangfolge	Autor	Stimmen	Begründung
1.	Ovid	10	interessante, sinnhaltige Geschichten, faszinierende Spiegelung auch heutiger Probleme im Mythos, aktuelle Lebensbezüge, die Menschlichkeit in den Geschichten, Identifikationsmöglichkeiten für junge Menschen, starker Einfluß auf die Kultur des Abendlandes, Bildhaftigkeit und Schönheit der Sprache, Stimmungsgehalt
2.	Phaedrus	5	abwechslungsreiche, kurze Textstücke, zeitlos gültige Darstellung menschlicher Schwächen; Kennzeichnen von typisch menschlichen Verhaltensweisen, beeindruckende Einheit von Sprache und Inhalt
3.	Caesar	5	informative und interessante Einblicke in die römische Politik (als wichtigstes Thema der Antike) sowie in die Geschichte und Strategie der Römer, Einsicht in die Bemühungen eines Volkes um Verbreitung von Kultur und Zivilisation, genaue, detaillierte, auch spannende Darstellung eines oft trokkenen Stoffes, interessanter Schreibstil, Sachlichkeit in der Darstellung von Kriegsereignissen, Kombination von Autobiographie und Rechtfertigungsbericht
4.	Cicero	2	Einblick in die römische Politik (bes. in den römischen „Imperialismus"); Wiedergabe der tiefgründigsten und interessantesten Lebenselemente des alten Rom in einem Stil von hohem Niveau; Kennenlernen von ausgefeilter Taktik der Rede
5.	Nepos	1	Einblick in Kultur und Politik der Griechen

Antworten auf Frage 2 (schwächster Eindruck)

Rangfolge	Autor	Stimmen	Begründung
1.	Cicero	10	zu geringe Aktualität des Inhalts; zu wenige Interessensanstöße durch Politik, Kriegführung und Rhetorik; zu viel Selbstlob des Autors; wenig Lebendigkeit in der sprachlichen Darstellung, zu große Übersetzungsschwierigkeiten
2.	Phaedrus	5	Fabeldichtung wenig interessant, Unwirklichkeit oder Unwahrscheinlichkeit des Inhalts, zu große, deshalb Langeweile erregende Nüchternheit der Gestaltung, Abhängigkeit vom griechischen Vorbild Aesop, zu stark moralhaltige Literatur

Rangfolge	Autor	Stimmen	Begründung
3.	Caesar	4	zu langatmige Berichterstattung, Monotonie der Darstellung durch stereotype Wiederholung, wenig Interessensanstöße bei einem trockenen Kriegsbericht, kaum Gegenwartsbezüge
4.	Ovid	3	zu wenig Aussage- und Überzeugungskraft, zu märchenhafte Gestaltung, kaum zeitgemäße Aspekte, wenig fesselnder Inhalt
5.	Nepos	1	zu komplizierte Verbindung von Biographie und Einblick in die griechische Politik (Demokratie)

Folgerung: Dieses Ergebnis läßt sich keineswegs verallgemeinern; schon gar nicht sind daraus didaktische Schlüsse zu ziehen. Doch darf vielleicht festgestellt werden: Es ist pädagogisch verfehlt, vom Schüler schlechthin zu sprechen, für den der oder der Autor untauglich sei. Interessen und Einstellungen sind offensichtlich sehr differenziert. Dichtung (Ovid und Phaedrus) nehmen – zumal bei Mädchen – einen vorrangigen Platz ein, Prosa (Caesar und Cicero) haben durchaus auch ihre Fürsprecher, wenn auch Ciceros Reden in dieser Alterstufe auf wenig Gegenliebe zu stoßen scheinen. Die Folgerung müßte sein, in den ersten Lektürejahren ein möglichst vielfältiges Autorenprogramm zu bieten, eine Beschränkung etwa auf 2 Autoren (in Klasse 10 bei L 2) ist bedenklich.

2.8.4 *Die Schlußdebatte*

Manche Themen oder Gegenstände eignen sich zur Konfrontation der Meinungen; sie sind in ihrer Bewertung auf eine dialektische Behandlung angelegt. Es hieße eine gute Gelegenheit versäumen, Schüler innerlich zu fassen, ihnen Werturteile abzuverlangen und damit ihr Wertbewußtsein zu aktivieren, wenn man hier nicht die Standpunkte Pro und Contra gegeneinanderstellen ließe, etwa:
- der Charakter des Alcibiades
- der Wert der Caesarlektüre
- die Ziele des Catilina
- die Wirkung des römischen „Imperialismus“
- die pax Augusta
- die materialistische Weltdeutung des Lukrez.

Auch hier müssen die Schüler vorher beauftragt werden, Argumente zu sammeln, für das eine und für das andere. Man soll sie freiwillig für das Pro und für das Contra sich entscheiden lassen, man kann aber auch die Klasse hälftig für die beiden Positionen aufteilen. Die Debatte, die von zwei Hauptsprechern geführt wird und in die dann die anderen mit zusätzlichen Argumenten eingreifen, ist nach der Erfahrung immer sehr lebhaft. Die Ergebnisse auch einer Schlußdebatte werden im Protokoll festgehalten.

Das Unterrichtsprojekt, wie es vorausgehend begründet und in seinen Teilen erläutert wurde, wird sicherlich in den Oberstufen-Kursen schon so oder ähnlich durchgeführt; die Handreichungen zu den Lehrplänen bzw. Rahmenrichtlinien enthalten dafür jeweils Vorgaben und Anregungen. In der Mittelstufe aber ist es weithin ein Desideratum; gerade hier aber scheint es für das Renomée und den Bestand des Faches unabdingbar notwendig; es war Absicht dieser Darstellung, dafür die didaktischen Grundlagen zu schaffen.[79] Noch mehr als der Sprachunterricht bedarf der Lektüreunterricht – schon wegen der geringen Stundenzahl – der sorgfältigen Planung. Allerdings ist „Planung nur sinnvoll, wenn die konsequente Durchführung folgt".[80] Das heißt nicht, daß auf solche Weise der Unterricht von vornherein in ein enges Korsett geschnürt wird, das alle Spontaneität, die plötzlichen Einfälle, das aus dem Augenblick kommende „Ja – so ist es auch-Erlebnis" abwürgt.[81] Im Gegenteil: Erst innerhalb eines erkennbaren, weil geplanten Interpretationsrahmens sind momentane Erkenntnisse und Erfahrungen nicht einer diffusen Beziehungslosigkeit ausgeliefert, sondern werden als sinnvoll und aus einem größeren Ganzen heraus erklärbar erfahren.

---

[79] Bei *Glücklich, H.-J.* (Hrsg.: Lateinische Lektüre. Sekundarstufe I. Themen–Texte–Ziele. – Mainz 1981) liegt der Versuch einer didaktischen Grundlegung des lateinischen Lektüreunterrichts auf der Sekundarstufe I vor.

[80] So *Schorb, A. O.*: 160 Stichworte zum Unterricht. – Bochum ^{5}1976, 8.

[81] Vgl. dazu *Öblinger, H.*: Ist Unterricht planbar? In: Lernplanung und Unterrichtsgestaltung, 15. *Schorb* (a.O.) sagt dazu: „Der Planungsgedanke steht dadurch, daß er durch sorgsames Einrechnen aller Faktoren den Lehrerfolg um jeden Preis sichern möchte, in fruchtbarer Spannung zur Idee des Unterrichts als eines freien Ereignisses und als eines unvorhersehbaren Auftauchens überraschender Bildungsgelegenheiten."

Das Überdauern wird zum Maß der Größe.
Uvo Hölscher

Rezeptionsgeschichte – eine neue Dimension des Lektüreunterrichts

Der fachliche Gegenstand und seine didaktische Begründung

Rezeptionsforschung ist ein junger Bereich der Literaturwissenschaft. Ihre Ergebnisse und Methoden sind – anders als die der Linguistik – fast gleichzeitig von Wissenschaft und Didaktik der Alten Sprachen aufgenommen worden. *Wilfried Barner*[1] und *Peter Lebrecht Schmidt*[2] seien hier stellvertretend für die Fachwissenschaft, *Karl Heinz Eller*[3] und *Udo Frings*[4] für die Fachdidaktik genannt. Diese Fachvertreter haben in eingehender Auseinandersetzung mit dem schwierigen und keineswegs auch nur annähernd geklärten Forschungsbereich Überlegungen angestellt, inwieweit Fragestellungen und methodische Prinzipien auf Latein und Griechisch übertragbar sind bzw. welchen Gewinn der Unterricht in diesen Fächern aus den wissenschaftlichen Neuansätzen gewinnen kann.

Fest steht heute schon, daß auf diesem Gebiet in einer Wechselwirkung von Universität und Schule Ergebnisse erarbeitet wurden, die sich über die theoretische Literatur hinaus in die unmittelbare Praxis umgesetzt haben – durch Berücksichtigung in den Sprachbüchern, Lektüreausgaben, Unterrichtsvorschlägen, in den Lehrplänen und Rahmenrichtlinien. Erkennbar wurde aber auch: die modernen Ziele sind in vielerlei Hinsicht schon im herkömmlichen Unterricht so oder ähnlich verfolgt worden (Stichwort: Wirkungsgeschichte); sie sind nun jedoch in einen umfassenden, außerfachlich vorgegebenen Begründungs- und Systematisierungszusammenhang gekommen, so daß ihre Berechtigung im Unterricht eher einsichtig wird und ihre Verwirklichung mit stärkerer Konsequenz erfolgt. Tradition und Fortschritt haben sich hier – wie wohl auf keinem anderen Gebiet – zu einer fruchtbaren Einheit verwoben.

Es ist nicht möglich, auf diesem engen Raum die theoretischen Grundlagen der Rezeptionsforschung ausführlich zu erörtern; es sei hier vor allem auf die umfassende Einzelstudie von *Frings* verwiesen.[5] Um allerdings den Stellenwert dieses Bereichs

---

[1] Wirkungsgeschichte und Tradition. In: *Grimm, G.* (Hrsg.): Literatur und Leser. – Stuttgart 1975, 85ff., und: Neuphilologische Rezeptionsforschung und die Möglichkeit der klassischen Philologie. In: Poetica 9 (1977), 499ff.

[2] (Hrsg.): Rezeptionsgeschichte I. AU XXI 1 (1978) und: Rezeptionsgeschichte II. AU XXIII 6 (1980).

[3] Antikenrezeption, Nachwirkung, Literaturvergleich. In: *Höhn, W./Zink, W.* (Hrsg.): Handbuch für den Lateinunterricht, Sekundarstufe II. – Frankfurt/Berlin/München 1979, 266–284.

[4] Zauberwort Rezeption. Kritische Anmerkungen aus der Sicht der Didaktik der Alten Sprachen. In Reihe: Orientierung, Schriftenreihe für Lehrerfortbildung, Heft 7. – Aachen 1982. Auch: Antike-Rezeption im altsprachlichen Unterricht. Auxilia 9. – Bamberg 1984. Hier liegt die gründlichste fachdidaktische Auseinandersetzung mit dem Gegenstand vor.

[5] S. Anm. 4. Vgl. auch *Nickel, R.*: Einführung in die Didaktik des altsprachlichen Unterrichts. – Darmstadt 1982, 94ff.

innerhalb der altsprachlichen Literaturdidaktik auszumachen, erweist es sich als nötig, die wichtigsten Elemente dieser Theorie verkürzt, holzschnittartig, in Auswahl und schon auf die Bedürfnisse des Unterrichts zugeschnitten darzustellen, übersichtlich und leicht faßbar.[6] Erst wenn solcher theoretischer Boden gelegt ist, läßt sich die Bedeutung des Gegenstandes für den Lektüreunterricht ausreichend diskutieren.[7]

1 Theoretische Grundlagen der Rezeptionsforschung

1.1 ‚Gegenstände' der Rezeptionsforschung

Im Zentrum der Rezeptionsforschung steht der Leser, der das Werk eines Autors aufnimmt oder auf den hin ein Werk geschrieben ist. Der Autor wird nur in der Weise ins Kalkül genommen, wie es in seinem Verhältnis zum Leser bedeutsam wird. Der Leser ist demnach als Forschungsgegenstand entdeckt worden; der Sammelband „Literatur und Leser"[8] ist dafür sprechendes Zeugnis. Der zentrale Teil der ‚Rezeptionsforschung' kann deshalb auch als ‚Leserforschung' gekennzeichnet werden. Diese unterscheidet verschiedene Lesertypen.[9] Die beiden für unseren Zusammenhang wichtigsten Typen seien hier kurz angedeutet.

1. Der *realhistorische Leser* (L 1-Leser), den ein Werk im Laufe der Zeit, gegebenenfalls in Jahrhunderten, gefunden hat; dieser Leser tritt von außen an den Text heran; er ist nicht in ihm enthalten. Man nennt ihn auch „textextern". Damit sind all jene Leser erfaßt, die je das Werk lasen bzw. lesen. Wir wissen allerdings nur von solchen realhistorischen Lesern, die aktiv auf das Werk in irgendeiner Weise – in Text, Bild, Ton – reagiert haben bzw. reagieren. Der sog. passive Leser muß, da von ihm keine Reaktion greifbar ist, notgedrungen außer Ansatz bleiben.
2. Der *abstrakte, ideale Leser* (L 2-Leser), der vom Autor für das Erfassen seines Werkes vorausgesetzt wird. Darunter versteht man also einen Leser, der das Werk/den Text im Sinne des Verfassers aufnehmen wird/soll. „Dieser Leser ist eine

---

[6] Auf alle problematischen Punkte, etwa die Unterscheidung von Rezeption und Wirkung und die daraus resultierenden Überlegungen, kann hier ebenso wenig eingegangen werden wie auf die jetzt schon fast unübersehbar gewordene Literatur zu diesem Forschungsgebiet. Eine Auswahlbibliographie (s. 291f.) kann den interessierten Leser weiterführen.

[7] Hilfreich waren mir für diesen knappen Abriß neben den Arbeiten von *Frings* und *Eller* vor allem *Link, H.*: Rezeptionsforschung. Eine Einführung in Methoden und Probleme. – Stuttgart 1976; *Schober, O.*: Literaturunterricht und Rezeptionsanalyse. In: *Payrhuber, F.-J./Weber, A.* (Hrsg.): Literaturunterricht heute – warum und wie? – Freiburg 1978, 104ff. Ebenso *Suerbaum, W.*: Rezeptionsforschung und Alte Sprachen. Unveröffentlichtes Referat, gehalten vor Seminarlehrern Bayerns an der Akademie für Lehrerfortbildung in Dillingen, Oktober 1980 (für dessen Überlassung ich dem Verfasser zu danken habe). Weitere Literatur *suo loco* und im Literaturverzeichnis, S. 291f.

[8] Hrsg. von *Gunter Grimm*. Untertitel: Theorien und Modelle zur Rezeption literarischer Werke. S. Anm. 1, S. 2. *Udo Frings*, a.O., 6: „Die Entdeckung des Lesers ist eine wesentliche Leistung der Rezeptionsforschung."

[9] Vgl. dazu bes. das Kap.: „Die Erforschung der Leserinstanzen", bei *Link, H.*, a.O., 41ff., und *Frings, U.*, a.O., 7ff.; siehe auch *Barner, W.*: Rezeptions- und Wirkungsgeschichte. In: Literaturwissenschaft. Grundkurs 2 (hrsg. von *Brackert, H./Stückrath, J.*). – Hamburg 1981, 102ff.

textimmanente Größe"[10], er existiert nur idealiter, er ist im Text enthalten, verborgen. Man nennt ihn auch „implizit". Wir wissen von ihm nur insofern, als er aus den Gegebenheiten des Werkes erschließbar ist.

Beim Lesertyp 1 ist demnach zu fragen, wie ein Werk von bestimmten Lesern in einer historischen Situation aufgenommen wurde, beim Lesertyp 2, welcher Leser vom Autor vorausgesetzt wird. Die erste Frage versucht man zu beantworten, indem man Äußerungen von Lesern über das Werk oder jede Art von Nachgestaltungen heranzieht, die zweite Frage, indem man aus der inneren Struktur und Aussage des Werkes Schlüsse zieht. Wenn auch in diesem Punkte noch keine communis opinio erreicht ist, so kann man wohl denjenigen Forschungsbereich, der sich mit dem L1-Leser befaßt, mit dem Begriff „Rezeptionsgeschichte" bezeichnen, mit dem Begriff „Rezeptionsästhetik" denjenigen, der sich mit dem L2-Leser befaßt.[11]

Im Schema:

	Lesertyp	Untersuchungsfrage	Untersuchungsmethode	Forschungsbegriff
Autor (Werk) ↗	L 1-Leser: historisch-real	Wie wurde ein Werk von Lesern in verschiedenen Zeiten aufgenommen?	Erschließen aus Äußerungen über das Werk oder aus Nachgestaltungen	Rezeptions geschichte
Autor (Werk) ↘	L 2-Leser: abstrakt -ideal	Welcher Leser wird vom Autor für sein Werk vorausgesetzt?	Erschließen aus dem Werk selbst	Rezeptionsästhetik

Die Rezeptionsgeschichte, als historisch rekonstruktive Forschungsabsicht, hat es mit den konkreten Produkten zu tun, die Menschen unter dem Einfluß der Texte, oftmals von ihnen provoziert, zuweilen in einem „verpflichtend agonalen Verhältnis zur Antike" geschaffen haben. Die Faßbarkeit solcher Rezeptionsdokumente ist Grund für ihre unterrichtliche Verwendbarkeit. Insofern ist Rezeptionsgeschichte ein auch für die Didaktik ergiebiger Forschungsbereich. Der Leser als realer Rezipient „ist für eine an der Rezeptionstheorie orientierte Literaturdidaktik die entscheidende Größe", wie *Udo Frings* richtig feststellt.[12]

---

[10] So *Frings, U.*, a.O., 7.

[11] „Während die Rezeptionsgeschichte am realen Leser (meist: dem lesenden und produzierenden Autor) interessiert ist, richtet sich das Interesse der Rezeptionsästhetik auf den ‚impliziten', den im Text verborgenen Leser." So *Frings, U.*, a.O., 3.
Ähnlich: *Schmidt, P.L.*: Rezeptionsgeschichte II. AU XXIII, 6 (1980), Einführung, 3: Er unterscheidet „die intendierte Funktion der Texte als Inbegriff der Rezeptionsästhetik" und „das von einem zeitgenössischen oder späteren Publikum u. U. ganz anders und je verschieden konkretisierte Sinnpotential der Texte (= Rezeptionsgeschichte)".

[12] a.O., 6.

Die Rezeptionsästhetik, die den „poetologisch-hermeneutischen Aspekt der Beziehung Text – Leser" *(H. Flaschka)*[13] untersucht, arbeitet, da eben diese Beziehung im abstrakten Raum angesetzt ist, mit schwer verifizierbaren Hypothesen. Diese Abstraktheit des wissenschaftlichen Vorgangs macht seine Umsetzung in schulpraktische Zielsetzungen schwierig, schon im Bereich der Germanistik[14], noch mehr in dem der Fremdsprachen.
Da wir nach dem jetzigen Forschungsstand nur aus den Ergebnissen der Rezeptionsgeschichte eine sinnvolle Bereicherung des altsprachlichen Unterrichts erwarten, (noch?) nicht aber aus denen der Rezeptionsästhetik,[15] sollen im folgenden nur die wissenschaftlichen Aspekte der Rezeptionsgeschichte – immer verkürzt und im Blick auf die didaktische Umsetzung ausgewählt – behandelt werden.

1.2 **Die ‚Gegenstände' und Beurteilungsperspektiven der Rezeptionsgeschichte**

Wir halten zunächst fest, worauf das Erkenntnisinteresse bei rezeptionsgeschichtlicher Forschung gerichtet ist.

1. Sie will das Originalwerk, von dem die Rezeptionen veranlaßt worden sind, durch Vergleich mit diesen (als Nachgestaltungen, Umgestaltungen u. ä.) besser verstehen lernen (z. B. Ovids Metamorphosen, Vergils Aeneis, Sophokles' König Ödipus). Insofern ist die Forschung in dieser Richtung eher *objektorientiert*.
2. Sie will den historischen Leser, seine persönliche Auseinandersetzung mit dem Werk in einer bestimmten Zeit und unter bestimmten gesellschaftlichen Bedingungen sowie die eventuell sich daraus ergebende schöpferische Leistung erkennen und besser verstehen lernen (z. B.: Wer hat den Orpheus-Mythos oder die Geschichte von Narziß und Echo nach-/umgestaltet oder verwendet? Wann und warum? Warum hat *Strawinsky* den *Oedipus rex* so und nicht anders gestaltet?) Insofern ist die Forschung in dieser Richtung eher *subjektorientiert*.

Reaktionen auf originale Werke, welche die Rezipienten zeigen, nennt man, wie gesagt, Rezeptionen; sie sind konkret vollzogene Produkte von Literatur und sonstiger Kunst; deshalb werden sie auch „Konkretisationen" genannt.[16] Auf das Verhältnis von Originalwerk und die dadurch bedingten Rezeptionen/Konkretisationen kann aus zwei verschiedenen Beurteilungsperspektiven eingegangen werden:

---

[13] Rezeptionsästhetik im Literaturunterricht. Eine Einführung in Schwerpunkte der Theorie. In: Mitteilungen des Germanistenverbandes 24, 1 (1977), 35ff. und 24, 2 (1977), 36ff.

[14] Vgl. etwa *Lecke, B.*: Rezeptionsästhetik und Literaturdidaktik. In: Diskussion Deutsch 41 (1978), 205ff.; *Schober, O.*: Studienbuch Literaturdidaktik. Neuere Konzeptionen für den schulischen Umgang mit Texten. Analysen und Materialien. – Kronberg/Ts. 1977, bes. 207ff.: „Literaturdidaktik in Orientierung an Rezeptionsmodellen".

[15] Daß aber die Didaktik auch das Feld der Rezeptionsästhetik nicht aus dem Blick verlieren darf, steht außer Zweifel: „Wenn es der Didaktik jedoch gelänge, den literaturwissenschaftlich-rezeptionsästhetischen Ansatz so zu entfalten und in den altsprachlichen Unterricht zu integrieren, daß die fachspezifischen Eigentümlichkeiten, wie z. B. die Antikebezogenheit und die gründliche Einzelinterpretation nicht aufgegeben, sondern weiterhin unterrichtlich genutzt werden können, dann dürfte er einen unbezweifelbaren didaktischen Gewinn darstellen." So *Nickel, R.,* Einführung in die Didaktik, 96.

[16] Vgl. dazu bes. *Link, H.,* a.O., 8ff.

1.2.1 *Beurteilen nach dem Verhalten der Rezipienten*

Je nachdem, wie eng oder frei sich ein Rezipient seinem Original gegenüber verhält, lassen sich in der Hauptsache drei Formen von Konkretisationen unterscheiden:

a) die **reproduzierende Konkretisation,** also die Rezeption eines älteren Werkes, die nur ein bloßer Nachvollzug dieses Werkes sein will, demnach nicht die Absicht verfolgt, etwas Eigenes zu bieten (z. B. Übersetzung, Kommentar, philologische Interpretation, etwa die Tusculum- oder Artemisübersetzungen, *Franz Bömers* Metamorphosen-Kommentar, *Karl Büchners* „Studien zur römischen Literatur").

b) die **produktive Konkretisation,** also die Rezeption eines älteren Werkes, die zur Schöpfung eines eigenen Werkes führt, das auch als solches verstanden sein will (z. B. Nachdichtung, Dramatisierung eines Epos, Vertonung, bildhafte Gestaltung, Verfilmung, etwa die zahlreichen Medea-Dramen, Vertonungen des Orpheus-Mythos, die Illustrationen der Aeneis, die Verfilmung von Petrons Cena Trimalchionis).

c) die **synthetische Konkretisation** als eine besondere Form der Rezeption, bei der mehrere Rezeptionszeugnisse (Rezeptionsdokumente) in einem neuen Rezeptionsvorgang, nämlich dem des Vergleichens, auf das ältere Werk, in der Regel das Originalwerk, bezogen werden. Dieses Nebeneinanderstellen (συντιθέναι) der Dokumente macht diese selbst besser verstehbar und läßt das Original in seinen Konturen schärfer fassen[17] (z. B. Vergleich verschiedener Texte oder Bilder zum Ovidischen Ikarus-Mythos; Vergleich von Vertonungen der Didois, Vergleich von Übersetzungen, etwa zu Catulls *odi et amo*[18]).

1.2.2 *Beurteilen nach dem Grad der Werktreue*

Umgekehrt lassen sich die Rezeptionen/Konkretisationen auch einteilen nach dem Grad, wie in ihnen die Werkintention berücksichtigt ist. Vier Formen sind hier bedeutsam:

a) **Die adäquate Rezeption/Konkretisation im engeren Sinne** bezeichnet (was nur im Idealfall denkbar, realiter also nie erreichbar ist) „Nachvollzug oder Rekonstruktion"[19] der vom Autor im Werk angelegten Absicht. Das Bemühen der Klassischen

[17] Dazu *Link, H.*, a.O., 157: „Voraussetzung für eine synthetische Konkretisation ist, daß ihr Subjekt eine Kenntnis mehrerer Konkretisationen hat, die es vergleichen und miteinander in Verbindung setzen kann." Sie stellt sich demnach dann ein, wenn „der Rezipient (sprich: Lehrer, Schüler, Leser) mehrere frühere Konkretisationen, mehrere andere Rezeptionsdokumente kennt und sie vergleicht, und zwar vergleicht untereinander und mit dem Werk selber." So *Suerbaum, W.*: Rezeptionsforschung, 9. Die dabei in Gang gesetzte "Reflexion wird fortwährend den Text mit dem vergleichen, was in unterschiedlichen historischen Situationen in der Rezeption aus ihm gemacht worden ist. Sie führt daher zu einer intensiven Beschäftigung mit dem Text als auch zur Einsicht in die historisch variablen textinternen Bedingungen und Rezeptionen." (*Link, H.*, a.O., 157).

[18] Ein anschauliches Beispiel derartiger synthetischer Konkretisation liegt vor bei *Offermann, H.*: Zur Catull-Lektüre. Verstehen durch Vergleichen. In: Lateinische Dichterlektüre II. Auxilia 5. – Bamberg 1982, 58ff.

[19] So *Link, H.*, a.O., 142.

Philologie z. B. war seit je darauf aus, möglichst werktreu die überlieferten Gegenstände zu erfassen. Demnach sind die Übersetzungen, Kommentare, philologischen Interpretationen so zu verstehen.[20]

b) **Die adäquate Rezeption/Konkretisation im weiteren Sinne** erfaßt die sich aus der Komplexität eines Werkes ergebende, aufgrund des „inhärenten Sinnpotentials",[21] der sog. „Rezeptionsvorgabe", vorliegende (aber dem Autor bei der Abfassung nicht oder nicht voll bewußte) Deutungsmöglichkeit des Gesamtwerkes oder von Teilen des Werkes;[22] diese anderen Deutungen sind in der Regel bedingt durch die historisch veränderten Sichtweisen der Rezipienten; denn jedes Werk ist im Grunde offen für verschiedene Interpretationen[23] (vgl. die moralische Auslegung der Ovidischen Metamorphosen im Mittelalter oder die pazifistische Aeneis-Deutung in der sog. Two-Voices-Theorie).

c) **Die anschließende Rezeption** oder **„Anschließung"** geht nicht mehr primär vom Originalwerk aus, sondern kommt, orientiert an einem „bereitgehaltenen Erfahrungsraster" des späteren Lesers, von außen an das Werk heran; sie will Vorurteile, Meinungen, Erkenntnisse, Vorstellungen an scheinbar oder wirklich passende Aussagen des Originaltextes „anschließen"; sie weist dem Text also Belegcharakter zu; er soll bestimmte Bedürfnisse oder Erwartungen erfüllen (z. B.: Wo findet man den Urtraum des Menschen zu fliegen, die Auferstehungserwartung, Jenseitsvorstellungen, das Freiheitsmotiv in antiken Texten belegt?).[24]

d) **Die dialogische Rezeption** zielt darauf ab, die Sinngebungen des Autors, die man zu erkennen versucht, mit den eigenen Vorstellungen zu verbinden, so daß ein „Gespräch" (Dialog) zwischen Autor und Rezipienten zustande kommt. Das Gegeneinanderstellen von antiker Auffassung und modernen Normen führt nicht selten zum Konflikt („Normenkonflikt"), so daß sich der Lesende zu einer eigenen Stellungnahme aufgefordert fühlt. In dieser Form der Rezeption wird die provokatorische Kraft, der Appellcharakter des antiken Textes, der in seiner Aussageabsicht ernst genommen wird, am schärfsten zur Geltung gebracht; denn hier stellen sich die Fragen: Was ist wahr für mich? *Quid ad me?* von selbst. „Konkretisation" bedeutet hier nach *Irmgarden* auch „mitschöpferische Tätigkeit".[25] Der Text wird

---

[20] „Von vielen Wissenschaftlern, die normativ denken", wird die adäquate Konkretisation im engeren Sinne „als einzige überhaupt akzeptale Konkretisation aufgefaßt. Insbesondere in der Klassischen Philologie scheint mir das Erkenntnisziel einseitig das der adäquaten Konkretisation im engeren Sinne zu sein." So *Suerbaum, W.*, Rezeptionsforschung, 9.

[21] *Link, H.*, a.O., 145.

[22] Spätere Konkretisationen bringen „aufgrund historisch motivierter Dominantenverschiebungen möglicherweise Aspekte der komplexen Werkstruktur zur Geltung, die dem Autor bei der Abfassung selbst nicht bewußt waren." So *Link, H.*, a.O., 144.

[23] „Kriterium für die Adäquatheit im weiteren Sinne ist also die Beschaffenheit des Textes, seine Lesbarkeit (‚Lesbarkeit' soll offenbar heißen: die Möglichkeit, die eine unter vielen Möglichkeiten ist, ein Werk so zu lesen)". So wiederum *Suerbaum, W.*, a.O., 10.

[24] Vgl. dazu *Link, H.*, a.O., 145; es gehe dabei „um die Anschließbarkeit des Textes an vom Leser bereitgehaltene Erfahrungsraster". „Auf seiten des Rezipienten entspricht dem eine Konsumhaltung, die den Text nicht eigentlich als Kommunikationsangebot auffaßt, sondern darauf aus ist, ihn für sich zu (ver-)brauchen."

[25] Zitiert bei *Frings, U.*, a.O., 9.

zum Denkanstoß im Sinne des von uns definierten ‚Denkmodells' (z. B. der Normenkonflikt zwischen den Vorstellungen vom hybrisstrafenden Gott der Antike und vom christlichen Gott der Liebe und Barmherzigkeit).[26]

2 Rezeptionsgeschichte in fachdidaktischer Beurteilung

Die Fachdidaktik als Instanz, die neue Gegenstände der Wissenschaft auf ihre Bedeutung für den Unterricht zu überprüfen und, sofern das Urteil positiv ausfällt, in geeignete Unterrichtsprojekte umzusetzen hat, legte schon an vielen Stellen Untersuchungsergebnisse in diesem Forschungsbereich vor.[27] Wir versuchen, diese in einen überschaubaren Begründungszusammenhang zu bringen und daraus eine Konzeption für die Aktualisierung der Rezeptionsgeschichte im Unterricht zu erarbeiten. Zunächst ist allerdings die Frage zu klären, inwiefern der Einsatz von Rezeptionsdokumenten aus entwicklungs- und lernpsychologischen Gesichtspunkten zu rechtfertigen ist.

2.1 Entwicklungs- und lernpsychologische Begründung

Die Erkenntnis von *Jerome S. Bruner,* daß das heranwachsende Kind sich im Laufe seiner Entwicklung von einer handlungsorientierten Erfahrung und von Anschauungsbezogenheit allmählich löst und langsam zu einem auf Symbole gestützten Denkverhalten kommt, ist offensichtlich unangefochten.[28] Das *Brunersche* „Wachstumsmuster", das auf den Stufen der enaktiven, ikonischen und symbolischen Repräsentation aufbaut, ist weithin in den didaktischen Konzepten aller Fächer, in allen Schulgattungen, zugrunde gelegt – demnach auch und gerade in den Sprach- und Literaturfächern.

Sprache als symbolisches System fordert und fördert erwiesenermaßen die höchste Repräsentationsform: das Denken in Symbolen. Im Umgang mit ihr kommt der Schüler, da Sprechen und Denken in einem unauflösbaren Zusammenhang stehen, zur Abstraktionsfähigkeit und Theoriebildung.[29] Latein als verhältnismäßig logisch, d. h. in einem geordneten Kategoriensystem (freilich erst im nachhinein durch die Grammatiker)[30] aufgebaute Sprache, leistet die Aufgabe, wenn schon nicht den Lernenden zum

---

[26] Vgl. *Suerbaum, W.*: Rezeptionsforschung, 13: „Heute glaubt man nicht mehr an die Verbindlichkeit der Antike, sondern sieht in den in den griechischen und lateinischen Literaturwerken enthaltenen Aussagen und Normensystemen ein Modell, eine unter mehreren oder vielen Möglichkeiten, die Welt oder ihre Teile zu verstehen. Mit diesem Modell heißt es dann, sich auseinanderzusetzen, und die Frage: ‚Was war wahr für den historischen Autor' zu transzendieren durch die Frage ‚Und was ist wahr für uns?'"

[27] Auf diese wird nachfolgend, soweit in diesem Rahmen möglich, näher eingegangen.

[28] Dazu ausführlich Bd. 1, 57ff.

[29] Vgl. Bd. 1, 172ff. Am eingängigsten zum Verhältnis von Sprache und Denken ist gehandelt von *Whorf, B.*: Sprache, Denken, Wirklichkeit. Beiträge zu Metalinguistik und Sprachphilosophie, [4]1982, 7ff.

[30] Vgl. dazu etwa *Latacz, J.*: Die Entwicklung der griechischen und lateinischen Schulgrammatik. In: *Gruber, J./Maier, F.*: Fachdidaktisches Studium in der Lehrerbildung. Alte Sprachen, Bd. 1. – München 1979, bes. 195ff.

logischen Denken zu bringen, so doch „die logische Qualität seines Denkens“[31] zu verbessern. In der Mittelstufe/SI ist demnach die Arbeit am Text sowie seine Übersetzung und gedankliche Erschließung ganz im Sinne der angestrebten geistigen Entwicklung des reifenden Schülers. Reflexionsfähigkeit ist ein Kernziel schulischer, zu allererst gymnasialer Bildung.[32]
Die moderne Psychologie hat jedoch auch erkannt, daß eine einseitige Betonung des Intellekts zur unausgeglichenen, krankheitsanfälligen Person führt.[33] Der Vorwurf an die Schule, sie würde die kognitiven Fähigkeiten überbetonen, die emotionalen Seiten des Menschen vernachlässigen („emotionale Austrocknung“) konkretisiert sich für den mit literarischen Texten arbeitenden Unterricht in der Formel von der „Verkopfung des Literaturunterrichts“.[34] Man hat – zumal von seiten der davon betroffenen Fächer – die drohenden Gefahren längst erkannt; man berücksichtigt dabei auch, daß von den eigentlich musischen Fächern wie Kunst, Musik (oder auch Sport), da auch diese die theoretischen Komponenten überstark betonen, kein ausreichender Ausgleich zu erwarten ist. Die Unterrichtsforschung stellt deshalb gerade in letzter Zeit die „affektiven Lernziele“ allgemein sehr viel stärker in den Vordergrund.[35] Die geistes- und kulturgeschichtlichen Fächer suchen nach neuen Wegen, die gefühlsmäßigen Kräfte im Unterricht mitzuerfassen. Sie kommen damit einer Zielsetzung entgegen, die sich aus der Analyse der zeitkritischen Literatur als ebenbürtig neben der „Reflexionsfähigkeit“ zu erkennen gegeben hat: der Förderung der „Fähigkeit zur Meditation oder Kontemplation“.[36]

---

[31] Das anerkennt am Lateinischen der Soziologe *Hans Paul Bahrdt*: Die alten Sprachen im heutigen Gymnasium – Statussymbol oder Bildungsgut? In: Neue Sammlung 3 (1979), 273ff.
[32] Dazu o. 65, 86 ausführlicher.
[33] Man vgl. etwa: *Affemann, R.*: Lernziel Leben. – Stuttgart 1976, 124: „Folge der gegenwärtigen Überbetonung des Rationalen, des Reflektierens, des Wissens, des Machens, des Nützlichen, des Rationellen ist eine Vernachlässigung emotionaler Wirklichkeiten.“ Das führe zur „seelischen Unterernährung des Kindes“.
Allgemein dazu: *Fromm, E.*: Haben oder Sein. – Stuttgart 1980, 144; er weist darauf hin, welche „tragischen Folgen“ ein „rein wissenschaftlicher, entfremdeter Intellekt für die Persönlichkeit eines Menschen haben kann.“ Das Vergnügen an Musik, Dichtung und bildender Kunst werde gelähmt, die Gefühlsseite unserer Natur geschwächt, was einen Verlust des Glücks mit sich bringe. Heute sei „die Trennung des Verstandes vom Herzen fast vollständig“. „Die Herrschaft des rein verstandesmäßigen, manipulativen Denkens entwickelt sich parallel zu einem Schwund des Gefühlslebens.“
[34] *Hans Kügler* (Lernen – Kommunizieren – Verstehen. Kritische Bemerkungen zum praktischen Gebrauch einiger Schlüsselbegriffe der Literaturdidaktik. In: Literaturunterricht heute – warum und wie? (hrsg. von *Payrhuber, F.-J./Weber, A.*, 29), spricht davon, daß der „schulische Textumgang“ „emotional ausgetrocknet“ sei. Er plädiert für eine „starke affektive Teilhabe am Rezeptionsprozeß“. Vgl. *Berker, K./Riemenschneider, H.*: Literatur und Fachdidaktik. – Düsseldorf 1973, 36ff.
[35] Vgl. etwa *Schießl, O.*: Affektive Lernziele in der Lehrplanarbeit. In: Plädoyer für Erziehung (hrsg. vom Staatsinstitut für Schulpädagogik). – München 1975, 130ff., und *Weber, A.*: Grundlagen der Literaturdidaktik, 86ff. Für den altsprachlichen Unterricht s. *Krefeld, H.*: Affektive Lernziele im Lateinunterricht. In: Gymnasium 84 (1977), 291ff. Siehe o. 45, 103, 191ff.
[36] Dazu genauer o. 65, 87, 92f.

2.1.1 *Unterrichtsprinzip: Optische und akustische Verlebendigung*

'Psychische Erosion', die Verdorrung der seelischen Kräfte, als Folge einer vereinseitigten Betonung des Intellekts ließen, so hat man erkannt, im jungen Menschen das Empfinden für das Schöne in Natur und Kunst schwinden, weil sich zwischen Seele und Wirklichkeit stets die dunkel getönte Scheibe des Denkens schiebt. Die Psychologie spricht hier von „Rationalisierung" des Erfahrenen.[37] Der junge Mensch läuft Gefahr, das Erleben zu verlernen im Sehen und Hören – eine lebensnotwendige Fähigkeit, da das Leben auch eine ästhetische Qualität besitzt.

Man muß gewiß auch die Kehrseite sehen: die optische und akustische Versklavung an Bild und Ton (Film, Fernsehen, Comics, Musikbox, tragbare Tonkassetten, sog. walkmen u. ä.), verbunden mit der Gefahr einer geistigen Verarmung, insofern der junge Mensch sich nicht aus der Augenblicksstimmung freimachen kann für die Erkenntnis tieferer Zusammenhänge, für ein Sich-Bewußtwerden von Wert- und Sinnbezügen. Die Bindung an nur visuelle und akustische Eindrücke entfremdet den Menschen „der Kultur des gedruckten Wortes".[38] Eine zu starke Betonung des Emotionalen kann also gleichfalls zur Vereinseitigung führen, letztlich zu unkontrolliertem Verhalten; sie macht den jungen Menschen auch ideologieanfällig.

Affektive und kognitive Lernziele, emotionale und rationale Erziehung müssen in einem ausgewogenen Verhältnis zueinander stehen.[39] Die Übersetzungsarbeit verlangt harten intellektuellen Einsatz, läßt aber kaum – zumindest nicht spontan – Identifikationswirkungen zu, die im emotionalen Bereich eintreten. Der Lernende wird während der Lektüre in der Regel auf Distanz gehalten zu dem, was in den Texten steht. Doch ohne das „Ja-so-ist-es-auch-Erlebnis" der Identifikation ist Textlektüre langfristig nicht durchzuhalten. Betroffenheit, unmittelbares Angesprochensein, Zusage, Affinität, inneres Angerührtsein, Anteilnahme müssen sich verbinden mit der Reflexion, dem 'Zurückbiegen' des Geistig-Erfaßten auf den eigenen Kenntnisstand. Das „Erleben aus dem Bauch", wie die Psychologen sagen, das Spontane, Unmittelbare, sollte die Akte des Erkennens und Einsehens unterbrechen und ergänzen. Reflexion und Identifikation müssen in einem Wechselverhältnis zueinander stehen. Im „Zusammenspiel" beider sollten „der Reichtum eines Textes und seine besonderen Bedingtheiten dem Nachdenken und Erleben" erschlossen werden, wie *Willibald Heilmann* betont.[40]

---

[37] Das ist zwar ein von *Freud* geprägter Begriff der Psychoanalyse, mit dem negative Erfahrungen, Frustrationen mit plausiblen, logisch akzeptablen Gründen erklärt werden; insofern aber damit auch die Verdrängung von Gefühlen, zu allererst von negativen, versucht wird, hat diese Erscheinung für die Pädagogik allgemein und insbesondere für die der Literaturbegegnung eine wichtige Bedeutung. Vgl. dazu etwa *Corell, W.*: Einführung in die pädagogische Psychologie. – Donauwörth [2]1962, 246ff.

[38] Vgl. *Bell, D.*: Die Zukunft der westlichen Welt. – Frankfurt 1976, 130ff.

[39] S. dazu *Affemann, R.*: Lernziel Leben, 128ff. *Paul Barié* (Canere aude! In: AU XXII 5, 1979, 73ff.) erkennt zwar die altsprachlichen Fachleistungen im Bereich von Abstraktion und Sprachreflexion als nötig und fachlegitimierend an; doch gibt er mit Recht zu bedenken: „Das hohe Lernziel der Sprachreflexion ist zwangsläufig mit einem Verlust an Spontaneität und Unmittelbarkeit erkauft. Dem kognitiven Überhang entspricht exakt ein emotionales und affektives Defizit und eine psychomotorische Unterforderung unserer Lateinschüler."

[40] Reflexion und Identifikation im Lateinunterricht (noch unveröffentlichter Aufsatz, für dessen Überlassung ich dem Verfasser danke).

Identifikation gründet auf Eindrücken; sie ist demnach angewiesen auch auf unmittelbare Vorstellungen von dem, was in den antiken Texten erfahren wird. Die unterstützende Wirkung des **Bildes** ist nötig.[41] „Kein anderes Zeugnis, kein Text aus der Vergangenheit vermag wie das Bild eine derart unmittelbare Vorstellung der Welt zu vermitteln, in der andere Menschen zu anderen Zeiten lebten."[42] Das „Sehen-Können" unterstützt Lernen und Verstehen von der emotionalen Grundlage her. Das didaktische Konzept des *orbis pictus* von *Amos Comenius,* nämlich der Versuch, „die anschauliche Vermittlung der ganzen Wirklichkeit über eine Kombination von Bildern und Begriffen" zu ermöglichen (ursprünglich am Lateinunterricht orientiert), hat bis heute seine allgemeine Gültigkeit nicht verloren.[43] Lernen soll danach den ganzen Menschen erfassen. Das Prinzip der Anschaulichkeit, also das Anbahnen emotionaler Bindungen über das Bild u. ä., ist im lateinischen Sprachunterricht längst verwirklicht.[44] Die Literaturdidaktik sucht – in letzter Zeit erfolgreich – nach neuen Wegen, dieses Prinzip auch bei der Originallektüre zur Geltung zu bringen, durch Einsatz von Bildern, Graphiken, Dias, Collagen, Film u. ä. m.[45]

Die Literaturbegegnung kann und sollte auch durch das **Hören** unterstützt werden. Lateinische Literatur, in der Antike stets auch durch den Vortrag an den Leser vermittelt, lebt eigentlich als Poesie und Kunstprosa von der Aktualisierung des Wortes: durch Klang, Tonfall, Artikulation, Rhythmus usw. Die lateinische Literatur ist, wie *Glücklich* sagt, „aus dem Geist der Rhetorik konzipiert".[46] Wo immer Texte in gesprochene oder vertonte Form gebracht sind, empfehlen sie sich deshalb für den Einsatz im Unterricht. Allerdings muß das konzentrierte Hinhören auf den gesprochenen Text oder auf seine Umsetzung in Musik gelernt und geübt sein. Das Vergleichen wird zur geplanten Aufgabe: Immer muß das Tondokument auf das textliche Original hin bewertet werden, eine Aufgabe, die oft nur in Zusammenarbeit mit dem Musiklehrer geleistet werden kann. Schallplatte, Kassette, Schulfunksendung u. ä. bieten die Chance, den ‚trockenen' Text lebendig zu machen, ihm Atmosphäre zu geben, wovon sich die Schüler erfahrungsgemäß erfassen lassen. Die musikalische Gestaltung eines Textes trifft stärker als jede Interpretation in Worten. „Dem Mann muß die Musik Feuer aus dem Geist schlagen!" meinte *Ludwig van Beethoven.*[47] Wo Sprache in

---

[41] Dazu *Heilmann, W.,* Reflexion und Identifikation, 27: „Wenn der Unterricht Identifikation ermöglichen will, ist es . . . von besonderer Wichtigkeit, daß die Beziehung der Sprache zur außertextlichen Welt aufgezeigt wird. Das geschieht, indem Voraussetzungen von Texten geschildert, Vorgänge erläutert werden und Anschaulichkeit, wo immer es möglich ist, durch Bilder und deren Besprechung angestrebt wird."

[42] So *Berger, J.*: Sehen. Das Bild der Welt in der Bilderwelt. – Hamburg 1974, 10.

[43] So *Hartwig, H.*: Sehen lernen, Bildgebrauch und Zeichnen – Historische Rekonstruktionen und didaktische Perspektiven. In: Sehen lernen (hrsg. von *Hartwig, H.*). – Köln 1976, 64f.

[44] S. dazu Bd. 1, 37ff.

[45] S. dazu bes. *Steinhilber, J.*: Medienhandbuch zum Lateinunterricht. Auxilia 6. – Bamberg 1982; etwa Stichworte: Bild, Comics, Dia, Film (hier weiterführende Literatur). *Nickel* (Die alten Sprachen in der Schule, 259) spricht sich für eine stärkere didaktische Eigenständigkeit des Bildes aus, insofern die Schüler über das Bild auf den Text hin motiviert werden und zu einem besseren Textverständnis gelangen könnten. Sicherlich hat der Einsatz der Bilder auch seine Grenzen, s. u. 269.

[46] Lateinunterricht, 79.

[47] Zitiert nach *Klose, A.*: Lob der Musik. – Kassel ^{2}1938, 12.

existentielle Tiefen vordringt, ist sie eigentlich auf Musik angewiesen. *Thomas Mann* läßt im Doktor Faustus „Musik und Sprache“ aufs engste „zusammengehören“;[48] beide zusammen erst erfassen den Menschen total. Musik hat den unmittelbaren Zugang zur Seele, zu den emotionalen Schichten des Menschen. „Die Musik bewegt die Seele, sie lenkt die Sinne nach verschiedener Seite.“ So schon die Erkenntnis des hl. Augustinus.[49] Musik schafft Identifikation. Eine Bildung, die auf die harmonische Persönlichkeit abzielt, ist auch auf das Medium der Musik angewiesen. Der Lateinunterricht kann seinen Teil auch dazu beitragen.[50]

2.1.2 *Unterrichtsprinzip: Kreativität*

Kreativität ist ein individualpsychologisches und auch soziales Phänomen. Nach *Paul Matussek* sind Ausüben und Ausleben der schöpferischen Fähigkeiten die Voraussetzung für eine ausgeglichene Persönlichkeit ebenso wie für die Heilung des bereits seelisch erkrankten Menschen.[51] *Hermann Kahn* sieht in der zunehmenden Rationalisierung und Spezialisierung des Lebens „die Aussichten auf ein konstruktives und schöpferisches Leben“ als „immer weniger wahrscheinlich“ an.[52] Und da die Freizeit zunehme, weite sich der Raum immer mehr, den der Mensch durch Eigeninitiative sinnvoll auszufüllen habe. Gelingt es ihm hier nicht, seine produktiven Kräfte, die auf emotionalem Grund aufruhen,[53] zur Entfaltung zu bringen, so bedeutet der Stau dieses psychischen Potentials nicht nur Gefahr für den einzelnen, sondern für die ganze Gesellschaft. Treten sich außerdem die Menschen nur mehr als durchdefinierte, in Funktionen und Rollen gepreßte Wesen, nicht aber als spontan reagierende, aus dem Augenblick Neues schaffende und dadurch des anderen Interessen erreichende Individuen gegenüber, dann kommt es zu einem Zustand, den man als sozialen „Kältetod oder als soziale Entropie bezeichnen kann“[54]. Schule muß demnach lehren, produktiv-kreativ zu sein. Lernziel ist auch der *homo creator,* Kreativität als Selbstverwirklichung und als Bedingung sozialer Kommunikation. Übersetzen als intensive Spracharbeit

---

[48] Zitiert nach Fischer-Ausgabe 1960, 175.

[49] Zitiert nach *Klose, A.,* a.O., 41.

[50] Mustergültig erscheinen in diesem Sinne die im AU-Heft XXIII 5, 1980 („Musik und altsprachlicher Unterricht“) zusammengestellten Aufsätze. Hier wird nicht nur vom Herausgeber *H.-J. Glücklich* überzeugend auf die Verwendung musikalischer Rezeptionsdokumente im Unterricht (aber auch ihre Grenzen) hingewiesen; auch die Beispiele sind ein guter Beweis für die Möglichkeiten der Musik im Lateinunterricht und für die Chance, die am Hören orientierten affektiven Komponenten der Unterrichtsarbeit in den Vordergrund zu stellen. S. dazu auch *Barié,* Canere aude! 73ff. Vgl. wieder *Steinhilber, J.*: Medienhandbuch, Stichwort: Tonbildreihe, Tonträger.

[51] Kreativität als Chance. Der schöpferische Mensch in psychodynamischer Sicht. – München/Zürich 1974, bes. 79ff. und 231ff.

[52] Vor uns die guten Jahre. Ein realistisches Modell unserer Zukunft. – Wien/München/Zürich/Innsbruck 1977, 288. Vgl. auch 305.

[53] Vgl. dazu *Fromm, E.*: Haben oder Sein, 92.

[54] So *Hengstenberg, H. E.*: Zeitgemäße Erwägungen zum Thema Kreativität. In: Was wird aus dem Menschen? (hrsg. von *Schatz, O.*). – Graz/Wien/Köln 1974, 183ff. bes. 202.

aktiviert die produktive Kreativität,[55] solche Tätigkeit erfaßt aber doch nur wenige Fazetten der schöpferischen Leistungsfähigkeit. Der Literaturunterricht bietet Gelegenheit, in vielfachen Rezeptionsmedien die Kreativität des Schülers zu fordern und zu fördern: als Textgestaltung, als Zeichnung, als Bild, als Musikaufführung und als Spiel. Altsprachliche Untersuchungen, besonders von *Hermann Keulen*[56] und *Ernst Rieger*[57] haben in den letzten Jahren den Boden dafür bereitet, ein literaturdidaktisches Konzept auch unter Berücksichtigung des Unterrichtsprinzips Kreativität zu entwikkeln.[58] Fächer, die musische Elemente aufweisen und zur Aktivierung musischer Fähigkeiten veranlagt sind, wie eben auch Latein, werden sich die Chance zur „emotionalen Erziehung“ (durch Einsatz von Bild- und Tondokumenten, durch Impulse für alle kreativitätsfördernden Tätigkeiten) nicht entgehen lassen. Sie tragen dafür eine Mitverantwortung.[59]

2.2 Die fachpädagogische Begründung

2.2.1 *Rezeptionsgeschichte im Beziehungsfeld des ‚Didaktischen Dreiecks‘*

Im Beziehungsfeld des ‚Didaktischen Dreiecks‘ sind Fach, Schüler und Lebenswirklichkeit (Gesellschaft) in ein ausgewogenes Verhältnis zueinander gebracht.[60] Wie läßt sich nach den hier wirksamen Kriterien der neue Gegenstand Rezeptionsgeschichte beurteilen? Zweifellos ist die Rezeptionsforschung zunehmend auch zu einem aner-

---

[55] Wir haben dies in Bd. 1, 187ff. nachzuweisen versucht.

[56] Kreativität und altsprachlicher Unterricht. In: Schriftenreihe des Pädagogischen Instituts der Landeshauptstadt Düsseldorf, Heft 40, September 1978. *Keulen* hat in umfassender Auseinandersetzung mit kreativitätstheoretischer und spezieller fachdidaktischer Literatur bes. die Möglichkeiten von Kreativität im Lektüreunterricht herauszuarbeiten versucht. Vergleich und synkritisches Lernen werden als der zentrale Bereich, in dem sich dieser Unterrichtsprozeß erfüllt, angesehen. Darauf ist später noch näher einzugehen, s. Bd. 3.

[57] Kreativität. In: Fachdidaktisches Studium in der Lehrerbildung. Alte Sprachen Bd. 1, 103ff. *Rieger* erörtert den Stellenwert der Kreativität in der Pädagogik und setzt sich dann mit der Ktivitätsentfaltung im lateinischen Sprach- und Lektüreunterricht auseinander.

[58] *Rainer Nickel* (Einführung in die Didaktik, 74, s. auch 233) weist darauf hin, daß die Rezeption eines Textes als klassisch ein „kreativer Akt“ sei und daß die Auseinandersetzung mit Texten für die Entfaltung der Kreativität im altsprachlichen Unterricht alles andere als ein Hindernis sei. Wichtig dazu auch *Frings/Keulen/Nickel*: Lexikon zum Lateinunterricht, s. v. Kreativität (hier weiterführende Literatur). Gerade die Auseinandersetzung mit der rezeptionsgeschichtlichen Forschung hat die Frage nach Aktivierung der schöpferischen Kräfte des Lateinschülers besonders akut werden lassen: *Werner Suerbaum* (Rezeptionsforschung, 8): „Wir sollten uns . . . fragen, ob nicht eine Latein- oder Griechischstunde ein Ort der produktiven Rezeption sein könnte, anders ausgedrückt: der Kreativität . . . Warum sollte der altsprachliche Unterricht sich auf das rein Rationale und das rein Nachvollziehbare beschränken? Warum sollte nicht gelegentlich der Versuch einer produktiven Konkretisation . . . gemacht werden?“

[59] Es wäre allerdings völlig verfehlt, wenn sich die anderen Fachlehrer mit der Aufwertung der musischen Fächer (wie Musik, Kunst) „vom Prinzip der emotionalen Erziehung freikaufen wollten“. So *Affemann, R.*: Lernziel Leben, 133. „Wesentliche Bildungsziele können nur erreicht werden, wenn emotionale Erziehung zu einem tragenden Pfeiler einer menschengemäßen Schule wird.“

[60] Vgl. dazu die ausführliche Darstellung in Bd. 1, 20ff.

kannten Gebiet der **Fachwissenschaft** geworden,[61] so daß sich die Übertragung der Forschungsergebnisse in den Raum der Schule rechtfertigt; unterrichtliche Entscheidungen können auf einer genügend gesicherten wissenschaftlichen Grundlage erfolgen. **Schüler** sind schon ab beginnender Mittelstufe fähig, den Vorgang der Rezeption bewußt aufzunehmen und sich daran sogar eigenschöpferisch zu beteiligen; synthetische und dialogische Rezeption wie auch die produktive Konkretisation sind mit Einsatz der Originallektüre möglich. Allerdings darf die Aufnahmefähigkeit der Schüler und ihr Interesse nicht durch überzogene Theorie und Begrifflichkeit gelähmt werden.[62] In der Oberstufe nimmt naturgemäß Aufgeschlossenheit und Reife für den Umgang mit nahezu allen Formen der Rezeption zu. Unter dem Gesichtspunkt der **Lebenswirklichkeit** (gesellschaftliche Bedeutung) darf die Rezeptionsgeschichte als Unterrichtsgegenstand einen hohen Stellenwert für sich beanspruchen; durch nichts läßt sich für das antike Geistes- und Kulturgut der ‚Sitz im Leben' in der späteren, auch in unserer Zeit eindrucksvoller bewußt machen als durch Dokumente, die aus den verschiedenen Phasen ihrer Rezeption von der Antike bis zur Gegenwart entnommen sind.[63]

2.2.2 *Rezeptionsgeschichte – der überzeugendste Weg zur Aktualisierung*

In Rücksicht auf die materiale und methodische Basis des lateinischen Lektüreunterrichts läßt sich der neue Gegenstandsbereich noch überzeugender begründen. Die **materiale Basis** stellen die überlieferten Werke/Texte dar; es gilt – soweit dies aus den veröffentlichten Lehrplänen ersichtlich ist – als Übereinkunft, daß die sog. klassischen Autoren im Zentrum des Lektürekanons bleiben, da sie die Kristallisationskerne antiken Denkens, Empfindens und literarisch-künstlerischen Schaffens ausmachen.[64] Nur von diesen aus werden die rezeptionsgeschichtlichen Entwicklungen begreifbar. Die Bedeutung der zeugungskräftigen Originalwerke kann durch Dokumente ihrer Wirkung nachhaltig spürbar gemacht werden. Schüler erkennen, warum es sich lohnt, den antiken Text zu lesen. Ihre Rezeption zu verschiedenen Zeiten offenbart ihre zeitlose Aktualität.[65]

---

[61] Dies hat *Frings, U.,* a.O., 12ff., als Ergebnis erarbeitet (dort die einschlägige Literatur). Vgl. auch *Nickel, R.,* Einführung in die Didaktik, 96ff.

[62] Allerdings scheint hier die Gefahr einer metasprachlichen Begrifflichkeit nicht so groß wie bei Anwendung der Textlinguistik; denn Berücksichtigung der Rezeptionsgeschichte verlangt vom Schüler nicht die Kenntnis der Theorie; ihrer muß sich nur der Lehrer bemächtigt haben, um zu wissen, was und warum er etwas aus dem Bereich der Rezeptionsgeschichte im Unterricht einsetzt.

[63] *Paul Barié* (Thesen zum altsprachlichen Unterricht. In: Handbuch für den Lateinunterricht, Sekundarstufe II, hrsg. von *Höhne, W./Zink, N.* – Frankfurt/Berlin/München 1979, 15) erhebt deshalb den altsprachlichen Unterricht geradezu zum „Fach vielfältiger Antikenrezeptionen" und sieht darin seine gesellschaftliche Bedeutung mitbegründet.

[64] Vgl. dazu das Kap.: Interpretationsebenen, Lektüreprinzipien, Literaturkanon, o. 131ff.

[65] Die Berücksichtigung der Rezeptionsgeschichte kann nach *Frings* (a.O., 16) „die Wirkungsmächtigkeit und Aktualität der Antike sinnfällig" machen.

Die **methodische Basis** ist vom Dreischritt Übersetzen, Interpretieren, Werten bestimmt. Während das Übersetzen auf die sprachliche (formale, syntaktische, semantische, stilistische) Erschließung des Textes, das Interpretieren vor allem auf das Verständlichmachen des Inhalts (der Fakten, Gedanken, Probleme, Zusammenhänge, modellhaften Strukturen) abzielt, legt es das Werten darauf an, ein Urteil, eine persönliche Stellungnahme, die Antwort auf die Frage des *„Quid ad nos?"* zu provozieren.[66] Dieser Akt des Wertens, in dem der Text transzendiert wird, verlangt in aller Regel nach dem Vergleich, dem Miteinander-in-Beziehung-Setzen der Textaussagen mit späteren und heutigen Erfahrungen.[67] Dokumente der Rezeption sind Zeugnisse dafür, wie Menschen auf den Text aus ihrer Erfahrungssituation heraus reagiert haben; insofern sind sie immer auch Wertungen, in denen sich die Aktualisierung der Texte vollzieht. Der Nachvollzug der Rezeptionen ist deshalb immer ein Weg, den zugrunde liegenden Text auf die Ebene des aktuellen Erlebens zu bringen – ohne Zwang und Verkrampfung.

2.2.3 *Zusammenfassende Thesen zur Berücksichtigung der Rezeptionsgeschichte*

Die Begründungen, die zu einer Berücksichtigung der Rezeptionsgeschichte im Unterricht gegeben werden, lassen sich thesenartig, wie folgt, zusammenfassen:

1. Schüler gewinnen die Einsicht, daß klassische Texte eine **anthropologische Kraft** enthalten, die – beabsichtigt oder nicht – über die Zeiten hin bei den Lesern Interesse provoziert und zu je verschiedenen Reaktionen (Textverwertungen, Sinndeutungen, Nachgestaltungen, Umdeutungen, Amalgamierungen an die aktuelle Zeit) führt, daß also **antike Texte als ‚Denkmodelle'** zu allen Zeiten eine weithin **spürbare Wirkungsmacht** ausgeübt haben.[68]
2. Schüler gewinnen die Einsicht, daß die **Initialzündungen** antiker sprachlicher, literarischer, geistiger Entwürfe zumindest im europäisch-abendländischen Raum unaufhörlich fortgewirkt und auf diese Weise – trotz gesellschaftlichen, wirtschaftlichen, politischen und wissenschaftlichen Wandels – die **Kontinuität der geistigen**

---

[66] Für *Glücklich* (Lateinunterricht, 17) ist die „rezeptionsgeschichtliche Interpretation" ein fortschrittlicher „Ansatzpunkt" dazu, die Schüler zur „persönlichen Stellungnahme" zu gewinnen. Es wird damit klar, daß es nicht Ziel der Schule sein kann, nur auf eine adäquate Interpretation im engeren Sinne hinzuarbeiten. Die adäquate Interpretation im weiteren Sinne, die anschließende und dialogische Interpretation sind die ihr gemäßen methodischen Ansätze. Denn sonst „wäre das Moment der Beurteilung dieser Aussagen, das Moment der Kritik ausgeschlossen. Eben dieses aber, die Stellungnahme zu den Aussagen des historischen Autors, muß m. E. letzten Endes das Ziel eines Unterrichts sein, der bildend wirken will". So *Suerbaum, W.*, Rezeptionsforschung, 13.

[67] „Die Einbeziehung der Rezeptionsgeschichte erfordert komparatistisches Arbeiten." So *Frings, U.*, a.O., 17. Ähnlich *Frings/Keulen/Nickel*: Lexikon zum Lateinunterricht, s. v. Rezeption (S. 229): "Methodisch gesehen wird das Vergleichen, konstitutives Element des Lateinunterrichts, auch hier zum Prinzip."

[68] Historizität und Aktualität, die polaren Aspekte in der Bestimmung des ‚Denkmodells' (s. o. 120f.), werden durch den Einsatz von Rezeptionsdokumenten besonders augenfällig. Die Berücksichtigung der Rezeptionsgeschichte kann Schülern die Relevanz antiker Texte für die heutige Zeit unter den Gesichtspunkten von Allomorphie und Isomorphie aufzeigen; so bei *Frings/Keulen/Nickel,* a.O., 229.

Auseinandersetzung und eines kulturellen, humanistischen Interesses, einer nie endenden Tradition geschaffen haben.[69]

3. Schüler gewinnen die Einsicht, daß die Rezeption der antiken Texte im Laufe der Geschichte und ihre eigene Rezeption im aktuellen Unterrichtsgeschehen zum Schnitt kommen; das bedeutet, daß die Lektüre des antiken Textes und die Auseinandersetzung damit, ob in früheren Zeiten oder im Augenblick des Unterrichts, ein und dasselbe Rezeptionsphänomen darstellt, daß also **jeder Leser** (auch der Schüler), da er in einer geschichtlichen Tradition steht, **auf den Text reagieren darf und soll** – in persönlich wertender Stellungnahme und seiner Zeitstimmung entsprechend –, daß aber auch **seine Rezeption zeitbedingt** ist, daß zu anderen Zeiten andere Menschen den Text anders rezipiert haben und rezipieren können.[70]
4. Schüler gewinnen die Einsicht, daß Texte, die im Laufe der Geschichte (bis heute und auch heute noch) verschiedene Rezeptionen erfahren haben, die also aufgrund ihrer Wirkungsgeschichte überdauerten, sich als „große Texte" erwiesen: „Das Überdauern wird zum Maß der Größe" *(Uvo Hölscher).*[71] Die Bestimmung eines **Textes als „klassisch"** erweist sich demnach auch als ein Rezeptionsphänomen.[72] Daraus ergibt sich die Folgerung, daß es sich auch heute noch lohnt, sich mit derartigen „großen", „klassischen" Texten zu befassen.
5. Schüler gewinnen die Einsicht, daß, **da komplexe Werke bzw. Texte für verschiedene Interpretationen** zu verschiedenen Zeiten **offen** sind, die Rezeptionsgeschichte eines Werkes oder Textes nie abgeschlossen sein wird, daß sich demnach allgemein **jedes wissenschaftliche Bemühen** (wie eben auch das der Rezeptionsforschung) als **ein nie zu endgültigen Wahrheiten gelangender Prozeß** darstellt.[73]

3 Anwendungsprinzipien von Rezeptionsgeschichte im Unterricht

Der fachliche Gegenstand und seine unterrichtliche Begründung ermöglichen – dies ist auch aus der bislang veröffentlichten didaktischen Literatur in etwa zu entnehmen – die Unterscheidung von zwei Prinzipien beim Einsatz von Rezeptionsdokumenten im Lektüreunterricht:

3.1 Das Kontinuitäts-Prinzip

Den Vertretern dieses Prinzips kommt es darauf an, die von einem antiken Original ausgehende Wirkung, die sich im Laufe der Geschichte in Rezeptionsdokumenten niederschlägt, von der Antike bis zur Gegenwart an mehr oder weniger zeitlich

---

[69] Ähnlich *Frings/Keulen/Nickel,* a.O.: „Es kann die Einheit der empirischen Geistesgeschichte verdeutlicht werden."
[70] Vgl. *Frings/Keulen/Nickel,* a.O., s. v. Rezeptionssituationen (des Schülers).
[71] Die Chance des Unbehagens. Zur Situation der klassischen Studien. – Göttingen 1965, 84.
[72] Siehe dazu *Frings, U.,* a.O.; ebenso *Nickel, R.,* Einführung in die Didaktik, 71ff.
[73] Diesen Hinweis verdanke ich StD *Hans Buchner,* Institut für didaktische Forschung und Unterrichtsmitschau, München.

nahegelegenen Stationen aufzuzeigen. Auf diese Weise wird die historische Kontinuität eines antiken Gegenstandes, Motivs, Problems in einer mehr linearen Perspektive zur Geltung gebracht. Die Initialzündung oder die Quellenfunktion des antiken Originals wird nachdrücklich bewußt. Der Originaltext ist Ausgangspunkt der Betrachtung und tritt dann, je mehr Dokumente der Rezeption von der Antike bis zur Gegenwart aneinandergereiht werden, umso weiter in den Hintergrund. Das Interesse gilt vorwiegend wohl den Rezipienten, die sich des antiken Stoffes bemächtigt haben; dieses Prinzip ist also eher subjektorientiert. Es besteht hier die Gefahr, daß der antike Text nur als Aufhänger für eine kultur- und geistesgeschichtliche Betrachtung benützt wird, demnach die Fachziele der Sprach- und Textarbeit wie auch der Interpretation vernachlässigt werden. Zudem ergibt sich die Schwierigkeit, die vielen einzelnen Rezeptionsdokumente jeweils vor dem verschiedenen geistigen und kulturellen Hintergrund ihres Entstehens mitzuerklären. Beispiel für das Kontinuitäts-Prinzip: Das Laokoonmotiv von Vergils Aeneis bis zur Karikatur der Gegenwart.[74]

Im Schema:

Kontinuitäts-Prinzip

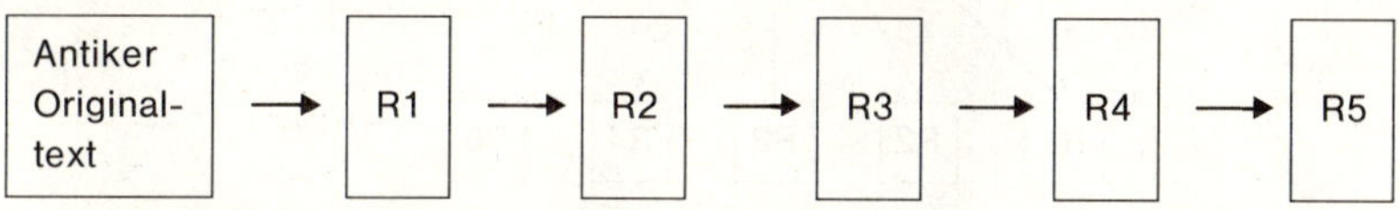

Ziel: Aufzeigen der Kontinuität der Rezeption von der Antike bis zur Gegenwart in einzelnen Rezeptionsdokumenten (R1/R2 . . .).

3.2 **Das Konzentrations-Prinzip**

Den Vertretern dieses Prinzips kommt es darauf an, das antike Original in seiner besonderen Qualität sichtbar und erfahrbar zu machen. Die Besonderheit wird erfaßt durch Vergleichen und Kontrastieren mit ähnlichen Gestaltungen desselben Gegenstandes, Problems, Motivs aus früherer, gleicher oder späterer Zeit; dabei ist der antike Text entweder selbst schon Rezeption einer vor ihm liegenden Stoff-Fassung, so daß zu gleicher Zeit andere Fassungen bei antiken Autoren existieren, oder er ist der direkte oder indirekte Anstoß für eine Rezeptionskette. Dokumente solcher Rezeptionen werden um das Original gelagert, so daß vielfache Betrachtungsrichtungen möglich werden (multiperspektive Betrachtung). Dadurch gelingt es, das Original nicht bloß in seinem Eigenprofil besser zu verstehen[75] und seinen „Aspektreichtum" deutli-

---

[74] Ein bemerkenswertes Beispiel für dieses Prinzip liegt vor bei *Pietsch, W.*: Laokoon. Bemerkungen zur Episode in der Äneis, zur Wirkungsgeschichte und zur unterrichtlichen Behandlung eines antiken Mythologems. In: Anregung 26 (1980), 158ff. Ähnlich: *Hendel, R.*: Das Motiv der Liebe zur Puppe in Texten von Goethe bis Lem. In: AU XXVI 1 (1983), 56ff. Hier wird von Ovid ausgegangen, im Zentrum stehen aber die Rezeptionsdokumente. Die oben angedeutete Gefahr ist hier deutlich sichtbar.

[75] Durch das Vergleichen mit späteren Rezeptionen kann „das auslösende Werk" an Profil gewinnen. So *Frings*, a.O., 17 (hier weitere Literatur).

cher zu erkennen,[76] sondern gerade die Wirkungsmacht des auch vom antiken Autor dargestellten Stoffes spüren zu lassen. Dieses Prinzip ist also eher objektorientiert.[77] Die Wirkungsmacht des Stoffes kann sich auch darin äußern, daß eigene persönliche Reaktionen auf den Text als kreative Leistungen entstehen (Graphik, Gemälde, Schulspiel, Vertonung u. ä.). Eine Gefahr ist auch hier erkennbar, insofern die historische Perspektive zurücktritt oder verloren geht, wenn man nicht zugleich die Entwicklung über die einzelnen Epochen der Geistes- und Kulturgeschichte andeutet; auch hier kann durch die Fülle der angebotenen Rezeptionsdokumente der Text zu stark aus dem Blickfeld geraten und den zentralen Zielen des Faches Raum genommen werden.[78]

Im Schema:

Konzentrations-Prinzip

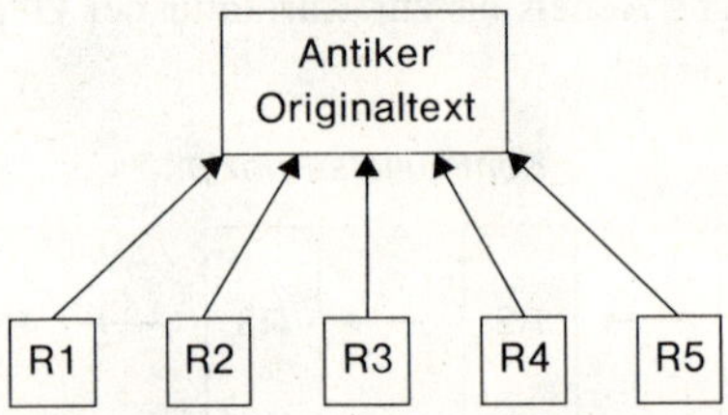

Ziel: Konzentrierte und vertiefte Erfassung des Originaltextes und Spürbarmachen der Wirkungsmacht des Stoffes.

Beispiel für das Konzentrations-Prinzip: Der Orpheus-Mythos bei Ovid im Vergleich zu früheren, zeitgenössischen und späteren Gestaltungen.[79]

Es ist durchaus möglich – und, wie die Praxis zeigt, auch üblich –, die beiden Prinzipien miteinander zu kombinieren. In jedem Fall aber erweist es sich als notwendig, die Betrachtung der Rezeptionsdokumente immer wieder auf den Originaltext ‚zurückzubiegen' und in diesem Akt der ‚Reflexion' den lateinischen Text in Form und Aussage besser und intensiver begreifbar zu machen.

---

[76] Vgl. dazu *Glücklich,* Lateinunterricht, 34.

[77] Zweifellos wird hier eine der „Möglichkeiten zur inneren Konzentration des Unterrichts durch Lehrer und Schüler" gegeben, deren Förderung *Heinrich Krefeld* (Impulse für die lateinische Lektüre. – Frankfurt 1979, 7) als eine vordringliche Aufgabe der Didaktik erkennt. Die von *Krefeld* herausgegebene Sammlung von Aufsätzen ist in vielen Teilen auf rezeptionsgeschichtliche Ziele abgestellt.

[78] „Die besorgte Frage, ob nicht der antike Text durch Einbeziehung mehrerer Rezeptionen zu sehr aus dem Blick gerate, wird selbst bei streng rezeptionsgeschichtlicher Methode, die ja den Blick *zunächst* auf die Rezeption lenkt, gegenstandslos." Diese optimistische Auffassung von *Frings* (a.O., 17) können wir nicht voll teilen.

[79] In Bd. 3 wird dazu ein ausgearbeitetes Unterrichtsprojekt vorgelegt: „Orpheus und Eurydike – ein ‚unüberwindlicher' Mythos". *Werner Suerbaums* Versuch, die zyklische Bebilderung Vergils mit dem Original in Beziehung zu setzen, dient auch dem Ziel, Vergils Aeneis besser zu verstehen; zweifellos läßt sich dieser Versuch dem Konzentrations-Prinzip zuordnen (Ein neuer Aeneis-Zyklus: darkness visible. In: Anregung 29, 1983, 1ff.).

Die Diskussion der Bedeutung rezeptionsgeschichtlicher Elemente und Gesichtspunkte im Lektüreunterricht hat zweifellos gezeigt, daß sich von diesem neuen Stoffgebiet her dem Lateinunterricht zusätzlich Gründe für eine Legitimation des Faches im Kanon der Gymnasialfächer bieten. Deshalb ist die Rezeptionsgeschichte eines Werkes, die ja ein Ergebnis der Wirkung antiker Texte darstellt, mit Recht zu einem Kriterium der Auswahl für die Schullektüre gemacht worden; es wird so oder ähnlich formuliert: „Die Wirkung auf spätere geistige und kulturelle Entwicklungen wie auch die Wirkung auf die Schüler."[80] In den Lehrplänen selbst wird der rezeptionsgeschichtliche Aspekt sowohl in übergreifenden Zielen (sog. Richtzielen, z. B. „Einblick in die lateinische Literatur und in ihre Wirkungsgeschichte bzw. in ihr Fortwirken")[81] betont als auch in den detaillierten Zielangaben (sog. Grobzielen) ausdrücklich formuliert (z. B. Caesarlektüre: Nachwirkungen seines Werkes „De bello Gallico" in literarischen Dramendarstellungen bei Shakespeare, Wilder, Brecht, oder Ovidlektüre: Einblick in das Fortwirken der Metamorphosen Ovids in Literatur, bildender Kunst und Musik).[82] In einigen Lehrplänen bzw. Rahmenrichtlinien wird die Rezeptionsgeschichte geradezu thematisiert, z. B. in *Rheinland-Pfalz* (Thema 4.5: Antikenrezeption, Gattung Epos, oder Thema 5.4: Antikenrezeption: Tragödie)[83] oder in *Nordrhein-Westfalen* (Thema 2.4.10: Rezeption und Tradition in lateinischen Texten).[84]

In ganzen wird in etwa folgende Orientierungslinie deutlich: Das Vermitteln von Einsichten durch Berücksichtigung der Rezeptionsgeschichte ist kein eigenständiges Unterrichtsziel; seine Verabsolutierung wird abgelehnt, der enge Zusammenhang mit der Textgrundlage muß gewahrt bleiben. Die Arbeit am sprachlichen Original steht nach wie vor im Zentrum des Unterrichts. Der Einsatz von Rezeptionsdokumenten dient als sinnvolle, oft als notwendige Ergänzung, zuweilen als Überhöhung der Textarbeit. Auf eine kurze Formel gebracht: Rezeptionsgeschichte ist kein neuer Lerninhalt, kein zusätzlicher Lerngegenstand, sondern eine neue, wertvolle Dimension der Erschließung des antiken Textes, den man möglichst umfassend und weitreichend erfahrbar machen will. In dieser Bestimmung deuten sich zugleich die Grenzen der Rezeptionsgeschichte im Raum der Schule an.[85]

---

[80] Vgl. dazu o. 149.

[81] So etwa Richtziel 3 in der generellen Gliederung der Lehrpläne für Latein in Bayern; auch die „Einheitlichen Prüfungsanforderungen in der Abiturprüfung Latein, Beschluß der KMK vom 1. 2. 1980" zeigen in der Gliederung der fachlichen Anforderungen eine ähnliche Formulierung: 1.2.3 (Leistungsfach) und 1.3.3. (Grundkursfach): „Einblick in die lateinische Literatur und Kultur sowie in deren Wirkungsgeschichte".

[82] Diese Notierungen sind beispielshalber aus den bayerischen Lehrplänen entnommen.

[83] Kultusministerium Rheinland-Pfalz: Entwurf zum Curriculum „Leistungskurs Latein", 151 und 161.

[84] Die Schüler in Nordrhein-Westfalen. Eine Schriftenreihe des Kultusministers. Gymnasiale Oberstufe. Richtlinien Lateinisch, 85.

[85] Diese Linie in der Verwendung von Rezeptionsdokumenten ist in Band 3 an Beispielen zu verdeutlichen.

Literaturverzeichnis

Nachfolgend ist sämtliche Literatur zusammengestellt, die in Band 2 berücksichtigt wurde. Diejenigen Werke und Aufsätze, die in mehr als einem Kapitel zitiert werden, sind in alphabetischer Ordnung vorweggestellt. Anschließend ist die nur in einem Kapitel herangezogene Literatur kapitelweise aufgelistet.
In den Anmerkungen der einzelnen Kapitel sind die Werke und Aufsätze bei ihrem ersten Auftreten jeweils im vollen Umfang zitiert; auch dadurch soll erreicht werden, daß die einzelnen Kapitel unabhängig voneinander gelesen werden können.

Mehrfach zitierte Literatur:

Affemann, R.: Lernziel Leben. Der Mensch als Maß der Schule. – Stuttgart 1976

Barié, P.: Thesen zum altsprachlichen Unterricht. Versuch einer Standortbestimmung. In: Handbuch für den Lateinunterricht, Sekundarstufe II (hrsg. von Höhn, W./Zink, N.). – Frankfurt/Berlin/München 1979, 1 ff.

Bayer, K.: Angebot der Antike. In: Humanismus und Schule. Fragen und Antworten unserer Zeit (hrsg. vom Arbeitskreis für katholische freie [private] Schulen). – München o. J., 141 ff.

Bell, D.: Die Zukunft der westlichen Welt. Kultur und Technologie im Widerstreit. – Frankfurt 1979

Berker, K./Riemenschneider, H.: Literaturwissenschaft und Fachdidaktik. Methodische Prinzipien für den Unterricht. – Düsseldorf 1973

Borucki, J.: Gymnasium in neuer Zeit. – Würzburg 1980

Buchholz A.: Am Ende der Neuzeit. Der technische Schub, der Kampf der Systeme und der Ausbau des Menschen. – Stuttgart 1978

Büchner, K.: Vom Bildungswert des Lateinischen. Studien zur römischen Literatur, Bd. V. – Wiesbaden 1965

Flashar, H.: Zur Situation der Klassischen Philologie. In: Geisteswissenschaft als Aufgabe. – Berlin/New York 1978, 119 ff.

Flashar, H./Lobkowicz, N./Pöggeler, O. (Hrsg.): Geisteswissenschaft als Aufgabe. – Berlin/New York 1978

Fromm, E.: Haben oder Sein? – Stuttgart 1980

Fromm, E.: Die Revolution der Hoffnung. Für eine humane Technik. – Hamburg 1974

Frings, U.: Zauberwort Rezeption. Kritische Anmerkungen aus der Sicht der Didaktik der Alten Sprachen. In: Reihe Orientierung, Schriftenreihe für Lehrerfortbildung, Heft 7. – Aachen 1982

Frings, U./Keulen, H./Nickel, R.: Lexikon zum Lateinunterricht. – Freiburg/Würzburg 1981

Fuhrmann, M.: Alte Sprachen in der Krise? Analysen und Programme. – Stuttgart 1976

Fuhrmann, M.: Der altsprachliche Unterricht zwischen Traditionspflege und Traditionsabbruch. In: Handbuch für den Lateinunterricht. Sekundarstufe II (hrsg. von Höhn, W./Zink, N.). – Frankfurt/Berlin/München 1979, 18–30

Fuhrmann, M.: Curriculum-Probleme der gymnasialen Oberstufe: Latein. In: Gymnasium 84 (1977) 241 ff.

Fuhrmann, M.: Allgemeinbildung – Staatsethos – Alte Sprachen. In: MDAV 23, 3 (1980) 1 ff. und in: Anregung 27 (1981) 7 ff.

Gegenschatz, E.: Zur Zielsetzung der Lektüre im Lateinunterricht. In: Didaktik des altsprachlichen Unterrichts (hrsg. von Nickel, R.). – Darmstadt 1974, 312 ff.

Geißler, E. E.: Allgemeinbildung in einer freien Gesellschaft. – Düsseldorf 1977

Glücklich, H.-J.: Lateinunterricht, Didaktik und Methodik. – Göttingen 1978

Glücklich, H.-J.: Lateinische Lektüre auf der Sekundarstufe I. In: AU XXII 3 (1979), 6ff.

Glücklich, H.-J.: Der Zusammenhang des Lateinunterrichts auf den Sekundarstufen I und II. In: Handbuch für den Lateinunterricht, Sekundarstufe II (hrsg. von Höhn, W./Zink, N.). – Fankfurt 1979, 70–81

Glücklich, H.-J. (Hrsg.): Lateinische Lektüre – Sekundarstufe I, Themen – Texte – Ziele. – Mainz 1981

Heilmann, W.: Sprachreflexion im Lateinunterricht. In: Handbuch für den Lateinunterricht. Sekundarstufe II (hrsg. von Höhn, W./Zink, N.). – Frankfurt 1979, 108ff.

Heilmann, W.: Zur didaktischen Differenzierung zwischen Griechischunterricht und Lateinunterricht. In: Handbuch für den Lateinunterricht. Sekundarstufe II (hrsg. von Höhn, W./Zink, N.). – Frankfurt 1979, 14ff.

Hengstenberg, H. E.: Homo creator: Zeitgemäße Erwägungen zum Thema Kreativität. In: Was wird aus dem Menschen? Der Fortschritt. Analysen und Warnungen bedeutender Denker (hrsg. von Schatz, O.). – Graz/Wien/Köln 1974, 183–205

v. Hentig, H.: Spielraum und Ernstfall. Gesammelte Aufsätze zu einer Pädagogik der Selbstbestimmung. – Frankfurt/Berlin/Wien 1981

Hohnen, P.: Einige kritische Anmerkungen zur Didaktikdiskussion des altsprachlichen Unterrichts. In: Gymnasium 87 (1980) 327–344

Hölscher, U.: Die Chance des Unbehagens. Zur Situation der klassischen Studien. – Göttingen 1965

Höhne, E.: Jugend und Leistung. Versuch einer Klärung. – Stuttgart 1978

Jäger, G.: Einführung in die Klassische Philologie. – München [2]1980

Jenne, M.: Klassische Philologie. In: Student im Studium. Untersuchungen über Germanistik, Klassische Philologie und Physik an drei Universitäten. – Stuttgart 1969

Jens, W.: Zur Antike. – München 1970

Jungk, R.: Der Jahrtausendmensch. Bericht aus den Werkstätten einer neuen Gesellschaft. – Hamburg 1976

Kahn, H.: Vor uns die guten Jahre. Ein realistisches Modell unserer Zukunft. – Wien/München/Zürich/Innsbruck 1977

Kamlah, W./Lorenzen, P.: Logische Propädeutik. – Mannheim/Wien/Zürich 1973

Kannicht, R.: Philologia perennis? In: Didaktik des altsprachlichen Unterrichts (hrsg. von Nickel, R.). – Darmstadt 1979, 360ff.

Kannicht, R.: Curriculum-Probleme in der gymnasialen Oberstufe: Griechisch. In: Gymnasium 84 (1977) 370ff.

Krefeld, H.: Affektive Lernziele im Lateinunterricht. In: Gymnasium 84 (1977), 291ff.

Krefeld, H. (Hrsg.): Impulse für die lateinische Lektüre. – Frankfurt 1979

Kügler, H.: Lernen – Kommunizieren – Verstehen. Kritische Bemerkungen zum praktischen Gebrauch einiger Schlüsselbegriffe der Literaturdidaktik. In: Literaturunterricht heute – warum und wie? (hrsg. von Payrhuber, F.-J./Weber, A.). – Freiburg 1978, 18–34

Kuhn, H.: Despotie der Wörter. In: Sprache und Herrschaft (hrsg. von Kaltenbrunner, G. K.), Initiative 5. – München 1975, 16ff.

Lefèvre, E.: Die Geschichte der humanistischen Bildung. In: Erziehung und Bildung des Menschen. Humanistische Bildung, Heft 2 (hrsg. vom Verein für Pflege humanistischen Bildungsgutes Baden-Württemberg). – Ludwigsburg-Oßweil 1979, 97ff.

Lohmann, D.:	Dialektisches Lernen. Die Rolle des Vergleichs im Lernprozeß. – Stuttgart 1973
Lobkowicz, N.:	Geisteswissenschaften und Hochschulreform. In: Geisteswissenschaft als Aufgabe (hrsg. von Flashar, H./Lobkowicz, N./Pöggeler, O.). – Berlin/New York 1978, 28ff.
Lorenz, K.:	Das wirklich Böse. Involutionstendenzen in der modernen Kultur. In: Was wird aus dem Menschen? Der Fortschritt. Analysen und Warnungen bedeutender Denker (hrsg. von Schatz, O.). – Graz/Wien/Köln 1974, 289ff.
Lübbe, H.:	Über den Grund unseres Interesses an historischen Gegenständen. Kulturelle und politische Funktion der historischen Geisteswissenschaften. In: Geisteswissenschaft als Aufgabe. – Berlin/New York, 179ff.
Maier, H.:	Zwischenrufe zur Bildungspolitik. – Osnabrück ²1972
Maier, F.:	Die elfte Jahrgangsstufe im Lateinischen. Ausrichtung des Faches auf die Kernphase der Kollegstufe. In: Anregung 22 (1976), 96ff.
Marg. W.:	Die Alten und das Neue. In: Gegenwart der Antike. Schule und Wissenschaft. Klassische Sprachen und Literaturen, Bd. 8. – (hrsg. von Hörmann, F.). – München 1974, 36ff.
Mayer, J. A.:	Die Konzentration und das Exemplarische. Ein Überblick. In: AU VII 3 (1964), 14ff., und in: Didaktik des altsprachlichen Unterrichts (hrsg. von Nickel, R.). – Darmstadt 1974, 289ff.
Matthiesen, K.:	Altsprachlicher Unterricht in Deutschland. In: Fachdidaktisches Studium in der Lehrerbildung. Alte Sprachen 1 (hrsg. von Gruber, J./Maier, F.). – München 1979, 11ff.
Matussek, P.:	Kreativität als Chance. Der schöpferische Mensch in psychodynamischer Sicht. – München/Zürich 1974
Mead, M.:	Der Konflikt der Generationen. Jugend ohne Vorbild. – München 1970.
Munding, H.:	Existentieller Transfer bei lateinischen Historikern. In: Antike Texte – moderne Interpretation, Beiheft der „Anregung". – München o. J., 5–18
Munding, H.:	Antike Texte – aktuelle Probleme. Existentieller Transfer im altsprachlichen Unterricht. AUXILIA 12. – Bamberg 1985
Nickel, R.:	Einführung in die Didaktik des altsprachlichen Unterrichts. – Darmstadt 1982
Nickel, R.:	Die Alten Sprachen in der Schule. – Frankfurt ²1978
Nickel, R.:	Der moderne Lateinunterricht. – Freiburg/Würzburg 1977
Nickel, R.:	Die Arbeit mit Übersetzungen. In: Handbuch für den Lateinunterricht. Sekundarstufe II (hrsg. von Höhn, W./Zink, N.). – Frankfurt/Berlin/München 1979, 191ff.
Oblinger, H.:	Ist Unterricht planbar? In: Lernplanung und Unterrichtsgestaltung auf der Grundlage pädagogischer und lernpsychologischer Erkenntnisse (hrsg. von Schmaderer, F. O.). – München 1977, 9–19
Papst Johannes Paul II:	Seine Reden in Deutschland. – München 1980
Peccei, A.:	Die Zukunft in unserer Hand. Gedanken und Reflexionen des Präsidenten des Club of Rome. – Wien/München/Zürich/New York 1981
Pöggeler, O.:	Einleitung. In: Geisteswissenschaft als Aufgabe (hrsg. von Flashar, H./Lobkowicz, N./Pöggeler, O.). – Berlin/New York 1978
Reitinger, J.:	Zurück zu Wilhelm von Humboldt – oder was sonst? Vorüberlegungen zu einer neuen Reform des Gymnasiums (hrsg. vom bayerischen Philologenverband). – München 1977
Roth, H.:	Die Kunst der rechten Vorbereitung. In: ders.: Pädagogische Pychologie des Lehrens und Lernens. – Hannover 1960

Robinsohn, S. B.: Bildungsreform als Revision des Curriculum und ein Strukturkonzept für Curriculumentwicklung. – Neuwied ³1971
Sallmann, K.: Zur Ausbildung des Lehrers der Alten Sprachen an der Universität. In: Impulse 2 (hrsg. von der Arbeitsgemeinschaft Altsprachliches Gymnasium und altsprachlicher Unterricht des Landes Rheinland-Pfalz). – Bad Kreuznach 1979, 25ff.
Seiffert, W.: Grundpositionen der Literaturdidaktik. In: Fachdidaktisches Studium in der Lehrerbildung. Deutsch. Bd. 2 (hrsg. von Lehmann, J./Stocker, K.). – München 1981, 75ff.
Seiffert, H.: Einführung in die Wissenschaftstheorie 2. – München ⁵1973
Schießl, O.: Affektive Lernziele in der Lehrplanarbeit. In: Plädoyer für Erziehung (hrsg. vom Staatsinstitut für Schulpädagogik). – München 1975, 130ff.
Steinbuch, K.: Spezialistentum und Allgemeinbildung – Geschichte als informationeller Prozeß (Aus der Sicht eines Nichthistorikers). In: Erziehung und Bildung des Menschen. – Ludwigsburg-Oßweil 1979, 155ff.
Steinhilber, J.: Medienhandbuch zum Lateinunterricht. Auxilia 6. – Bamberg 1982
Schadewaldt, W.: Sinn und Wert der humanistischen Bildung im Leben unserer Zeit. – Göttingen/Berlin/Frankfurt 1956, und in: Hellas und Hesperien. – Zürich 1960, 934–941
Suerbaum, W.: Die Aeneis als Schultext. In: Gymnasium 90 (1983), 258ff.
Suerbaum, W.: Vergils Aeneis. Beiträge zu ihrer Rezeption in Gegenwart und Geschichte. Auxilia 3. – Bamberg 1981
Suerbaum, W.: Werklektüre oder thematische Sequenz-Lektüre. Betrachtungen zu einem Problem der Curriculumplanung an Hand eines curricularen Lehrplans „Politisches Denken der Römer – Cicero, De re publica“. In: Kollegstufenarbeit in den Alten Sprachen (hrsg. von Happ, E./Maier, F.). – München 1976, 31ff.
Suerbaum, W.: Leitlinien für lateinische Interpretationsklausuren. In: Anregung 22 (1976), 82–95
Taylor, G. R.: Zukunftsbewältigung. – Hamburg 1978
Thurow, R.: Zeitbezug – Aktualisierung – Transfer. Anmerkungen zur Rezeptions- und Legitimationsproblematik im AU nach der Erfahrung des Nationalsozialismus. In: AU XXV 3 (1982), 57ff.
Vester, H.: Zu dem Einfluß der allgemeinen Didaktik auf die Fachdidaktik der Alten Sprachen. In: Anregung 25 (1979), 289ff.
Vester, H.: Zum Verhältnis von Didaktik und beruflicher Praxis. In: AU XXVI 6 (1983), 61–79
Vincenzi, O.: Europa – Erneuerung aus dem Geist. Drei Essays über Schule und Bildung. – Wien/Köln/Graz 1981
Weber, A.: Grundlagen zur Literaturdidaktik. – München 1975
Westphalen, K.: Schülerbeanspruchung im Lateinunterricht. In: Anregung 26 (1980), 358–371
Westphalen, K.: Der Lateinunterricht im Spiegel neuer Lehrpläne. Eine Zwischenbilanz der Curriculumrevision. In: ders.: Gymnasialbildung und Oberstufenreform. – Donauwörth 1979, 93–101
Westphalen, K.: Der Beitrag der Alten Sprachen zur gymnasialen Bildung. In: AU XXIV 2 (1981), 44ff.
Westphalen, K.: Was soll Erziehung leisten? – Donauwörth 1979
Westphalen, K.: Gymnasialbildung und Oberstufenreform. – Donauwörth 1979
Westphalen, K.: Was heißt heute Allgemeinbildung? In: Anregung 28 (1982), 72ff.
Westphalen, K.: Latein ohne Richtschnur? Zum Problem des Lektürekanons. In: ders.: Gymnasialbildung und Oberstufenreform. – Donauwörth 1979, 79–89

Wülfing, P.: Lateinische Anfangslektüre. In: Fachdidaktisches Studium in der Lehrerbildung. Alte Sprachen 2 (hrsg. von Gruber, J./Maier, F.), 48–62

Vorwort

Barié, P.: Beobachtungen zum Selbstverständnis des Altphilologen. In: Impulse 1 (hrsg. von der Arbeitsgemeinschaft Altsprachliches Gymnasium und altsprachlicher Unterricht). – Bad Kreuznach 1978, 1, 1 ff.

Hermes, E.: Didaktische Modelle und Unterrichtspraxis. In: Südwestdeutsche Schulblätter 81, 1 (1982), 10–29

Kolakowski, L.: Vom Sinn der Tradition. In: Merkur. Zeitschrift für europäisches Denken Jg. 19 (1965), 1085 ff.

Lefèvre, E.: Zwischen Selbstbewußtsein und Selbstverteidigung. 30 Jahre Rechtfertigung des altsprachlichen Unterrichts. In: Gymnasium 90 (1983), 398 f.

Lübbe, H.: Zwischen Trend und Tradition. Überfordert uns die Gegenwart? Texte und Thesen. Sachgebiet Gesellschaft. – Zürich 1981

Lüttgert, W.: Was leisten die Modelle der allgemeinen Didaktik? In: Neue Sammlung 6 (1981), 585 ff.

Mohr, K.: Schule zwischen Tradition und Fortschritt. In: Christ und Bildung. Zeitschrift der katholischen Erziehergemeinschaft Deutschlands 25, 9 (1979), 175 ff.

Vester, H.: Zum Verhältnis von Didaktik und beruflicher Praxis. In: AU XVI 6 (1983), 61 ff.

Klassische Philologie und altsprachlicher Unterricht
Gemeinsame Aufgaben von Universität und Schule

Arbeitsgruppe Aumeister: Der Praxisschock. – München/Berlin/Wien 1976

Beck, H.-G.: Die Geisteswissenschaften im Spannungsfeld der Wissenschaftspolitik. Münchner Universitätsreden. Neue Folge, Heft 43. – München 1968

Busche, J.: Arme Geisteswissenschaften. In: FAZ vom 3. 2. 1979

Domes, J.: China nach der Kulturrevolution. – München 1975

Hermann, K. F.: Kulturgeschichte der Griechen und Römer (aus dem Nachlaß hrsg. von Schmid, K. G.). – Göttingen 1857

Heusinger, H. (Hrsg.): Altsprachlicher Unterricht. Quellen zur Unterrichtslehre. – Weinheim 1967

Hofmann, H.: Fachwissenschaft und Schulpraxis. In: AU XXII 2 (1979), 74 f.

Hofmann, W.: Universität, Ideologie, Gesellschaft. Beiträge zur Wissenschaftssoziologie. – Frankfurt 1968

Jianying, Y.: Rede zum 30. Jahrestag der Gründung der Volksrepublik China. In: Münchner Merkur vom 1. 10. 1979

Krefeld, H.: Der Beitrag der Fachdidaktik zur Ausbildung des Lehrers in den Alten Sprachen. In: AU XXIV 6 (1981), 43 ff.

Lobkowicz, N.: Wortmeldung zu Kirche, Staat, Universität. – Graz/Wien/Köln 1980

Maier, H.: Konsolidierung im Bildungswesen. Rede gehalten am 26. 6. 1979 im bayerischen Landtag (hrsg. von der Bayerischen Staatsregierung)

Müller-Seidel, W.: Die Erforschung der deutschen Literatur. In: Geisteswissenschaft als Aufgabe (hrsg. von Flashar, H./Lobkowicz, N./Pöggeler, O.). – Berlin/New York 1978, 137–152

Nickel, R.: Altsprachlicher Unterricht. – Darmstadt 1973
Nickel, R.: Humanistisches Gymnasium und Nationalsozialismus. In: Paedagogica Historica XII 2 (1972), 480ff.
Patzer, H.: Das Studium der klassischen Philologie als Vorbereitung auf den Beruf des altsprachlichen Gymnasiallehrers. In: Universität und Studienseminar. Fragen und Wege der Lehrerbildung. 17. Gemener Kongreß (hrsg. vom Philologen-Verband Nordrhein-Westphalen). – Düsseldorf 1966, 74ff.
Schwarz, F. F.: Die Breitseite. Eine beschauliche Humanistenbeschimpfung. In: Jahresbericht des akademischen Gymnasiums in Graz 1979/80, 78ff.
Stein, W.: Der Fundus fehlt, der Alltag zehrt. Aus der Berufswirklichkeit eines jungen Gymnasiallehrers. In: Bayerische Staatszeitung vom 4. Mai 1979, 10

Stimmen zum Selbstverständnis der Klassischen Philologie

Diese Zusammenstellung wurde von *Klaus Westphalen* begonnen und vom Verfasser fortgeführt und ergänzt

Canzik, H.: Graezistik und Latinistik im Fachbereich Kulturwissenschaft an der Universität Tübingen. Loccumer Kolloquien 1. – Loccum 1970, 109–113
Classen C. J.: Das Studium der lateinischen Literatur. In: Der altsprachliche Unterricht XIX 1 (1976), 47ff.
Flashar, H.: Zur Situation der klassischen Philologie. In: Geisteswissenschaft als Aufgabe (hrsg. von Flashar H./Lobkowicz N./Pöggeler O.).-Berlin/New York 1978, 120ff.
Frings/Keulen/Nickel: Lexikon zum Lateinunterricht. – Freiburg 1981, s. v. „Klassische Philologie", 118ff.
v. Fritz, K.: Grundprobleme der antiken Wissenschaften. – Berlin 1971
v. Fritz, K.: Ziele, Aufgaben und Methoden der Klassischen Philologie und Altertumswissenschaft. In: Deutsche Vierteljahresschrift 33 (1959), 507ff.
v. Fritz, K.: The Relevance of Ancient Social and Political Philosophy for our Times. – Berlin 1974
Fuhrmann M.: Alte Sprachen in der Krise? – Stuttgart 1976
Fuhrmann M.: Die Antike und ihre Vermittler. Konstanzer Universitätsreden 1969
Fuhrmann M.: Der altsprachliche Unterricht zwischen Traditionspflege und Traditionsabbruch. In: Handbuch für den Lateinunterricht. Sekundarstufe II (hrsg. von Höhn W./Zink, N.). – Frankfurt 1979, 27ff.
Fuhrmann M./Tränkle H.: Wie klassisch ist die klassische Antike? Zürich/Stuttgart 1970
Grisart, A.: Wahre und mißverstandene humanistische Bildung. – Frankfurt 1966.
Gundert, H.: Griechische Bildung in der heutigen Gesellschaft. In: Der altsprachliche Unterricht IX 2 (1966), 56–78
Heitsch, E.: Klassische Philologie zwischen Anpassung und Widerspruch. In: Gymnasium 81 (1974), 370ff.
Hentschke, A./Muhlack, U.: Einführung in die Geschichte der klassischen Philologie. – Darmstadt: WBG 1972
Heydorn, H.-J.: Zur Aktualität der Klassischen Bildung. In: Jenseits von Resignation und Hoffnung (hrsg. von Heydorn H.-J. u. Ringhausen, K.). – Frankfurt 1971
Hölscher, U.: Die Chance des Unbehagens. – Göttingen 1965
Hofmann, H.: Fachwissenschaft und Schulpraxis. In: Der altsprachliche Unterricht XXII 2 (1979) 73ff,
Jäger, G.: Einführung in die Klassische Philologie. – München ²1980, 28ff.

Jens, W.: Antiquierte Antike? In: ATTEMPTO 39/40 (1971), 64ff.; auch in: Republikanische Reden, st 512, 1979, 4ff.

Jens, W.: Zur Antike. – München 1978. Einleitung

Jenne, M.: Klassische Philologie. In: Student im Studium. Untersuchungen über Germanistik, Klassische Philologie und Physik an drei Universitäten. – Stuttgart 1969, 147ff.

Kannicht, R.: Philologia perennis? In: ATTEMPTO 39/40 (1971), 46–56; auch in: Nikkel, R. (Hrsg.): Didaktik des Altsprachlichen Unterrichts. – Darmstadt 1974, 353ff.

Krämer, H. J.: Zur Ortsbestimmung der historischen Wissenschaften. In: Zeitschr. f. allg. Wissenschaftstheorie 5 (1974), 1ff.

Latacz, J.: Klassische Philologie und moderne Linguistik. In: Gymnasium 81 (1974), 67ff.

Lefèvre, E.: Die Geschichte der humanistischen Bildung: Erziehung und Bildung des Menschen. Humanistische Bildung Heft 2. – Ludwigsburg-Oßweil 1979, 136ff.

Maier, F.: Lateinunterricht zwischen Tradition und Fortschritt, Bd. 1. – Bamberg 1979, 15ff.

Marg, W.: Die Alten und das Neue. In: Gegenwart der Antike. Schule und Wissenschaft. Klassische Sprachen und Literaturen, Bd. VIII. – München 1974, 36ff.

Marg, W. contra Schmalzriedt, E.: In: Gymnasium 79 (1972), 377–380; 80 (1973), 457–460; 81 (1974), 297–303

Menze, C.: Altsprachlicher Unterricht. In: Neues Lexikon der Pädagogik Bd. I. – Freiburg 1970, 38–40

Neschke, A.: Noch einmal: Philologie und Geschichte. Überlegungen zur Stellung der Klassischen Philologie. In: Gymnasium 88 (1981), 409ff.

Nickel, R.: Einführung in die Didaktik des altsprachlichen Unterrichts. – Darmstadt 1982, 87ff.

Patzer, H.: Aktuelle Bildungsziele und altsprachlicher Unterricht. In: MDAV 15 (1972), 1ff.

Patzer, H.: Das Studium der Klassischen Philologie als Vorbereitung auf den Beruf des altsprachlichen Gymnasiallehrers. In: Unterricht und Studienseminar. Fragen und Wege der Lehrerbildung. 17. Gemener Kongreß (hrsg. vom Philologenverband Nordrhein-Westfalen). – Düsseldorf 1966, 78ff.

Primmer, A.: Die Herausforderung der Didaktik. In: Wiener Humanistische Blätter, H. 17 (1975), 13ff.

Reinhardt, K.: Die Klassische Philologie und das Klassische. In: Die Krise des Helden – Beiträge zur Literatur und Geistesgeschichte. – München 1962, 115ff.

Pfliggersdorffer, G.: Humanistische Besinnung. In: Klassische Philologie. Berichte über die Gesamtösterreichische Arbeitstagung 1971 in Salzburg (hrsg. von Benedikt, E.). – Wien 1973, 190ff.

Sallmann, K.: Zur Ausbildung des Lehrers der Alten Sprachen an der Universität. In: Impulse 2 (hrsg. von der Arbeitsgemeinschaft des altsprachlichen Gymnasiums und altsprachlichen Unterrichts des Landes Rheinland-Pfalz). – Bad Kreuznach 1979, 1ff.

Schadewaldt, W.: Sinn und Wert der humanistischen Bildung im Leben unserer Zeit. In: Hellas und Hesperien. – Zürich/Stuttgart 1960, 934ff.

Schmalzriedt, E.: Inhumane Klassik. Vorlesung wider ein Bildungsklischee. München 1971.

Schmalzriedt, E.: Vom Unklassischen der Klassik. In: ATTEMPTO 39/40 (1971), 57ff.

Scholz, U. W.: Klassische Philologie – Bestandsaufnahme und Tendenzen. In: Linguistik und Literaturwissenschaft VII 25 (1977), 50–57.

Schulz, P.-R.: Alte Sprachen auf neuen Wegen? Das Studium der Klassischen Philologie an vier neu gegründeten Universitäten. In: Gymnasium 80 (1973), 510ff.

Seeck, G. A.: Die alten Griechen in der neuen Gesellschaft. In: MDAV 16 (1973), 1ff.

Stierle, K.: Klassische Literatur, moderne Literaturwissenschaft und die Rolle der Klassischen Philologie. In: Gymnasium 85 (1978), 289–311

Suerbaum, W.: Thesen eines bayerischen Hochschullehrers zur Universitätsausbildung der Lehrer der Alten Sprachen, vorgelegt auf der Tagung des DAV in Göttingen 1980

Westphalen, K.: Münchner Gesprächskreis Alte Sprachen. In: Die Alten Sprachen im Unterricht XXVI 2 (1979), 3–5

Die Alten Sprachen zwischen Bildungstheorie und Bildungspolitik

‚Selbstfindung' der Fächer im modernen Gymnasium: Neubetonung des Lektüreunterrichts

Bayer, K.: Curricula in den Alten Sprachen. In: Kollegstufenarbeit in den Alten Sprachen (hrsg. von Bayer, K./Westphalen, K.), Bd. 1. – München 1971, 9ff.

Becher, H.: Das Ringen der Gegenwart um den Humanismus. – Frankfurt/Berlin/Bonn o. J.

DAV: Materialien zur Curriculumentwicklung im Fach Latein. In: MDAV 15,3 (1972), 1–4

DAV: Das Bildungsziel des altsprachlichen Gymnasiums. Das Unterrichtsziel der Alten Sprachen. In: Gymnasium 58 (1951), 383f.

Gundert, H.: Griechische Bildung in der heutigen Gesellschaft. – Freiburg 1971. In: Griechisch in der modernen Schule (hrsg. von der Arbeitsgemeinschaft zur Förderung der humanistischen Bildung in Bayern). – München 1972, 17–37

Happ, H.: Grundfragen einer Dependenz-Grammatik des Lateinischen. – Göttingen 1975

Heck, G./Edlich, G./Ballauff, Th. (Hrsg.): Die Sekundarstufe II. Grundlagen Modelle – Entwürfe. – Darmstadt 1978

Heilmann, W.: Ziele des Lateinunterrichts. In: MDAV 18, 4 (1975), 11ff.

Heitsch, E.: Klassische Philologie zwischen Anpassung und Widerspruch. In: Gymnasium 81 (1974), 370ff.

Heldmann, W.: Gymnasium und moderne Welt. – Düsseldorf 1980

v. Hentig, H.: Platonisches Lehren. – Stuttgart 1966

Jens, W.: Antiquierte Antike? In: ATTEMPTO 39/40 (1971), 64ff.

Jens, W.: Republikanische Reden. – Frankfurt 1979

Kost, K.: Besprechung von Töchterle, K.: Ciceros Staatsschrift im Unterricht. – Innsbruck 1972. In: Gymnasium 86 (1979), 200f.

Lefèvre, E.: Die Zukunft der Antike. Bemerkungen des Latinisten. In: Die Zukunft der Antike. – Freiburg/Würzburg 1983, 27ff.

Lefèvre, E.: Zwischen Selbstbewußtsein und Selbstverteidigung. 30 Jahre Rechtfertigung des altsprachlichen Unterrichts. In: Gymnasium 90 (1983), 389–400

Litt, Th.: Das Bildungsziel der deutschen Klassik und die moderne Arbeitswelt. – Bonn 1955

Patzer, H.: Der Humanismus als Methodenproblem der Klassischen Philologie. In: Studium Generale 1948, 84ff.

Pfeiffer, R.: Von der Liebe zu den Griechen. Münchner Universitätsreden, N. F. Heft 20. (1958). In: ders.: Ausgewählte Schriften. – München 1960, 9–22

Regenbogen, O.: Humanismus – heute? (1947). In: ders.: Kleine Schriften. – München 1961, 463 ff.
Reinhardt, K.: Vermächtnis der Antike; gesammelte Aufsätze (hrsg. von Becker, C.). – Göttingen [2]1966
Schmid, W. (Hrsg.): Die Interpretation in der Altertumswissenschaft. – Bonn 1971
Schmid, C.: Das humanistische Bildungsideal. – Frankfurt/Berlin/Bonn 1956
Schönberger, O.: Entstehung und Funktion der Lernzielmatrix für den Lateinunterricht. In: Lernziele und Fachleistungen (hrsg. von Bayer, K.). – Stuttgart 1973, 25 ff.
Seel, O.: Römertum und Latinität. – Stuttgart 1964
Snell, B.: Die Alten Griechen und wir. – Göttingen 1962
Spranger, E./Haag, E.: Der Sinn des altsprachlichen Gymnasiums in der Gegenwart. – Tübingen 1960
Stocker, K.: Praxis des Literaturunterrichts im Gymnasium. – Freiburg/Basel/Wien 1979
Westphalen, K.: Lateinunterricht und Curriculumforschung. In: Lernziele und Fachleistungen. Ein empirischer Ansatz zum Lateincurriculum (hrsg. von Bayer, K.). – Stuttgart 1973, 7–16
Westphalen, K.: Zum Lernzielprogramm der Alten Sprachen auf der Kollegstufe. In: Kollegstufenarbeit in den Alten Sprachen, Bd. 1 (hrsg. von Bayer, K./Westphalen, K.). – München 1971, 19–25
Westphalen, K.: Zur Zeitgeschichte der gymnasialen Bildung. In ders.: Gymnasialbildung und Oberstufenreform. – Donauwörth 1979, 9–37

Sprach- und kulturhistorische Fächer – ohne Zukunftschancen?
Analyse der geistigen Situation: Sehnsucht nach einem ‚Neuen' Humanismus

Benz, E.: Die Unüberwindlichkeit des Mythos. Glanz und Elend der Entmythologisierung. In: Was wird aus dem Menschen? Der Fortschritt. Analysen und Warnungen bedeutender Denker (hrsg. von Schatz, O.). – Graz/Wien/Köln 1974, 109–130
Bloch, E.: Das Prinzip Hoffnung. – Frankfurt [7]1980
Bollnow, O. F.: Sprache und Erziehung. – Stuttgart 1966
Buschbeck, M.: Humanistische Bildung – wozu noch? In: SZ Nr. 76 vom 31. März 1979, 125
Diskussionsreihe: Was ist Allgemeinbildung? In: Anregung 27 (1981), 2–24, 205–260
Fuhrmann, M.: Wie klassisch ist die klassische Antike?
Fuhrmann, M.: Das bürgerliche Gymnasium ist tot. Zwei Briefe und einige Überlegungen zur Allgemeinbildung. In: FAZ vom 29. Oktober 1980, Nr. 252, 7 ff.
Gehlen, A.: Ende der Geschichte? Zur Lage des Menschen im Posthistoire. In: Was wird aus dem Menschen? Der Fortschritt. Analysen und Warnungen bedeutender Denker (hrsg. von Schatz, O.). – Graz/Wien/Köln 1974, 61–76
Grousset, R.: Orient und Okzident im geistigen Austausch. – Stuttgart 1955
Guardini, R.: Die religiöse Sprache. In: Die Sprache. Vortragsreihe. – München/Berlin 1959, 11–32
Guardini, R.: Der Raum der Meditation. – Mainz 1980
Heisenberg, W.: Tradition in der Wissenschaft. – München 1977
Hentrich, P.: Ermutigung zum Glück: Sieben klassische Modelle, glücklich zu leben, von Buddha bis Hegel. – Freiburg/Basel/Wien 1979
Jonas, H.: Das Prinzip Verantwortung. – Frankfurt 1980
Jünger, F. G.: Wort und Zeichen. In: Die Sprache. Vortragsreihe. – München/Berlin 1959, 55–74

Kiefer, H. J.: Demokratie braucht Eliten. In: Rheinischer Merkur. Christ und Welt, Nr. 40 vom 2. Oktober 1981, 2

v. Krockow, Ch.: Auf der Suche nach dem Glück – Das Dilemma der Modernität. In: Was wird aus dem Menschen? Der Fortschritt. Analysen und Warnungen bedeutender Denker (hrsg. von Schatz, O.). – Graz/Wien/Köln 1974, 15–32

Kullmann, W.: Die Zukunft der Antike. Bemerkungen eines Gräzisten. In: Die Zukunft der Antike. – Freiburg/Würzburg 1983, 5ff.

Landmann, M.: Teuer bezahlte Vernunft. Ist Vernunft noch das Humanum? In: Was wird aus dem Menschen? Der Fortschritt. Analysen und Warnungen bedeutender Denker (hrsg. von Schatz, O.). – Graz/Wien/Köln 1974, 77–108

Liebrucks, B.: Wissenschaftlicher Weltumgang und Entsprachlichung. In: Was wird aus dem Menschen? Der Fortschritt. Analysen und Warnungen bedeutender Denker (Hrsg. von Schatz, O.). – Graz/Wien/Köln 1974, 207–240

Lorenz, K.: Der Abbau des Menschlichen. – München 1983

Lorenz, K.: Die acht Todsünden der zivilisierten Menschheit. – München 1980

Lübbe, H.: Vollendung der Säkularisierung – Ende der Religion? In: Was wird aus dem Menschen? Der Fortschritt. Analysen und Warnungen bedeutender Denker (hrsg. von Schatz, O.). – Graz/Wien/Köln 1974, 145–158

Maier, H.: Das Problem der Grundbildung unter besonderer Berücksichtigung der Lernfächer. In: Anregung 25 (1979), 211ff.

Marsch, W.-D.: Zukunft. – Stuttgart/Berlin 1969

Mohr, H.: Die Zukunft des Menschen aus der Sicht des Naturwissenschaftlers. In: Weltgespräche. 10 Möglichkeiten und Grenzen der Zukunftsforschung. – Wien/Freiburg 1979, 35ff.

Morgenthau, J.: Macht und Ohnmacht des Menschen im technischen Zeitalter. In: Was wird aus dem Menschen? Der Fortschritt. Analysen und Warnungen bedeutender Denker (hrsg. von Schatz, O.). – Graz/Wien/Köln 1974, 47–60

Neschke, A.: Noch einmal Philologie und Geschichte. Überlegungen zur Stellung der Klassischen Philologie. In: Gymnasium 88 (1981), 409ff.

Nietzsche, F.: Der Wille zur Macht. – München 1960

Otto, W. F.: Sprache als Mythos. In: Die Sprache. Vortragsreihe. – München/Berlin 1959, 115–125

Picht, G.: Prognose, Utopie, Planung. Die Situation des Menschen in der Zukunft der technischen Welt. – Stuttgart 1967

Pieper, J.: Gefährdung und Bewährung der Tradition. In: Was wird aus dem Menschen? Der Fortschritt. Analysen und Warnungen bedeutender Denker (hrsg. von Schatz, O.). – Graz/Wien/Köln 1974, 159–182

Popper, K. R.: Utopie-Begriff und Phänomen des Utopischen. In: Soziologische Texte (hrsg. von Neusüss, A.), Bd. 44. – Neuwied/Berlin 1968

Portmann, A.: Ursprüngliche und wissenschaftliche Weltsicht. In: Was wird aus dem Menschen? Der Fortschritt. Analysen und Warnungen bedeutender Denker (hrsg. von Schatz, O.). – Graz/Wien/Köln 1974, 131–144

Schatz, O. (Hrsg.): Was wird aus dem Menschen? Der Fortschritt. Analysen und Warnungen bedeutender Denker. – Graz/Wien/Köln 1974

Schelsky, H.: Die Arbeit tun die anderen. – München ^{2}1977

Schelsky, H.: Wie bewältigen wir den technischen Fortschritt? In: Was wird aus dem Menschen? Der Fortschritt. Analysen und Warnungen bedeutender Denker (hrsg. von Schatz, O.). – Graz/Wien/Köln 1974, 33–46

Schwabe, G. H.: Die programmierte Apokalypse. Die Umweltkrise aus der Sicht des Ökologen. In: Was wird aus dem Menschen? Der Fortschritt. Analysen und

Warnungen bedeutender Denker (hrsg. von Schatz, O.). – Graz/Wien/ Köln 1974, 265–286
Sedlmayr, H.: Verlust der Mitte. – Berlin 1977
Senghor, Sédar, L.: Über den Wert des Unterrichts in den klassischen Sprachen. In: Wiener Humanistische Blätter 19 (1977), 5ff.
Sontheimer, K.: Das Elend unserer Intellektuellen. – Hamburg 1976
Steinbuch, K.: Programm 2000. – München [2]1972
Steinbuch, K.: Falsch programmiert. – München [5]1970
Steinthal, H.: Geistige Bildung in der Höheren Schule. Eine Apologie des altsprachlichen Unterrichts. In: Gymnasium 88 (1981), 209ff.
Stürmer, M.: Unruhe ist die erste Bürgerpflicht. In: DASIU XXVI 3 (1979), 10ff.
Taylor, G. R.: Das Experiment Glück. Entwürfe zu einer Neuordnung der Gesellschaft. – Frankfurt 1973
Topitsch, E.: Elite im Streit der Meinungen. Parasitäre und schöpferische Minderheiten. In: Rheinischer Merkur. Christ und Welt vom 20. Dezember 1981
Toynbee, A. J.: Kultur am Scheideweg. – Berlin 1958
Wehler, H.-U.: Geschichtswissenschaft heute. In: Stichworte zur „geistigen Situation der Zeit" (hrsg. von Habermas, J.), 2. Bd.: Politik und Kultur. – Frankfurt 1980, 709ff.
v. Weizsäcker, C. F.: Bedingungen des Friedens. – Göttingen 1963
v. Weizsäcker, C. F.: Die Einheit der Natur. – München 1974
v. Weizsäcker, C. F.: Der Garten des Menschlichen. Beiträge zur geschichtlichen Anthropologie. – Frankfurt 1980
v. Weizsäcker, C. F.: Was wird aus dem Menschen? – Zürich 1972
v. Weizsäcker, C. F.: Thesen über die Zukunft. In: Der ungesicherte Frieden. – Göttingen 1969
Westphalen, K.: Was ist Allgemeinbildung? In: Anregung 27 (1981), 23ff.
Westphalen, K.: Grundbildung. In: ders.: Gymnasialbildung und Oberstufenreform. – Donauwörth 1979, 103–141
Westphalen, K.: Die Zukunft des Gymnasiums. In: Die Höhere Schule 3 (1980), 116ff.
Wilhelm, Th.: Jenseits der Emanzipation. – Stuttgart 1975

Antike Literatur im Konzept gymnasialer Bildung
Versuch einer didaktischen Grundlegung des altsprachlichen Lektüreunterrichts

Aurin, K.: Die Herausforderung der gymnasialen Bildung durch Technik und technokratischen Wandel. In: Die Höhere Schule 10 (1983), 311ff.
Ausubel, D. P.: Psychologie des Unterrichts, 2 Bde. – Weinheim 1974
Ausubel, D. P.: A Cognitive-Structure Theory of School Learning. In: Instruction (hrsg. von Siegel, L.). – San Franzisco 1967, 207–257
Bamberger, R.: Jugendlektüre, Jugendschriftenkunde, Leseunterricht, Literaturerziehung. – Wien [2]1965
Bamberger, R.: Jugendschriftenkunde. – Wien/München 1975
Bauer, H.: Das Ende des deutschen Gymnasiums. – Freiburg 1973
Baumgärtner, A. C./ Dahrendorf, M. (Hrsg.): Wozu Literatur in der Schule? Beiträge zum Literaturunterricht. – Braunschweig 1970
Baumgärtner, A. C./ Dahrendorf, M. (Hrsg.): Zurück zum Literatur-Unterricht? Literaturdidaktische Kontroversen. – Braunschweig 1972
Baumgärtner, A. C.: Streitpunkte. Offene Fragen der Literaturdidaktik. In: Zurück zum Litera-

turunterricht? Literaturdidaktische Kontroversen (hrsg. von Baumgärtner, A. C./Dahrendorf, M.). – Braunschweig 1979, 12ff.

Becker, J.: Gymnasium und Universität. Zum Problem der Studierfähigkeit. In: Die Höhere Schule 1 (1982), 14ff.

Billen, J./Koch, H. H.: Was will Literatur? 2 Bde. – Paderborn 1975

Carter, J./Muir, H. P. (Hrsg.): Bücher, die die Welt verändern. „Printing and the Mind of Man". – London 1967 (dt. Ausgabe: München 1968)

Closset, F.: Didaktik des Neusprachlichen Unterrichts. – München [2]1971

Curtius, E. R.: Büchertagebuch. – Bern 1960

Dahrendorf, M.: „Hinauflesen" versus „Bedürfnisbefriedigung". Historische Dimension und aktuelle Bedeutung eines didaktischen Konflikts. In: Zurück zum Literaturunterricht? Literaturdidaktische Kontroversen (hrsg. von Baumgärtner, A. C./Dahrendorf, M.). – Braunschweig 1979, 24ff.

Doderer, K.: Wozu noch Literatur in der Schule? In: Zurück zum Literaturunterricht? Literaturdidaktische Kontroversen (hrsg. von Baumgärtner, A. C./Dahrendorf, M.). – Braunschweig 1979, 42ff.

Enzensberger, C.: Literatur und Interesse. – Frankfurt 1981

Freese, P./Hermes, L.: Der Roman im Englischunterricht der Sekundarstufe II. Theorie und Praxis. – Paderborn/München/Wien/Zürich 1981

Geißler, R.: Zeigen und Erkennen. Aufsätze zur Literatur von Goethe bis Jonke. – München 1979

Geißler, R.: Wider den technokratischen Reform-Formalismus. Kernprobleme der Literaturdidaktik heute. In: Zurück zum Literatur-Unterricht? Literaturdidaktische Kontroversen (hrsg. von Baumgärtner, A. C./Dahrendorf, M.). – Braunschweig 1979, 48–63

Geißler, R.: Wozu Literaturunterricht. In: Diskussion Deutsch 1 (1970), 3–15

Gerth, K.: Zwischenbilanz. Zur Situation der Literaturdidaktik. In: Zurück zum Literatur-Unterricht? Literaturdidaktische Kontroversen (hrsg. von Baumgärtner, A. C./Dahrendorf, M.). – Braunschweig 1979, 64–74

Heilmann, W.: Zum Vergleichen im lateinischen Lektüreunterricht. In: AU XIX 4 (1976), 81ff.

Heldmann, W.: Gymnasium und moderne Welt. Bildungs- und Gesellschaftstheoretische Überlegungen zur Aufgabe und Struktur des gegliederten Schulwesens. – Düsseldorf 1980

Heuer, H.: Grundwissen der englischen Fachdidaktik. – Heidelberg 1979

Hesse, H.: Eine Bibliothek der Weltliteratur. – Stuttgart 1953

Hillmann, H.: Rezeption – empirisch. In: Ästhetische Erfahrung und literarisches Lernen (hrsg. von Dehn, W.). – Frankfurt 1974, 235ff.

Jacobsen, J. U.: Opas Gymnasium oder was ist an der Penne faul? – Flensburg 1970

Jonas, H.: Chance and Permanence: On the Possibility of Understanding History. In: Die Interpretation in der Altertumswissenschaft (hrsg. von Schmid, W.). – Bonn 1971, 31ff.

Klowski, J.: Thesen zur Verwendung von Übersetzungen im altsprachlichen Unterricht. In: AU XVI 3 (1973), 91ff.

Kreft, J.: Natur – Gesellschaft – Ästhetik. Zur Funktion der Literatur für das Heranwachsen. In: Zurück zum Literatur-Unterricht? Literaturdidaktische Kontroversen (hrsg. von Baumgärtner, A. C./Dahrendorf, M.). – Braunschweig 1979, 10ff.

Krzywon, E. J.: Wertungsdidaktik im Literaturunterricht. In: Fachdidaktisches Studium in der Lehrerbildung, Deutsch Bd. 2 (hrsg. von Lehmann, J./Stocker, K.). – München 1981, 119ff.

Kunze, D.: Literatur als Unterrichtsgegenstand. Didaktische Überlegungen zur Literatur. In: Wirkendes Wort 22 (1972), 223–231

Lanig, K.: Latein und Griechisch. In: Vertiefung und Konzentration (hrsg. von Höhne, E.). – München 1961, 65ff.

Luhmann, N.: Soziologische Aufklärung. Aufsätze zur Theorie sozialer Systeme, Bd. 1. – Opladen ³1972

Maier, F.: Paßt Horaz in ein modernes Curriculum? Zu Problemen der Dichterlektüre im curricularen System. In: Werte der Antike. Reihe Dialog Schule – Wissenschaft, Bd. IX (hrsg. von Hörmann, F.). – München 1975, 155ff.

Maier, F.: Lehrplan Latein: Direktive oder Unterrichtshilfe. In: Anregung 23 (1977), 365–377

Maier, H.: Erziehung junger Menschen für das Leben in der Gesellschaft. In: Anregung 20 (1983), 84ff.

Melzer, H./Seifert, W.: Theorie des Deutschunterrichts. – München 1976

Müller, E. P.: Erziehungswissenschaftliche Aspekte der Sprach- und Literaturdidaktik. In: Fachdidaktisches Studium in der Lehrerbildung. Deutsch Bd. 2 (hrsg. von Lehmann, J./Stocker, K.). – München 1981, 222ff.

Nickel, R.: Übersetzen und Übersetzung. Ein Plädoyer für die Verwendung von Übersetzungen im altsprachlichen Literaturunterricht. In: AU XV 4 (1972), 8ff.

Oppermann, H.: Die Antike in Literatur und Kunst der Gegenwart. In: Humanismus (hrsg. von Oppermann, H.). – Darmstadt 1970, 445ff.

Parthe, F.: Quo vadis Gmynasium? Nachdenken über 25 Jahre Reformen. In: Jahresbericht des Kaiser-Heinrich-Gymnasiums Bamberg 1980

Payrhuber, F.-J.: Einführung: Literatur und Unterricht. In: Literaturunterricht heute – warum und wie? – Freiburg 1978, 11–17

Payrhuber, F. J./Weber, A. (Hrsg.): Literaturunterricht heute – warum und wie? – Freiburg 1978

Raddatz, F. J. (Hrsg.): Die Zeitbibliothek der 100 Bücher. – Frankfurt ³1981

Scheid, G.: Was ist gymnasial am Gymnasium? In: Anregung 20 (1974), 217ff.

Schmid, M.: Gymnasiale Bildung ist unabdingbar für die Bewältigung unserer Zukunftsaufgaben. In: Das Gymnasium in Bayern 12 (1981), 5ff.

Schrey, H.: Grundzüge einer Literaturdidaktik des Englischen. – Ratingen 1973

Schröder, H.: Wertorientierter Unterricht. Pädagogische und didaktische Grundlagen eines erziehenden Unterrichts. – München 1978

Schwinge, G.: Das Spiel im altsprachlichen Unterricht. In: Fachdidaktisches Studium in der Lehrerbildung. Alte Sprachen Bd. 1 (hrsg. von Gruber, J./Maier, F.). – München 1979, 114ff.

Stocker, K.: Praxis des Literaturunterrichts im Gymnasium. Voraussetzungen – Motivation – Möglichkeiten – Transfer. Mit Orientierungshilfen. – Freiburg 1979

Ulshöfer, R.: Methodik des Deutschunterrichts. – Stuttgart ⁴1966

Vester, H.: Affektive Lernziele in amerikanischer Sicht. In: MDAV 78 (1975), 2ff.

Weber, A.: Kritische Überlegungen zur literaturdidaktischen Theoriediskussion. In: Literaturunterricht heute – warum und wie? (hrsg. von Payrhuber, F.-J./Weber, A.) – Freiburg 1978, 131–147

Weber, A.: Erziehung zur und durch Literatur. In: Wozu Literatur in der Schule? Beiträge zum Literaturunterricht (hrsg. von Dahrendorf, M.). – Braunschweig 1970, 105–119

Weber, H. (Hrsg.): Aufforderung zum literaturdidaktischen Dialog. Kolloquium zum englischen Literaturunterricht. – Paderborn 1979

Westphalen, K.:	Die Zukunft des Gymnasiums. In: Die Höhere Schule 3 (1980), 116ff.
Westphalen, K.:	Gymnasiale Bildung: Anspruch – Probleme – Perspektiven. In: Das Gymnasium in Bayern 7 (1980), 80ff.
Wittkämper, G.:	Was erwartet die moderne Industriegesellschaft vom Abiturienten? In: Die Höhere Schule 3 (1982), 72ff.
Wolff, E.:	Latein als erste Fremdsprache an Gymnasien In: DASIU XII 1 (1975) 5, und in: Anregung 21 (1975), 307ff.
Wülfing, P.:	Literaturtheorie im Lateinunterricht – die didaktischen Aspekte. In: Handbuch für den Lateinunterricht. Sekundarstufe II (hrsg. von Höhn, W./Zink, N.). – Frankfurt 1979, 285–299
Zijderveld, A. C.:	Modernisierung und Langeweile. In: Was wird aus dem Menschen? Der Fortschritt. Analysen und Warnungen bedeutender Denker (hrsg. von Schatz, O.). – Graz/Wien/Köln 1974, 321–338

‚Denkmodelle' in antiken Texten

Zur didaktischen Funktion des Modellbegriffs im altsprachlichen Lektüreunterricht

Ammon, H.:	Zur Theoriegeschichte der politischen Bildung seit 1945. In: Fachdidaktisches Studium in der Lehrerbildung – Sozialkunde (hrsg. von Ammon, H./Roth, F.). – München 1981, 16ff.
Barié, P.:	Die „mores maiorum" in einer vaterlosen Gesellschaft. – Frankfurt 1973
Bastian, H. D.:	Kommunikation. – Stuttgart/Berlin 1972
Blankertz, H.:	Theorien und Modelle der Didaktik. – München 1969
Buddensiek, W./ Kaiser, F.-J./ Kaminski, H.:	Grundprobleme des Modelldenkens im sozioökonomischen Unterricht. In: Modelle und Modelldenken im Unterricht (hrsg. von Stachowiak, H.). – Regensburg 1980, 92ff.
Gaiser, K.:	Das Staatsmodell des Thukydides. Zur Rede des Perikles für die Gefallenen. In: Heidelberger Texte – Didaktische Reihe 8 (1975), 17ff.
Geißler, R.:	Literaturdidaktische Problemstellungen. In: Wozu Literatur in der Schule? (hrsg. von Baumgärtner, A. C./Dahrendorf, M.). – Braunschweig 1970, 61ff.
Goy, O.:	Modelldenken in Kunstwissenschaft und Kunstdidaktik. In: Modelle und Modelldenken im Unterricht (hrsg. von Stachowiak, H.). – Regensburg 1980, 175ff.
Heilmann, W.:	Ethische Reflexion und römische Lebenswirklichkeit in Ciceros Schrift De officiis. – Wiesbaden 1982
Heilmann, W.:	Kritische Anmerkungen zu Schadewaldts Vorstellungen vom Welt-Modell der Griechen. In: Anregung 28 (1982), 36–44
Jens, W.:	Das humanistische Gymnasium – ein Mißverständnis? In: MDAV 22, 4 (1979) 6ff.
Keulen, H.:	Formale Bildung – Transfer. In: Fachdidaktisches Studium in der Lehrerbildung. Alte Sprachen 1 (hrsg. von Gruber, J./Maier, F.). – München 1979, 70–91
Klowski, J.:	Antike als Gegenmodell. In: Antike Texte – moderne Interpretation. Beiheft zur „Anregung". – München o. J., 25f.
Krefeld, H.:	Zur Problematik eines universalen Modellbegriffs. In: Anregung 26 (1980), 283ff.
Krefeld, H.:	Bemerkungen zum Modellbegriff in der altsprachlichen Didaktik. In: Mitteilungsblatt des Landesverbandes Nordrhein-Westfalen XXX 1 (1982), 9ff.
Landwehr, J.:	Fiktion und Nichtfiktion. In: Literaturwissenschaft. Grundkurs 1 (hrsg. von Brackert, H./Stückrath, J.), Bd. 1. – Hamburg 1981, 40ff.

Lotmann, J. M.: Vorlesungen zu einer strukturalen Poetik. – München 1972

Maier, F.: Antike Texte als „Denkmodelle". In: Anregung 25 (1979), 364ff.

Meier, Chr.: Caesar. – Berlin 1982

Mette, J.: Theognis, Welcker, Nietzsche. Ein Beispiel lebendiger Fernwirkung. In: Gegenwart der Antike. Dialog Schule und Wissenschaft. Klassische Sprachen und Literaturen Bd. VIII (hrsg. von Hörmann, F.). – München 1974, 57ff.

Meyer, Th.: Roma aeterna. Theorien zu Dauer und Verfall Roms. In: Impulse für die lateinische Lektüre (hrsg. von Krefeld, H.). – Frankfurt 1979. 102ff.

v. Müffling, M.: Zu den „Denkmodellen" des Leistungskurses Latein „Staat und Individuum" (3. Kurshalbjahr). In: Anregung 26 (1980), 376ff.

Munding, H.: Bemerkungen zu Ciceros Staatstheorie in rep. I aus gymnasialdidaktischer Sicht. In: Anregung 28 (1982), 92ff.

Munding, H.: Römisches Erbe – einmal anders gesehen. In: AU XIV 5 (1971), 81ff.

Munding, H.: Platons Politeia 369a–376c als aktuelles Denkmodell. In: Anregung 17 (1971) 104ff., und in: Antike Texte – aktuelle Probleme. Existentieller Transfer im altsprachlichen Unterricht. AUXILIA 12. – Bamberg 1985

Neugebauer, W.: Didaktische Modellsituationen. In: Modelle und Modelldenken im Unterricht (hrsg. von Stachowiak, H.). – Regensburg 1980, 50ff.

Neugebauer, W.: Modelle im Unterricht. In: Fachdidaktisches Studium in der Lehrerbildung. Wirtschaft 2 (hrsg. von Neugebauer, W.). – München 1977, 264–297

Popp, W.: Die Funktion von Modellen in der didaktischen Theorie. In: Unterrichtsforschung und didaktische Theorie. Texte (hrsg. von Dohmen, G./Maurer, F./Popp, W.). – München 1970, 49ff.

Rohlfes, J.: Umrisse einer Didaktik der Geschichte. – Göttingen 1971

Rothbucher, H.: Modellbegriff und Modellkritik. In: Handbuch der Religionspädagogik (hrsg. von Feifel, E. u. a.), Bd. 2. – Zürich/Einsiedel/Köln 1974, 271ff.

Salzmann, Chr.: Modelle in der Unterrichtsforschung. In: Pädagogik aktuell (hrsg. von Wehle, G.), Bd. 3. – München 1973, 96ff.

Schmalzriedt, E.: Inhumane Klassik. Vorlesung wider ein Bildungsklischee. – München 1971

Schweizer, H.: Modelldenken in Sprachwissenschaft und Sprachdidaktik. In: Modelle und Modelldenken im Unterricht (hrsg. von Stachowiak, H.). – Regensburg 1980, 144ff.

Stachowiak, H.: Allgemeine Modelltheorie. – Wien/New York 1973

Stachowiak, H.: Gedanken zu einer allgemeinen Theorie der Modelle. In: Studium Generale 18 (1965), 432ff.

Stachowiak, H. (Hrsg.): Modelle und Modelldenken im Unterricht. – Regensburg 1980

Ullrich, K.-H.: Über die Eigenart historischer Erkenntnisgebilde aus modelltheoretischer Sicht. In: Modelle und Modelldenken im Unterricht (hrsg. von Stachowiak, H.). – Regensburg 1980, 161ff.

Wilhelm, Th.: Theorie der Schule. – Stuttgart [2]1962

Interpretationsebenen, Lektüreprinzipien, Literaturkanon

Voraussetzungen und Bedingungen altsprachlicher Textbearbeitung

Baumgärtner, A. C.: Streitpunkte. Offene Fragen der Literaturdidaktik. In: Zurück zum Literatur-Unterricht? (hrsg. von Baumgärtner, A. C./Dahrendorf, M.). – Braunschweig 1977, 8–23

Bayer, K.: Möglichkeiten moderner Methoden im Lateinunterricht. In: Moderner Unterricht an der Höheren Schule (hrsg. von Färber, H.). – München 1959, 89–116

Dahrendorf, M.: „Hinauflesen" versus „Bedürfnisbefriedigung". In: Zurück zum Literatur-Unterricht? (hrsg. von Baumgärtner, A. C./Dahrendorf, M.). – Braunschweig 1977, 24–38

Fine, Louis L.: Die Rebellion der großen Kinder. – München 1979

Hilbert, K./Meusel, H.: Hinweise zur Interpretation. In: LEU-Materialien – Latein L 4. – Stuttgart 1977

Hofmann, F.: Wie sinnlos ist die Sinnlosigkeit? In: Anregung 27 (1981), 220–228

Hohnen, P.: Ovid als Anfangslektüre? In: AU XXV 4 (1982), 44ff.

Hohnen, P.: Unterrichtswirklichkeit und Interpretationsprozeß. Ein Beitrag zur Interpretationsmethodik. In: AU XXIV 2 (1981), 64ff.

Hornstein, W.: Jugend 1980 – apathisch, lustlos, resigniert? Eine Generation sucht ihre Zukunft. In: SZ vom 9./10. 8. 1980

Lochner, A.: Curricula. Polemisches über die Wahrheit im Bildungswesen. In: Lehren und Lernen. Zeitschrift für Erziehung und Unterricht, Heft 4. – Stuttgart 1978, 72ff.

Maier, F.: Der lateinische Lektüreunterricht auf der Sekundarstufe I (Mittelstufe). In: Fachdidaktisches Studium in der Lehrerbildung. Alte Sprachen 2 (hrsg. von Gruber, J./Maier, F.). – München 1982, 61ff.

Maier, F.: Rezension: Lateinische Lektüre – Sekundarstufe I, Themen – Texte – Ziele. Kultusministerium Rheinland–Pfalz (hrsg. von Glücklich, H.-J. – Mainz 1981). In: Gymnasium 89 (1983), 523ff.

Maier, F.: Interpretationsebenen im Lektüreunterricht. Grundlinien einer altsprachlichen Lektüredidaktik. In: Anregung 20 (1974), 365ff.

Maier, F.: Das Übersetzen. Ein zentrales Thema der altsprachlichen Fachdidaktik. In: Zur Didaktik der Alten Sprachen in Universität und Schule. Fachdidaktische Studien 4 (hrsg. von Gruber, J./Maier, F.). – München 1973, 121ff.

Maier, F.: Idee und Ideologie des Prinzipats im Spiegel der Literatur. In: Auxilia 2. – Bamberg 1981, 47ff.

Maier, F.: Das Problem der Autorenlektüre oder der thematischen Lektüre. In: Handreichungen für den Lateinunterricht in der Kollegstufe. 3. Folge, Bd. 2. – München 1977, 47–51

Maier, F.: Autoren- und Werklektüre innerhalb des curricularen Systems. In: Anregung 20 (1974), 23ff.

Maier, F. (Hrsg.): Antike Texte – moderne Interpretation. In: Beiheft zur „Anregung". – München o. J. (1975)

Maier, F.: Texte als Lerninhalte. In: Fachdidaktisches Studium in der Lehrerbildung. Alte Sprachen 2, 9–20

Mayer, J. A. (Hrsg.): Lektüre nach übergeordneten Themen. In: AU VII 3 (1964) und AU IX 4 (1966) und AU XII 2 (1969) und AU XV 1 (1972)

Mead, M.: Der Konflikt der Generationen. Jugend ohne Vorbild. – München 1974

Meyer, Th./Steinthal, H.: Realienkunde. In: LEU – Materialien Latein L 4. – Stuttgart 1977, 10ff.

Nickel, R.: Die Interpretation im altsprachlichen Unterricht. In: Fachdidaktisches Studium in der Lehrerbildung. Alte Sprachen 2 (hrsg. von Gruber, J./Maier, F.). – München 1982, 21–35

v. Schirnding, A.: Jugend 70. In: Durchs Labyrinth der Zeit. – München 1979, 76ff.

Suerbaum, W.: Vor dem Ende der Ganzschrift-Lektüre. In: Anregung 19 (1973), 230ff.

Walsdorff, F.: Interpretation in der Schule und auf der Universität. In: Gymnasium 63 (1956), 207ff.

Westphalen, K.: Reserven gegenüber dem thematischen Prinzip. In: MDAV 17, 4 (1974), 14ff.

Lektüreunterricht unter dem Oktroy von Lehrplänen und Richtlinien?
Objekt und Subjekt des Lehrens unter veränderten Bedingungen

Dolch, J.: Lehrplan des Abendlandes. Zweieinhalb Jahrtausende seiner Geschichte. – Ratingen 1971
Fina, K.: Curriculitis perniciosa. In: Das Gymnasium in Bayern 11 (1973), 374ff.
Maier, H.: Ansprache zum zehnjährigen Bestehen des Staatsinstituts für Schulpädagogik. In: IGP – ISP 1966–1976. 10 Jahre Arbeit für die Schulreform in Bayern. – München 1977, 15ff.
Maier, H.: Wie unverschämt dürfen Dichter sein? Das Verhältnis zwischen Staat und Literatur. In: „Die Welt", 23. April 1977, Nr. 94
Schwarz, R.: Bildungspolitik ohne Bildung? Beilage zu „Das Parlament" B 51–52 vom 22. 12. 1973
Westphalen, K.: Traditionelle Bildung und aktuelle Lernziele. In: Gymnasialbildung und Oberstufenreform. – Donauwörth 1979, 67–78
Westphalen, K.: Praxisnahe Curriculumentwicklung. – Donauwörth ²1974
Westphalen, K.: Die Dimension der Ziele in der Schule. Zielfindung, Zielformulierung, Zielerreichung. In: Lehrerkolleg: Lehren und Erziehen heute. – München 1977, 27ff.
Westphalen, K.: Das Curriculum als Planungsinstrument. In: Lernplanung und Unterrichtsgestaltung auf der Grundlage pädagogischer und lernpsychologischer Erkenntnisse (hrsg. von Schmaderer, F. O.). – München 1977, 20ff.
Wilhelm, Th.: Schule in der Schlinge der Gesellschaftsutopie. In: IGP – ISP 1966–1976. 10 Jahre Arbeit für die Schulreform in Bayern. – München 1977, 32ff.

Lektüre ‚auf Sparflamme' in der Mittelstufe/Sekundarstufe I
Aufgaben und Probleme in der ersten Lektürephase, bes. bei L 2

Ausubel, D. P.: Das Jugendalter. – München 1968
Maier, F.: Die „Interpretationsausgabe" im lateinischen Lektüreunterricht. Ihr Stellenwert in der fachpolitischen und fachdidaktischen Diskussion. In: MDAV 24, 1 (1981), 5ff., und In: Anregung 27 (1981), 88ff.
Maier, F.: Latein als 1., 2., 3. und 4. Fremdsprache. In: Fachdidaktisches Studium in der Lehrerbildung. Alte Sprachen 1, 163ff.
Maier, F.: Zur Didaktik des Lektüreunterrichts in der Sekundarstufe I, aufgezeigt an einem Beispiel der lateinischen Anfangslektüre. In: Plädoyer für Erziehung (hrsg. vom Staatsinstitut für Schulpädagogik München). – Donauwörth 1975, 203ff.
Reimann, G.: Problemkind Mittelstufe. In: Schondorfer Bericht, 25. Jahrgang, November 1978
Scheda, G.: Latein an den Gymnasien der Bundesrepublik Deutschland – eine statistische Bestandsaufnahme. In: MDAV 22, 4 (1979), 1ff.
Schmidt, U.: Aufgabe und Funktion der gymnasialen Mittelstufe. In: Die Höhere Schule 2 (1979), 64ff.
Vester, H.: Die gedruckte Übersetzung im altsprachlichen Unterricht. In: Anregung 22 (1976), 147ff.
Westphalen, K.: Bildung und Erziehung im Curriculum der modernen Schule. In: Plädoyer für Erziehung (hrsg. vom Staatsinstitut für Schulpädagogik München). – Donauwörth 1975, 57ff.

Das Unterrichtsprojekt in der Lektürephase
Geplante abwechslungsreiche Wege zur lateinischen Literatur

Barié, P.: Zur linguistischen Beschreibung von Texten im altsprachlichen Unterricht. In: AU XVIII 2 (1975), 38ff.

Barsig, W./ Berkmüller, H.: Die Unterrichtsvorbereitung für die Schule von heute. - Donauwörth ^{2}1971

Bayer, K.: Wider die permanente Revolution. In: Anregung 9 (1963), 312ff.

Becker, G. E./ Clemens-Lodde, B./Köhl, K.: Unterrichtssituationen II. Motivieren und Präsentieren. - München/Berlin/Wien 1976

Bittlinger, L.: Der pädagogische Freiraum. In: Unterrichtsplanung durch Lernziele (hrsg. vom Staatsinstitut für Schulpädagogik). - München o. J.

Brendel, A./ Brack-v. Wins, J./ Schmitz, V.: Textanalysen II, Untersuchung von Texten. - München ^{2}1977

Clasen, A.: Hausaufgaben im altsprachlichen Unterricht. In: Mitteilungsblatt für Lehrer der Alten Sprachen in Schleswig-Holstein, Heft 1/2 (1980), 2ff.

v. Cube, F.: Allgemeinbildung oder produktive Einseitigkeit? Der Weg der Bildung im Geiste Kerschensteiners. - Stuttgart 1960

Drögemüller, H.-P.: Sachorientierte Unterrichtsplanung und -realisierung, Lehrer- Lerngruppe. - Stuttgart 1977

Eller, K. H.: Aufgabenstellung für Klausur und Hausarbeit. In: Handbuch für den Lateinunterricht. Sekundarstufe II (hrsg. von Höhn, W./Zink, N.). - Frankfurt 1979

Erb, J.: Gruppenunterricht in den Alten Sprachen. In: Fachdidaktisches Studium in der Lehrerbildung, Alte Sprachen Bd. 2 (hrsg. von Gruber, J./ Maier, F.). - München 1982, 246–265

Die audiovisuellen und auditiven Unterrichtsmittel. - Basel 1974

Füller, K.: Funktionen und Formen von Prüfung. - Neuburgweiher 1975

Glücklich, H.-J.: Arbeitsweisen und Organisationsformen im lateinischen Lektüreunterricht der Sekundarstufe II. In: AU XXII 2 (1979), 36–42

Glücklich, H.-J.: Übersetzen und Interpretieren im Lateinunterricht der Sekundarstufe II. In: Handbuch für den Lateinunterricht, Sekundarstufe II (hrsg. von Höhn, W./Zink, N.). - Frankfurt/Berlin/München 1979, 151–177

Glücklich, H.-J./ Nickel, R./ Petersen, P.: Interpretatio. Neue lateinische Textgrammatik. - Freiburg 1980

Grundmann-Roch, A.: Entwurf eines Modells für den Unterricht in der Kollegstufe (12. und 13. Klasse). In: Die Höhere Schule 23, 4 (1970), 86ff.

Hansen, J. G.: Vorschläge zur Strukturierung des Unterrichts. In: Anregung 26 (1980), 16–22

Heilmann, W.: Zur Didaktik des lateinischen Sprachunterrichts in der S I. In: Zur Didaktik der Alten Sprachen in Universität und Schule (hrsg. von Gruber, J./ Maier, F.). - München 1973, 105ff.

Höhne, W.: Zur Anwendung textlinguistischer Verfahren im Lateinunterricht der Sekundarstufe II. In: Handbuch für den Lateinunterricht, Sekundarstufe II (hrsg. von Höhn, W./Zink, W.). Frankfurt 1979, 133 150

Huber, F.: Allgemeine Unterrichtslehre. - Bad Heilbronn o. J.

Jäkel, W.: Methodik des altsprachlichen Unterrichts. - Heidelberg ^{2}1966

Jeziorsky, W.: Praxis und Theorie der Unterrichtsvorbereitung. - Braunschweig 1968

Lanig, K.: Die Oberstufenreform der Gymnasien als Generationenproblem. In: Anregung 14 (1968), 289–297

Lutz, W.: Die dynamische Tafelanschrift im Geschichtsunterricht der Höheren Schule. In: Anregung 11 (1965), 369–374

Maier, F.: Das „wandernde" Interpretationsheft. Ein methodischer Vorschlag zum altsprachlichen Lektüreunterricht. In: Anregung 18 (1972), 145–148

Maier, F.: Die Stellung schriftlich fixierter Fragen im Lateinunterricht der Kollegstufe. In: Kollegstufenarbeit in den Alten Sprachen (hrsg. von Bayer, K./Westphalen, K.). – München 1971, 99–105

Maier, F.: Leitfragen im altsprachlichen Lektüreunterricht. In: Fachdidaktisches Studium in der Lehrerbildung. Alte Sprachen Bd. 2 (hrsg. von Gruber, J./Maier, F.). – München 1982, 37–47

Meermann, H.: Struktur der Kindersprache. Untersuchungen einer Projektgruppe der Max-Planck-Gesellschaft. In: SZ-Forschung, Wissenschaft, Technik vom Mittwoch/Donnerstag 18./19. Mai 1980

Meißner, O.: Lernplanung und Unterrichtsgestaltung unter dem Aspekt der Medien und des Medienansatzes. In: Lernplanung und Unterrichtsgestaltung auf der Grundlage pädagogischer und lernpsychologischer Erkenntnisse. (hrsg. F. O. Schmaderer). – München 1977

Meister, H.: Förderung schulischer Lernmotivation. – Düsseldorf 1977

Meyer, E.: Unterrichtsvorbereitung in Beispielen. – Bochum o. J.

Meyer, Th.: Praxis des offenen Unterrichts. Herderbücherei Pädagogik Nr. 9039

Müller, W. Der Tageslichtprojektor im Lateinunterricht. AUXILIA 1 – Bamberg 1981

Nagel, W.: Einstiegsmotivation und Gruppenarbeit im Lateinunterricht (ein Beispiel der Tacitus-Lektüre). In: Informationen zum altsprachlichen Unterricht 7 (1982), 22ff. Auch in: Anregung 29 (1983), 239ff.

Nickel, R.: Vergleichendes Lernen im lateinischen Lektüreunterricht. In: AU XXI 5 (1978), 6–18

Nickel, R.: Römische Wertbegriffe und Allgemeinbildung. In: DASIU XXX 2 (1983), 12ff.

Oblinger, H.: Ist Unterricht planbar? In: Lernplanung und Unterrichtsgestaltung auf der Grundlage pädagogischer und lernpsychologischer Erkenntnisse. (hrsg. von Schmaderer, F. O.). – München 1977

Peterßen, W. H.: Handbuch Unterrichtsplanung. Grundfragen, Modelle, Stufen, Dimensionen. – München 1982

Renner, I.: Grammatik und Wirklichkeit. – o. O. 1964

Roth, H.: Die Kunst der rechten Vorbereitung. In: ders.: Pädagogische Psychologie des Lehrens und Lernens. – Hannover 1960

Ruf, K.: Hausaufgaben? – Hausaufgaben! (mit Beispielen). In: LEU-Materialien zur Lehrerfortbildung. Handreichungen zum Lateinunterricht in SI/SII. L 37. – Stuttgart 1982

Ruf, K.: Linguistik im Lateinunterricht. In: LEU-Materialien zur Einführung neuer Lehrpläne Latein L 17. – Stuttgart 1979

Rumpf, H.: Lernziele. Dsie Taxonomie von Benjamin S. Bloom und Mitarbeitern. In: Die Höhere Schule 23, 7 (1970), 172ff.

Schläger, J.: Schülerorientierte Lernplanung und Unterrichtsgestaltung. In: Lernplanung und Unterrichtsgestaltung auf der Grundlage pädagogischer und lernpsychologischer Erkenntnisse (hrsg. von Schmaderer, F. O.). – München 1977, 89–96

Schorb, A. O.: 160 Stichworte zum Unterricht. – Bochum [5]1976

Schulz, W.: Unterrichtsplanung. – München/Wien/Baltimore [3]1981

Schuster, K.: Arbeitstechniken Deutsch. – Bamberg 1980

Skinner, B. F.: Verhaltenspsychologische Analyse des Denkprozesses. In: Denken und Lernen. Beiträge zur Methodik des Unterrichts. – Braunschweig 1967

Steinhilber, J.: Medienhandbuch zum Lateinunterricht. AUXILIA 6. – Bamberg 1982

Westphalen, K.: Das Curriculum als Planungsinstrument. In: Lernplanung und Unterrichtsgestaltung auf der Grundlage pädagogischer und lernpsychologischer Erkenntnisse (hrsg. von Schmaderer, F. O.). – München 1977, 20–31

Westphalen, K.: Der Schüler im Mittelpunkt? Zwischen Lernzwang und pädagogischem Freiraum. In: ders.: Was soll Erziehung leisten? – Donauwörth 1979, 92–102

Westphalen, K.: Curriculare Lehrpläne für die Kollegstufe. In: Idee und Wirklichkeit der Kollegstufe (hrsg. von Lanig, K.). – München 1972, 81–116

Wilsing, N.: Die Praxis des Lateinunterrichts, 2 Bde. – Stuttgart [2]1964

Rezeptionsgeschichte – eine neue Dimension des Lektüreunterrichts

Der fachliche Gegenstand und seine didaktische Begründung

Bahrdt, H. P.: Die alten Sprachen im heutigen Gymnasium – Statussymbol oder Bildungsgut? In: Neue Sammlung 3 (1979), 273ff.

Barié, P.: Canere aude! In: AU XXII 5 (1979), 73–79

Barner, W.: Neuphilologische Rezeptionsforschung und die Möglichkeiten der klassischen Philologie. In: Poetica 9 (1977), 499–521

Barner, W.: Wirkungsgeschichte und Tradition. Ein Beitrag zur Methodologie der Rezeptionsforschung. In: Literatur und Leser (hrsg. von Grimm, G.). – Stuttgart 1975, 85–100

Barner, W.: Rezeptions- und Wirkungsgeschichte. In: Literaturwissenschaft. Grundkurs 2 (hrsg. von Brackert, H./Stückrath, S.). – Hamburg 1981, 102–124

Berger, J.: Sehen. Das Bild der Welt in der Bilderwelt. – Hamburg 1974

Corell, W.: Einführung in die pädagogische Psychologie. – Donauwörth [2]1962

Eller, K. H.: Antikenrezeption, Nachwirkung, Literaturvergleich. In: Handbuch für den Lateinunterricht, Sekundarstufe II (hrsg. von Höhn, W./Zink, N.). – Frankfurt/Berlin/München 1979, 266–284

Flaschka, H.: Rezeptionsästhetik im Literaturunterricht. Eine Einführung in Schwerpunkte der Theorie. In: Mitteilungen des Deutschen Germanistenverbandes 24, 1 (1977), 35–44, und 24, 2 (1977), 36–41

Frings, U.: Zauberwort Rezeption. Kritische Anmerkungen aus der Sicht der Didaktik der Alten Sprachen. In: Reihe Orientierung, Schriftenreihe für Lehrerfortbildung 7. – Aachen 1982

Frings, U.: Antike-Rezeption im altsprachlichen Unterricht. Die Alten Sprachen und die moderne Rezeptionsforschung. In: AUXILIA 9. – Bamberg 1984

Glücklich, H.-J. (Hrsg.): Musik und altsprachlicher Unterricht. AU XXIII 5 (1980), 3ff.

Grimm, G. (Hrsg.): Literatur und Leser. Theorien und Modelle zur Rezeption literarischer Werke. – Stuttgart 1975

Hartwig, H.: Sehen lernen, Bildgebrauch und Zeichnen – Historische Rekonstruktionen und didaktische Perspektiven. In: ders.: Sehen lernen. – Köln 1976, 63–111

Heilmann, W.: Reflexion und Identifikation im Lateinunterricht (noch unveröffentlichtes Referat).

Hendel, R.: Das Motiv der Liebe zur Puppe in Texten von Goethe bis Lem. In: AU XXVI 1 (1983), 56ff.

Hölscher, U.: Die Chance des Unbehagens. Zur Situation der klassischen Studien. – Göttingen 1965

Keulen, H.: Kreativität und altsprachlicher Unterricht. In: Schriftenreihe des Pädagogischen Instituts der Landeshauptstadt Düsseldorf, Heft 40, September 1978

Klose, A.: Lob der Musik. – Kassel [2]1938

Latacz, J.: Die Entwicklung der griechischen und lateinischen Schulgrammatik. In: Fachdidaktisches Studium in der Lehrerbildung. Alte Sprachen Bd. 1 (hrsg. von Gruber, J./Maier, F.). – München 1979, 193–221

Lecke, B.: Rezeptionsästhetik und Literaturdidaktik. In: Diskussion Deutsch 41 (1978), 205–221

Link, H.: Rezeptionsforschung. Eine Einführung in Methoden und Probleme. – Stuttgart 1976.

Offermann, H.: Zur Catull-Lektüre. Verstehen durch Vergleichen. In: Lateinische Dichterlektüre II. AUXILIA 5. – Bamberg 1982, 58–86

Pietsch, W.: Laokoon. Bemerkungen zur Episode in der Äneis, zur Wirkungsgeschichte und zur unterrichtlichen Behandlung eines antiken Mythologems. In: Anregung 26 (1980), 158–175

Rieger, E.: Kreativität. In: Fachdidaktisches Studium in der Lehrerbildung. Alte Sprachen Bd. 1 (hrsg. von Gruber, J./Maier, F.). – München 1979, 103–113

Schmidt, P. L. (Hrsg.): Rezeptionsgeschichte I. AU XXI 1 (1978)

Schmidt, P. L. (Hrsg.): Rezeptionsgeschichte II. AU XXIII 6 (1980)

Schober, O.: Studienbuch Literaturdidaktik. Neuere Konzeptionen für den schulischen Umgang mit Texten. Analysen und Materialien. – Kronberg/Ts. 1977

Schober, O.: Literaturunterricht und Rezeptionsanalyse. In: Literaturunterricht heute – warum und wie? (hrsg. Payrhuber, F.-J./Weber, A.). – Freiburg 1978, 104–130

Suerbaum, W.: Ein neuer Aeneis-Zyklus: darkness visible. In: Anregung 29 (1983), 1–25

Suerbaum, W.: Rezeptionsforschung und Alte Sprachen. Unveröffentlichtes Referat, gehalten vor Seminarlehrern Bayerns an der Akademie für Lehrerfortbildung in Dillingen. Oktober 1980

Sachindex

Inhalt des 3. Bandes:

Zur Praxis des lateinischen Lektüreunterrichts